추천의 말

스탠퍼드 MBA에서 가장 인기 있는 강좌는 기술이나 기업가 정신이 아니라, '터치-필리'라 불리는 대인관계 역학 강좌다. 자기 개방, 갈등 대처, 신뢰 확보 및 회복, 관계 구축 및 강화에 관한 사려 깊으면서도 곧바로 실행 가능한 조언이 이 책에 가득하다.

애덤 그랜트 《싱크 어게인》《오리지널스》 저자

의미 있는 관계는 충만하고 건강한 삶에서 매우 중요하다. 이 책은 우리가 스스로를 이해하는 방법을 배움으로써 다른 사람과도 쉽게 연결해 발전적인 관계를 형성할 수 있음을 보여준다.

아리아나 허핑턴 《허핑턴포스트》, 스라이브글로벌 창립자 겸 최고경영자

링크드인에서 우리는 '관계는 중요하다'를 핵심 가치로 삼는다. 당신이 만드는 개인적 연결이 직업과 회사, 경력에도 영향을 미치기 때문이다. 어떤 관계는 당신에게 직업적 성공과 개인적 성취감을 가져다준다. 이 책은 당신이 그런 관계를 구축하도록 설득력 있고 매우 쉽게 접근할 수 있는 로드맵을 제공한다.

리드 호프먼 《블리츠스케일링》《얼라이언스》 공저자, 링크드인 공동 설립자

내가 마스터클래스를 창립한 것은 세계 최고에 도달하는 방법을 대중화하려는 강렬한 의지 때문이다. 그것은 내 개인적인 목표 중 하나이기도 하다. 이 책에 나오는 엄청나게 가치 있는 교훈을 수백만 명의 사람이 모두 접할 수 있다는 사실에 정말 흥분된다. 현재 당신이 인생의 어떤 단계에 있든 더욱 강력하고 의미 있는 관계를 개발하고 싶다면 이 책을 꼭 읽어보라.

데이비드 로지어 마스터클래스 설립자 겸 최고경영자

데이비드 브래드퍼드와 캐럴 로빈은 사람들의 지능지수IQ와 감성지수EQ를 동시에 높여 성공으로 이끄는 대가들이다.

레이 달리오 《원칙》 저자, 브리지워터 어소시에이츠 창립

다른 사람을 있는 그대로 받아들여 차이를 극복하고, 관계를 개선하는 방법을 배우는 일은 국가와 개인 모두에게 중요해지고 있다. 이 책은 독자가 결혼에서 경영 문제에 이르기까지 모든 것에 적용할 수 있는 방법을 잘 체계화했다. 이 책은 그야말로 보물이다!

앤마리 슬로터 뉴아메리카 최고경영자

내 경력과 개인의 삶에서 성취한 것의 대부분은 이 책의 기반인 대인관계 역학 강좌에서 배운 내용에 기인한다. 나는 이 책을 내 팀원과 가족, 친구들에게 빨리 주고 싶다.

다라 트레세더 펠로톤 최고마케팅담당자, PG&E 이사

수십 년간 기업에서 근무하며 얻은 경험에 따르면, 신뢰가 높은 관계를 구축하는 것은 협상에서든 농구장에서든 이루고자 하는 일을 성공으로 이끄는 가장 중요한 열쇠 중 하나다. 모든 환경에서 관계를 구축할 때 적용할 수 있는 통찰을 제공하는 최고의 책이다.

어브 그라우스벡 보스턴 셀틱스 공동 소유자, 스탠퍼드대학교 경영대학원 교수

데이비드와 캐럴의 강좌는 정말로 귀중한 자원이다. 그들의 통찰과 교훈을 이 책에 담았다니 대단한 능력이다. 더 행복해지고 더 성취감을 느끼고 싶은 사람에게, 또 미래에 더욱 뛰어나고 스마트한 세계를 만들고자 하는 사람에게 이 책을 추천한다.

제니퍼 아커 《유머의 마법》《드래곤플라이 이펙트》 공저자

커넥트

스탠퍼드 인간관계 수업

커넥트
스탠퍼드 인간관계 수업

1판 1쇄 인쇄 2022. 1. 27.
1판 1쇄 발행 2022. 2. 3.

지은이 데이비드 브래드퍼드·캐럴 로빈
옮긴이 김민주

발행인 고세규
편집 이주현·심성미 디자인 조명이
발행처 김영사
등록 1979년 5월 17일(제406-2003-036호)
주소 경기도 파주시 문발로 197(문발동) 우편번호 10881
전화 마케팅부 031)955-3100, 편집부 031)955-3200 | 팩스 031)955-3111

값은 뒤표지에 있습니다.
ISBN 978-89-349-4951-0 03190

홈페이지 www.gimmyoung.com   블로그 blog.naver.com/gybook
인스타그램 instagram.com/gimmyoung   이메일 bestbook@gimmyoung.com

좋은 독자가 좋은 책을 만듭니다.
김영사는 독자 여러분의 의견에 항상 귀 기울이고 있습니다.

커넥트
스탠퍼드 인간관계 수업

데이비드 브래드퍼드 × 캐럴 로빈

김민주 옮김

김영사

일러두기

1. 원서에서 이탤릭체로 강조된 용어는 한국어판에서 굵게 표시했습니다.
2. 본문에서 언급하는 단행본이 국내에 출간된 경우에는 국역본 제목으로 표기했고,
   출간되지 않은 경우 최대한 원서에 가깝게 번역하고 원제를 병기했습니다.
3. 옮긴이 주는 본문에 [ ]로 묶어 표시했습니다.

사랑으로 우리를 있는 그대로 받아들여주고,

책을 집필하는 내내

인내하고 지지해준 우리의 대단한 배우자

에바와 앤디에게

CONTENTS

2부 —— 각별한 관계를 만들고 싶다면

이 책에서 다루는 인간관계

직장 동료 관계
친한 동료 사이에서 상사와 부하 직원 사이로

엘레나
31세
직원

산제이
34세
팀장

사적인 이야기를 꺼내기 망설여질 때… **3장**
사소한 불편이 큰 문제로 변하려 할 때… **6장**
비난하지 않고 피드백하고 싶을 때… **7장**
받아들일 수 없는 요청을 상대방이 할 때… **14장**

에릭
엘레나의 남편

프리야
산제이의 아내

부부 관계
딸과 아들이 있는 11년 차 부부

매디
43세
전 영업사원
현 전업주부

애덤
45세
소프트웨어
기술자

관계의 주도권이 한 사람에게 쏠려 있을 때… **5장**
아무리 대화해도 문제가 해결되지 않을 때… **12장**
갈등의 근원을 알게 됐을 때… **13장**

테리사
매디의 친구

드루
애덤의 친구

오랜 친구 관계
대학생 시절부터 절친한 사이

미아
42세
전업주부

아니야
42세
전업주부

가까운 사이에 갈등이 심해졌을 때… **10장**
감정이 격해져 소통이 어려울 때… **11장**
상대방 때문에 고통스러운 기억이 되살아날 때… **15장**

제이크
미아의 남편

크리스토퍼
아니야의 남편

가벼운 친구 관계
대학교 동창에서 동네 친구로

리암
35세
재무팀 직원

벤
35세
대형마트
매니저

상대방이 마음을 열지 않을 때… **4장**
서로 원하는 것이 다를 때… **16장**

낸시
브리트니의
어머니

브리트니
리암의
연인

부녀 관계
몇 년 전 레이철의 어머니이자
필의 아내가 세상을 떠남

레이철
40세
의사

필
68세
의사

오래된 관계를 개선하고 싶을 때… **9장**
서로 원하는 것이 다를 때… **16장**

나드야
레이철의
직장 동료

엠마
레이철의
딸

1

좋은 관계에서 각별한 관계로

이 책은 우리가 '**각별하다**Exceptional'라고 칭하는 독특한 관계에 대한 것이다. 당신은 이런 각별한 관계를 한두 사람, 혹은 더 많은 사람과 맺고 있을지도 모른다. 그들과의 관계에서 당신은 자신을 가공하지 않고, 그들이 당신을 있는 그대로 보고, 알고, 인정한다고 느낄 것이다.

인스타그램으로 소통하는 수백 명의 친구는 당신이 지난주에 멋진 레스토랑에서 어떤 저녁 메뉴를 주문했는지 알고 있다. 그러나 당신과 각별한 관계인 사람은 당신이 수년간 식이장애를 겪어왔다는 사실을 알고 있다. 또한 당신과 당신의 배우자가 2세 계획을 이야기하며 저녁을 먹었고, 당신이 이직하는 게 좋을지 의견을 나누며 활기찬 식사 시간을 보냈다는 것도 알고 있다.

고등학교 졸업 후 서로 한 번도 만나지 않아 상황을 모르는 친구들은 당신이 뭘 먹는지는 알더라도 이런 문제는 알지 못한다. 카풀을 하는 사람과는 이런 문제를 공유하지 않고, 자주 만나는 이모나 고모와도 이처럼 속 깊은 이야기를 나누기는 어렵다.

그러나 당신과 각별한 관계를 맺은 사람은 현재 상황을 자세히 알고 있다. 왜냐하면 그 사람은 **당신**을 정말로 잘 알기 때문이다. 관계는 연속선상에 존재한다. 이쪽 끝에 있는 사람들과는 진실한 관계를 맺지 않고 그저 연락만 할 뿐이고, 저쪽 끝에 있는 사람들과는 진실한 관계를 맺는다. 당신은 그들이 당신을 알고, 지지하고, 긍정하며, 완전히 인정한다는 느낌을 받는다.

이런 관계의 연속체에서 당신은 살면서 만나게 되는 사람들에게 애착을 느끼지만, 많은 사람과 더 긴밀한 관계를 맺고 싶어 한다. 문제는 **어떻게다.** 이런 연속선상에서 당신은 어떻게 행동해야 할까? 우리는 학생, 고객 그리고 바로 당신을 위해 이런 질문에 답하면서 전력투구해왔다.

각별한 관계는 개발될 수 있다. 그리고 각별한 관계에는 여섯 가지 특징이 있다.

1. 당신은 더욱 당신다워질 수 있고, 상대방도 마찬가지다.
2. 두 사람은 서로 자신의 약점을 기꺼이 드러낼 의향이 있다.
3. 자신을 상대방에게 공개해도 잘못되지 않으리라 믿는다.
4. 두 사람은 서로에게 정직할 수 있다.
5. 당신은 갈등을 생산적으로 해결할 수 있다.
6. 두 사람 모두 서로의 성장과 개발에 전념한다.

이 여섯 가지를 약간 풀어서 설명해보자.

처음 세 가지는 자기 개방에 대한 것이다. 우리가 과잉 공유 문화 속에 산다고 많은 사람이 지적하는 이 시점에 왜 '개방'이라는 문제를 이야기하는 걸까? 외부에 노출된 당신의 이미지와 당신의 실체를 공유하는 것은 다르기 때문이다. 작가 오스카 와일드는 이렇게 비꼬아 말했다. "다른 사람은 다 그대로 있으니, 너 자신이 되도록 하라Be yourself, everybody else is taken." 우리는 다른 사람들이 잘못 판단할까 봐 두려워 자신을 너무 자주 편집한다.

소셜미디어는 모든 것이 긍정적으로 보이도록 우리를 압박하는 세상을 만들었다. 페이스북에 올린 사진에서는 당신이 에펠탑 앞에서 웃음 짓고 있을지 모르겠으나 실제로는 그렇지 않았다. 그 여행은 재앙이었다. 우리가 아는 실리콘밸리의 최고경영자는 자신이 얼마나 많은 성취를 이루었는지를 끊임없이 설명하지만, 사실 그는 피곤과 두려움, 탈진에 시달리고 있다. 이처럼 거짓투성이인 전선을 계속 유지하려면 진이 빠진다.

당신의 모습을 계속 편집하고 왜곡하는 것은 자신의 진정성을 훼손할 뿐 아니라 다른 사람에게 당신을 왜곡하도록 유도하는 셈이다. 우리가 모든 것을 털어놓으라고 제안하는 건 결코 아니다. 하지만 각별한 관계인 사람과 당신의 중요한 일부분을 공유할 필요는 있다. 당신이 공유하는 것은 웃고 있는 휴가 사진이나 흥겨운 성탄절 카드로 포장되지 않은 진정한 당신이어야 한다.

나머지 세 가지는 피드백, 갈등과 관련이 있다. 어떤 사람에게 무엇을 해보라고 요구하는 것은 정말로 그들을 지지하는 강력한 방법일 수 있다. 하지만 이를 잘할 것이라고 확신하는 사람은 별로 없다. 각별한 관계에 있는 상대방이 당신의 거슬리는 행동을 알려주기도 하는데, 당신은 이를 경계할 사건이라기보다 배움의 기회라고 생각해야 한다. 상대방은 당신의 행동이 어떤 영향을 미치는지 이해하도록 도와주면서 관계에 대한 강한 헌신을 보여주고 당신의 성장을 돕는다.

아무리 좋은 관계라 하더라도 싸움이 일어나곤 한다(당신도 알게 되겠지만, 우리 저자 두 사람이 그 증거다). 우리는 주로 갈등에 대한 두려움 때문에 문제를 묻어두지만, 갈등은 제대로 표출되고 처리되기만 하면 오히려 관계를 깊게 만든다. 드러나지 않은 갈등이야말로 두고두고 해를 끼칠 수 있다. 각별한 관계라면, 문제가 잠복해 있다가 장기적인 손해를 끼치게 하는 것보다 그것을 드러내 해결하는 편이 낫다. 그런 문제들을 학습 기회로 보면 똑같은 갈등을 다시 겪을 가능성이 줄어든다.

우리는 개인적이거나 직업적인 상황에서 강력하고 기능적이고 튼튼한 관계를 만들고 유지하는 데 필요한 모든 것을 사람들에게 알려주는 일을 꾸준히 해왔다. 우리에게 이러한 내용을 배운 수천 명의 학생과 고객처럼, 이제 당신을 여기에 초청하려고 한다. 우리가 지도하고 가르치고 컨설팅하면서 목격했던 결과 덕분에 우리의 열정은 더욱 솟구친다.

우리는 이 책에 나온 개념을 단지 배우고 가르치는 데 그치지 않고, 그 개념에 따라 살고 있다. 물론 때때로 불완전하기는 하다. 결혼한 지 50년이 넘은 데이비드의 부인은 남편에게 이렇게 말하곤 한다. "이런 걸 맨날 가르친다면서 당신은 왜 그렇게 안 하는 거야?" 캐럴의 남편인 앤디도 부인에게 비슷한 감정을 드러내곤 한다. 하지만 가르친 바를 생활에 적용해 삶을 더욱 좋게 만들려고 항상 노력해왔다.

그런 노력에도 불구하고, 우리의 각별한 관계가 깨질 뻔한 적도 있다. 데이비드가 했던 것(좀 더 정확히 말하자면 하지 않았던 것) 때문에 캐럴은 아예 그와 관계를 끊고 더 이상 일을 하지 않으려고 마음먹은 적도 있다. 17장에서 자세히 언급하겠지만, 우리 관계가 완전히 파국 직전까지 갔으나 원상회복되었다는 점이 중요하다. 그래서 우리는 이 책을 함께 쓸 수 있었고 이런 과정에서 더욱 각별한 관계로 발전할 수 있었다. 우리야말로 실수와 오해가 얼마든지 생길 수 있고, 개선과 회복 또한 가능하다는 것을 보여주는 생생한 사례다.

우리 두 사람은 선생이지만 어떤 가르침은 직접 경험해야 한다고 처음으로 말하는 사람이 될 것이다. 그래서 이 책의 초점은 적용에 맞춰져 있다. 우리는 세계 최고 대학교 중 하나에 속한 경영대학원에서 일해왔으나, 우리가 하려는 이야기는 오히려 비즈니스 영역 밖에서 더욱 적절하다고 말할 수밖에 없다. 우리가 수십 년 동안 전념해온 대인관계 역학Interpersonal Dynamics 강좌는 부드럽게 말하자면 '터치-필리Touchy-Feely'[숨김 없음, 적나라함]인데, 여기에 무슨 질척질척한 의미는 없다. 소프트 스킬Soft Skill[타인과 협력하는 능력, 문제해결력, 감정을 조절하는 자기 제어성, 의사소통 능력, 리더십, 회복탄력성 등]을 연마하려면 힘든 과정을 많이 거쳐야 한다.

이 책에서 소개하는 개념은 수십 년에 걸친 우리 자신의 경험은 물론이고 대인관계 심리학을 비롯한 사회과학 조사방법론에 기반을 두고 있다. 데이비드는 50년도 더 전에 스탠퍼드대학교 경영대학원에 부임한 뒤 대인관계 역학 강좌를 개발하여 터치-필리의 아버지가 되었다. 캐럴은 20년 전에 합류하여 터치-필리의 여왕으로서 이 프로그램 참여자를 두 배로 늘리는 데 기여했다.

터치-필리는 스탠퍼드대학교 MBA 프로그램 중에서 단연코 가장 유명하고 인기 있는 강좌다. 재학생의 85%가 이 강좌에 등록하고 싶어 해서 학과 등수가 높아야 수강신청을 할 수 있다. 재학생들은 이런 경험을 "변혁적Transformational"이라 말하고, 졸업생들도 가장 영향력 있는 강좌에서 배운 바를 졸업 후 개인생활이나 직장생활에서 계속 사용하고 있다. 학생들은 강좌를 들으며 평생 친구를 찾기도 하고, 심지어 결혼을 하기도 한다. 터치-필리 강좌 이야기는 데이비드 켈리가 쓴 《유쾌한 크리에이티브》에서도 언급되었고 〈투데이 쇼〉, 〈뉴욕 타임스〉, 〈월스트리트 저널〉에도 소개되었다. 이런 매체들이 오늘날 조직생활에서 우리가 말한 소프트 스킬의 중요성을 부각시켰다.

강좌를 들은 학생들은 곧 알아채지만, 강좌 이미지가 부드럽게 '터치-필리'로 알려졌다 해서 강좌 자체가 결코 만만하지는 않다. 학생이 강좌에 등록하면 열두 명으로 구성되어 10주에 걸쳐 60여 시간을 만나는 'T-그룹'에 배치된다. T는 치료Therapy가 아니라 훈련Training을 의미한다. 서로 접촉하며 상대방의 반응을 통해 배움으로써 자기 개방의 중요성, 피드백 주고받기, 차이점을 극복하고 친밀해지기, 서로 영향 주기 같은 강좌의 개념을 실행하는 학습 실험실을 제공하는 것이 T-그룹의 목적이다.

우리는 효과적 관계 맺기를 배우는 가장 좋은 방법은 수업 듣기나 서류 읽기, 사례 연구, 독서를 통해서가 아니라 실제 상황에서 실시간으로 서로 접촉하는 것이라고 믿는다. 이 책은 우리가 수업에서 가르치는 내용을 모두 담고 있으나, 최대의 이득을 얻으려면 당신의 실험실인 삶 속의 관계들을 계속 활용해야 한다. 이 책에서 우리는 그 활용 방법을 구체적으로 보여줄 것이다.

수치를 계산하고 복잡한 문제를 푸는 데 익숙한 학생들에게 그룹에 들어가 누가 서로 더 연결되어 있는지 느끼고 왜 그런지를 따지는 게 처음에는 거슬릴 수 있다. 그러나 수년간 많은 학생이 처음에는 이 강의가 왜 그렇게 인기가 높은지 이해하지 못하다가 강의실을 떠날 때는 터치-필리 신봉자로 바뀌었다(그들은 추종 집단이 아니다!).

이런 강좌의 효과는 그들의 좋은 후기에서 나오는 것이 아니다. 우리도 나름대로 최선의 교수진이지만, 교수진이 하는 일은 학생들의 행동방식이 다른 사람에게 어떻게 영향을 주며 그것이 미래의 리더로서 자신의 성공에 어떤 의미를 지니는지를 배우는 환경을 조성해주는 것뿐이다.

전문가들은 대인관계를 다루는 소프트 스킬이 직업적인 성공에 필수임을 인식했다. 우리의 핵심 신념은 사람들이 아이디어나 기계, 전략, 심지어는 돈만이 아니라 사람과 거래한다는 것이다. 이 강좌는 관계를 맺고 신뢰를 구축하고 영향력을 얻는 것과 같은, 성공적인 리더십을 위해 꼭 필요한 소프트 스킬을 개발하는 데 최고의 기회를 제공한다.

그러나 학생들은 좀 더 심오한 것을 얻기도 한다. 몇 년 전 어떤 학생이 이렇게 말했다. "나는 최고의 경영대학원에 가면 더 좋은 매니저와 리더가 되는 방법을 배울 거라고 생각했어요. 그런데 스탠퍼드대학교에 와서 이 강좌를 들은 후에는 내가 더 나은 인간이 되어 좋은 리더 이상으로 발돋움할 수 있을 거라고 믿게 되었어요."

수년간 우리는 동창 모임에서나 이메일로 이런 반응을 전해 들었다. "이 강좌가 10년 후 나의 경력과 결혼생활에 위기가 닥쳤을 때 나를 구해주었어요." "이 강좌에서 배운 바를 거의 매일 일하면서 써먹고 있어요." "나는 이 강좌를 듣고 나서 직장 동료는 물론이고 부모, 배우자, 자녀로서 더 나은 사람이 되었다고 확신합니다." 최근에 어떤 경영자과정 참가자는 이렇게 말했다. "놀랍게도 이 과정은 리더십을 개선하는 데 중점을 두지 않고 더 나은 사람이 되는 방법을 가르쳐주었어요. 부수적으로 자의식이 강해지고, 공감 능력과 소통 능력이 향상되며, 취약성Vulnerability[감정을 보여주거나 자신의 약점을 드러내려는 의지 혹은 감정적으로 상처받을 위험을 감수하려는 의지]이 생겨 더 유능한 리더가 되었습니다."

소프트 스킬에 통달하려면 많은 노력을 기울여야 하지만 누구나 배울 수 있다. 그래서 터치-필리로 득을 보는 사람은 MBA 학생만도 아니고, 그 원리가 캘리포니아에서만의 신봉 현상도 아니다. 훨씬 다양한 참가자로 구성된 유사한 그룹이 유럽, 아프리카, 중동, 동아시아, 중남미 등 전 세계에서 만들어져 실험을 하는데 그 결과는 큰 차이 없이 거의 같다.

우리는 학교뿐 아니라 많은 국가, 영리기구와 비영리기구, 다양한 산업 분야, 그리고 〈포천〉 100대 기업에서 스타트업에 이르기까지 다양한 규모의 기업에서 컨설턴트와 경영자 코치로도 활약하고 있다. 또 전 세계에서 온 고참 관리자들이 참가하는 스탠퍼드대학교의 일주일 경영자과정도 개발해 성공적으로 잘 운영하고 있다. 캐럴은 실리콘밸리의 최고경영자, 창업자, 투자자를 발전시키는 데도 똑같은 원리와 과정을 적용한다.

최근 몇 년 동안 목격한 것 중에 가장 주목할 내용은 깊고 만족스러운 개인적인 관계 맺기가 보통 우리가 생각하는 경우보다 훨씬 폭넓게 발생한다는 점이다. 우리는 외견상 공통점이 거의 없어 보이는 사람과도 각별한 관계를 발전시킬 수 있다. 이런 현상은 개인적인 상황과 직업적인 상황 모두에서 계속 일어난다. 이때 피상적인 대화를 뛰어넘을 기술이 필요하다. 모든 경우에 물리적 시간이 많이 필요하지는 않지만, 자신과 상대방을 진정으로 알고자 헌신적으로 노력해야 한다.

당신이 모든 사람과 그런 각별한 관계를 맺지는 않을 것이다. 깊은 관계를 맺으려면 대단한 노력이 필요하므로, 그런 일은 가능하지도 않다. 게다가 그럴 필요도 없다. 당신은 살면서 다양한 사람을 만난다. 테니스 경기를 함께 하는 파트너도 있을 터이고, 영화와 콘서트를 같이 보러 가는 사람, 때때로 당신이 저녁 식사에 초대하는 사람도 있을 것이다. 직장에서 자주 협업하는 동료라 하더라도, 그 사람과 가장 긴밀한 관계는 아닐 수도 있다.

각별한 관계는 파트너십, 사회적 상호작용, 지적 자극, 전문적 검증 그리고 재미를 제공한다. 이런 관계는 강렬하지 않으나 그 자체로 충분하다. 게다가 우리는 그런 관계가 필요하다. 모든 디저트가 초콜릿 수플레일 필요는 없고, 오로지 당신을 깊이 아는 사람과 인간관계를 맺을 필요도 없다.

당신이 맺은 관계 중에 더 돈독해질 가능성이 있는 관계가 있다고 해보자. 각별한 관계까지 발전할 거라고 확신할 수는 없으나 앞으로 성장의 여지가 있다고 당신은 생각한다. 아마도 당신은 가벼운 관계에서 더 사적인 관계로, 거리를 두는 관계에서 좀 더 가까운 관계로, 제대로 기능하지 못하는 관계에서 제 기능을 하는 관계로, 경쟁 관계에서 협업 관계로 가는 방법을 배우고자 할 것이다. 혹은 특별하고 깊지만 그보다 더 풍부해질 거라고 생각하는 관계가 있을 수 있다. 이 책에 담긴 개념들을 배우면 이런 연속체를 따라 관계가 더욱 진전할 수 있다.

우리는 '깊은 관계 맺기를 위한 다섯 가지 쉬운 단계'를 당신에게 약속하지는 못한다. 왜냐하면 그런 단계는 존재하지 않기 때문이다. 특정 사이즈가 모두에게 맞을 수는 없듯이 당신에게 잘 어울리는 것이 다른 사람에게는 제대로 작용하지 않을 수 있다. 어떤 관계를 개선할 수 있는 방법이 다른 관계에서는 잘 먹히지 않기도 한다. 각별함은 관계의 최종 상태가 아니다. 왜냐하면 관계는 항상 더 심화될 수 있기 때문이다. 그 대신에 각별한 관계를 살아 숨쉬는 유기체, 항상 변하고 관리해야 하며 언제든 당신의 숨을 멎게 할 수도 있는 유기체라고 생각해보라.

우리는 더 의미 있는 관계 맺기가 주는 이익을 솔직히 설명하고, 이 같은 관계를 구축하기 위해 얼마나 큰 노력이 필요한지도 솔직히 제시한다. 이러한 관계가 친구, 부부, 가족, 동료 관계에 분명하게 심오한 영향을 끼치는 모습을 목격했다. 우리의 가르침을 활용하면 불필요한 갈등을 줄여서 더 돈독하고 행복하고 깊은 관계를 맺을 수 있다.

당신이 다른 사람과의 관계에서 안전함과 정직함을 느낀다면 성장 가능성은 무한대로 늘어난다. 다른 사람과의 관계에서 진정성을 느낀다면 패러다임이 전환된다. 결국 각별한 관계는 기술과 역량의 단순한 합 이상의 힘을 발휘한다. 그것은 전혀 다른 존재 방식이고, 그 안에는 마법과도 같은 무언가가 있다.

2

이 책을 활용하는 방법

우리는 수십 년 동안 대인관계 역학 강좌를 개설해 많은 학생을 가르쳤다. 다른 사람들이 관계 문제를 해결하도록 도울 때도, 그리고 우리 자신의 문제를 해결할 때도 거듭해서 우리가 가르쳤던 대인관계 기술을 들여다본다.

학생들은 자신도 참고하고 친구나 배우자, 비즈니스 파트너와 나눠 볼 수 있도록 강의교재를 책으로 만들어달라고 우리에게 거듭 요청했다. 우리 역시 이 강좌의 좋은 점을 스탠퍼드대학교 내부뿐 아니라 외부의 많은 사람에게도 전달하고 싶다는 꿈이 있었기에 이런 학습을 더 널리 전파하는 방법을 깊이 생각했다.

여기에는 해결해야 할 몇 가지 난제가 있다. 첫째로 이 책의 기본 강좌는 학생들이 참여하는 작은 그룹에서의 긴밀한 체험학습으로 이루어진다. 학생 각각은 10주간 똑같은 대면 그룹에 참여하기로 약속했기 때문에, 갈등이 생겨도 그곳을 나갈 수 없다. 서로의 미묘한 면을 더 많이 보게 되면서 그룹의 갈등은 점차 해결된다.

둘째로 학생들은 그룹의 동료에게 도움을 받는다. 어떤 두 사람의 사이가 좋지 않으면 다른 동료가 끼어들어 이렇게 말한다. "어이, 여기 무슨 일이야?" "가브리엘을 보호해주고 싶군. 그가 괜찮은지 확인하고 싶어."

셋째로 강좌에는 학습을 뒷받침하는 문화적 규범이 있다. 이 규범은 기밀유지 그리고 우리의 실수로부터 배우기를 거부하는 것만이 유일한 실수라는 생각을 포함한다. 후자는 문제를 새로운 학습 기회로 재구성한다.

물론 이런 세 가지 요인이 책에 들어가 있지는 않다. 강좌와 교재에서 다루는 것과 똑같은 개념, 사례, 자료는 제공할 수 있지만 당신의 학습을 도우며 계속 참여하는 열한 명의 다른 동료로 이루어진 그룹은 제공할 수 없다. 그리고 당신의 개인적 관계의 문화적 규범에 영향을 줄 수도 없다.

우리가 꽤 능력 있는 듀오라고 생각하지만, 그럼에도 한계는 있다. 게다가 우리에겐 당신이 생각으로만 이해하고 있는 내용을 실제 행동으로 바꾸는 데 도움을 줘야 하는 과제도 있다. 결국 이것은 실제로 해보지 않아도 무엇을 해야 할지 알 수 있음을 의미한다. 체험학습을 통해 당신은 먼저 뭔가를 시도하고 그로부터 배울 수 있다.

이런 일이 가능하려면, 무엇보다도 먼저 당신이 적극적으로 참여해야 한다. 강의하면서 우리는 이렇게 말하곤 한다. "뒷짐지고 앉아서 지켜보기만 하면 가장 적게 배우고, 소매를 걷어붙이고 실제로 참여하면 가장 많이 배운다."

이 책에서 줄곧 사용할 다섯 가지 시나리오를 만들었다. 시나리오별로 관계의 변곡점에 있는 두 사람이 등장한다. 수십 년간 함께 해온 아버지와의 관계를 바꾸려는 딸부터 개인적인 욕구와 공동의 책임 사이에서 저울질하는 부부, 관계가 깊어졌다가도 다시 시험대에 오르는 직장 동료 사이까지 시나리오의 영역은 광범위하다. 이 모든 경우는 우리가 경험하거나 목격한 실제 관계를 통합한 것이다. 그러므로 책을 수동적으로 읽기보다는 각 상황에 자신이 놓여 있다고 상상하며 읽길 바란다.

첫째, 그들의 힘들고 어려운 일을 읽고 그들 입장이 돼서 당신은 어떻게 느끼고 행동할지 생각해보라. 당신은 무엇을 잘하고 어떤 한계에 부딪히는가? 어떤 역량을 개발해야 하는가? 그리고 우리가 이런 상황을 처리하는 방법을 설명할 때 당신한테는 무엇이 쉽고 어려운지를 평가해보라. 당신의 반응에서 자신에 대한 어떤 통찰력을 얻을 수 있는지도 탐구해보라. 적극적인 자세를 취하면 자료를 자신의 것으로 만드는 데 도움이 될 것이다.

둘째, 당신이 배운 바를 실행에 옮겨라. 각 장은 학습한 내용을 적용할 방법을 찾기 위해 자신을 성찰하는 질문과 제안으로 마무리한다. 학생들이 수업 중에 그렇게 하듯이 당신도 다음 장으로 넘어가기 전에 시간을 내서 배운 내용을 활용해보라. 이런 내용을 실제에 적용하기란 결코 쉬운 일이 아니다. 우리는 확실한 답 대신에 여러 선택지를 자주 제공할 것이다. 당신이 원하는 결과, 능력, 감당하려는 위험도에 따라 구체적인 해결책이 달라지기 때문이다.

관계에서의 결정은 공동으로 합의해 이루어지므로, 어떤 결정 과정이 옳은지는 상대방에게도 달려 있다. 그들이 무엇을 원하는지, 그들은 무엇을 다룰 수 있는지, 그 관계의 맥락은 무엇인지에 따라 좌우된다. 이러한 유연성은 제약을 주기보다는 오히려 자유를 준다. 당신이 원하는 연줄을 얻는 데 항상 성공한다는 보장이 없을지라도 시도하면서 배울 수 있다. 사실 마음 같아서는 장 하나를 읽은 후에 배운 바를 당신의 삶에 적용해보고 해당 장을 다시 읽어보라고 권하고 싶다.

셋째, 자신에게 중요한 개인 '안테나' 두 개를 미세하게 조정하라. 안테나의 방향을 하나는 밖으로, 다른 하나는 안으로 향하도록 하는 게 좋다. 안으로 향하는 안테나만 있다면 상대방을 이해할 수 없고, 밖으로 향하는 안테나만 있다면 당신 자신을 잃게 된다. 두 안테나로 수신하는 신호를 잘 들어야 그때의 상황과 당신의 필요에 부합하는 행동을 취할 수 있다. 안테나 튜닝이 잘 돼야 다른 사람과의 모든 상호작용을 학습 기회로 바라볼 수 있다.

우리의 친구 한 명은 스탠퍼드대학교의 강좌를 '대인관계 마음챙김Interpersonal Mindfulness'이라 불러야 한다고 넌지시 말한 적이 있다. 우리가 책에서 설명한 방식으로 다른 사람과 어울리려면 상대방은 물론이고 자신에게 무슨 일이 일어나는지도 예민하게 의식해야 하기 때문이다.

물론 우리가 당신의 점수를 매기지는 않는다. 하지만 충실히 임해주면 좋겠다.

관계의 포물선과 이 책의 포물선

모든 관계는 가변적이지만 대부분 비슷한 패턴으로 발전한다. 관계는 음악이나 하이킹처럼 공통된 관심사에서 시작된다. 사람들의 관심은 상호 보완적인 경우가 많다. 예를 들어 어떤 사람은 계획을 세워 행동에 옮기기를 좋아하지만, 어떤 사람은 그 일을 귀찮아하는 식이다. 이런 과정에서 두 사람은 어떻게 서로 관계를 맺고 영향을 줄 것인지 배워야 한다. 첫 번째 사람이 제안하는 계획을 두 번째 사람은 어느 정도까지 거부할 수 있을까? 첫 번째 사람이 서로 익숙하다고 느껴 일정을 잡는 수고를 두 번째 사람에게 얼마나 미룰 수 있을까?

이렇게 하는 게 어떤 사람에게는 문제가 없어서 더할 나위 없이 좋을 수 있다. 예를 들어 당신과 동료 모두 농구를 좋아해 쉽게 스스럼없는 친구가 되었고 격주로 즐거운 농구 게임을 할 정도로 관계가 진전되었다고 해보자. 두 사람은 영화와 최근 이슈(논쟁 여지가 있는 주제만 빼고)에 대해 담소하며 만족스러워한다. 이런 관계에서는 누구도 자신들의 심각한 우려나 큰 꿈을 화두로 의논할 필요를 느끼지 못한다. 1장에서 언급했듯이, 모든 친구 관계가 초콜릿 수플레일 필요는 없다.

그러나 더 깊이 발전시키고 싶은 관계도 있다. 서로 알아가는 초기 단계를 넘어서 더 개방적이고 더 개인적으로 소통하기 시작한다. 그렇게 해서 지식 수준과 이해 정도가 높아지면 연결 부분을 더 많이 발견하게 된다. 신뢰가 쌓이면 양쪽 다 위험을 더 감수하더라도 자신을 드러내려 하고 훨씬 더 무방비 상태가 된다. 이런 사이클이 계속되고 강화되면 관계가 더욱 발전한다. 이처럼 관계가 깊어지면 부담 없이 때때로 만나는 친구일 때와는 달리, 일할 때의 어려움이나 10대 아이들과의 갈등에 대해서도 의견을 나누게 된다.

서로가 서로에게 더 중요해지면, 관계도 갈수록 더 복잡해진다. 의견충돌도 잦아지고 부담과 기대도 커진다. 골치 아픈 일이 불가피하게 발생하면 당신은 어떻게 처리할 것인가? 이런 문제를 정면 돌파하여 잘 해결하면 관계는 더욱 단단해진다. 결국 서로 상대방에게 바라는 것과 관계 지속에 방해되는 것이 무엇인지를 표면에 드러낸다. 개방성과 정직성도 덩달아 커진다. 이렇게 건강한 관계로 더 나아가면 힘의 불균형도 사라져 관계에 대해 서로 거의 똑같은 만족감을 얻게 된다.

이처럼 진화하는 관계를 헤쳐 나가면서 서로 영향을 주는 방법을 각자 배울 수 있다. 상호 의존 관계가 잘 형성되면 필요할 때 상대방에게 도움을 요청하고 필요 없으면 도움을 거절하기도 쉬워진다. 문제와 갈등은 사라지지 않지만 이것을 처리하는 방법을 알게 되는 것이다. 관계가 이런 단계에 돌입하면 각자는 서로에게 대단한 지지자가 될 수 있다. 이슈를 놓고 토론하고 피드백을 주고받으면서 결과적으로 성장한다.

그러나 관계가 더 진전되면 털어놓는 이야기의 수준과 위험 부담도 현저히 늘어날 수밖에 없다. 두 사람 모두 발을 디뎠으니 위험은 더욱 커졌다. 가끔 이런 관계가 깊어지면 수년간 기꺼이 경험을 공유하면서 원활하게 털어놓은 각별한 정보가 쌓여 신뢰도는 더욱 높아지게 된다.

심각한 이슈가 터져 상황을 반전시키기도 한다. 중대한 갈등이 생겨 관계가 틀어졌다고 가정해보자. 자고 있는 개를 내버려 두듯이 해당 이슈를 모두 회피하는 편이 낫다고 판단할지도 모른다. 아니면 이슈에 직면해 관계를 테스트해보고 끝낼 수도 있다. 그러나 갈등을 완전히 해결하면 연결이 강화되어 관계가 각별한 영역으로 발전한다.

깊은 관계 맺기에는 시간이 걸린다. 즉각적으로 이루어지는 친분은 없다. 당신은 관계 맺기의 속도와 방향에 영향을 미칠 수 있는데, 우리가 그것을 제대로 하는 방법을 알려줄 것이다. 탱고를 추려면 두 사람이 필요하듯이 관계가 어떻게 진전되느냐는 상대방이 관계의 성장을 위한 스텝을 밟으려는 의지와 능력이 있는지에 달려 있다. 당신은 영향을 줄 순 있으나 통제할 수는 없으며, 관계 발전의 포물선이 반드시 직선일 필요는 없다. 관계는 상태를 잠시 그대로 유지할 수도 있고, 심지어 후퇴하다가 다시 성장할 수도 있다.

이 책은 매끄럽지는 않지만 관계를 심화하는 포물선을 따라가도록 구성했고, 두 개의 부로 나누어져 있다. 1부에서 우리는 1장에서 이야기한 각별한 관계의 여섯 가지 특징을 검토한다. 이러한 개념은 관계가 어떻게 끝나든 상관없이 모든 실용적이고 튼튼한 관계를 맺는 과정의 핵심이다. 우리는 당신이 더욱 자신다워지는 방법, 그리고 다른 사람들도 자신다워지도록 돕는 방법을 이야기할 것이다. 관계와 상호영향에서 균형 잡기의 문제도 다룰 것이다.

사소한 골칫거리와 더 중요한 불화를 다루는 방법을 검토하고,

피드백을 주고받는 데 무엇이 방해되는지도 물어볼 것이다. 사람들이 과연 변할 수 있는지 없는지와 같은 풀기 어려운 질문을 들여다보고, 갈등을 해결하는 데 호기심이 어떤 역할을 하는지도 살펴볼 것이다.

2부에서는 매우 좋은 관계가 어떻게 각별한 관계로 옮겨가는지 다룰 것이다. 주요 갈등을 성공적으로 해결하고 그런 과정에서 관계를 심화하는 데는 무엇이 필요할까? 어떻게 하면 경계는 분명히 하면서 계속 가깝게 지낼 수 있을까? 아울러 어떤 사람의 개인적 문제가 다른 사람의 고통을 유발할 때 발생할 수 있는 복잡한 문제를 들여다볼 것이다. 모든 관계가 각별해져야 하는 것은 아니다. 우리는 테스트 단계에서 유대가 더 깊어지고 개인들이 유대를 강화하고 유지하는 기술을 쌓는다는 것을 발견했다.

관계가 각별한 수준에 이르지 않는다고 해서 당신이 실패한 것은 아니고, 그 관계가 영원히 각별해질 수 없다고 말하지도 못한다. 이런 미묘한 영역을 다루는 방법을 16장에서 소개한다. 끝으로 이 책의 마지막 장은 우리 두 저자의 관계가 거의 끝날 뻔한 절체절명 위기에 직면했을 때, 우리가 어떻게 관계를 회복하고 심화 단계까지 도달해 이 책에 있는 가르침을 함께 이끌어냈는지 설명할 것이다. 이런 주제를 가르치는 우리마저도 얼마든지 관계를 망칠 수 있다고 인정하는 것은 두렵지만 겸허한 경험이었다.

학습 사고방식

프랑스의 인상파 화가인 오귀스트 르누아르가 78세에 침상에서 죽어가면서 마지막으로 이런 말을 남겼다고 한다. "이제 비로소 그림이 뭔지 이해되기 시작하는데 I think I'm beginning to learn something about it." 얼마나 놀랍고 개방적이고 탐구적인가? 우리는 똑같은 아이디어에 나름의 양념을 약간 쳤다. 어려운 문제에 직면할 때마다 우리는 '으음, AFOG'라고 생각한다. AFOG는 '또 다른 망할 놈의 성장 기회가 왔군 Another F**king Opportunity for Growth'의 약자다.

르누아르나 우리의 말 중에 당신이 어떤 것을 받아들이든 이러한 학습 사고방식이 얼마나 중요한지는 아무리 강조해도 지나치지 않다. 당신이 학습에 마음을 열지 않으면 관계를 현저히 개선할 수 없다(그리고 각별한 단계까지 분명히 다다를 수 없다). 이런 사고방식은 신기술과 핵심 역량에만 국한되지 않고 안을 들여다보려는 의지에도 적용된다. 1970년대에 유명한 만화 캐릭터였던 포고는 이렇게 말했다. "우리가 적을 만났는데 그 적이 바로 우리다." 상황이 나쁘게 돌아가면 다른 사람을 비난하기 쉽다. 하지만 적의 일부가 '우리인지' 적극적으로 생각해보아야 한다.

학습 사고방식에는 여러 특성이 있다. 첫째는 당신이 일하는 방식이 항상 최고라는 생각을 기꺼이 버리는 것이고, 둘째는 새로운 일을 시도하고 실수를 저지르는 위험을 감수할 용기를 갖는 것이다. 셋째는 실수를 하면 당황해서 감추기보다 학습 기회로 삼는 것이다. 호기심이 핵심이다. 왜 이렇게 안 되는지 궁금해하면 상황이 꼬였을 때 다른 사람을 비난하는 것보다 훨씬 더 생산적으로 대처할 수 있다.

지속적인 학습에 마음을 열면 멋지게 살아갈 수 있다. 이 말은 발전을 향한 문이 열려 있다는 뜻이다. 이 책이 설명하는 기술과 능력을 습득해서 자신을 제약하고 있는 가정Assumption을 되돌아보고 자신에게 도움이 되지 않는 행동을 다시 한번 생각해보는 것이다.

미국의 배우이자 영화감독인 앨런 알다Alan Alda는 이렇게 말했다. "당신이 머리에 품고 있는 가정은 세상을 향해 열려 있는 창문이다. 가끔씩 창문을 닦지 않으면 빛이 아예 들어오지 못할 것이다."[1] 어떤 변화는 상대적으로 수월하고, 또 어떤 변화는 어려울지 모른다. 하지만 이 또한 모두 관계의 마법의 일부다.

상황이 꼬이면 "나는 할 수 없어. 나는 안 돼"라고 말하고 싶을 것이다. 맞다. 당장은 당신이 할 수 없을지도 모른다. 하지만 **절대** 할 수 없을까? 심리학자 캐럴 드웩Carol Dweck이 성장 사고방식에 대한 연구에서 지적했듯이 당신은 **아직** 할 수 없을지도 모른다.

이 책에서 제시한 기술 중에 너무 난해해서 배울 수 없는 건 없다. 대인관계 역학 강좌에서 매우 많은 참여자가 "나는 안 돼"라고 부인했지만 학기말에 그런 능력을 모두 갖추는 것을 목격했기에 우리는 확실히 말할 수 있다. 우선 "나는 안 돼"에서 "어렵더라도 나에게 선택권이 있어"로 모든 관계에서 사고방식이 바뀌어야 한다. 다른 사람이 다른 선택을 하는 것이 정당하다면 우리는 모두 우리가 선택했다는 것을 인정해야만 한다.

분명히 이는 어려운 일이다. 하지만 그만큼 가치 있는 일이다. 행운을 빈다. 학습 기회로 삼을 수 있는 실수를 많이 저지르기 바란다.

스스로 해보기 전에

이 책을 실생활에 적용하려면 가족, 친구, 동료 중에서 유독 특별한 관계를 만들고 싶은 네다섯 사람을 일단 고르기 바란다. 각 장의 말미에 반복적으로 나오는 '자기 성찰하기Self-Reflection'에서 이 장의 내용이 그 관계와 어떤 관련이 있는지 생각해보라고 요청할 것이다. 어떤 관계를 고르더라도 각 장에서 배운 내용은 그 모든 관계에 적용됨을 유념해야 한다.

두 번째로 나오는 '적용하기Application'에서 관계를 더욱 공고히 하는 방법을 제시할 것이다. 이 방법을 당신이 선택한 사람과 공유하면 그들은 전후 사정을 파악하고 당신이 자신들에게 도움을 요청하는 이유를 이해할 수 있다. 당신은 그들에게 이 방법을 공유한다는 것 자체가 단순한 학습 기회가 아니라 당신이 가치 있게 여기는 관계를 더 특별한 관계로 만들 기회라고 강조하고 싶은 건지도 모른다. 바라건대 그들이 당신의 학습 여정에 꼭 합류하면 좋겠다.

세 번째로 나오는 '이해하기Making Sense'에서 실행을 통해 배운 바를 되돌아보라고 요청한다. 당신이 경험을 이해하려고 노력할 때 경험의 가치가 가장 높다. 학생들에게 물었던 것처럼 당신에게도 물을 것이다. "개념을 핵심 관계에 **적용**해보니 어땠나요? 자신에 대해 뭘 배웠고 더 강력한 관계를 구축하면서 무엇을 배웠나요?"

자기 성찰하기

1장에서 각별한 관계의 여섯 가지 특성을 다음과 같이 열거했다.

1. 당신은 더욱 당신다워질 수 있고, 상대방도 마찬가지다.
2. 두 사람은 서로 자신의 약점을 기꺼이 드러낼 의향이 있다.
3. 자신을 상대방에게 공개해도 잘못되지 않으리라 믿는다.
4. 두 사람은 서로에게 정직할 수 있다.
5. 당신은 갈등을 생산적으로 해결할 수 있다.
6. 두 사람 모두 서로의 성장과 개발에 전념한다.

당신이 선택한 핵심 관계 각각에 대해 생각해보라.

- 여섯 가지 특성 중에 어떤 것이 가장 강력한가?
- 여섯 가지 특성 중에 어떤 것을 가장 개선하고 싶은가?
- 어떤 관계가 벽에 부딪혔다면 당신(다른 사람이 아니라)이 한 일 때문일까, 아니면 하지 않은 일 때문일까?

적용하기

당신이 선택한 사람 중 한 명을 골라 그 관계에서 당신이 원하는 주제로 대화를 시작하라. '자기 성찰하기'에 대한 당신의 평가(당신이 한다고 생각하는 것, 하지 않는다고 생각하는 것을 포함하여)를 공유하라. 그들이 당신, 그들 자신, 상황을 똑같이 평가하는지 알아보라.

이해하기

결과가 어떻게 나왔는가? 자신에 대해 그리고 당신이 문제를 제기하는 방법에 대해 무엇을 알게 되었는가? 다른 사람의 답변에 얼마나 수용적이었는가? 이 장에서 우리의 학습을 방해하는 몇 가지 요인을 다루었다. 이 중에 어떤 한계가 당신에게 발생했는가? 관계를 강화하는 과정에서 당신은 무엇을 배웠는가?

주의: '실전 연습'에서 당신이 배운 것을 모두 일지로 기록해두면 좋다. 후속 장들에서 이번에 선정한 관계에 대해 계속해서 물을 것이다. 그다음에 어떻게 진행되는지 보면 흥미로울 것이다. 학생들은 강좌 내내 일지에 배운 것을 기록해야 한다. 많은 학생이 당시에는 싫어하지만 나중엔 대부분 감사를 표한다.

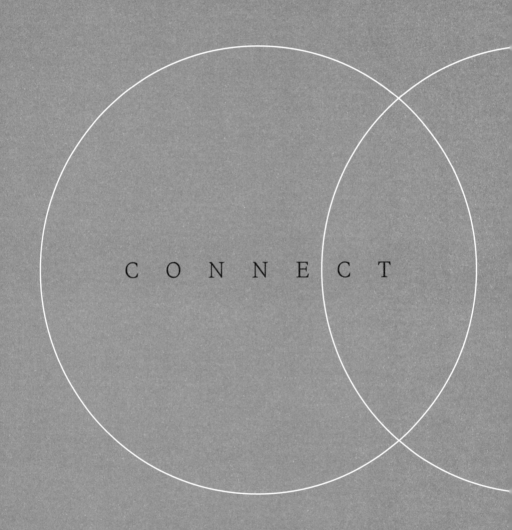

CONNECT

1부

좋은 관계를 만들고 싶다면

스무 살을 앞둔 10대의 데이비드는 미국 뉴햄프셔주 북부의 화이트산맥과 가까운 곳에서 여름방학을 보내면서 프레지덴셜산맥에 자리잡은 워싱턴산[해발고도 1,917미터의 산]에 자주 올랐다. 도보로 여행하기에 좋은 산길이 워낙 다양하게 많아 데이비드는 이 산을 좋아했지만, 사실 위험한 산이었다. 북아메리카에서 가장 오르기 어려운 오르막길은 아니나 사망자가 가장 많기로 악명이 높았는데, 산에 오르는 주말 등산객들이 한여름 갑자기 급변하는 날씨에 제대로 대비하지 않았기 때문이다.

청명한 하늘이 순식간에 구름으로 덮이면, 기온이 급락하고 다음 행선지를 알려주는 표지판을 찾기가 어려울 정도였다. 데이비드는 일행과 함께 등반하기를 좋아하기도 했고, 언제 다른 사람의 도움이 필요할지 모르므로 절대로 혼자 산에 오르지 않는다.

파트너와 함께 워싱턴산에 오르는 일은 각별한 관계를 형성하는 것과 비슷하다. 인간관계는 가벼운 대화라는 쉽고 잘 다져진 코스부터 시작한다. 가다 보면 등반이 좀 더 어려워져서 선택해야 하는 시점에 놓인다. 산길이 갈라지면 어떤 길로 가야 할지를 놓고 두 사람의 의견이 갈리기도 하는데, 그래도 결정을 내려야 한다.

그때 당신이 가파른 권곡 벽[빙하가 침식되어 형성된 넓고 오목한 골짜기의 절벽]에 있으면 선택지는 크게 늘어난다. 파트너에게 어느 정도의 도움을 제안해야 할까? 파트너는 제안을 환영할까, 아니면 모욕감을 느낄까? 당신은 좀 쉬고 싶은데 파트너는 그럴 생각이 없다면 어떻게 해야 할까?

한 명의 파트너와 함께 권곡 벽을 넘어서는 것보다 즐거운 일은 없다. 여름 꽃이 가득한 아름다운 초원이 당신 앞에 펼쳐진다. 배낭을 내려놓고 쉬면서 자신들이 이룬 것을 반추해본다. 그냥 그곳에 머물면서 즐거움을 같이 나눌 수도 있다. 앞에 놓인 바위는 생각보다 더 커 보이고 등반하기가 힘들어 보인다.

이 책의 다음 열 개 장에서 우리가 만날 다섯 쌍의 사람들은 각자의 방식으로 초원에 도착한다. 그들은 아주 큰 성취를 이뤘다. 함께 더 강건하고 의미 있는 관계로 나아가기 위한 길을 찾았고, 한 개인으로서는 많이 배우고 성장했다. 각별한 관계라는 정상에 도달하기 전에 모든 관계는 일단 이 초원에 도착해야 한다. 어떤 사람은 초원에 그냥 머물고, 다른 사람은 앞으로 계속 나아갈 것이다. 하지만 오판하지 말라. 초원에 이르는 것조차 힘겨울 것이다. 하지만 보람은 있을 것이다.

3

사적인 이야기를 꺼내기 망설여질 때

◯◯◯

동료 사이에 솔직해질 수 있을까?

실제로 우리는 잘 모르는 사람들과 매일 수많은 대화를 나눈다. "안녕하세요"라고 말하며 집 근처 식료품가게 주인과 기분 좋은 말을 나눈다. 이웃은 당신의 아이가 몇 명인지, 당신이 어디에서 일하는지, 하물며 지난번에 어디에서 휴가를 보냈는지까지 안다.

하지만 다른 것은 잘 모른다. 정기적으로 저녁 식사를 함께하는 친구들은 당신을 더 잘 알겠지만, 당신의 생활에는 여전히 잘 모르는 방대한 부분이 있다. 당신은 때때로 더 심도 있고 의미 있는 관계를 갈망하지만, 그런 관계에 이르는 방법을 항상 아는 것은 아니다.

자신을 상대방에게 노출하는 것은 각별한 관계를 발전시키는 데 필수적이다. 자기 개방은 상대방과 친해질 더 많은 기회를 만들어서 신뢰를 높인다.[2] 또한 자신의 실제 모습이 그대로 받아들여지기 위해서 매우 타당하다. 그렇다고 위험이 전혀 없는 것은 아니다.

예전에 캐럴은 실리콘밸리의 임원들을 이끌고 수련회를 간 적이 있었다. 그런데 흥도 나지 않고 동떨어진 느낌이 들었고, 그녀가 외부에서 진행 중인 중요한 행사에 정신이 팔려서 집중하기 어려웠다. 게다가 수련회에 참석한 임원들은 그녀의 중요한 고객들이었다. 캐럴은 그들의 '선생'으로 참석한 자신이 그들 사이에서 특히 약하고 부족하다고 느껴졌다. 그녀는 다른 사람들에게 어떻게 비춰졌을까? 만약 그녀에게 무슨 일이 일어나고 있는지 인정했다면 어떤 일이 벌어졌을까?

캐럴은 감추고 속이기보다 예전에 그렇게 했듯이 그녀가 가르친 바대로 살고 자신의 느낌을 모두 드러내기로 마음먹었다. 자신의 느낌을 공유하면 스스로 매우 약하게 느껴진다는 사실마저 드러내기로 한 것이다. 그녀가 마음을 열자, 사람들 사이에 훨씬 연대감이 생겼다. 어떤 임원은 그녀에게 어색한 분위기를 풀어줘서 고맙다고 말하며 자신들도 흥이 나지 않고 동떨어진 느낌이었다고 실토했다.

이 장에서 우리는 다른 누군가에게 정말로 솔직해지려면 무엇이 필요한지를 다룰 것이다. 하지만 그게 그렇게 간단하지 않다. 당신이 진정성 있고 솔직했지만, 제대로 이해받지 못한다면 어떻게 해야 할까? 혹은 당신의 솔직함이 상대방을 당황하게 했다면 어떻게 해야 할까? 감정은 자기 개방에서 어떤 역할을 할까? 당신은 상대방에게 자신을 더 잘 알리려고 어떤 위험을 무릅쓸까?

'엘레나와 산제이' 1편

엘레나는 직장 동료인 산제이와 점심을 함께하려고 사무실 자리를 뜨면서 망설이고 있었다. 한 동료가 몇 주 전에 하기로 한 업무를 엘레나에게 다시 맡기려고 하는 문제로 갈등이 있었다. 엘레나가 자신의 입장을 고수하자 그 동료는 기분이 나빠져 버럭 화를 냈다. 그녀는 산제이의 의견을 들어보고 싶었다. 하지만 자신이 상황을 제대로 처리하지 못했다거나, 과잉 대응을 했다고 생각하지 않을까 걱정스러웠다.

처음에 두 사람은 다른 부서에서 일했는데, 1년 전 기술검토 프로젝트팀에 배치되어 일하면서 서로 알게 되었다. 엘레나는 문제를 창의적으로 해결하는 능력을 지녔고 관대한 팀원인 산제이와 함께 일하는 게 좋았다. 그들은 상대방의 아이디어를 토대로 함께 작업했고 서로 의견이 다르더라도 일을 효과적으로 처리할 수 있었다.

프로젝트팀 업무가 모두 종료된 후에도 두 사람은 정기적으로 식사를 하며 근황 얘기를 나누었다. 둘 다 야외활동을 매우 좋아해서 캠핑장비 매매나 최고의 캠핑장에 관한 정보를 교환하곤 했다. 산제이는 가족과 함께 캠핑하기를 즐겼고, 엘레나는 급류에서 카약 타기에 열광했다.

엘레나는 산제이와의 우정을 정말로 높게 평가했다. 직장 밖에 이야기를 나눌 친구는 많았다. 하지만 이들과는 '업무 이야기'를 나눌 수 없었는데, 그 친구들이 직장의 미묘한 이모저모를 파악할 수는 없었기 때문이다. 그녀는 말실수를 해서 직장을 잃은 적이 있다.

자신의 견해를 너무 직선적으로 표현한 것이 그 회사의 문화에 어울리지 않았기 때문이다. 새로운 일자리를 얻으면서 그녀는 상황을 잘 파악해서 조언해줄, 믿을 만한 사람을 찾고 싶었다. 그리고 산제이가 바로 그런 일에 적임자라고 생각했다.

그런데 산제이가 이런 제의를 이상하게 받아들이면 어떻게 할까? 두 사람은 각각 결혼한 상태였고 그녀가 원하는 것은 우정이었다. 또 예전 직장에서 있었던, 별로 자랑스럽게 생각하지 않는 일을 산제이에게 털어놓았다가 무슨 문제라도 생기면 어떻게 할까? 엘레나는 좀 더 신중하기로 마음먹었다.

두 사람은 카페테리아에서 줄을 서서 음식을 받은 뒤 빈 테이블에 자리를 잡았다.

"이번 주는 어떻게 지내고 있어요?" 산제이가 말을 건넸다. 엘레나는 무슨 이야기를 나눌까 머뭇거리다가 이렇게 답했다.

"여전히 좋다 안 좋다 해요."

산제이는 엘레나의 말에 덧붙이지 않고 지난 주말에 했던 캠핑 이야기에 열을 올렸다.

"당신이 추천한 캠핑장은 정말 환상적이었어요. 걸음마 배우는 아이를 쫓아다니지 않아도 될 때 그곳에 다시 가보고 싶어요."

엘레나는 오늘 아침에 일어난 갈등을 산제이에게 말하지 않는 게 좋겠다고 생각했다. 산제이는 그녀의 말에 덧붙이거나 어떤 내용이냐고 더 캐묻지도 않았다. 그녀는 주말에 아이들과 시간을 보낸 산제이가 갑자기 부러워졌는데, 임신을 하려고 애쓰던 중이었기 때문이다. 하지만 너무 사적인 이야기인 것 같아서 더 이상 말하지 않고,

　　　　　　　　　　　　　　　3 ● 사적인 이야기를 꺼내기 망설여질 때

그 대신 다른 캠프장을 알려주었다.

화제가 회사로 넘어가자 엘레나는 아침에 일어났던 일에 대해 몇 가지 세부사항을 공유하기로 마음먹었다. 그녀와 동료 사이에 일어난 일을 간략하게 이야기하고서 "이 직장에서 일하는 건 좋은데 이런 순간이 오면 사실 미쳐버리겠어요"라고 말했다.

산제이는 열심히 듣고서 말했다. "나도 그런 일을 겪은 적이 있어요. 정말 이성을 잃게 하죠. 사실은 바로 어제 내가 작성한 보고서에 문제가 생겼어요."

그가 좀 더 상세하게 이야기를 해주자 엘레나는 안도감이 생겨 더 친밀감이 느껴졌다. 다소 까칠한 상사를 어떻게 다루어야 할지 그에게 조언을 구해볼까 하다가 과거에 해고당한 적이 있다는 이야기를 자신도 모르게 하게 될까 봐 조언을 요청하지 않기로 했다. 대화 주제가 최고경영자의 최근 발표에 대한 반응으로 넘어가자 그녀는 마음이 편해졌다. 두 사람은 접시를 반납한 뒤 점심을 함께해 즐거웠다고 인사말을 나누고 헤어졌다.

우리가 보았듯이, 엘레나는 상당히 안전하게 일을 처리했다. 당신이 사적인 사항을 공개할 때마다 오해받을 위험이 있다. 공개가 상대방의 어떤 판단이나 거부로 이어질지 모른다는 두려움은 얼마든지 현실로 나타날 수 있다.

우리는 과거 경험을 통해 정보를 걸러내는데, 일부 경험은 매우 특별한 의미가 있어서 우리의 반응 방식을 얼마든지 왜곡시킨다. 예를 들면 〈포천〉 500대 기업 중 한 군데에 컨설팅을 해준 적이 있는데 그 회사의 선임 부사장은 회의에서 거의 말을 하지 않았다. 알고 보니 그는 몇 년 전 어떤 문제에 확고한 입장을 취하다가 그 자리에서 해고당한 경험이 있었다. 바로 그다음 날 다시 채용되기는 했으나 크게 혼이 나서인지 다시는 반대하지도 않고 강하게 자기 견해를 피력하지도 않았다.

어떤 이들은 "너는 게으른 사람이야"라는 부모의 단정적인 발언에 크게 충격을 받아서 몇 년간 그 생각에 매달리기도 한다. 그래서 그런 판단을 강화할 수 있는 모든 발언에 극도로 민감해진다.

관계가 늘어나면 공유하는 내용도 많아지므로 자기 개방에 대한 두려움은 관계 형성의 흐름 어디에서든 튀어나올 수 있다. 하지만 두려움은 특히 관계의 초기에 심각하다. 당신을 잘 모르는 상대방은 당신이 하는 행동의 전체적 의미를 정황상 제대로 이해하지 못한다. 그들이 당신의 발언이나 행동을 자세히 이해할 수 있을까? 게다가 당신에 대한 어떤 견해나 판단에 사로잡혀 확인되지 않은 새로운 정보를 받아들이지 못하지는 않을까?[3]

이런 격언이 있다. "모든 것을 알면 모두 용서하게 된다To know all is to forgive all." 만약 누군가가 당신을 특정하게 행동하도록 한 모든 상황을 안다면, 처음에는 말도 안 되는 것처럼 보였던 일을 용서할 가능성이 더 크다. 그렇지만 그런 일이 말처럼 단순하지는 않다. 당신은 자신에 대한 모든 것을 한꺼번에 공유할 수도 없고 그것이 알려지는 데도 시간이 걸리게 마련이다.

예를 들어 데이비드는 자신이 가르치는 대인관계 역학 강좌의 세 번째 주 강의에서도 여전히 학생들과 관계를 구축하는 중이었다.

그날의 주제는 다른 사람에게 도움받는 것의 중요성이었다. 데이비드는 더 많은 개방성을 모델화하고 싶어 했기 때문에, 학습 요법 과정에서 발견한 가치를 함께 공유했다. 어떤 학생은 이렇게 반응했다. "저는 남에게 도움을 청하는 게 약점을 드러내는 일이라 생각하므로 교수님의 말을 받아들일 수 없습니다. 사람은 스스로 문제를 해결해야 한다고 생각합니다."

비슷한 맥락에서 캐럴은 유대교가 자신에게 '인생 사용 매뉴얼'을 주었다고 어느 고객에게 말한 적이 있다. 그러자 그 고객은 깜짝 놀라며 이렇게 말했다. "당신처럼 똑똑한 사람이 그런 종교적인 헛소리에 넘어간다는 게 믿기지 않는군요. 생각했던 만큼 당신이 도움이 될지 의문이네요."

두 경우 모두, 우리의 노출(솔직함)이 문제를 일으켰다. 처음에 우리는 공격을 받아야만 했고 오해를 감수해야 했다. 하지만 더 걱정스러운 일은 그들이 우리 강좌의 효과까지 받아들이지 않으면 어쩌나 하는 문제였다. 학생이 데이비드의 말을 더 이상 듣지 않는다면 강좌에서 배우는 것이 줄어들지 않을까? 혹시 고객이 캐럴의 코칭을 거부하지는 않을까?

다행히 어떤 우려도 현실로 나타나지는 않았다. 수업과 코칭 모두 지속적인 만남으로 진행되었기 때문이다. 학생과 고객은 데이비드와 캐럴을 더 충분히 알게 되자 초기의 오해와 의심을 거뒀다. 하지만 항상 지속적인 접촉이 이루어져 첫인상을 바로잡을 기회가 생기는 건 아니다.

우리는 우리의 발언에 학생과 고객들이 어떻게 반응할지 잘 아는 이점을 누리고 있다(그들의 반응만큼이나 당황스럽다). 그들이 우리에게 말해줬기 때문이다. 그러나 이런 일이 자주 일어나지는 않는다. 특히 관계를 맺는 초기 단계에서 상대방이 어떻게 반응할지 잘 모를 수도 있다.

그들은 아마도 이렇게 말하지는 않을 것이다. "당신이 하는 말이 정말 신경 쓰이네요." 일반적으로 당신은 몸동작이나 말투를 살펴봐야 하지만 이 또한 애매모호할 수 있다. 그들이 이마를 찌푸리며 난색을 표했을지 모른다. 아니면 아마도 단지 그들이 삶에 불만을 느끼고 있어서이지, 그들의 반응은 당신과 아무런 상관이 없을 수 있다.

요점은 바로 그것이 리스크라는 점이다. 당신이 자신의 카드를 가슴에 가까이 대고 게임을 할 때도 리스크가 있다. 불행히도, 카드를 가까이 쥐고 있으면 있을수록 상대방도 자신의 카드를 더 가까이 쥐고 있을 가능성이 커진다. 정보를 공개하지 않고는 관계를 심화시킬 수 없다.

정보를 얼마나 그리고 언제 공개해야 할까? 이런 질문에 명확한 답은 없다. 하지만 우리의 경험에 따르면 사람들은 일반적으로 무척 신중하지만, 또한 자신이 생각하는 것보다 더 많이, 그리고 더 빨리 공유할 수 있다.

자기 개방의 15% 규칙

의식적이든 무의식적이든, 어떤 주어진 상호작용에서 무엇을 공유하는 게 적절한지 우리는 항상 평가하고 있다. 이런 결정은 정황(Context), 리스크에 대한 감정, 특히 관계의 상태에 따라 매우 달라진다.

해고 연유나 임신 과정에서 겪는 어려움을 공유하지 않기로 한 엘레나의 결정은 정황상 이해가 된다. 엘레나가 산제이에게 자신의 해고를 언급했다면 그는 구체적인 상황과 그녀를 제대로 모르는 상태에서 부정적으로 판단할 가능성이 농후하다. 마찬가지로 매우 사적인 영역인 임신에 대한 두려움을 공유했다면 산제이는 불편해했을지도 모른다. 그러나 엘레나는 캠핑과 최고경영자의 발표 내용(이런 이야기에 사적인 정보란 거의 없다)을 이야기하면서 **매우** 안전하게 처신했다. 그렇다, 그녀는 동료와의 의견 불일치에 대해 말하면서 조심스럽게 시작했다. 하지만 더 이상 나아가지 않았다.

그날 점심의 대화는 우호적이긴 했지만 그녀가 원하던 관계를 구축하는 데 도움을 주지는 못했다. 신중할 줄 아는 것이 진정한 용기라고는 하지만 대부분의 사람은 엘레나처럼 지나치게 조심하다가 관계를 더 이상 발전시키지 못한다.

이러한 진퇴양난을 어떻게 해결할 수 있을까? '15% 규칙을 시도하라.' 우리가 학생들에게 제안하는 방법이다. 원의 중심에서 바깥으로 나갈수록 안전성이 줄어드는 세 개의 동심원을 생각해보자.

가운데의 가장 작은 원은 '안락지대(Zone of Comfort)'다. 당신이 완전히 안전하다고 생각해 두 번 생각하지 않고 사적인 정보를 언급하거나 조심하던 행동을 실행에 옮기는 경우를 말한다. 가장 바깥 원은 '위험지대Zone of Danger'다. 결과가 부정적일 가능성이 크다고 생각해 행동하지 않거나 말을 하지 않을 것이다. '안락지대'와 '위험지대' 사이에는 '학습지대Zone of Learning'가 있다. 이 지대에서는 다른 사람이 어떻게 반응할지 확신하지 못한다. 이 지대는 사람들이 학습하는 전형적인 구간이다.

위험으로 치달을지도 모르는 리스크를 감내하고 학습에 뛰어들지 말지 우려하는 학생들에게 우리는 아래 그림처럼 안락지대를 학습지대까지 15% 더 늘려서 시험해보라고 제안한다. 이런 온건한 접근법을 사용하면 결과가 나빠져도 참담한 수준에 이르지는 않을 것이다. 그래서 상호작용이 성공적이라면 당신은 자신을 더 노출할 수 있게 된다. 이렇게 성공하면 다시 안락지대를 15% 더 늘려서 도전해볼 수 있다.

15% 규칙이 절대적인 것은 아니다. 이 규칙은 가능한 선택지를 고려할 때 도움이 된다는 데 의의가 있다. 친구가 당신에 대해 어떻게 느끼는지 당신이 궁금해한다고 하자. 당신은 안락지대에 머물면서 "가끔 나는 다른 사람이 나를 어떻게 생각할지 걱정돼요"처럼 상대적으로 안전한 이야기를 건넬 수 있다. 조금 더 위험하지만 안락지대에서 15% 더 바깥쪽에서는 이렇게 말할 수 있다. "지난주에 당신도 아는 마이클에 대해 내가 한마디 한 후로, 당신이 나를 어떻게 생각할지 고민했어요."

　안락지대에서 벗어나는 것이 학습에는 꼭 필요하다. 예를 들어 스키를 처음 배울 때는 더블 블랙 다이아몬드[스키장 슬로프는 그린 서클, 블루 스퀘어, 블랙 다이아몬드, 더블 블랙 다이아몬드로 갈수록 난도가 높아진다. 더블 블랙 다이아몬드는 최상급자 코스다]가 아니라 초보자를 위한 완만한 슬로프에서 시작한다.

　초보자용 슬로프에 충분히 익숙해졌는데도 상급 코스로 이동(15%)하지 않으면 좋은 스키어가 될 수 없다. 새로운 코스의 꼭대기에서 당신은 두려움이나 흥분을 느끼거나 아니면 둘 다 느낄지도 모른다. 하지만 새로운 코스에서 충분한 시간을 보내면 어느새 당신의 안락지대가 확장되었음을 알게 된다. 그래서 그다음 더 어려운 코스(다음 15%)로 움직일 준비가 되고 이렇게 계속 영역을 확장하면 된다.

　물론 당신이 공포감을 피하고 싶다면 그냥 초보자용 슬로프에 머무르면 된다. 하지만 그렇게 하면 스키를 더 잘 탈 수 없다. 지속적으로 자신을 확장하는 과정을 거쳐야만 그것이 관계 구축의 핵심으로 자리 잡아 지속적인 노출의 기반이 될 수 있다.

그렇다면 엘레나에게 15%는 어디까지였을까? 그녀가 이전 직장에서 해고되었다는 사실을 밝힐 필요는 없었다(만일 밝혔다면 그것은 위험지대로 접어드는 사례가 되었을지 모른다). 그러나 그녀는 이전 직장에서 겪은 유쾌하지 못한 일을 말할 수도 있었다.

그날 아침 동료의 불쾌한 행동을 묘사하는 대신, 산제이라면 그런 상황을 어떻게 처리했을지 물어볼 수도 있었다. 혹은 더 큰 리스크를 감수하고 자신이 너무 융통성이 없어서 가끔은 두렵다고 털어놨을 수도 있다. 이런 정도의 노출이라면 참담한 결과가 발생할 것 같지 않고, 그들의 관계가 캠핑 이야기에서 벗어나 더 발전했을지도 모른다.

15% 규칙에서 몇 가지 중요한 주의 사항이 있다. 첫째, 이 규칙은 주관적이다. 15% 이동이 당신에게는 낮은 리스크일 수 있지만, 제삼자에게는 극심한 리스크일 수도 있다. 당신이 뉴욕에 사는 35세 사람이라면 학습 요법의 대화가 당신의 15% 안에 있을 수 있다. 하지만 영국 시골에 사는 55세 사람이라면 완전히 15% 바깥에 있는 것일 수도 있다.

둘째, 당신의 노출이 상대방에게 미치는 영향을 고려해야 한다. 예를 들어 얼마 전에 어머니를 잃은 사람에게 어머니와의 말다툼 이야기를 시시콜콜하게 하고 싶지는 않을 것이다.

셋째, 상황에 따라 적절한지를 가늠해야 한다. 일대일 대화에서 잘 통했던 이야기가 성대한 디너파티에는 어울리지 않을 수 있다.

왜 감정을 공유해야 하는가

사실을 공유한다는 것은 우리가 누구인가를 보여주는 큰 그림을 만드는 출발점이지만, 거기까지가 한계다. 보통 사실 공유보다는 느낌 공유가 영향력이 더 크다. **무엇인지** 알려주는 인지(생각)와 **얼마나 중요한지** 알려주는 감정(느낌)에는 중요한 차이가 있다(둘이 완전히 똑같지 않긴 하나 단순화를 위해 우리는 이 책에서 느낌Feelings과 감정Emotions을 뒤섞어서 사용할 것이다).

두 사람이 똑같은 사건을 경험했다 하더라도 이들이 보이는 감정적 반응은 매우 다를 수 있다. 두 사람 다 직장에서 해고를 당했더라도 한 사람은 완전히 넋을 잃은 반면, 다른 한 사람은 재기하려는 마음에 불탈 수도 있다.

감정의 또 다른 이점은 실제로 사실에 의미를 부여한다는 점이다. 엘레나는 카약 타기가 짜릿하기도 하고 무섭기도 하다고 느꼈을 수 있다. 그녀 자신이 결정해서 그 모험을 시작하면 힘을 얻을 수 있지만, 친구의 강압으로 모험을 하게 되면 힘을 잃을 수도 있다. 카약 타기에 대해 느끼는 감정에 따라 객관적인 사건은 전혀 다른 정보를 제공한다.

감정은 경험의 강도도 알려준다. 다른 사람의 행동에 반응할 때 당신은 약간 **신경이 쓰이기도, 짜증 날 수도, 속상할 수도, 성날 수도, 격노할 수도** 있다. 각각의 정도는 인간의 상호반응에 매우 중요하다. 이는 당신이 어떤 사람인가에 대해 많은 점을 시사한다. 감정은 색깔을 규정하며 완전히 비감정적이고 이성적이지 않은 방식으로 다른 사람들이 우리에게 말하게 한다.

이것을 음악으로 생각해보자. 고음의 소프라노에서 저음의 바리톤에 이르기까지 다양한 음색이 오페라 곡을 풍부하게 한다. 위대한 악보에 고음부와 저음부가 필요하듯이 서로 소통을 잘하려면 우리는 생각과 감정을 잘 표현해야 한다.

엘레나가 자신의 생각에 더해 감정을 표현했다면 산제이와 엘레나의 상호작용은 어떻게 되었을까? 엘레나는 점심을 하면서 보통에서 강함의 영역에 이르기까지 대략 열두 가지의 다른 느낌을 가졌으나 어떤 것도 표현하지 않았다.

그렇다고 해서 엘레나가 이러한 감정 모두를 공유했어야 한다고 말하는 건 **아니다**. 15% 규칙은 감정에도 적용된다. 예를 들어 그녀가 임신의 어려움에 대한 슬픔이나 부러움, 무서움을 다 표현하는

인지	엘레나의 감정
엘레나가 회사에 대한 인식을 공유함	산제이와의 연결성, 엘레나가 혼자가 아니라는 느낌 재확신
엘레나가 해고되었던 사실을 공유하지 않음	산제이가 엘레나를 어떻게 판단하는가에 대한 관심과 우려
엘레나가 임신에 어려움을 겪음	자신에게 아이가 없어서 느끼는 슬픔, 아이가 있는 산제이에 대한 부러움, 이런 이야기가 너무 사적이라서 공유하기가 두려움
엘레나가 동료와 갈등함	산제이가 그녀를 어떻게 볼지에 대한 두려움, 그가 보여준 반응에 대한 안도감, 이로 인한 산제이에 대한 친밀감
최고경영자의 발표에 대해 토론함	대화가 자신에게서 벗어났다는 안도감
함께한 점심이 즐거웠다고 산제이가 말함	산제이도 점심을 즐겼다는 행복감, 재회에 대한 기대감

　　　3 ● 사적인 이야기를 꺼내기 망설여질 때

건 아마도 너무 어려울 것이다. 그러나 산제이와 더 가까워지기를 원했다면 그녀에게는 수많은 선택지⁴와 자신을 확장할 많은 방법이 있었다. 엘레나가 자신의 감정 일부를 표현했다면 어떤 일이 벌어졌을까?

오전에 회사에서 있었던 갈등에 대해 산제이에게 말하고 그도 비슷한 상호작용 이야기를 말한 후에야, 엘레나는 점차 마음이 놓였다. 그들의 대화를 다시 살펴보고 엘레나가 자신의 느낌을 산제이에게 이렇게 말했다고 상상해보자.

"당신과 대화를 나누니 훨씬 **안심이** 되네요. 이렇게 느끼는 사람은 나 혼자뿐이라고 생각했거든요. 당신이 마음을 열어주어 정말 **고맙고**, 덕분에 **마음이 편해졌어요.**"

산제이는 그녀에게 미소를 짓고 이렇게 말한다.

"좋아요. 그 말을 들으니 나도 기쁘네요."

또한 엘레나는 지금 이 회사가 예전 직장에 비해 얼마나 더 좋은지 생각해보았다. 그러나 자신이 예전 직장에서 해고되었다는 사실을 말하는 것은 15% 안락지대에서 벗어나는 일이었다. 그녀의 감정을 말로 표현한다면 이랬을 것이다.

"산제이, 우리를 괴롭히는 일들만 제외한다면, 여기에서 일하는 것이 정말 **즐거워요.** 악의적인 예전 직장에서 일했던 것과는 정말 달라요. 나는 공개적으로 목소리를 높이는 게 때로는 두려워요. 그렇게 하면 결과가 좋지 않았거든요."

이렇게 말함으로써 엘레나는 이제 안락지대에서 벗어나, 다양한 방식으로 대화를 전개할 수 있다.

- 산제이가 "유감이네요"라고 말하고서 화제를 바꾼다.

  엘레나는 지금 이야기를 계속할지 아니면 그 화제에 대한 이야기를 그만둘지 선택할 수 있다.

- "그건 어땠어요?"라고 산제이가 물어보면 엘레나는 이렇게 시작한다. "정말 끔찍했어요. 거기에서 빠져나와 정말 기뻐요."

  그녀는 그의 반응을 가늠해보고 거기에서 중단하거나 그다음 정보를 계속 공개해나갈 수 있다.

- 산제이는 좀 더 사적이긴 하지만 안락지대 이내에서 자신의 감정을 이렇게 표현한다. "정말 힘들었을 것 같네요. 당신이 그런 일을 겪어야 했다니 유감이군요."

  이제 엘레나는 다른 결정의 순간을 마주한다. 그녀에게는 여러 선택지가 있다. 잠시 숨을 돌리고 리스크가 더 높은 15%로 나아가 과거에 일어났던 일을 밝힌다. 아니면 그녀는 이 정도면 되었다고 결정을 내리고 이렇게 말한다. "지금 당장 더 자세한 내용까지 말할 필요는 없는 것 같아요. 하지만 당신이 공감해줘서 얼마나 고마운지 몰라요."

다른 사례를 들어보자. 산제이가 최근에 갔던 캠핑 여행 이야기를 꺼내자 엘레나가 **부러움**을 느껴 이렇게 말했을 수 있다.

"재미있었겠군요. 부러워요. 남편 에릭과 나는 임신을 바라고 있어요. 솔직히 말해 얼른 임신이 되면 좋겠어요."

이전 시나리오처럼 이 시나리오는 산제이가 어떻게 반응하는지, 또 엘레나가 위험을 얼마나 감수하려는지에 따라 다양하게 전개될 수 있다. 산제이는 잠시 말문을 닫거나 화제를 바꿀 수도 있다. 그러면 엘레나는 그 이슈를 말하지 않을지 계속할지 선택할 수 있다. 하지만 산제이가 "그래요. 내 아이와 함께하는 것은 참 재미있어요"라는 식으로 응답했다면 엘레나는 자신의 희망과 기대를 공유할 수 있다.

산제이가 안락지대를 벗어나 "육아가 재미는 있지만 아내랑 내가 예상했던 것보다 일이 훨씬 더 많아요. 아이가 보기에 내가 잘하고 있는 거면 정말 좋겠어요"라고 사적인 말을 했다고 해보자. 그러면 엘레나는 상호 간의 자기 개방을 확대해서 부부가 임신에 대해 느끼는 좌절감을 말하고 불임 전문가를 만나보려 한다는 계획까지 털어놓을지도 모른다.

일하는 여성이 아이가 있거나 아이를 가지려고 할 때 때론 '어머니 그리고 야망이 적은 사람'이라는 굴레에 갇히게 되는 상황에서 그녀가 말을 한다면, 그들은 결국 이 문제가 어떻게 부담스럽고 어려운지 더 말할 수 있는 안락지대로 이동할 수 있었을지도 모른다. 이에 대한 산제이의 반응은 그녀가 얼마나 더 많이 공유하려고 하는지에 아마도 영향을 줄 것이다. 산제이의 반응과 엘레나 자신의 반응에 주파수가 맞춰진 두 개의 안테나가 그녀의 선택을 알려줄 수 있다.

감정을 쉽게 드러내지 못하는 이유

감정이 그렇게 가치 있다면, 우리는 왜 그리도 감정을 경시하는가?

많은 문화권에서 논리와 합리성은 법정화폐처럼 영향력이 크다.[5] 대부분의 교육에서 "23을 선택하니 기분이 더 좋다"라고 말함으로써 수학 과목에서 A 학점을 받지는 않는다. 마찬가지로 많은 작업 현장에서 매니저들은 그들 자신의 감정을 계속 말하면서("나는 이 보고서가 늦어서 **짜증 난다**", "우리가 새로운 계약을 하게 되어 **신난다**", "나는 이 고객을 놓칠까 봐 **걱정된다**") 이 일에서 감정은 배제시키라고 지시한다.

우리는 '감정적이다'에 낙인을 찍는 경향이 있어서 "자신의 감정을 그대로 드러내지 말라"라는 충고를 많이 듣는다. 특히 남자는 사회생활에서 감정을 드러내지 않도록 사회교육을 받으므로, 남성 중심의 환경에서 일하는 여성은 감정을 드러내는 행위가 지나치게 민감하고 강인하지 않으며 때로는 '드라마틱'하게 보이지 않을까 하는 두려움으로 갈등을 자주 느낀다.

다행히도 그런 사회규범은 변하고 있다. 대니얼 골먼Daniel Goleman의 정서 지능Emotional Intelligence(EQ) 연구가 영향을 크게 미쳤다. 이 연구는 사람의 감정을 이해하고 적절히 표현하는 것이 리더십 성공의 핵심 요인이라고 이야기한다.[6] 과거에는 많은 사람이 감정 표출을 금기 사항으로 여겼지만 이제는 받아들여질 수 있고, 바람직하다고까지 여겨진다. 그러나 이런 많은 고정관념은 여전히 지속되고 있다.

감정은 때론 모순적으로 보이기도 한다. 이 때문에 우리는 감정 공유를 꺼린다. 대화하다가 **흥분해서** 어떤 방향으로 흘러갈지 **걱정하기도** 한다. 다른 사람의 피드백에 **상처받기도** 하고 그들이 어려운 주제를 제기하는 위험을 감수해줘서 **고맙기도** 하다. 이런 경우에는 어떤 느낌이 맞는지 판단하려고 노력하면서 잠자코 있을 수도 있다.

예를 들어 오늘이 금요일인데, 당신이 이번 주에 스트레스가 심해서 마음을 다잡을 수 없었다고 해보자. 좋은 책 한 권을 들고 소파에 마냥 쓰러지고 싶은 마음뿐이다. 이때 당신의 소중한 사람이 문 앞에 서서 반기며 특별한 레스토랑에 가서 춤도 추고 멋진 저녁을 보내자고 한다. 보통 때라면 물론 당신은 이런 계획을 환영하지만 지금은 고문처럼 느껴진다. 하지만 당신이 기운을 차려 활기를 띠도록 배우자가 분위기를 조성해주니 고마울 따름이다.

당신은 어떻게 해야 할까? 참고 따라나서서 함께 즐길 수도 있다. 하지만 아마도 결국 좌절감을 맛보고 훨씬 더 소진되는 느낌이 들 것이다. 함께 나가자는 제안을 거절할 수도 있지만 당신의 배우자가 거절당했다는 느낌을 받는 위험을 무릅쓰게 되고 당신은 재미를 망쳤다는 죄책감에 사로잡힐 것이다.

어떤 선택도 이상적이지는 않다. 하지만 대안이 있다. "공유할 것인가 말 것인가." 우리는 이를 햄릿의 딜레마라 부른다. 따라나설지 말지 결정해 문제를 해결하려고 하는 대신, 왜 **딜레마를 그냥 털어놓지 않는가?**

"여보, 이렇게 계획을 세워줘서 정말 고마워. 내가 지난 한 주 힘들게 보냈다는 걸 알고 당신이 얼마나 신경 써주는지 알겠어. 그런데 당신이 지친 나를 위한 일이라고 해서 그냥 따라 나가고 싶진 않아. 우리 모두에게 좋은 다른 방안을 한번 찾아볼까?" 이렇게 함으로써 두 사람의 필요를 모두 충족시키는 다양한 대안을 생각해볼 수 있다.

물론 엘레나도 자신의 딜레마를 공유했을 수 있다. 자신의 예전 직장 이야기를 하지 않고, 이렇게 말했을 수도 있다. "내가 일을 제대로 처리하지 못해서 그랬어요. 당신이 나를 어떻게 생각할지 염려돼서 공유를 망설였고, 우리의 업무상 관계에 피해를 줄 것 같아 걱정되었어요."

두 사람이 딜레마를 공유함으로써 문제를 더 풍부하게 표현할 수 있다. 상대방은 당신에게 중요한 것과 당신의 발언을 가로막는 것에 대해 더 많이 알게 된다. 그렇다, 이런 노출은 당신을 약해졌다고 느끼게 하지만 관계를 심화하려면 치러야 하는 대가이기도 하다.

감정 표현에서 중요한 점이 하나 더 있다. 감정을 나타내는 데 사용하는 언어에 관한 것이다. 데이비드와 캐럴은 "나는 느낀다"라는 표현의 용례에 매우 관심이 많다. 왜냐하면 그 표현은 한편으로는 유용하지만 다른 한편으로는 오해의 소지가 있기 때문이다.

"나는 당신의 발언 때문에 **기분이 언짢았어요**Feel upset"처럼 감정을 나타내는 데 사용할 수도 있고, "나는 당신이 대화를 주도하고 싶어 한다고 느껴요"처럼 생각이나 인지를 표현할 수도 있다. 우리는 대인관계에서 감정을 매우 중시하므로 '느낌' 용어를 감정 표현에만 사용하라고 가족과 친구들에게 계속 상기시켜 그들을 미치게 하곤 한다.

당신이 "내가 느끼기에"라고 말할 때 이것이 감정 표현인지 아닌지를 판단하는 두 가지 방법이 있다. 첫 번째로 "내가 느끼기에" 다음에 나오는 단어에 신경 쓰기 바란다. 후속 단어가 "슬퍼Sad"나 "화나 Angry" 같은 감정을 표현하는 형용사가 아니라면 의심해봐야 한다. "~처럼like, 그렇게that, ~같이as" 같은 단어가 나오면 당신은 감정을 묘사할 개연성이 낮다.

"나는 그렇게 느껴I feel that"나 "나는 ~처럼 느껴I feel like~"라고 말하면서 감정을 표현한다는 것은 (적어도 영어에서는) 문법적으로 맞지 않는다. 우리는 "나는 그렇게 화가 났다고 느껴I feel that angry" 혹은 "나는 슬픈 것처럼 느껴I feel like sad"라고 말하지는 않는다. 이를 간단하게 다른 단어로 대체해볼 수 있다.

'느낀다Feel'나 '~처럼 느낀다Feel like'를 '생각한다Think'로 대체해서 의미가 통하면 당신은 감정을 표현하는 게 아니다. 예를 들어 "나는 당신이 지배하길 원한다고 느껴요I feel that you want to dominate"와 "나는 당신이 지배하길 원한다고 생각해요I think you want to dominate"는 같은 의미다. 둘 다 감정이 아니라 인지이기 때문이다.

지나치게 세심하게 보일지 모르지만 우리의 이야기를 계속 따라오길 바란다. 왜냐하면 중요하기 때문이다. "짜증 나고 위축되는 느낌이에요I feel irritated and dismissed"와 "당신이 신경을 쓰지 않는다고 느껴요I feel that you don't care"의 차이점을 생각해보기 바란다. 언어 변화는 미묘하나 변화로 인한 충격은 매우 크다.

"나는 당신이 내 견해에 전혀 신경을 쓰지 않는다고 느껴요I feel that you really don't care about my opinion." 이 문장에는 말로 하지 않은 강한 느낌이 실린 것 같지만 어떤 느낌의 단어도 포함하고 있지 않다('I feel that'을 빼도 문장이 달라지지 않음에 주목하라). "짜증 나고 위축되는 느낌이에요"는 나에 대한 진술이고 "당신이 신경을 쓰지 않는다고 느껴요"는 자기방어를 초래할 수 있는 비난이다.

인간관계를 이루는 수많은 선택

이 책의 중심 견해는 어떤 상황에서도 당신이 반응하는 방법에 선택의 여지가 많다는 것이다. 당신이 어떤 인상을 주고 싶은가에 따라 제한을 느끼기는 하겠으나 여전히 선택권은 있다. 상대방의 반응에 따라 영향은 받겠지만 그것 또한 선택이다. 엘레나가 산제이의 반응으로부터 영향을 받겠지만 그 때문에 그녀의 대응이 결정될 필요는 없다. 그 과정에서 산제이의 반응이 좀 더 노출을 하느냐 마느냐 하는 엘레나의 결정을 더 쉽게 하거나 더 어렵게 할 수도 있지만 언제나 결국 그녀가 결정할 사항이다.

사회과학자들은 우리가 세상에서 행동하는 능력에 대한 신뢰를 '에이전시가 생겼다Having agency'라고 부른다.[7] 사람들은 종종 자신에게 일어나는 일에 대응하는 방법에 선택권이 없다고 생각하곤 한다. 하지만 이 책 전체를 통해 우리가 어떻게 더 많은 에이전시를 보유하는지를 알게 되고, 우리가 생각한 것보다 더 많은 영향을 미칠 수 있는 다양한 접근방법을 보게 될 것이다. 더 깊이, 좀 더 의미 있는 각별한 관계로 가는 것은 더욱 도전적인 선택이 필요하므로 이러한 사고방식은 중요하다.

우리가 선택하기, 영향력 갖기, 에이전시와 함께 행동하기에 중점을 두는 것이 당신이 각별한 관계를 스스로 구축할 수 있다는 걸 의미하지는 않는다. 관계란 서로에 의해 공동으로 결정된다. 그렇다 할지라도 당신은 이 여정에 상대방이 합류할 가능성을 높이는 방법을 취할 수 있다.

물론 선택권이 있다고 해서 외부 요인의 영향을 부정하는 것은 아니다. 예를 들면 엘레나와 산제이는 직장에서 '너무 사적인' 우정을 권하지 않는, 일반적인 조직문화 풍토의 영향을 받는다. 특히 그런 관계가 로맨틱해질 가능성이 있으면 더욱 그렇다. 그렇긴 하지만 외부 요인이 안락지대를 넘어 더 나아가도록 우리를 부추기기도 한다. 이런 일이 두 달 후에 엘레나에게 일어났다.

'엘레나와 산제이' 2편

산제이와 엘레나는 보통 매주 목요일 점심에 계속 만났고, 서로 더 잘 알게 되었다. 어느 목요일 엘레나는 직장 상사와 문제가 발생해 특히 더 산제이와의 만남을 기다렸다. 그녀가 산제이에게 이 문제를 제대로 생각하도록 도와줄 수 있냐고 물어보자 그는 기꺼이 그러겠다고 했다.

그녀는 "당신이 내 상사인 릭을 얼마나 잘 아는지 모르겠어요" 라고 말을 시작했다. "아니면 그와 함께 일해본 적이 있나요?"

"그를 전혀 모르긴 하죠. 왜요? 무슨 일이 있었나요?"

"그는 내게 어떤 일을 건네면서 그 일을 검토해달라고 했어요. 그런데 자기가 좋아하지 않는 방식을 제안하면 불만스러워하는 거예요. 얼마 전에 그는 무역전시회 예산을 지역과 지방, 전국 쇼에 투자해야 할지 조사해달라고 부탁했어요. 나는 모든 이해관계자에게 물어보면서 이 조사에 상당한 시간을 할애했어요. 그리고 어제 직원회의에서 그 안을 추천했더니 그건 자신이 찾고 있던 게 아니라며 바로 안건에서 빼버렸어요. 그는 쌀쌀맞게 감사하다고 말하곤 내 분석을 아예 접어버렸죠. 이건 한 예에 불과하고, 그는 지난 몇 개월 동안 몇 번이나 이런 식으로 일을 처리했어요."

"상당히 당황스러웠겠어요. 문제가 더 커지기 전에 그에게 가서 당신이 말하고 싶은 것을 터놓고 말해보지 그래요."

엘레나는 머뭇거리며 대답했다. "물론 그렇게 할 수도 있지만, 나는 그렇게 하고 싶지 않아요."

"왜요?"

"그냥 좋게 끝날 것 같지 않아서요."

엘레나가 주저하는 이유를 알고 싶어서 산제이는 "당신이 어떻게 알죠? 뭣 때문에 못 하는 거죠?"라고 물었고 그녀는 이렇게 말했다. "릭이 얼마나 개방적인지 잘 모르겠어요. 아마도 화를 낼 거예요."

엘레나가 매우 좋아하는 직관적인 사람인 산제이는 이렇게 말했다. "거기에 뭔가 더 있는 것 같군요."

물론 산제이가 맞았다. 엘레나는 자신을 노출할지 말지 결정해야 하는 시점에서 겁먹고 있었다. 그녀는 예전 직장에서 있었던 일을 산제이에게 말하면 그가 자신에 대한 생각을 바꿀까 봐 걱정했던 것이다. 하지만 그녀는 산제이와 진정으로 원했던 관계를 맺으려면 자신을 더 노출하는 위험을 감수해야 한다는 것을 깨달았다.

엘레나가 뭔가 힘겹게 고심하고 있는 것 같아 산제이는 참을성 있게 그녀의 다음 말을 기다렸다.

엘레나는 한숨을 깊게 쉬더니 마침내 이렇게 말했다. "이런 말을 꺼내는 게 리스크가 좀 있는 행동이라고 느껴지긴 한데, 내가 예전에 근무했던 회사의 조직문화가 얼마나 좋지 않았는지 들은 적이 있을 거예요. 그때 제대로 털어놓지 않았지만, 나는 직장 상사와 어려움을 겪었어요. 그를 만족시킬 수가 없었고, 그것에 대해 말하려고 하면 문제가 생겼어요.

처음엔 점잖게 대화를 시작해요. 하지만 곧 그는 이런저런 변명을 하는데 그럴수록 나는 더 화가 났어요. 잘 해결해보려고 했지만 상사는 모조리 무시해버렸어요. 그래서 나는 이성을 잃고 소리치고 말았죠. 사실 목청을 높인 적이 거의 없었는데 그땐 정말 너무 답답했어요. 결국 직장에서 잘렸죠."

산제이는 공감하며 고개를 끄덕였다. "정말 힘들었겠어요."

좀 안심이 돼서 엘레나는 말을 이어갔다. "나는 그 사건 때문에 아직도 불안한 것 같아요. 말했듯이 나는 보통 침착한데, 릭에게 가면 그런 일이 재발할까 봐 두려워요."

산제이는 몸을 앞으로 내밀며 조용히 말했다. "하지만 릭은 이 회사의 상사잖아요. 예전 회사와는 다른 곳이기도 하고."

엘레나는 생각에 잠겨 고개를 끄덕이며 말했다. "이런 일을 당신에게 말해야 할지 고민했어요. 내가 너무 감정에 치우친다거나 능력이 없다고 여길지도 모른다고 생각했거든요. 우리 관계를 훼손할까 봐 두렵기도 했고요. 그 일로 스스로 정말 구질구질하게 느껴졌어요. 말하기도 정말 힘들었고요. 당신을 거북하게 하는 것도 싫었어요."

"와우, 엘레나. 나는 당신이 이런 상태인지 몰랐어요. 그걸 다 참고 있었다니 너무 안쓰럽네요. 나는 당신이 지나치게 감정적이라고 생각하지 않아요. 기술 프로젝트팀에서 일하면서 한 번도 그런 적이 없었잖아요. 나에게 털어놓다니 당신의 용기에 감탄했어요. 이런 말을 모두 한다는 게 결코 쉬운 일은 아니죠."

엘레나는 안도의 긴 한숨을 내쉬었다. "당신의 반응이 내게 얼마나 큰 의미인지 정말 모를 거예요, 산제이. 나는 감정적인 여성의 전형이 될까 봐 걱정했어요. 예전 직장 상사는 내가 크게 화낼 만한 당연한 이유가 있다고 생각될 때도 나를 그렇게 비난했죠."

산제이는 고개를 크게 끄덕이며 말했다. "과거에 겪은 경험을 아직도 마음에 많이 담고 있는 것 같군요. 릭을 상대할 때 조심해요. 여기 관리자와는 솔직히 말해도 별문제 없을 것 같아요." 산제이는 잠시 멈췄다가 이렇게 말했다. "그러고 보니 나도 당신한테 말하지 않은 게 있다는 걸 알았어요. 나도 당신이 어떻게 반응할지 몰라서죠."

"정말이에요? 당신도 그것을 걱정했어요?"

"네, 그럼요. 우리 우정은 정말 중요해요. 회사에서는 이런 일이 많지 않아요. 여성과는 특히 그렇죠. 나는 결혼해서 행복하게 사는 남자고 당신도 알지만 나는 프리야를 매우 사랑해요. 하지만 우리 부부는 회사 일에 대해서 잘 이야기하지 않죠. 그녀가 전혀 관련되어 있지도 않으니까요.

당신과 이야기 나누는 것을 좋아한다고 해서 내가 부적절한 관계를 기대하는 건 아니죠. 하지만 다른 사람이 어떻게 생각할지, 또 당신이 어떻게 생각할지 신경 쓰이는 것은 사실이에요. 이렇게 연약한 느낌을 다 말하다니! 이런 말을 하니 기분이 이상하군요." 그는 긴장된 미소를 띠며 말했다.

"무슨 말인지 정확히 알겠어요." 엘레나는 말했다. "나 역시 우리 우정이 신경 쓰여요. 우리가 이런 화제로 이야기를 나누다니 정말 좋아요."

취약성 문제

그동안 여러 번 점심을 함께하면서 엘레나는 자신을 더 노출하기 시작했다. 조심스럽게 자신이 해고당했다는 사실을 산제이에게 말하던 날, 그녀는 자신의 안락지대에서 한 번만 벗어난 것이 아니라 여러 번 나왔다. 신뢰감이 늘어서 그랬을 수도 있고, 릭에 대해 정말 누군가와 이야기를 나눌 필요가 있어서, 또 더욱 가까운 업무상 관계를 맺을 수 있는 절호의 시간이라는 것을 깨달았기 때문일 수도 있다. 이유야 어쨌든, 엘레나는 다시 선택했다. 자신을 더 드러내기로 결정한 것이다.

이제 이들에게도 **취약성**이 생겼다. 비로소 약한 모습을 드러낸 것이다. 우리가 T-그룹과 수업을 하던 초기에 어떤 노출이 다른 경우보다 영향력이 더 커서 놀란 적이 있었다. 그 이유가 궁금하던 차에 데이비드는 답을 제시하는 피드백을 받았다. 그는 전문직 생활 초기에 개방성의 위력을 체험하고 자신의 개인정보를 부담 없이 알려주곤 했다.

그러자 어느 날 한 친구가 와서 이렇게 말했다. "너는 너 자신을 잘 드러내는데도 좀처럼 속마음을 털어놓는 것 같지는 않아." 처음에 데이비드는 마음의 상처를 받았고 오해를 받았다고 느꼈다. 그때 데이비드는 학생들과 함께 자신이 관찰했던 바를 조합해보았다.

사람은 자신이 드러낸 노출의 충격에 대해 확신하지 못할수록 더욱 위험하고 약하다고 느낀다. (매우 사적인 것이라도) 비슷한 상황에서 여러 번 무언가를 노출하고 다른 사람이 어떻게 반응할지 감이 생기면, 그것이 부정적이더라도 누군가에게 말한 적이 없는 것을 공유하는 경우보다 훨씬 덜 취약하다고 느낄 것이다.

데이비드는 학생들이 자신이 받아들여질지 거부당할지, 칭찬을 받을지 동정을 받을지 모를 때 가장 타격을 입기 쉽다고 느낀다는 것을 알았다. 이런 종류의 취약성은 다른 사람을 더 가까이 끌어들인다. 그래서 그들은 정말로 속마음을 털어놓는 자기 개방을 할 수 있었다. 데이비드가 이런 차이를 이해하고 자신이 아는 훨씬 더 위험한 방법으로 자신을 드러낼 수 있었을 때에야, 다른 사람들이 자신을 더욱 완전하게 신뢰함을 알았다.

예를 들어 데이비드는 교수진 몇몇도 참가한 스탠퍼드대학교 임원 프로그램에서 자기 개방에 대해 강의한 적이 있다. 데이비드는 자신이 가르치는 것을 표준 모델로 정립하고자 했다. 그래서 그는 두 번 참다가 종신 교수직을 거부당하기 몇 년 전에 그 사실을 드러냈다. 데이비드는 이전에 그 사실을 공유한 적이 있지만 이런 노출이 약점이 될 수 있다고 느낀 이유는 참가자 중에 종신 교수가 있어서 혹시 자신에 대한 신뢰를 잃을까 봐 걱정했기 때문이다.

그때 데이비드는 이전까지의 노출에서 한 단계 더 나아갔기에 사실 공유에 대한 걱정과 불안한 느낌을 드러냈다. 캐럴은 그 강의가 정말 담대했다고 생각했다. 당시 많은 참가자는 개방이 어떻게 연결로 이어지는지를 본능적인 감각으로 잘 보여준 강의라고 이구동성으로 말했다(실제로 데이비드는 여기에서 더 나아가 이 책에서 우리가 보게 될 정보 공유를 좀 걱정했다. 친구여, 그게 바로 취약성이다!).

특히 단점으로 보일 수 있는 것을 드러낼 때 더욱 그렇지만, 사람들이 개방에 대해 공통적으로 하는 걱정은 다른 사람이 자신을 약하게 볼 거라는 점이다. 하지만 우리는 개방을 다르게 본다. 자기 개방을 하려면 꿋꿋함과 내적 강건함이 요구된다. 산제이가 엘레나에게 "나에게 털어놓다니 당신의 용기에 감탄했어요. 이런 말을 모두 한다는 게 결코 쉬운 일은 아니죠"라고 말하면서 반응했던 바로 그것이다.

특히 리더는 다른 사람이 자신을 덜 존경하면 어떡하나 하는 걱정에 그들이 완전히 함께한다는 인식에 어긋나는 사적 정보를 드러내길 두려워한다. 이러한 노출이 자신의 직무 역량을 의심하게 한다면, 정보 공유는 영향력과 존경심에 손실을 줄 수 있다. 만약 그렇지 않다면 리더가 더욱 인간적으로 보이게 하는 데 도움을 준다.[8]

우리는 다음 장에서 더 자세하게 이 내용을 다루겠지만, 약점을 드러내려는 의지가 없는 리더는 조직 내 다른 사람도 그렇게 하도록 권장하지 않는 규범을 만들게 된다. 리더가 자기 개방을 정당화하는 유일한 방법은 그것을 본보기로 삼는 것이다.

한때 데이비드는 〈포천〉 500대 기업 중 하나인 기업의 임원들을 위한 수련회 진행을 도운 적이 있다. 첫날 저녁에 디저트를 먹으면서 하던 대화가 구성원에게 부담으로 작용했다. 이런 압박감은 일과 일부 관련되어 있었고 다른 일부는 사적인 것이었다. 임원 중 한 명인 프랭크의 아내가 매우 아프다는 것을 모든 사람이 알고 있었지만 사실 자세하게는 모르고 있었다.

프랭크는 머뭇거리다가 이런 상황이 얼마나 고통스러운지 공유했는데 결국 울음을 터뜨리고 말았다. 그는 진정하려고 애쓰면서 재빨리 죄송하다고 말했다. 그러자 그의 동료들이 "아니에요, 아니에요, 괜찮아요!"라고 외쳤다. 그리고 프랭크의 자기 개방에 자신들이 얼마나 감동받았으며 아내의 상황을 어떻게 처리했는지를 듣고 큰 감명을 받았다고 이야기했다.

실리콘밸리의 최고경영자, 창립자들과 함께 일하며 캐럴은 이들이 이런 진정성에 얼마나 목말라하는지, 자신의 취약성을 드러내기를 얼마나 두려워하는지, 그리고 이런 것을 드러내면 자신이 약해보인다는 믿음이 얼마나 뿌리 깊은지 여러 차례 느꼈다. 하지만 이들은 자신의 이미지를 좋게 하려는 시도를 중단하고 노출 위험을 감수할 때 다른 사람들이 자신을 더욱 강하고 더(줄어드는 것이 아니라) 신뢰할 수 있는 사람으로 본다는 걸 알고서 몇 번이나 안도했다.

침묵의 대가

안전하거나 부드러운 논평이라 해서 위험이 없는 것은 아니다. 데이터가 없으면 사람들은 뭔가 말을 지어내려고 한다. 모든 사람은 다른 사람과 교류하면서 결론을 이끌어낸다. 우리가 노출을 덜 할수록, 다른 사람들은 자신이 본 것이 일관성을 띠도록 빈칸에 더 많은 것을 채워 넣는다. 우리가 느낌에 대한 속마음을 알리지 않을수록 외부에 비치는 우리 모습을 통제하기는 더욱 어려워진다.

우리가 자신의 이미지를 공유하기만 하면 다른 종류의 침묵이 발생한다. 그런 경우 다른 사람들은 우리의 더 흥미로운 면은 물론이고 우리가 정말 어떤 사람인지 볼 수 없고 알 수도 없다. 우리가 우리 이미지를 파는 데 성공하더라도 공허한 승리에 그친다. 그것은 나의 진짜 모습이 바람직하지 않다는 것을 확인해줄 뿐이다.[9]

프랑스 작가인 프랑수아 드라로슈푸코François de La Rochefoucauld가 말했듯이, "우리는 다른 사람에게 자신을 감추는 데 너무 익숙해져서 결국 우리 자신에게도 감추어진다".

정말 안 좋지만, 일단 우리가 어떤 모습으로 외부에 알려지면 우리는 일관되게 행동해야 할 것 같아서 진실한 나와는 더 멀어진다. 그 대가는 더욱 심한 고립이고 우리는 이를 '옥죄는 비밀 제약The Creeping Constraint of Secrets'이라 부른다. 우리의 중요한 부분은 주로 우리 자신의 본 모습의 또 다른 측면과 관련되어 있다. 한 부분을 감추다보면 점점 더 많이 감추게 되고, 마침내 우리가 보여주는 것이 계속 줄어들어 우리 관계도 쪼그라들고 만다.

이런 경우는 동성애자인 내 친구에게서 단적으로 나타나는데, 그는 커밍아웃하기 전의 삶에 대한 많은 이야기를 해주었다. 그는 우리에게 "내가 감추어야 했던 나 자신의 중요한 부분이 있었다"라고 말했다.

"동성애자인 건 물론이고, 아무리 별로 관계없는 것이라고 하더라도 관련이 있을 수 있는 주제는 모두 언급하지 않았어요. 나는 누구와 로맨틱하게 얽혀 있는지에 대해 신중해야 했어요. 내 책상에 파트너 사진을 놓을 수도 없었지요. 실수로 '우리we, 신이 금지God forbid, 그he'라는 말을 할 수도 있어서 최근 휴가에서 했던 일을 말할 때도 조심해야만 했어요.

나는 동료와 사교적인 약속을 잡지 않았고 동성애자 결혼 같은 주제로 흐를 수 있는 정치적 토론도 피했어요. 그러다 보니 대화는 대부분 피상적 수준에 그치곤 했지요. 최악인 것은 어떤 사람이 동성애를 혐오해도 어쩔 수 없이 침묵하고 있어야만 했다는 거예요. 이렇게 시간이 지나면서 다른 사람들은 내가 누구인지 점점 더 모르게 되었죠."

이런 제약은 어디에나 있다. 스탠퍼드대학교는 폭넓은 사회경제적 배경을 가진 다양한 학생을 등록시키려고 노력하지만, 풍족한 집안의 학생은 나파 밸리로 와인을 시음하러 가려고 휴가지를 예약하거나 자신이 방문했던 나라에 관해 이야기를 나눌 때 편안함을 느낀다. 이는 반대로 전액 장학금을 받은 학생은 자신의 배경에 대해 자주 침묵하고 스키 하우스를 빌리느라 빚을 더 지게 되고 그래서 풍족한 집안 학생이 세계 여행하는 모험을 이야기할 때 말문을 닫게 된다는 것이다. 종교적으로 신실한 학생은 다른 사람의 판단이 걱정돼서 자신의 종교적 신념을 공유하기가 어렵다.

학생들은 대인관계 역학 강좌 그룹에 들어가고 나서야 자신의 가치관이나 배경, 공포, 희망, 꿈을 공유할 수 있을 정도로 안전하다고 느낀다. 이들은 자신이 정말 누구인지 공유하지 않음으로써 지불한 비용을 이때야 알게 된다. 이 깨달음을 목격할 때마다 우리는 각별한 관계 구축의 중요성을 더욱 강조한다. 모두가 T-그룹일 수는 없지만 자기 개방을 위한 더 안전한 공간을 만드는 법을 배워서 남에게 우리를 더 알릴 수 있다.

더 많은 것이 더 적은 것보다 좋은 이유

안전과 자기 개방, 무엇이 먼저인가? '내가 다른 사람을 신뢰하고 나 자체로 받아들여지는 것을 알 때까지 개방의 위험을 감수하지 않을 것이다. 나는 우선 그들이 어떻게 반응하는지 알 필요가 있다'라고 생각하기 쉽다. 우리는 원인과 결과의 인과관계 방향이 반대로 바뀌어야 한다고 주장한다. 15% 개방을 감수해야 안전해진다. 만약 각자가 다른 사람이 위험을 감수하기만을 기다린다면 발전은 거의 이루어지지 않는다.

좀 더 도전한다면, 노출 한 번으로는 당신이 원하는 결과를 얻지 못할지 모른다. 엘레나가 "여전히 좋다 안 좋다 해요"라고 말하면서 뭔가를 넌지시 알려준 그때 그 일이 일어났다. 산제이는 그 말의 의미를 제대로 파악하지 못했고 엘레나도 더 자세히 설명하지 않았다.

너무 자주 일어나는 일이긴 하지만, 사람들은 조그만 노출로 조심스럽게 시작해본다. 그런데 반응이 없으면 그대로 멈춘다. 다른 사람이 반응하기 전에 약간 더 눈에 띄는 위험을 감수할 필요가 있다. 그것은 엘레나가 자신이 무엇 때문에 해고되었는지, 그리고 그런 일이 또다시 일어날지 모른다는 두려움을 공유하는 위험을 무릅썼을 때 일어났다. 그녀는 자신의 안락지대에서 무려 15%나 벗어났다.

만약 산제이가 "여기서는 그런 일이 일어날 가능성이 없어, 그래서 당신은 과거로부터 벗어나야 해"라고 반응했다면 어떤 일이 벌어졌을까? 그랬다면 그녀는 여기에서 다시 선택해야 했을 것이다. 그의 대답을 가볍게 넘기고 다른 주제로 대화의 화제를 바꾸었을 수도 있다. 혹은 또 다른 위험을 무릅쓰고 직장 상사와의 문제를 더 많이 말하는 상황으로 되돌아갔을 수도 있다.

산제이가 긍정적으로 반응하지 않았다면 아마도 기분이 상했을 것이다. 하지만 엘레나가 곤경에 빠진 상태로 끝내려고 하지는 않았을 것 같다. 사람은 그처럼 나약하지 않다. 당신이 결과를 모른 채로 위험을 감수하는 것이 깊은 사적 관계를 형성하는 데 가장 중요하다.

이 여정에서 당신은 장기적으로 일단 먼저 노출한 다음에, 신뢰를 구축하고 인정받아야 한다. 그러고 나면 당신이 가장 원하는 관계를 성취할 수 있으리라 믿고 그 과정을 신뢰해야만 한다. 이것이 "에이전시가 생겼다"라는 말의 진짜 의미다.

자기 성찰하기

1. 엘레나의 입장이 되어보라

예전 직장에서 해고를 당해 당신은 여전히 멍이 든 상태다. 당신은 그런 일이 다시는 일어나지 않기를 바랄 뿐이다. 이 문제의 일부는 당신이 조직문화를 몰랐다는 점이다. 당신은 산제이를 좋아하고 프로젝트팀에서 그와 함께 일하는 것을 즐겼다. 그는 당신이 마음을 터놓고 지내고 이 회사에서 성공하는 방법을 배우는 것을 도와줄 만한 사람인가? 당신은 중요한 것을 공유하는 관계를 원한다. 하지만 그가 당신을 부정적으로 잘못 판단하지는 않을까?

　당신은 자신을 더 충분히 알리기 위해 어떻게 해야 한다고 생각하는가? 엘레나가 이 장에서 가졌던 다른 선택지를 고려해보라. 당신은 뭐라고 말했을까? 이와 같은 직업적 상황에서 당신을 더 잘 알리는 데 느끼는 용이함(혹은 어려움)에 대해 무엇을 말해주고 있는가?

2. 알리기

더 넓게 보자면, 당신에게 중요한 것을 다른 사람에게 알리는 일이 얼마나 쉬운가? 무엇을 공유하기가 가장 어려운가? 이것을 공유할 때 당신은 무엇이 걱정되는가?

3. 핵심 관계

지난 장에서 당신이 떠올린 핵심 인물 중 한 사람을 골라라. 충분히
공유하지 않았던 당신에 관한 이야기 가운데 **해당 관계에 적절한
것**이 있는가? 이것을 개방한다면 당신은 무엇이 걱정되는가?

4. 감정 개방

당신의 감정을 공유하기가 쉬운가? 아니면 힘겨운가? 부록 1에 나
오는 '감정 어휘'를 훑어보기 바란다. 다른 것에 비해 더 어려운 느
낌이 있는가?

적용하기

'자기 성찰하기'의 세 번째 문제에서 당신은 관계에 적절한 이슈들을 확인했다. 당신의 안락지대 15% 밖에 있는 내용 중 공유할 수 있는 것은 무엇인가?

잠재적으로 자기 개방에는 두 가지 영역이 있음을 주목하라. 첫 번째는 콘텐츠다. 두 번째는 콘텐츠 공유에 대한 당신의 느낌과 우려다. 엘레나는 자기 개방의 두 가지를 모두 드러냈다. 당신은 위의 대화에서 두 가지를 어느 정도까지 공유했는가?

다음 주에 친구, 지인과 대화하면서 안락지대 바깥에 있어서 보통 공유하지 않는 것을 공유하도록 개인 개방 수준을 높여보기 바란다. 이것은 사실이나 의견 혹은 느낌일 수 있다.

이해하기

위에서 선택한 사람과 자기 개방을 하면서 당신은 무엇을 배웠는가? '자기 성찰하기'에서 당신은 개방에 대해 무엇을 걱정하는지 질문받았다. 그런 것들이 어떻게 바뀌었는가? 이렇게 하면서 당신은 자신에 대해 무엇을 배웠는가? 그리고 그것이 관계에 어떤 영향을 주었는가?

다른 사람과의 상호작용에서 더 사적으로 된다는 건 무엇을 말하는가? 그것은 어떤 느낌인가? 이런 상호작용의 특성에 효과를 미쳤는가?

당신은 배운 것을 미래의 상호작용에 어떻게 적용할 것인가? 상대방이 달라지면 그들과 함께 **무엇을** 할 것인지 구체적으로 답하라.

4

상대방이 마음을 열지 않을 때

(((

친구의 마음을 열 수 있을까?

혼자만의 힘으로는 각별한 관계를 만들어나갈 수 없다. 간단한 대화나 잡담 이상을 시도하지 않는 사람과는 관계를 더 가깝게 키워나가지 못한다. 엘레나가 했던 것처럼 당신의 안락지대에서 15% 더 나아가야 한다. 하지만 다른 사람에게 똑같이 하라고 강요할 수는 없다.

"여보세요. 내가 당신에게 마음을 열 테니, 이제 당신도 마찬가지로 나에게 마음을 여세요"는 우리가 어렸을 때 했던 진실 게임[상대방에게 진실이냐 아니냐로 답하라고 하면서 이것저것 연달아 물어보며 상대방의 진실을 캐내는 게임]에서나 효과가 있었을지 모른다. 하지만 정확히 말해 그건 각별한 관계는 아니다.

이번 장은 강요나 조종에 대한 것이 아니라 오히려 과정에 대한 것이다. 가끔은 매우 느리기도 하지만 상대방이 마음을 열도록 격려하는 과정이다. 당신은 상대방이 자신을 드러내는 것을 강요할 수는 없어도 그 과정을 순조롭게 할 수는 있다.

당신 자신에 대해 언제 더 많이 노출할 것인지, 언제 한발 물러나서 다른 사람에게 자리를 양보할 것인지, 언제 올바른 질문을 던질 것인지를 알 필요가 있다. 또한 당신이 그들한테 원하는 것이 아니라, 그들이 원하는 바를 얻도록 도와주어야 한다. 벤은 친구 리암과 함께 그 힘든 길을 걸어가려고 애썼다.

'벤과 리암' 1편

미시간대학교 졸업생인 벤과 리암은 벤이 시카고에 오자마자 동창 모임에서 만나 우정을 쌓았다. 두 사람은 미혼으로 30대였고 그다음 해부터 정기적으로 어울려 다녔다. 함께 자전거를 탔고 화이트삭스팀의 야구 경기를 보러 다녔으며 그리 멀지 않은 곳에 있는 괜찮은 스키 리조트를 최근에 알게 되어 함께 가기도 했다.

이들은 정기적으로 만나서 스포츠 이야기를 나누고, 일하는 분야는 다르지만 일 이야기도 많이 했다. 벤은 월마트[미국의 전국 프랜차이즈 대형 할인 매장]에서 매니저로 일하고, 리암은 대형 건설 회사에서 재무 일을 하고 있었다.

벤은 리암과의 우정을 소중히 여겼다. 그래서 함께 어울릴수록 우정을 더 돈독하게 하고 싶었다. 벤은 리암이 서로 관심사는 같은

데 스타일이 달라서 좋았다. 벤은 무엇을 생각할 때 거시적으로 볼 줄 아는 사교적인 사람이었다. 반면에 리암은 말수가 적고 내성적이었는데, 재정학을 전공해서 그런지 사실과 숫자를 선호하는 편이었다.

그들은 이처럼 두 개의 서로 다른 관점에서 문제에 접근하기 때문에 두 사람이 토론하면 즐겁고 흥미로웠다. 하지만 리암은 사적인 사항을 별로 공유하는 스타일이 아니었다. 리암이 더 많이 공유하게 하려면 어떻게 해야 할까 벤은 생각했다.

어느 날 저녁, 그들이 좋아하는 맥줏집에서 리암은 어떤 것에 대해 조언해달라고 벤에게 부탁했다. "내 동료 랜디가 문제야."

"무슨 문제인데?"

"랜디가 자신이 하지도 않은 일로 공을 인정받고 있다는 거야."

리암은 랜디와 어떤 프로젝트를 함께 했는데 랜디가 그들의 매니저에게 가서 자기가 대부분 일을 다 한 것처럼 말했다고 했다. 리암은 말을 하면서 점점 더 흥분했다.

"그럴 수가. 너 정말 화나겠다."

"맞아. 걔 때문에 미치겠어. 정말 불쾌해. 걔를 전혀 못 믿겠어."

리암은 자기 마음이 얼마나 심란한지 말하고, 특히 랜디가 매니저에게 말을 걸려고 그 주위를 얼쩡거린다고 덧붙였다.

"네 매니저는 걔를 믿었어?"

"그런 것 같아. 걔는 항상 설득력 있게 말을 잘하거든. 이게 처음이 아니야. 뭐 그런 애가 다 있지? 진짜 열 받아서 어떻게 해야 할지 모르겠어. 걔가 나에 대한 험담을 사무실에 퍼뜨려서 내 평판을 망칠까 봐 걔와 대적할 수가 없어. 걔가 그렇게 하는 걸 내가 봤거든."

벤은 리암의 말을 듣고 물었다. "매니저에게 가서 그 일을 함께 했다고 말하면 어때?"

"내가 별일 아닌 일로 유난을 떠는 것처럼 보일까 싶어서."

"네 동료들하고 그 일을 이야기해보지는 않았어?"

"그건 랜디식 정치 게임이지. 나는 그렇게 하고 싶지 않아."

벤은 두 가지 제안을 더 했는데, 리암은 화가 나 있었다.

"그래, 나도 이미 그렇게 생각해보았지. 여기는 정상적인 조직이 아니야, 알겠어? 여긴 마초처럼 드센 건설 회사라고! 나 자신을 스스로 돌봐야 해." 리암은 덧붙였다. "이런 말도 안 되는 일이 너에게는 절대 일어나지 않겠지?"

"웅? 그게 무슨 말이야?"

"넌 사람들과 연관된 모든 일을 항상 잘하는 것 같아, 그렇지?"

"사실 나도 랜디 같은 동료가 있었던 때를 생각하고 있었어."

리암은 약간 긴장을 풀면서 물었다. "거기서는 무슨 일이 있었는데?"

"내가 월마트에서 직장 생활을 시작한 지 얼마 안 됐을 때인데, 그곳 매니저가 내 아이디어를 자기 것인 양 계속 가로챘지."

"그래서 어떻게 했어?"

"사실 아무것도 안 했어. 정말로 어떻게 해야 할지 몰랐거든. 그 일로 매니저에게 대들면 그는 그걸 부정했겠지. 나는 다른 매니저들도 그 상황을 파악하고 있었다는 것을 알았어. 하지만 그들도 위험을 감수하면서까지 무슨 말을 하려고 들진 않았지.

경영진이 이런 사실을 아는지 모르는지 나는 몰랐어. 하지만 그들에게 달려가 불평하고 징징대긴 싫었어. 전혀 이길 수 없는 상황에 걸려든 느낌이었지. 나는 목청을 높이지 못했어. 내가 그렇게 하지 않았다면 그러고 나서 어떤 일이 벌어질지 정말 몰랐지."

"그래서 무슨 일이 벌어졌는데?"

"운이 좋았어. 결과적으로 나는 승진했고, 매니저는 승진에서 탈락했지."

"아주 쉽게 말하네."

"그렇진 않아. 그 당시 상황이 나를 미치게 했어. 스트레스를 아주 많이 받았지. 나 자신이 정말 형편없게 느껴졌어. 속수무책이라 더욱 싫었어."

"아, 그런 일은 나한텐 없을 거야. 내게는 너 같은 인내심이 없어. 랜디는 정말 내 분통을 터뜨리게 해."

벤은 잠시 조용히 있더니 이렇게 말했다. "네가 화날 만해. 그리고 힘든 상황이야. 하지만 왜 이 일로 그렇게나 열을 받는 거지? 내 경우엔 승진이 그 결과에 달려 있었어. 그렇지만 지난주에 네가 이 프로젝트 이야기를 할 때 이게 너의 경력에 영향을 줄 정도로 중요한 프로젝트는 아니었던 것 같았는데. 랜디가 한 일은 공정하지 않지만 뭐 때문에 그렇게 화내는 거야?"

"잘 모르겠어." 리암은 말했다. "나는 사람 사이에 벌어지는 지저분한 문제를 좋아하지 않는 것 같아. 숫자는 객관적이라 재정 분야를 선택해서 일하는 거야. 너는 이런 문제를 잘 처리할 수 있을지 모르지만 난 이런 일이 닥치면 화가 나서 그러지 못해. 나는 랜디가 하듯이 사무실에서 정치 게임을 해야 하는 게 정말 싫어. 사람들이 그렇게 해서까지 출세하려는 게 싫거든."

벤은 호기심이 달아올랐다. "그래? 계속해봐."

리암은 잠시 조용히 있다가 약간 머리를 흔들더니 고개를 들고서 TV 화면을 쳐다보았다. "봐봐. 화이트삭스팀이 5대 5로 비기고 있네. 맥주 한 잔 더 하면서 게임을 보자."

화제가 갑자기 바뀌자 벤은 다시 한번 말을 멈췄다. 하지만 술집으로 이동하기로 했기 때문에 더 이상 말하지 않기로 했다. 벤은 리암이 그전에도 여러 번 화제를 갑자기 바꾸는 것을 눈치챘지만 늘 그랬듯 여기서 멈췄다.

상대방이 자기 개방을 하도록 격려하기

벤이 했던 어떤 행동은 리암이 자신의 이야기를 더 많이 공유하도록 도움을 주었다. 하지만 그렇지 못한 경우도 있었다. 리암의 곤경에 벤이 관심을 보인 것, 리암의 좌절에 벤이 공감한 것, 두 가지 다 용기를 북돋워주었다. 공감은 당신이 다른 사람의 감정을 이해할 뿐 아니라 그들과 동일시할 수 있음을 알리는 행위다.

"그들의 입장이 되라"라는 격언에서 보듯, 당신은 그들의 입장이 되어볼 수 있다. 공감하기 위해 그들과 완전히 똑같은 상황에 들어갈 필요는 없음을 아는 게 중요하다. 예를 들어 그들이 묘사하는 상황이 당신을 반드시 슬프게 하지 않더라도 과거에 비슷한 슬픔을 느껴봤기 때문에 다른 사람의 슬픔에 공감할 수 있다.

우리는 학생이 "그 사람이 이 일로 왜 그렇게나 화를 내는지 잘 모르겠어요"라고 말하는 경우를 종종 본다. 이때 우리는 "그게 핵심이 아니야. 분노가 어떤 기분인지 아는 게 중요해. 그래야 공감할 수 있거든"이라고 말해준다.

사람들은 구별 없이 많이 사용하지만, 공감과 동정은 다르다. 동정은 다른 사람이 고통스러워하고 있음을 인정하고 위안이나 지지를 해주는 걸 의미한다. 우리가 그들의 느낌을 반드시 알 필요는 없다. 동정은 연민과 연결되는 경우가 많다. 연민은 많은 사람을 더욱 초라하게 한다. 공감과는 다르게 동정은 상대방이 더 개방하도록 북돋우지는 않는다. 많은 사람은 다른 사람이 자신에게 '가엾다'고 느끼는 것을 좋아하지 않으므로 동정은 역효과를 내기도 한다.

벤은 처음 공감 전선에서는 제대로 일을 했지만, 그 후 도움이 되지 않는 질문을 연달아 던졌다. 벤이 실질적 충고에 가까운 질문을 던지자 리암은 입을 닫았다. 리암이 그래도 입을 좀 열었던 것은 벤 자신이 과거에 경험했던 무력감을 드러내어 자신을 취약하게 만들었을 때였다. 그러나 벤이 상대방에게 더 개방하라고 압박하자 리암은 갑자기 화제를 바꾸어버렸다.

당신은 상대방에 대해 더 알고 싶은데 상대방은 말이 없는 이런 상황을 아마도 경험할 것이다. 관심을 보이고 자기 자신을 드러내는 것만큼이나 중요하지만 그렇게까지밖에 할 수 없을지 모른다. 당신에게 다른 선택지는 있다. 이런 경우, 우리는 상대방의 상황에서 우선 만나야 한다. 그런 다음에야 둘 다 더 깊숙이 다른 부분으로 들어갈 수 있다.

"상대방의 상황에서 만난다"에는 여러 차원이 있다. 우선 '**당신이 원하는 것이 아니라 상대방이 원하는 걸 말하고 있는가?**'이다. 또 다른 차원으로는 '**당신은 똑같은 감정 수준에서 응답하고 있는가?**'가 있다. 벤은 랜디의 화내는 행동을 강조하면서 이러한 차원을 언급했다("그럴 수가. 너 정말 화나겠다").

리암은 벤이 주제넘은 발언을 하거나 그가 나중에 했듯이 리암이 원하던 것보다 더 깊이 나갔다면 벤을 만나지 않았을 것이다. 세 번째 차원은 '**당신도 그들이 세상을 보는 대로 보는가?**'이다. 벤이 리암의 조직문화를 감안하지 못하고 리암의 회사가 아니라 자신이 근무하는 월마트에서나 효과가 있을 법한 제안을 해서 실패한 것이다.

네 번째 차원은 '**상대방이 진정으로 원하는 것에 반응하지 않고 있지는 않은가?**'이다. 리암은 랜디와 회사의 정치적 분위기에 분통을 터뜨렸는데, 벤은 어떤 사적인 문제 때문에 리암이 흥분했는지에 호기심을 보였던 것이다.

당신이 해야 할 말을 듣게 하려면, 상대방이 자기 자신에 대한 말을 당신에게 훨씬 적게 하는 것은 물론이고, 당신이 그들과 그들의 입장을 이해하려고 노력한다는 걸 알아야 한다. 일단 연결이 이루어지면 다른 이슈를 끄집어내어 더 깊이 파고드는 질문을 할 수 있다. 벤은 대화 말미에 술집으로 가기 전에 이것을 깨달았다. 토론을 더 하고 싶었지만 그것이 당시 리암이 원하는 바가 아니었음을 안 것이다.

상대방의 상황에서 만나는 것의 또 다른 차원은 타이밍이다. 벤은 이 사건을 자신만의 기억 속에 넣고 잊어버렸다. 모든 것을 바로 처리할 필요는 없다.

자기 개방을 돕는 질문과 충고

호기심이 있다(궁금하다)는 것은 생각보다 훨씬 복잡하다. 연속체의 한쪽 끝에서 어떤 것을 이해하는 바가 정말로 하나도 없다면, 다른 쪽 끝에서는 어떤 것을 모두 안다고 생각하고서 당신의 가설을 검증하려고 질문을 던진다. 후자의 경우 당신은 아마도 진정으로 호기심이 있는 게 아닐 것이다. 당신은 대부분 마음을 결정하고서 단지 입증하기 위해 '증인을 내세우는' 격이다. 이런 태도는 상대방이 자신의 마음을 열거나 드러내게 할 가능성이 별로 없다.

호기심이 진짜임을 확인하는 최선의 방법은 당신이 매우 직관력 있고 상대방을 아주 잘 안다고 생각하더라도, 그에게 무슨 일이 진행되고 있는지 실제로 잘 모른다는 마음가짐을 갖는 것이다. 이는 단어의 가장 좋은 의미로 표현하면 당신이 순진하게 군다는 것이다. 이런 순진한 호기심을 가져야 상대방의 자기 개방을 유도하는 질문을 구사할 가능성이 크다.

어떤 질문도 똑같게 만들어지지 않는다. 제대로 물어보아야 다른 사람이 공유하도록 유도할 수 있다. 상황을 생각하는 선택지, 새로운 관점이나 방법을 만드는 개방형 질문을 해야 대화의 폭이 넓어진다. 벤이 그렇게 했는데, 바로 리암에게 직장에서 벌어진 일과 그런 과정에서 리암을 괴롭혔던 것을 설명해달라고 했을 때다.

가장 효과적인 개방형 질문은 '왜'로 시작하지 않는다. '왜'라는 질문은 상대방의 머리로 들어가서 감정으로 표출되기 쉽다. 이런 질문은 상대방의 정당화를 암묵적으로 요구할 뿐이다. 예를 들어 벤이 "왜 그렇게 흥분해?"라고 묻는다면 리암은 논리적 설명의 필요성을 느낄 것이다.

벤이 계속해서 "왜 랜디를 그냥 잊어버리지 않지?"라고 물어보면, 리암은 자신이 직장 내 정치를 개인적으로 싫어하고 객관적인 세상을 원한다는 걸 드러내지 않을 것이다. 논리적 설명으로 드러날 수 있는 것 이상의 무언가가 자주 진행되고 있기 때문이다.

보통 "예" 혹은 "아니요"로 대답이 나오는 폐쇄형 질문은 대화의 폭을 좁히며, 더 거슬리고 비판적으로 느껴지기 쉽다. 벤이 리암에게 "네 동료들하고 그 일을 이야기해보지는 않았어?"라고 물어보는 경우가 여기에 해당한다. 질문 형태의 문장인 '유사 질문Pseudo-questions' 역시 마찬가지로 비생산적이다. 벤이 "랜디의 설득 기술이 부러워서 네가 그에게 화난 것 아니야?"라고 물어보면 이게 바로 유사 질문이다.

폐쇄형 질문과 유사 질문은 둘 다 정말 질문 형태의 충고나 가설 검증처럼 들린다. 벤이 알아차렸듯이, 상대방이 요청하지 않았더라도 충고는 거의 유용하지 않다. 도와주려고 애쓰다 보면 우리 자신의 경험을 토대로 한, 상황에 맞지 않는 해법을 제시하기 일쑤다. 상대방이 생각지도 않았던 선택지를 생각해내는 경우는 거의 없다.

벤은 이 함정에 빠졌던 것이다.

또한 충고하다 보면 두 사람 사이에 힘의 차이가 생길 수 있다. 문제를 가진 사람은 한 단계 아래 입장에서 시작한다고 느낄 수 있어서, 상대방이 마치 답을 가진 것처럼 행동하면 힘의 차이는 더욱더 심해질 수 있다.

충고에서 또 다른 문제는 상대방이 정말로 원하는 바를 오해하기 쉽다는 점이다. 리암은 벤의 충고를 원한다고 말했을지 모른다. 그런데 정말 그랬을까? 사람은 여러 이유로 다른 사람에게 다가간다. 생각나는 대로 그냥 말했을 수도 있다.

또는 단지 분출하고 싶고, 동정하면서 말을 들어주는 상대방을 원하는지도 모른다. 때로는 어떤 해결책을 찾는 도움보다는 그저 불공정한 상황에 대한 지지와 공감을 원한다. 듣는 사람은 가장 도움이 되는 방법을 충분히 이해하기 이전에 상대방이 원하는 바를 분명히 해둘 필요가 있다.

데이비드는 얼마 전에 동료 짐이 자신의 사무실에 왔을 때 이런 경험을 했다. 짐은 이렇게 말했다. "데이비드, 이 문제를 어떻게 처리해야 할지 모르겠어. 조언 좀 부탁해." 데이비드는 짐이 하는 말을 아주 집중해서 들었다. 정말로 도움을 주고 싶었고 자신의 아이디어가 도움이 되면 두 사람 모두 기분이 좋을 것으로 생각했기 때문이다.

짐은 말을 이어갔다. "나에게 대안이 두 개 있는데, 어떤 것을 택해야 할지 모르겠어. 나는 이런 이점이 있어서 A를 택할 수 있어. 그런데 그것에는 이런 문제가 있어. 반면에 B는 이런 이유로 매력적이지만 몇 가지가 우려돼."

짐은 두 가지 대안의 장단점을 더 깊이 파고들었고 데이비드는 올바른 답을 찾아내고자 집중했다. 짐의 말을 계속 듣다 보니 A가 더 좋겠다는 생각이 들었다. 데이비드는 그 생각이 도움이 될 거라 판단하고 짐과 공유하고 싶었으나, 꾹 참고서 짐이 말을 끝내기를 기다렸다. 그런데 짐이 자리에서 일어나 문 쪽으로 나가며 이렇게 말하는 게 아닌가. "맞아. 확실히 B가 더 나은 선택이야. 고마워. 도움이 많이 되었어."

데이비드는 낙담해 이렇게 말하고 싶었다. "잠깐, 당신은 내 생각을 듣지도 않았잖아!" 하지만 안타깝게도 그는 자신의 분석이 도움이 되지 않았을 수도 있다는 걸 인정해야만 했다. 짐은 스스로 생각해서 답을 찾을 수 있는 여지를 원했을 뿐이다.

이 이야기는 조언의 또 다른 한계를 말해준다. 데이비드의 해법이 실제로 맞을지도 모른다. 하지만 이 해법은 데이비드의 경우에만 해당하고, 짐에게는 틀렸을 수도 있다. 모든 사람은 문제를 해결하는 데 자신만의 목표와 방법이 있다. 조언을 해주는 사람은 상대방이 가장 잘하는 방법을 고려하기보다는 자신이 잘하는 방식으로 문제에 반응한다.

조언한다는 것에 한마디 덧붙이자면, 상대방에게 실제로 어떤 일이 벌어지는지 알지 못한 상태로 조언할 수도 있다는 점이다. 리암은 왜 그렇게 화가 났을까? 랜디가 프로젝트의 공을 가로챘기 때문이었을까? 아니면 사무실이 너무 정치적이기 때문이었을까? 아니면 (현실성이 떨어지기는 하나) 세상이 객관적이고 합리적이길 바랐기 때문이었을까?

남을 도와주고 싶은 마음에서 우리가 실제 문제를 알기 전에 조급하게 불쑥 끼어들 수도 있다. "잘못된 문제에 대한 올바른 해결책보다는 올바른 문제에 대한 잘못된 해결책이 오히려 낫다"라는 격언에 지혜가 있다. 당신은 잘못된 해결책을 훨씬 빨리 찾아낼 것이기 때문이다.

충고가 그렇게나 자주 쓸모가 없다면 왜 사람들은 계속 충고를 하려고 들까? 자기 문제보다 다른 사람의 문제를 해결하는 게 훨씬 쉽기 때문이 아닐까? 자신의 분석 기술을 과시하고 싶기 때문이 아닐까?

아니면 곤경에 빠진 마을에 말을 타고 들어가 문제를 해결하고 마을 사람들의 숭배를 받으며 '은 총알'[문제해결의 묘책]을 남긴 채 홀연히 마을을 떠나는 외로운 방랑자가 되고 싶은 것은 아닐까? 이유야 어떻든, '내 필요를 충족하려고 충고하는 건 아닐까? 아니면 내가 진정으로 도움 주기를 원해서일까?' 하고 자문해보기 바란다.

충고에 문제가 있을 이유가 많음에도 충고가 실제로 효과가 있는 경우도 있다. 단, 조건이 있다. 당신이 어떤 사람에게 충고하려면 그 상황을 충분히 파악하고 상대방이 원하는 바를 제대로 알고 그들의 성향과 접근방식을 감안해야 한다. 당신이 하려는 바를 옆으로 제쳐두어야 한다는 것이 가장 중요하다. 뭐든지, 실행하기보다는 말하기가 쉽다. 게다가 충고를 하는 건 당신의 제안에 대한 상대방의 반응을 배우는 것일 뿐 상대방을 아는 데 별로 기여하지 못한다.

상대방이 스스로를 개방하도록 도와줄 때 당신은 그가 자신의 감정을 더 충분히 표현하도록 돕고 싶어 할지 모른다. 상대방이 자신의 느낌을 덜 드러냈는지 아닌지 당신은 어떻게 눈치채는가? 눈치채지 못한다 해도 상대방의 말투나 비언어적 신호를 토대로 추측할 수도 있고, 상황의 강도가 상대방이 표현한 느낌과 맞지 않을 때 알아챌 수도 있다. 벤은 리암의 불안을 알아차리고 공감하며 이렇게 말했다. "너 정말 화나겠다." 이 말에 리암은 더욱 자극받아 자신의 분노를 더 강하게 표출했다.

벤이 리암의 말을 계속해서 잘 듣고 그의 감정을 반추해봤다면 리암은 용기를 얻어 더 많은 자기 개방을 했을 텐데, 불행히도 벤은 그와 반대로 했다. 벤은 논리적인 질문만 잔뜩 해서 리암을 감정적인 반응이 아니라 이성적인 반응으로 이끌었다.

말로 표현하지 않은 감정이나 절제된 감정을 반추해보는 것과 주도적인 질문을 던지는 것의 경계는 모호하다. 적절한 예시를 하나 들어보자. "너는 약간 거슬리는 거라고 말하는데 그런 거 같지가 않네. 그것보다는 더 속상한 거야?"가 그 중 하나일 수 있다. 차이는 당신의 가정과 그에 해당하는 말투 사이에 있다. 상대방한테 무슨 일이 진행되고 있는지 당신이 정말로 모른다는 걸 인정하면, 당신이 추측하고 있음을 알게 될 것이다. 당신의 추정은 그저 추정일 뿐이다. 질문은 진술보다 더 정확할 뿐 아니라, 당신이 아는 것처럼 말할 때보다 저항감이 덜하다.

당신은 "속이 뒤집히는 느낌이야" 혹은 "나에게 그런 일이 일어나면 정말 짜증 날 거야"라고도 말할 수 있다. 그런 표현은 당신의 마음속 감정을 반영하며, 이를 당신이 알고 있기 때문이다. 이러한 공감 발언은 상대방이 자신의 감정을 더욱 충분하게 표출하도록 북돋운다.

'벤과 리암' 2편

몇 주 후에 벤과 리암은 저녁 식사를 하러 만났다. 벤은 랜디에게 무슨 일이 일어났는지 묻고 싶었다. 하지만 벤이 말하기도 전에 리암은 이렇게 말을 꺼냈다.

"네가 도와준 덕분에 랜디와 문제를 해결했어." 그리고 덧붙였다. "아, 그리고 재무 부서 쪽 새로운 자리에 지원할 생각이야. 연봉도 꽤 오를 거야. 그런데 인사이동은 네 분야라서 이 문제에 대해 이야기를 듣고 싶어."

그래서 깊은 대화가 진행되었다. 벤은 궁금해서 여러 질문을 던졌고, 리암이 원하는 방향으로 대화를 이끌어가게 했다. 문제가 복잡하긴 했지만 벤은 점점 더 흥미를 느꼈다. 리암도 그들의 대화에 의미를 느끼는 듯했다. 하지만 그는 말하는 도중에 갑자기 화제를 바꾸었다.

'왜 리암이 그랬는지 궁금하네. 그가 항상 보이던 방식이군. 물어볼까?' 라고 생각했지만 그러지 않기로 했다.

두 사람은 그냥 계속 저녁을 먹었고, 눈이 적게 와서 스키를 타러 갈 것인지 말 것인지로 화제가 넘어갔다. 벤은 집중이 안 돼서 대화에 몰입하기가 어려워졌다. 리암이 화제를 갑자기 바꾼 것이 뇌리에서 떠나지 않아 그 주제로 다시 돌아가기로 마음먹었다.

벤은 조심스럽게 물어보았다. "리암, 조금 전에 우리가 나누었던 너의 새 자리 이야기로 다시 돌아갔으면 해. 너는 아까 대화 도중에 화제를 바꾸었지. 사실 궁금한데, 너는 그동안 많은 대화에서 이야기하다가 몇 차례 그렇게 화제를 바꾼 적이 있었는데 왜 그랬는지 알고 싶어."

그러자 리암은 "내 할 말은 끝났어"라고 다소 퉁명스럽게 대답했다.

리암이 더 이상 토론하고 싶어 하지 않음을 느끼고, 벤은 어깨를 으쓱하며 "알았어"라고 말했다.

두 사람은 화이트삭스팀에 새로 들어온 마무리 투수가 성적이 형편없는 이번 시즌에 얼마나 많은 변화를 불러올지 그리고 주말에 어떤 새로운 경로로 자전거를 타고 갈지에 대해 이야기를 나누었다.

저녁 시간을 끝낼 때 벤은 이런 생각을 하지 않을 수 없었다. '나는 다른 사람과 이 문제에 대해 이야기할 수도 있어. 하지만 리암은 매우 사려 깊고 흥미로워. 나는 그를 좀 더 알고 싶어.' 그래서 다시 한번 시도해보기로 마음먹었다.

"리암, 나는 막힌 느낌이야. 우리가 스포츠랑 피상적인 비즈니스 이슈 외에 더 이야기를 나눌 수 있으면 해. 나는 좀 더 깊은 우정을 원하거든. 그런데 매번 진행 상황을 내가 더 알려고 하면 너는 대화를 그냥 끝내버려. 몇 주 전에 우리가 랜디 이야기를 할 때도 그랬고, 아까 새로운 자리 이야기를 할 때도 그랬어. 왜 그러는 거야? 좀 이상해."

리암의 반응이 벤을 깜짝 놀라게 했다. "우리가 어느 정도 사적인 대화로 접어들면 너는 질문을 던져. 계속 더 압박하지. 그건 내가 일 인치를 내쳤는데 너는 일 마일을 원하는 거랑 같아. 나는 그냥 강요받는 것을 좋아하지 않아."

벤은 "더 공유하는 것이 너는 왜 그렇게 어렵지?"라고 말했다가 "오 젠장, 내가 또 그 강요를 한 거 같네! 너무 신경 쓰지 마!"라고 덧붙였다.

"제대로 알아들었네." 리암은 미소를 띠며 말했다. "나는 그렇게 하고 싶지 않아."

"괜찮아. 나는 너무 열정적이라 뭐든지 심하게, 또 조급하게 압박한다는 걸 알아. 전에도 그런 말을 들은 적이 있지. 너만 그런 게 아니야."

"고마워." 리암이 말하고서 "자전거 경로 계획을 세우는 이야기로 다시 돌아가자"라고 덧붙였다. 두 사람의 대화는 좀 더 가볍고 편안해져서 한동안 지속되었다.

계획을 조정하려고 달력을 꺼내면서 리암이 말했다. "조금 전에 네가 나한테 물었던 것에 대해 더 생각해봤는데, 나는 무례하게 굴 생각은 없었어. 그게 좀 복잡해. 나는 항상 내 얘기를 잘 안 하는 사람이었어. 처음으로 내 마음을 열었던 적이 있었지. 대학에서 어떤 여자와 데이트를 했는데, 그녀가 내게 많은 것을 털어놓게 했어. 그리고 나중에 그걸 나한테 불리하게 이용했지. 정말 최악이었어."

"이런." 하며 벤이 반응했다. "힘들었겠다. 내가 너를 좀 더 이해하는 데 정말 도움이 되는군. 보라고. 나는 네가 이야기하고 싶은 것

이상으로 네 이야기를 강요할 생각은 없어. 내가 더 알고 싶더라도 질문으로 너를 괴롭히지 않도록 최선을 다할게. 네가 대화를 주도하도록 해줄게."

리암은 고맙다며 고개를 끄덕였다.

"하지만 나는 맞는지 틀린지 계속 고심하기는 싫어. 내가 너무 많이 물어본다 싶으면 말해. 그러면 그만둘게."

"그럴게." 리암은 대답하고 덧붙였다. "그리고 나는 좀 더 개방적으로 되려고 노력해볼게."

이 두 번째 대화에서 위험을 감수한 결과, 우정이 더 깊어졌다. 벤이 리암이 화제를 바꾸는 것에 대해 아무 말도 안 하거나 그냥 피했다면(두 사람의 공통된 반응), 두 사람의 관계는 더 피상적 수준에 머물렀을 것이다.

벤은 그들의 우정에 대한 자신의 기대를 더 많이 리암에게 말하면서 취약성을 보였다. 또한 자신이 너무 심하게, 빠르게 상대방을 압박하는 경향을 인정함으로써 약한 모습을 더욱 드러냈다. 이렇게 함으로써 리암이 자신을 더 많이 드러내도록 유도했다.

벤이 자신을 '붙들어 매어Caught' 리암을 지나치게 압박하면 리암이 벤에게 알리겠다고 한 것은 좋은 조짐이다. 두 사람의 관계가 계속 발전하려면 위험을 감수하고 자신의 약점을 보여주기를 반복해야겠지만, 몇 가지 이점이 생긴 것이다. 서로에게 자신을 노출하는 **방법**을 배웠고, 혜택을 조금씩 경험하기 시작했다.

호기심이 있다는 것과 참견한다는 것의 차이는 참으로 미묘할 수 있다. 상대방이 당신을 정말로 알고자 한다고 당신이 믿고 그 이유를 상대방이 당신에게 말했다면 상대방의 질문을 그리 공격적이라 생각하지 않을 것이다. 반면에 당신을 흥미로운 표본으로 보고 현미경으로 조사한다고 느낀다면, 당신은 훨씬 비공개적으로 변할 것이다. 상대방이 알게 된 것을 가지고 무엇을 할지 전혀 모른다면 더욱 비공개적으로 행동할 것이다.

벤의 의도가 아무리 좋았더라도, 리암은 그러한 의도를 이해하지 못했을 것이다. 벤이 대화에서 말했듯이, 상대방에게 여지를 내주는 것이 중요하다. 그는 지나치게 강압적이지 않으면서 조심스럽게 진정한 관심을 보여주고 리암이 대화의 주도권을 가지도록 했다. 자신의 필요를 전적으로 무시하지 않고 리암의 필요에 민감하게 대응함으로써 벤은 리암이 자신의 문제를 잘 해결할 수 있게 했다. 완벽하게 모두 해결한 건 아니지만 성공했다.

자기 개방: 누가 먼저 시작할 것인가?

상호작용성Reciprocity은 자기 개방에서 결정적 요소다. 그런데 누가 먼저 자신을 노출할 것인가? 더 많이 노출하면 할수록 외적으로 보여지는 모습을 더 통제할 수 있지만, 지위나 인지된 지위의 문제가 있을 때 노출 결정이 얼마나 더 어려워지는지를 고려해야만 한다. '지위Status'는 조직 내 위치, 업적의 정도, 혹은 교육 수준일 수 있다.

불행하게도 성별, 인종 혹은 민족 그리고 사회경제적 배경 또한 지위를 구분 짓는다. 이미 한 단계 아래라고 느끼는 사람에게 먼저 자기 개방을 하도록 기대하는 것은 무리한 욕구다. 그런 노출이 상대적으로 위험을 더 크게 느끼게 하는 것은 당연하다. 남성 중심적인 분야에 있는 여성, 그리고 유색인종처럼 소외계층 출신의 사람에게 특히 그렇다.[10]

그렇지만 지위가 높은 사람은 자신의 역할 때문에 다른 사람이 자신에게 노출하기를 어려워한다는 것을 자각하지 못하는 경우도 많다. 상관은 종종 직속 부하 직원에게 이렇게 하곤 한다. "큰 소리로 말해주기를 기대해요." 하지만 이는 그렇게 하는 위험성을 과소평가하는 것이다. 권력이 많고 지위가 높은 사람은 이러한 역학 관계를 알아야 하고 같은 지위에 있는 사람에게 자신을 노출하는 것보다 훨씬 더 노출할 필요가 있다.

캐럴이 스탠퍼드대학교에서 가르치기 시작했을 때, 조직행동학과의 어느 선임 교수와 친해졌다. 두 사람은 정기적으로 점심을 함께했고, MBA 학생들을 위한 강의 노트를 비교하기도 하고 지적인 토론을 매우 즐긴다는 것도 알게 되었다. 캐럴은 이렇게 그와 함께하는 것을 즐겼지만, 그는 그녀가 평소 서로 터놓고 말하는 그런 사람은 아니었다. 특히 권력에 차이가 있었기 때문이다. 그는 정교수이고, 그녀는 강사였다.

어느 날, 그 선임 교수는 캐럴을 점심에 초대하여 학생들의 높은 참여도로 유명한 그녀에게 카운슬링을 원한다고 말했다. 비슷한 결과를 얻기 위해 그는 무엇을 할 수 있을까? 대학에서의 그의 위상을 보건대, 그녀가 과찬을 받았다고 말하는 것은 너무 약한 표현이다.

과찬보다 더욱 중요한 것은 그녀의 도움을 요청할 때 그가 보여준, 숨겨진 취약성이다.

자신이 답을 가지고 있지 않다거나 도움이 필요하다고 인정하는 교수는 거의 없다. 그래서 이것은 특별한 의미가 있는 자기 개방이다. 캐럴은 그가 이미 실행에 옮겼던 것을 중심으로 많은 아이디어를 자연스럽게 말해주었다. 그래서 그는 그녀를 항상 칭찬했다.

캐럴은 선임 교수의 부탁을 잘 들어주어 찬사를 들었으나 이로 인해 그들의 관계에 변화가 생겼다. 그가 보여준 취약성 덕분에 그녀는 갈수록 더욱 열린 마음으로 자신을 개방했다. 그 후에는 그녀도 그에게 조언을 부탁했다. 그녀는 전문가로서의 어려움과 가장 깊은 실망까지 함께 공유했다. 두 사람은 굳게 믿는 절친한 친구가 되었고 지금도 여전하다.

캐럴과 그녀의 교수 친구 사이에는 현저한 지위 차이가 있지만 그녀는 그의 직속 부하는 아니었다. 그러나 직속 부하에게 이렇게까지 개방적인 상관이 있을 수 있을까? 우리는 함께 일하던 선임 임원과의 사이에서 그런 일이 일어나는 것을 목격했다.

존은 〈포천〉 500대 기업 중 하나의 캐나다 지사 사장인데, 그는 개방적이고 서로 솔직하게 소통하는 기업문화를 만들었다.[11] 어느 날 회사 내 IT 부사장인 대릴이 존의 사무실로 쑥 들어와서 이렇게 말했다. "제가 조직의 기준에 맞추느라 힘들게 일하고 있다고 말해야 할 것 같아요. 요즘 이혼하느라 힘든 시간을 보내고 있거든요."

과거에 이혼을 겪었던 존은 대릴이 대화를 나누고 싶어 한다고 감지해 이렇게 말했다. "잠깐 회사 밖으로 나갑시다. 새로운 스피커를 사야 하는데 당신의 전문 지식을 활용할 수 있겠네요. 그리고 거기 가서 점심도 합시다.”

존은 그 시간 동안 대릴이 결혼 생활에서 겪는 문제를 털어놓게 하고 자신의 경험도 공유했다. 대릴은 나중에 이런 대화가 그에게 얼마나 의미하는 바가 컸는지 털어놓았다. 또한 존에게서 이해와 지지를 받은 느낌이어서 그를 자신의 상사 이상의 존재로 생각하게 되었다.

많은 관리자는 존이 대릴과 같이 했던 그런 경험을 하지 못했을 것이다. 나중에 직원들의 낮은 성과를 변명해야 하고 조직이 피해를 볼까 봐 우려했기 때문이다. 하지만 이 경우에 그런 일은 발생하지 않았다. 사실 대릴은 존과 조직에 동일한 의무감을 느꼈다. 임원진의 다른 구성원들도 존이 어떻게 했는지 알게 되었을 때 더 충성심을 느꼈고 대릴이 과도기를 거치는 내내 지지를 아끼지 않았다. 하지만 존이 처음부터 회사 내에 개방 문화를 조성하지 않았더라면 대릴의 성과가 왜 나빠졌는지 결코 알 수 없었을 것이다.

당신은 정말로 상대방을 충분히 알기를 바라는가?

우리는 여기서 사람들이 다른 사람을 더욱 깊이 알고자 한다는 가정을 세웠다. 당신이 양가감정을 가질지도 모르겠다. 당신은 어떤 사람의 어렸을 적 트라우마나 배우자와의 사이에서 겪은 어려움 모두를 과연 다 듣고 싶어 할까? 아는 게 늘면서 덩달아 따라오는 의무는 어떻게 해야 할까? 당신은 그들의 요청을 받아들일 필요가 있을까? 아니면 그 사람 말에 항상 동의해서 그들 편을 들어야 할까? 당신을 **항상** 이용할 수 있다는 것이 각별한 관계에 대한 그들의 정의인가?

우리의 좋은 친구 애니는 그녀의 친구 폴라와 이런 문제에 직면했다. 두 사람은 오랜 친구다. 당시 폴라는 일주일에 두 번씩 의사를 찾아가야 하는 병을 앓고 있었다. 그녀의 상태가 좋지 않아 운전하기가 어려워지자 친구인 애니에게 데려다달라고 부탁했다. 애니는 처음엔 아주 기꺼이 해주었으나 몇 주가 지나자 점차 화가 났다. 폴라도 폴라지만 그녀의 아들과 며느리 때문이었다. 이들 부부는 폴라와 함께 살면서도 일과 육아 핑계를 대며 운전을 못 하겠다고 했다.

애니는 어떻게 해야 할지 몰랐다. 만약 폴라에게 이 문제를 직접 말한다면 아들 부부에 대한 애니의 반감(그리고 이들이 책임을 회피하도록 허락한 폴라에 대해 증가하는 반감)이 수면 위로 떠올라 관계를 해칠 수도 있어서 두려웠다. 그 대신 그녀는 운전 부담을 줄일 변명거리를 찾아냈다. 이는 폴라와의 관계를 해치지는 않았지만 관계를 심화시키는 데 아무런 도움도 되지 않았다.

애니의 입장에 있는 사람이 자신의 느낌을 공유하고 싶어 하지 않는 다른 이유도 있을 수 있다. 아마도 폴라와 아들 부부 사이의 일에 대해 더 많이 알기를 원하지 않아서일 것이다. 진짜 문제가 있어서 폴라가 허위로 치료받는다며 데려다달라는 부탁을 한 거라면 어떻게 해야 할까? 그 시점에선 애니가 폴라에게 그런 역할을 하고 싶지 않다고 말하기는 훨씬 어려울 것이다.

우리는 자기 개방 확대의 이점을 이야기하려고 앞의 두 장을 할애했다. 하지만 애니의 경우를 보면 자기 개방의 확대가 곤란하거나 불편한 상황으로도 이어질 수 있음을 보여준다. 관계가 발전하면 서로에 대한 기대감도 커진다. 관계가 확장되면서 서로의 필요에 응대하는 것은 더 강한 관계를 구축하는 데 필수적이지만 경계를 정하는 것 또한 중요하다.

관계가 발전하는 과정의 지점마다 경계가 달라져야 한다. 당신은 경계에 대한 우려를 판별하고 찾아내서 성공적으로 해결해야 한다. 쉽다고 느껴질 것이다. 그러니 염려하지 말라. 이후의 장에서 우리는 이 문제를 다시 다룰 것이다.

자기 성찰하기

1. 벤의 입장이 되어보라

당신은 리암과 더욱 개인적인 관계를 구축하고 싶어 한다. 당신은 그를 좋아하고 그의 분석 능력을 높이 산다. 하지만 그가 자신을 더욱 드러내기를 바란다. 리암도 당신처럼 자신을 더 개방하기를 바란다. 그렇게 북돋우려면 당신은 무엇을 하면 될까?

이 장에서 묘사된 다양한 상황을 생각해볼 때, 당신은 어떻게 했을 것인가? 당신의 영향력을 제한했을지 모르겠다고 생각되는 어떤 방식이 있는가? 상대방이 자기 개방을 더 하도록 도울 때 당신의 능력(과 스타일)은 무엇인가?

2. 당신이 이전에 확인한 핵심 관계 중 하나를 선택하라. 아래 항목 중 상대방을 더 쉽게 더 잘 이해하기 위해 당신이 하는 행동은 무엇인가?

- 상대방을 충분히 이해하려고 적극적으로 귀를 기울인다.
- 판단을 유보하고 상대방에게 무슨 일이 있는지 빨리 알아내려고 하지 않는다.
- 호기심을 가지고 상대방에게 무엇이 중요한지 물어본다.
- 더욱 공유하도록 북돋우기 위해 개방형 질문을 한다.
- 감정에 귀를 많이 기울이고 상대방이 충분하게 표현하도록 도와준다(예를

들면 "네가 상당히 짜증이 난 거 같은데 기분이 어때?").

· 공감한다. 특히 감정을 넣어서("정말 화났을 것 같아").

· 수용성을 보여준다("네가 왜 그렇게 반응하는지 정말 알 것 같아").

3. 반대로, 당신은 아래 항목 중 무엇을 하는 경향이 있는가? 무엇이 상대 방이 더 공유하고 마음을 열려는 것을 막는가?

· 상대방이 어떻게 반응할지 당신이 생각하고 있기(이미 결정했기) 때문에 듣는 둥 마는 둥한다.

· 당신 자신이나 당신이 흥미 있는 것에 대해 말하려고 재빨리 화제를 바 꾼다.

· 상대방에게 무슨 일이 있는지 파악했다고 생각한다.

· 상대방이 당신의 결론을 확실히 받아들이도록 주도적으로 질문한다.

· 상대방의 느낌을 무시하고 당신의 주장을 관철하기 위해 논리를 구사한다.

· 상대방의 의견이나 행동을 판단한다.

· 상대방의 상황에 공감하지 않는다.

왜 당신은 이런 식으로 반응하곤 하는가?

적용하기

‘자기 성찰하기’에서 답변한 질문은 당신이 자신을 어떻게 인지하고 있는지를 보여준다. 관계를 맺고 있는 상대방이 당신을 똑같이 보는가? 그들에게 가서 기꺼이 자기 개방을 하려는 마음을 지지하거나 제한하는 당신의 행동이 무엇인지 물어보라.

당신이 더욱 개방된 관계를 원해서 문제를 제기하고 있음을 그들에게 상기시켜라. 당신이 먼저 자기 개방을 하면서 상대방도 그렇게 하도록 북돋움으로써 관계가 심화된다. 이러면 학술적 활동이 아니라 사적 활동이 된다.

이해하기

당신이 적용하기 연습을 마치면, 상대방과 당신의 인지가 어디까지 일치하는지 알게 된다. 하지만 특히 당신의 견해와 다른 점이 있을 때, 상대방의 견해를 듣는 것은 얼마나 쉬웠는가?

당신이 찾아낸 다른 핵심 관계를 생각해보라. 상대방이 마음을 더 열도록 북돋우려면 지금 무엇을 할 수 있을까?

이런 과정에 내재된 딜레마가 있다. 당신은 관계를 구축하면서 새로운 행동을 배우려고 노력한다. 하지만 당신은 상대방이 이용되고 있다거나 당신의 실험 대상으로 취급되는 것처럼 느끼기를 원하지 않는다.

이런 태도를 어떻게 유지할지에 대해 당신은 무엇을 배웠는가? 그런데 당신은 이것에 대해 그들이 어떻게 느끼는지 확인했는가?

5

관계의 주도권이 한 사람에게 쏠려 있을 때

⦾⦾⦾

부부 사이에 영향력은 동등할까?

우리 대부분은 고등학교에 다니면서 사람을 사귄다. 친구 관계이든 연인 관계이든 둘 중 한 사람은 상대방보다 영향력이 훨씬 세다. 관계에서 더욱 지배적인 위치에 있는 사람은 어떤 순간에 무엇을 할 것인가에 대한 조건과 타이밍, 상황을 결정하고, 지배력이 약한 상대방은 보통 그런 계획이 좋든 싫든 "물론이지! 좋아!"라고 열의를 보이며 말한다.

이런 방식이 당분간은 효과가 있을지 모르지만 좀 시간이 지나면 그런 관계는 시들해지거나, 고등학생이라면 활활 타버릴 가능성이 크다. 관계가 지속되려면 상호영향력이 균형을 이루거나 서로 어우러져야 하기 때문이다.

자기 개방, 지원, 신뢰, 추가 개방의 순환은 균형의 토대를 이루는

데 중요하다. 한 사람이 상대방을 더욱 잘 알게 되면, 새롭게 얻은 정보를 활용하여 순환 과정을 더 진척시킨다. 우리는 발견해야 할 더 내밀한 배경이 있다고 주장할 것이다.

예를 들어 우리 둘은 합쳐서 90년 넘게 결혼 상태를 유지하고 있는데(데이비드는 55년 이상, 캐럴은 35년 이상) 우리는 아직도 각자의 배우자에게서 새로운 면을 발견하곤 한다. 배우자들이 우리의 새로운 면을 발견하는 것도 마찬가지다. 강력하고 의미 있는 관계를 구축하는 것의 목적은 무턱대고 자기 개방을 쏟아내거나 관계의 심화 자체를 위한 심화가 아니라, 서로가 원하는 게 무엇인지 고려해서 필요의 균형을 맞추는 것이다.

서로가 만족하는 수준까지 관계가 발전하기란 쉽지 않다. 이 장에서 설명하겠지만, 두 사람이 주고받는 계산법을 이해하고 각자의 영향력을 동등하게 만들 필요가 있다. 게다가 한 사람의 성공이 상대방의 상당한 희생으로 이루어지기도 하듯이 어떤 순간에 관계가 제때 균형을 이루었다가도 다시 한쪽으로 기울 수 있다. 매디와 애덤이 바로 그런 경우다.

'매디와 애덤' 1편

매디와 애덤의 결혼 생활은 11년 차에 접어들었다. 그들에게는 다섯 살 난 딸과 세 살 난 아들이 있다. 두 사람이 처음 만났을 때 매디는 항암 치료제를 개발한 제약 회사의 영업 사원이었다. 그녀는 자신의 직업을 좋아했고 특히 출장을 좋아했다(가끔 하와이로 출장을 갔다). 더구나 그녀가 판매하는 제품의 사회적 가치가 높아 일에 만족감을 느꼈다.

풀타임으로 일하는 것은 부부의 힘을 소진시키긴 했으나 평일 저녁과 주말에는 서로 공유할 게 많았다. 그들은 함께 요리하고 재미있는 시간을 즐겼다. 두 사람 모두 둘 사이의 관계가 평등하다고 생각했다. 어떤 지역에 첫 집을 살지, 언제 아이를 가질지 같은 중요한 문제에 대한 결정을 함께 내렸다.

다른 책임은 서로 나누었다. 돈을 충분히 모으자 매디는 부엌 리모델링을 맡았다. 휴가를 내서 여행을 갈 때는 애덤이 여행에 관한 모든 계획을 세우고 여행지에서의 일도 맡아서 했다. 겨울 휴가 시즌에도 이번 해에는 시내에 있는 매디의 가족과 함께, 다음 해에는 뉴욕에 있는 애덤의 가족과 함께 번갈아 보냈다. 이처럼 그들은 서로 분업하면서도 상대방에게 영향을 미칠 수 있다고 느꼈다.

매디는 딸이 태어났을 때까지는 직장을 다녔으나 연달아 아들이 태어나자 그만두었다. 두 사람은 아이가 하나일 때만 하더라도 직장일과 집안일을 재주껏 처리했지만 아이 둘을 돌보면서 집안일까지 하기는 힘겨웠던 것이다. 이웃과 함께 했던 육아 품앗이 덕분에 매디는 일주일에 한 번 반나절 동안 지역 병원의 어린이 암센터에서 자원봉사를 할 수 있었다. 그래서 힘든 육아와 집안일에서 벗어나 성인들과 접촉할 수도 있었다.

애덤은 소프트웨어 기술자였다. 그는 계속 배울 수 있고 역량을 꾸준히 늘릴 수 있는 자신의 일을 좋아했다. 보수도 좋았지만 작업

시간이 늘어나 종종 평일 저녁과 주말에도 일해야 했다.

부부 관계에는 다소 긴장감이 있었다. 소득이 그런대로 괜찮은데도 애덤은 소비에 대해 빡빡하게 굴곤 해서 매디는 불만이었다. 그녀는 그가 항상 근검절약하던 부모 밑에서 가정교육을 받아서 그렇다고 생각했다. 하지만 모든 지출 내역을 미주알고주알 해명해야 한다는 게 짜증이 났다. 매디는 자신이 돈을 흥청망청 쓴다고 생각지 않았다. 오히려 물건이 닳을 때까지 쓰고 생활을 편하게 해주는 물건만 구매한다고 생각했다.

그들이 일하는 평일의 일정은 빠듯했다. 그래서 부부는 아이들이 없을 때도 대화를 나눌 시간이 별로 없었다. 둘이서 데이트하러 밖에 나갈 시간은 거의 없었고, 저녁 식사를 하고 나서는 피곤해서 아이들에게 있었던 일과 하루가 어떻게 지나갔는지에 대한 이야기만 간신히 나눌 정도였다. 상대방이 잠자리에 드는지 아닌지도 모른 채 잠이 들곤 했기에 두 사람의 친밀감은 감정적으로나 신체적으로나 문제가 생겼다.

매디의 불만은 갈수록 커졌다. 직장을 다니면서 느꼈던 보람 그리고 성인들과 함께하는 지적인 자극도 그리웠다. 그녀는 어머니에게 이런 불만을 털어놓기도 했으나, 돌아온 말은 "그런 게 어머니의 역할이야. 이렇게 멋진 아이 둘을 키우는 게 얼마나 큰 보람이니?"였다.

사실 매디는 어머니의 이런 답변이 만족스럽지 않았으나 그렇다고 달리 할 말도 없었다. 그녀는 속으로 생각했다. **이게 사회에서 말하는 상충관계** Trade-off[얻는 게 있으면 잃는 것도 있다는 의미]**겠지만**

내게는 맞지 않아.

매디가 요즘 행복하지 않다고 말하면, 애덤은 크게 반발했다. "우리가 예전에 아이를 갖자고 말했을 때 서로 동의했잖아. 나도 스트레스받는 건 마찬가지야. 육아는 부담감이 정말 커."

매디는 속으로 생각했다. '그래. 그래도 당신은 직장에 만족하잖아.' 하지만 아무 말도 하지 않았다.

애덤은 이어서 말했다. "하여튼 아이들이 학교 종일반을 다니고 클럽 활동 같은 걸 하면 상황이 나아질 거야."

그러나 그것은 몇 년 후의 이야기이고 그때도 그녀가 바랄 수 있는 건 파트타임 일밖에 없을 것이다. 미래에 상황이 더 좋아질 거라는 막연한 기대를 품고 현재의 불만을 잠재우기는 어려웠다. '내가 예전에 했던 일은 할 수 없을 거야. 아이들이 대학에 들어갈 시점이 되면 내가 익혔던 기술은 쓸모없는 것이 되고 말 거야.'

그녀는 더 이상 논쟁하고 싶지 않아서 아무 말도 하지 않았다. 그 대신 세탁을 하려고 자리를 떴다. 애덤은 자기 나름대로 이렇게 생각했다. '매디는 아이들에게 영향을 많이 끼치고 있어. 아이들은 나보다 매디와 확실히 더 가까울 거야. 그녀는 뭘 불평하는 거지?'

이런 경우는 답변하기가 쉽지 않은 상황이다. 문제의 일부는 매디와 애덤의 인생 단계의 함수에 있다. 부부에게 아이가 생기면 결혼에 대한 불만이 커지고 아이들이 집을 떠난 후에야 불만이 줄어든다는 연구 결과가 있다.[12]

하지만 부부가 완전히 이 문제에서 벗어날 수 없다는 것은 아니다. 다시 균형을 잡을 수도 있다. 해결 방안을 찾기 전에, 우리는 그들의 관계에 깔린 문제를 이해해야 한다. 사실 이러한 난제는 우리 대부분에게 낯설지 않을 것이다.

공정하다는 느낌이 들도록 하기

모든 관계는 상충관계다. 하지만 지속적인 관계를 유지하려면 각자 자신의 필요를 충족시키기도 해야 하고 포기하기도 해야 한다. 이때 시간이 지나면서 이익이 비용을 초과해야 한다. 관계가 진전되고 각자 자신을 더욱 개방하면서 두 사람은 이익은 늘리고 비용을 줄이는 방법을 터득하게 된다.

우리는 매디와 애덤을 보면서 이러한 계산법을 분명히 이해할 수 있다. 이들은 서로가 지적 동반자임을 높게 평가하고 재정 형편이 좋으며, 서로 사랑하고 아이들이 있어서 즐겁다. 결혼 초기에는 이익이 비용을 훨씬 상회한다. 하지만 새로운 비용과 한계가 생기면서(특히 매디의 경우) 비용은 점차 늘어난다.

두 사람이 대체로 공평하다는 게 함수관계의 핵심을 이루며, 이는 '공정하다'는 느낌을 만들어낸다. 상대방이 거래를 훨씬 '더' 잘했다고 당신이 믿는다면, 당신의 이익이 비용을 초과하더라도 당신은 결국 착취당했다고 느낄 것이다. 당신이 매번 비용과 이익을 분석하거나 관계가 언제나 완전히 균형을 이루고 있을 필요는 없다. 나중에는 두 사람이 얼추 동등하다는 것을 안다는 게 중요하다.

관계에서 이익과 비용을 가늠하는 것은 합리적으로 더하고 빼는 집계가 아니고 그럴 수도 없다. 개인이 무엇을 평가한다는 것은 매우 주관적인 행위다. 예를 들어 애덤은 직업상 도전을 매우 높게 평가하는 반면, 아내와 아이들과 느긋하게 저녁 식사를 하지 못하는 비용을 낮게 평가한다. 가족과의 식사 시간을 매우 소중하게 생각하는 다른 사람은 오후 5시 30분에 퇴근해서 직장에 더 남아서 일할 때의 기회비용을 기꺼이 감수하려 들 것이다.

'사회적 가치, 배경, 삶의 궤적', 이 모든 것은 어떤 사람이 관계에서 비용과 이익을 평가하는 방식에 영향을 끼친다. 예를 들어 애덤은 좀 더 전통적인 성역할을 기대하는 가정에서 키워졌을지도 모른다. 또한 그는 매디 어머니가 현재 상황에 **만족해야 한다고** 딸에게 말할 때 전달한 의미와 똑같은 사회적 기대에도 영향을 받았을 수 있다.

우리 역시 다른 사람과 비교하면서 영향을 받는다.[13] 두 아이를 둔 친한 친구가 이혼하고 경제적으로 어려움을 겪고 있어서, 매디는 자신의 삶이 믿을 수 없을 정도로 다행스럽다고 느낄지도 모른다. 그러나 결혼해서 아이도 키우며 풀타임 정규직으로 계속 일하는 또 다른 친구와 자신을 비교하면 달리 느낄 수도 있다.

상대방이 원하는 바를 알 뿐 아니라 자신이 원하는 것을 명확히 하는 게 중요하다. 애덤이 "아이들이 학교 종일반을 다니고 클럽 활동 같은 걸 하면 상황이 나아질 거야"라는 말로 매디의 불만을 털어내려 했다면 그는 그녀의 감정에 전혀 공감하지 못한 것이다. 그녀가 당시에 지불하고 있던 막대한 비용을 무시하는 그의 태도는 다소 무모했다. 그렇다면 당신은 자신과 상대방이 원하는 바를 도대체 어떻게 알 수 있을까?

관계의 균형을 다시 잡기

다시 말하지만, 감정은 훌륭한 표지판이다. 진정으로 원하는 것의 중요한 지표로 자신의 감정을 신뢰한다면, 우리는 좋은 출발선에 선 셈이다. 매디는 어머니 역할을 점점 더 **답답해**하고 있으며 애덤과의 지적이고 개인적인 상호작용도 줄어들고 있다고 느꼈다. 두 사람이 예전에 동의했던 약속이라고 애덤이 정확하게 지적했으나 그렇다고 해서 그녀의 **좌절감**은 줄어들지 않았다.

불행히도 우리는 상대방이 제기한 필요와 불평의 '적합성'을 자신의 필요와 가치의 관점에서 판단하곤 한다. 매디의 걱정에 대해 그녀의 어머니와 애덤도 그렇게 판단했던 것이다. 이러한 접근은 서로 점점 멀어지게 하고 서로에 대한 이해도를 떨어뜨린다. 매디의 필요는 **그녀의** 필요로서 정당성이 있다. 그녀는 상대방이 자신의 말을 들어주고 이해해주기를 원했다.

그렇다고 해서 애덤의 필요가 타당하지 않다는 건 아니다. 사실 애덤이 매디의 불만을 더 알아보려 하지 않은 것은 만약 현 상태에 어떤 변화라도 생기면 자신의 필요가 제대로 충족되지 못할 거라는 공포 때문이었을지도 모른다. 그가 원하는 바를 말하는 것도 중요하다. 하지만 이런 관계에서는 각자 자신은 물론이고 상대방의 비용과 이익이 서로 균형을 이루는지 확인할 책임이 있다. 불행히도 애덤은 상대적으로 열악한 매디의 상충관계에는 별로 관심이 없는 듯했다.

관계를 다시 균형상태로 되돌리려면 애덤은 어떤 일을 해야 했을까? 그는 자신에게 유리하게 작용하던 합의를 포기해야 할지 모른다는 두려움을 정확하게 말하고, 매디가 좌절감의 원인을 찾도록 돕기 위해 자신의 이익을 잠시 접어두었어야 했다.

애덤의 호기심은 그가 매디를 더 잘 이해하고 그녀가 그와 제대로 소통하고 있다고 느끼게 하는 기회를 늘릴 수 있다. 당신이 상대방의 느낌을 이해하고 있음을 보여주는 행위는 상대방에게 필요한 것을 주는 하나의 방식이다(이는 '다른 사람을 정서적으로 만족시키는' 요소 중 두 가지에 해당한다. 이에 대해서는 9장에서 자세히 설명할 것이다). 그러나 애덤이 부부간 긴장에 대한 책임을 전적으로 지고 있는 것 같지는 않다. 매디도 어떻게 관련되어 있는지는 이후에 다시 다룰 것이다.

우리가 자신의 필요와 불만에 관해 이야기할 수 있을 때, 모두에게 들어맞는 해결책을 찾아낼 가능성이 커진다. 물론 항상 쉬운 것은 아니다. 젖먹이와 두 살 난 아이의 어머니였던 캐럴은 집에서 시간을 보냈기 때문에 이 모든 것을 아주 잘 안다. 하루가 끝날 무렵이면 성인들과 만나 시간을 보내기를 간절히 원했다.

캐럴의 남편인 앤디는 긴 하루 일을 마치고 집에 돌아와 쉬려고 소파에 앉아 신문을 뒤적였다. 그녀는 주방을 들락날락하면서 새 유치원은 공간이 좁다거나 아들이 아직 다른 귓병에는 걸리지 않앉다며 장광설을 늘어놓곤 했다. 이에 내성적이고 자신만의 공간과 시간이 필요했던 앤디는 점잖게 "음" 하며 대꾸할 뿐이었다. 그러면 평균보다 더 외향적인 성향의 캐럴은 분통을 터뜨리고 말았다. 남편이 자신의 말에 온전히 집중해주기를 원했기 때문이다.

캐럴이 남편에게 자기 말을 제대로 듣지 않아서 마음에 상처를 받았다고 말하고서야 두 사람 사이의 소통이 순조로이 이루어졌다. 그제야 앤디도 좌절감과 압박감을 느꼈다고 말했다. 두 사람 모두 원한 바가 아니었기에, 이런 상황에 관해 이야기를 나눌 수 있었다.

그리고 둘 다 캐럴이 앤디에게 홀로 긴장을 풀 시간을 줘야 한다는 것을 깨달았다. 남편이 30분을 원한다고 말하자 캐럴은 "30분이나!" 하고 외쳤다. "당신이 집에 언제 올지 나는 분초를 따지며 계산하고 있는데, 5분 어때?" 두 사람은 15분으로 결론지었다. 이로써 그들은 자신들의 잘못된 패턴을 바꿨다.

이런 해법은 앤디가 귀가하자마자 캐럴의 말에 집중하는 것, 앤디가 원하는 만큼 충분히 쉴 시간을 보장하는 것에는 이르지 못했다. 하지만 두 사람이 원하는 바를 얻고 결국에는 자신이 포기하는 것보다 더 많이 얻는다고 느끼게 해주었다.

일단 원하는 바가 무엇인지 확실히 알아냈으니 재균형을 이루기 위한 두 번째 단계는 과거에 당신이 했던 합의를 재평가해보는 것이다. 한때 옳다고 느끼던 합의가 나중에도 반드시 유효한 것은 아니다. 두 번째 아이가 태어났을 때 애덤과 매디가 했던 합의는 당시와 그 후 몇 년 동안 이행되었다. 하지만 처음에는 매디에게 만족스러웠던 것이 시간이 지나면서 불만으로 바뀌었고 그때 놓쳤던 것이

점차 중요해졌다.

모든 관계 속에서 조건은 바뀐다. 새로이 일할 기회가 생기고 가족구성원이 아프기도 하고 사람들은 나이를 먹는다. 개인이 과거의 합의에 갇히면, 자신의 성장과 두 사람 간 관계의 성장이 멈추는 위기를 맞는다. 각자가 새로운 필요를 찾고 다른 이익을 추구하고 이전의 결정에서 드러난 한계를 처리하고 잊어버리면 최선의 관계가 계속 진화를 거듭한다.

하지만 서로 다른 속도로, 그리고 다른 방향으로 관계를 점점 긴장시킬 때 문제가 생긴다. 한 사람 또는 두 사람 다 갈등을 피하려고 성장을 멈추는 것이 곧 위험이다. 애덤과 매디의 경우에서 보듯이, 불균형이 생겼을 때 효과적으로 해결하는 유일한 방법은 이런 변화를 직면하고 상대방의 충격을 이해하며 함께 나서서 해결 방안을 찾는 것이다.

관계에 대한 합의를 재평가하는 게 쉬운 일은 아니다. 관계는 쉽게 변하고 변화에는 저항이 자주 뒤따른다. **'우리 관계는 앞으로 어떻게 될까? 나에게 정말 중요한 것을 포기해야만 할까? 아니면 내가 지불할 준비가 되어 있지 않은 비용을 내야만 하는 걸까?'** 또한 이런 변화는 예측을 어렵게 하고('어떻게 반응해야 할까?') 아마도 죄책감을 유발하거나 맞대응('우리가 왜 이전에 이렇게 하지 않았지?')으로 이어질지도 모른다. 한 번만 토론하면 해결될 것으로 생각지 말라. 갈등이 해결되기 전에 기분이 언짢거나 실망스러운 일이 벌어질지 모르니 각오해야 한다. 관계를 재평가하는 것은 중요하다. 다만 쉬울 거라고는 생각하지 말라.

관계의 문제를 더 깊이 파고들기

무엇 때문에 애덤과 매디는 과거의 합의에서 벗어나지 못할까? 단지 그 합의가 더 이상 효력이 없다는 것을 애덤이 인정하지 않으려 해서일까? 갈등을 일으킬까 봐 두려워서 매디가 자신의 입장을 더 밀어붙이는 걸 꺼리기 때문일까? 이런 모든 것이 한몫을 했지만 더 크고 본질적인 문제는 그들이 논쟁의 여지가 있는 문제에 직면했을 때 서로에게 영향을 끼치기 어려워한다는 것이다.

가정생활의 합의에 대한 매디의 불만은 두 사람이 피했던 유일한 문제가 아니었음을 주목하라. 애덤의 과도한 절약도 문제였다. 이런 문제의 일부는 사회적 지위 차이에서 비롯되기도 한다. 어떤 사람(보통 여성)이 집에 머무는 부모가 되려고 직장을 그만두면, 관계의 세력 균형이 이동한다. 소득이 없는 쪽은 돈 관련 결정과 지출에 대한 지위를 잃는 경우가 많으며 이로써 긴장이 더욱 심화된다.

영향력의 괴리는 대부분의 관계에 존재한다. 이런 괴리가 사소하다면 터놓고 대화하며 효과적인 해법을 찾는 데 별 장애가 되지 않는다. 하지만 괴리가 현저하면 관계가 제대로 기능하지 못하는 악순환에 자주 빠지곤 한다.[14]

안타깝게도 이런 역학 관계는 자기실현적 예언을 만들어낸다. 영향력이 큰 사람은 그렇지 못한 사람이 제공할 게 거의 없다고 생각하는데, 왜 영향력이 작은 사람에게 귀를 기울여야 할까? 사람은 종속적 위치(영향력이 작은 사람)에 놓이는 것을 거부하므로 문제 상황에서 발을 빼려는 경향이 있다. 발을 빼면 관계에 대한 기여도가 줄

큰 괴리의 비용

영향력이 큰 사람	영향력이 작은 사람
• 영향받기를 거부함 • 자신이 항상 옳다고 믿음 • 상대방이 하는 말을 평가 절하함 • 지배하려는 경향	• 수동적으로 됨 • 감정적으로 밀림 • 영향받기를 거부함 • 자신에게 중요한 것에 대한 정보를 감춤

어들므로 해주는 것이 거의 없다는 인식이 강화된다.

애덤과 매디는 상호 간에 상당한 괴리를 정착시키기로 (무의식적으로) 담합했다. 애덤은 매디의 우려를 심각하게 받아들이지 않았고, 이해도 인정도 받지 못해 무력감을 느끼게 하는 경솔한 해법을 제시했다. 게다가 매디에게 종전의 합의에서 벗어나지 못하게 하면서, 그녀의 불만에 통명스럽게 반응하고 그녀가 한 말을 인정하지도 않은 채 영향을 받지 않겠다는 메시지를 전달했다.

이때 매디가 자신의 불행을 제대로 말하지 않고 세탁을 하러 자리를 떠나 물러서는 바람에 그런 괴리는 더욱 넓어졌다. 또한 애덤의 논리적인 주장이 매디의 감정을 압도해, 그들이 과거에 합의했다는 그의 입장을 그녀가 그냥 받아들이면서 더 영향력을 잃고 말았다.

이 부부에게는 더 높은 차원의 토론이 필요했다. 우리가 이때 의미하는 토론은 "우리가 왜 그것을 말할 수 없는지 말해볼까?"이다. 두 사람은 서로의 의견 불일치를 잠시 제쳐두고 무엇이 소통을 가로막고 있는지 토론할 필요가 있었다.

비유하자면, 자동차를 운전해서 출근할 때 목표는 회사에 정시에 도착하는 것이다. 하지만 당신은 차가 어떻게 가동하고 있는지 주의를 기울이기도 한다. 브레이크가 혹시 헐겁지는 않은지, 운전대가 느슨하지는 않은지, 엔진이 간헐적으로 탁탁 소리를 내지는 않는지 말이다.

자동차가 흔들리면서 도로를 달리는데 이 사실을 무시한다면, 당신도 알겠지만 주행을 잘 마무리하지 못하게 된다. 목적지에 제대로 도착하지 못할지도 모르기 때문이다. 그러나 둘의 관계에 애덤은 만족하고 매디는 무력하다고 느낀다면 이러한 더 높은 차원의 토론은 불가능하다.

우리가 소통하고 문제를 해결하는 **방법**을 상세히 파악하는 능력은 깊은 관계 구축에서 가장 중요한 역량 중 하나다. 이 능력은 당면한 문제를 해결하고 미래의 문제를 훨씬 쉽게 해결하는 데 도움을 준다. 우리는 앞서 두 개의 장에서 이러한 파악 과정에 대한 사례를 이미 봤다. 3장에서 엘레나는 사적인 문제를 산제이와 공유하는 데 막힌 느낌을 받았고 자신을 억누르는 우려를 공유하고 나서야 극복할 수 있었다. 마찬가지로 4장에서 리암이 업무 문제를 토론하다가 대화 주제를 갑자기 바꾸자 벤은 그러한 반응 뒤에 무엇이 있는지를 따져보고서야 관계를 발전시킬 수 있었다.

이 책을 쓰면서 우리가 가르쳤던 것을 실행해볼 기회가 많았다. 데이비드는 새로운 토론 아이디어를 계속해서 제안했다. 캐럴이 처음에 들었던 생각은 보통 이랬다. '**이 사람 또 그런다. 우리는 지금 원고에서 뭘 뺄지 정하고 있는데 혼자서 계속 더하려고 하네!**'

이런 경우에는 캐럴에게 세 가지 선택지가 있었다. 첫 번째는 이렇게 말하는 것이다. "아니야, 우리는 그렇게 하지 않을 거야." 두 번째는 "좋아, 나는 너무 피곤하고 인내심을 잃었으니까 당신 하고 싶은 대로 해"이다. 세 번째는 그녀가 자주 선택했던 방법인데, 자신의 화를 다스리고 그의 새로운 아이디어를 고려해보는 것이다. 그렇게 한다고 해서, 캐럴이 짜증 나는 감정과 어떻게 반응할지의 세 가지 선택지를 두고 저울질해보는 방법을 데이비드에게 동시에 터놓고 솔직하게 말한다는 건 아니다.

다른 말로 하자면 캐럴의 선택은 데이비드, 이 책 그리고 둘의 관계에 대한 자신의 헌신에 더 집중하는 것이었다. 끝이 없을 것 같은 그의 제안에 그녀가 얼마나 더 좌절하는지와는 관계없이(그녀는 미친 듯이 제안을 받아들여야 한다는 게 때론 좋기도 했다), 책에 대한 자신의 헌신을 재확인하는 게 가장 중요하다는 믿음 때문에 그렇게 결정하고 실행했다. 마찬가지로 데이비드도 캐럴, 책, 관계에 더욱 전념했다.

갈등이 생기는데 당신이 더 헌신하지 않는다면, 아마도 좋은 결과를 얻기 어려워져서 그 이상 헌신하기가 더욱 힘들어질 것이다. 갑자기 당신은 악순환에 빠지게 된다. 반면에 헌신을 보여주는 행위 그 자체가 중요한 선순환의 시작일 수도 있다. 우리가 더 헌신하고 투자할수록 더욱 좋은 결과가 나오고, 그럴수록 더 헌신하기가 쉬워진다.

악순환의 고리 끊기

영향력의 차이는 직장에서나 형제자매 간의 관계, 친구 관계 그리고 물론 부부 관계에서도 발생한다. 두 사람이 악순환에 빠진다고 해서 그들이 거기에 영원히 머문다는 뜻은 아니다.

영향력이 큰 사람이 변화를 시작하기가 더 쉽긴 하지만, 매디나 애덤 중 누구라도 악순환의 고리를 끊을 수 있다. 영향력이 작은 사람은 변화를 주도하기가 어렵지만, 충분히 가능하다. 매디가 지닌 권한을 포기하지 않는 게 첫 번째 단계다. 사람들은 종종 자신이 그렇게 하고 있음을 의식하지 못한 채로 항상 영향력을 포기한다.

영향력을 포기하는 열 가지 방법

- 자신의 필요는 상대방의 필요보다 덜 중요하다고 가정하기
- 자신의 느낌에 귀 기울이지 않기
- 자신이 방해받도록 내버려 두기
- 상대방이 자신에게 동의하지 않을 때 스스로 물러나기
- 갈등 피하기(상대방과 불화를 일으키지 않고 상황을 원만하게 유지하기)
- 문제가 자신에게 있다고 가정하고 피드백하지 않기
- 자신이 인정받는 데 신경 쓰고 그것을 가장 중요하다고 보기
- 자기 의견의 중요성을 최소로 줄이기
- 자신의 업적을 생색내지 않기
- 해결책이 없으면 문제를 지적하지 않기

이런 신념에 따라 행동하면, 영향력이 작은 사람은 문제를 제기하지 않거나, 문제 제기를 계속하기 어려워질 수 있다. 그러나 가장 큰 제약 요인을 하나만 꼽으라면 그것은 갈등에 대한 두려움이다. 갈등은 결함이 있는 관계의 징후이고 일단 갈등이 표출되면 불화는 급상승하여 관계에 영구적인 손상을 입히고 급기야 파괴할 수도 있다.

이러한 신념의 일부는 가정교육과 경험에서 비롯되며, 특히 사회의 권력 차이 때문에 소외된 사람에게서 많이 나타난다(예를 들어 여자아이는 자주 '착하게' 길러지고 남의 의견을 따르도록 교육받고, 아프리카계 미국인은 주로 분노와 자긍심을 결코 드러내지 않도록 교육받는다). 우리는 양육 환경과 속해 있는 인구 집단에 따라 영향받긴 하지만, 우리가 그런 영향을 어느 정도까지 받을 것인지는 스스로 선택할 수 있다.

논쟁은 좀처럼 즐겁지 않고 위험 수준으로 치달을 수 있지만, 좋지 않은 일을 감추는 것도 그만큼 위험할 수 있다. 문제는 좀처럼 사라지지 않을 뿐 아니라 곪거나 커질 수 있기 때문이다. 예를 들어 매디가 잠자코 있으면 그녀의 분노는 더욱 부정적인 생각으로 번질 가능성이 크다. '애덤은 나를 배려하기보다는 자신을 더 배려하지. 그에게 중요한 것은 자신의 경력뿐이야. 그는 나의 성장과 개발에는 관심이 없어. 그는 나를 가정부와 베이비시터로만 부려먹으려고 해. 그는 전형적으로 자기중심적인 남자처럼 행동하고 있다고.'

이는 부정적인 생각이 표출되지 않으면 어떻게 커가는지를 잘 보여주는 사례다. 매디는 이런 생각을 표출하는 것이 결혼 생활을 훼손할 만큼 폭발적일 수 있다는 것도 잘 안다. 그리고 그녀는 자신의 불만에 관해 이야기를 나누면 이런 생각을 덩달아 부추겨서, 화가 난 순간에 얼마든지 무심코 튀어나올 수 있다고 걱정한다.

매디의 두려움이 전적으로 잘못된 것은 아니다. 이런 논의를 서툴게 처리하다 보면 관계에 해를 끼칠 수 있다. 그러나 회피한다고 문제가 해결되지는 않는다. 당신은 의견 불일치를 효과적으로 제기하고 해결할 중요한 역량을 지닐 필요가 있다. 그런 역량에는 무엇이 있는지 다음 장에서 다룰 것이다. 자, 들어가보자.

자기 성찰하기

1. 애덤이나 매디의 입장이 되어보라

당신이 애덤이라면: 당신과 매디는 결혼 초기에 믿을 수 있다고 생각한 합의를 했다. 당신은 그 합의를 잘 이행하고 있다고 믿는데 이제 매디는 그것을 바꾸기 원한다.

당신이 매디라면: 당신은 몇 년 전에 다른 상황에서 합의를 했고, 그 합의는 더 이상 당신에게 적합하지 않다.

당신은 어떤 감정이 들 것 같은가? 당신은 어떻게 반응할 거라고 생각하는가? 당신은 무슨 조치를 취할 것 같은가?

2. 영향력의 차이

매디는 훨씬 적게, 애덤은 훨씬 많이 가지고 있는 두 사람의 영향력 차이 때문에 그들이 잘못 빠져든 함정에 대해 생각해보라. 둘 다 제 역할을 하지 못하고 있다. 당신이 매디라면 또는 애덤이라면 이것에 어떻게 반응하고 무엇을 하려고 할까?

3. 상호 만족

당신이 2장에서 발견한 핵심 관계 중 하나를 선택하고 아래 질문에 답을 적어보라.

- 이런 관계에서 당신이 얻는 만족(이익)의 근원은 무엇인가?

- 한계(비용)는 무엇인가?

- 이런 관계에서 당신은 상대방이 무슨 이익을 본다고 생각하는가?

- 상대방이 경험한 한계(비용)는 무엇이라고 생각하는가?

- 이런 관계는 얼마나 공정하고 균형적이라고 느끼는가? 당신과 상대방의 필요가 대략 어느 정도로 균형을 맞추고 있는가?

당신에 대한 이런 평가와 핵심 관계를 근거로 해서, 당신과 상대방 사이에 현저한 괴리가 존재하는가? 그렇다면 이런 괴리의 근원은 무엇이라 생각하는가?

4. 상호 영향력

또한 이 장은 한 사람이 상대방에게 끼치는 영향력의 중요성을 강조했다. 위에서 당신이 분석한 것에 따라 다음 질문에 답해보자.

- 당신은 이 사람에게 얼마나 영향을 줄 수 있다고 믿는가?

1	2	3	4	5
매우 적음		약간		매우 많음

• 당신은 그들에게서 영향을 받는 것에 얼마나 개방적인가?

1	2	3	4	5
매우 적음		약간		매우 많음

• 전적으로 두 사람 사이의 영향 관계는 어떠한가?

1	2	3	4	5
나의 영향력이 더 큼		영향력이 대략 비슷함		상대방의 영향력이 더 큼

마지막 질문에서 1이나 2를 선택했다면, 당신은 어떻게 행동하고, 또한 상대방이 어떻게 행동하면 당신의 영향력이 더 커지는 결과를 낳는가? 4나 5를 선택했다면, 당신은 어떻게 행동하고, 또한 상대방이 어떻게 행동하면 상대방의 영향력이 더 커지는 결과를 낳는가?

만약 권력에 차이가 있다면 당신의 관계에 어떤 영향을 끼치는가?

5. 영향력 포기하기

우리가 영향력을 포기하는 방법 열 가지가 119쪽에 있다. 이 중에 어떤 것이 당신에게 해당하는가? 만약 그렇다면 왜 그런지 생각해 보기 바란다.

당신이 이런 행동을 취하지 않는다면 당신에게 어떤 일이 일어날지도 모른다고 걱정하는가?

적용하기

당신과 자신이 선택한 핵심 관계 사이에 상호 만족 괴리나 영향력의 괴리를 발견했다면, 상대방과 토론해보라. 상대방도 이에 동의하는가? 간격을 좁히려면 무엇이 필요한지 토론해보라.

이 토론에서 당신은 앞의 네 개 장에서 배웠던 바를 사용하고 있을 것이다. 당신의 필요, 감정, 대화가 관계에 도움이 되도록 자신이 바라는 바를 밝힐 필요가 있다.

당신이 영향력을 포기하는 방법을 공유하라. 당신의 삶에서 중요한 한 사람을 골라서 당신이 그렇게 행동한다고 보는지 물어보라. 만약 그렇다면 상대방은 당신에게 어떻게 도움을 줄 수 있을까?

이해하기

이런 토론의 영향은 무엇인가? 자신에 대해 무엇을 배웠는가? 토론이 당신의 관계에 어떤 영향을 미쳤는가? 토론이 이와 유사한 토론을 더 하기 쉽게 했는가? 아니면 더 하기 어렵게 했는가?

당신의 토론은 영향력에 **대한** 것뿐 아니라 두 사람의 상호 영향에 대한 것이기도 하다. 서로가 상대방에게서 어느 정도까지 영향을 받을 수 있었는가? 지금까지 배운 내용을 토대로 당신은 어떻게 달리 행동할 것인가?

6

사소한 불편이 큰 문제로 변하려 할 때

◎◎◎

남매 사이에 생긴 불만은 참아도 될까?

제시카는 남동생 라이언과 강한 관계를 맺고 있다. 두 사람 모두 미혼이고 같은 도시에 살고 있다. 각자 바빠 독립적으로 살지만 항상 함께 있는 걸 즐겼다. 제시카는 예전부터 라이언에게 먼저 전화를 걸어 어떻게 지내는지 알아보고 퇴근 후에 술이나 저녁 식사를 같이 하자고 제안하곤 했다.

그러나 지난 몇 달 동안 그녀는 자기만 먼저 연락하고 있다는 사실에 살짝 화가 나기 시작했다. 예전엔 라이언도 자신만큼 먼저 연락을 취한다는 균형감을 느끼곤 했다. 하지만 라이언이 새 직장에 들어가 정말 바쁘게 지내고 있으며, 주말에는 총각 파티나 결혼식에 자주 참석해야 할 나이라는 것을 알고 있어서 그에게 아무 말도 하지 않았다.

제시카가 연락하면 동생은 항상 잘 받아주었기에 그녀는 계속 먼저 연락했고 그것을 대수롭지 않게 생각하고 싶었다. 하지만 동생에게 전화를 걸 때마다 자기가 먼저 연락해야 한다는 데 조금씩 짜증이 났다. 마침내는 짜증이 분노와 상처로 번지고 말았다.

어느 금요일, 제시카는 동생에게 전화해 퇴근 후에 영화나 보자고 제안했는데, 동생이 미안하지만 마무리해야 할 보고서가 있어서 바쁘다고 했다. 동생의 대답에 제시카는 그만 폭발하고 말았다.

"너는 그동안 먼저 만나자고 전화를 건 적도 없어 억울한데, 오늘은 나와 함께할 두어 시간도 낼 수 없다고 하는 거니? 우리 관계에 대해 아예 신경을 껐구나, 껐어."

"왜 이것 때문에 이렇게 난리인지 이해를 못 하겠어." 라이언이 놀라서 말했다. "언제부터 이렇게 애정에 굶주린 사람이 된 거야? 우리 관계는 그동안 별문제 없었잖아. 누나가 나를 죄책감에 빠지게 하면 누나와 덜 어울려야겠다는 생각만 든단 말이야."

제시카는 애초에 이 문제를 제기하지 않았으면 좋았을 것이라는 결론을 내렸다. 그러나 그녀의 짜증이 분노로 비화하기 전에 이 문제를 언급했다면 다음처럼 말해서 오히려 큰 싸움을 피할 수 있었을지도 모른다.

"그래, 라이언. 내가 항상 먼저 만나자고 연락하다 보니 화가 났어. 더 큰 문제가 되기 전에 문제를 제기하고 싶었던 거야. 네가 엄청 바쁘다는 건 나도 알아. 물론 그런 점은 존중해주고 싶어. **그렇지만** 항상 먼저 연락을 취해야 하는 사람이라는 게 좋지 않다는 걸 공유하고 싶어."

제시카가 그랬듯이, 사람들은 상대방을 위해 비판적인 피드백을 삼가고 친절하게 대한다고 자주 주장한다. 그러나 이것이 정말 상대방을 위한 것일까? 아니면 자신을 위한 것일까? 이 상황에서 처음에는 제시카가 라이언보다 더 짜증이 난 상태였다. 그가 이런 사실을 모르도록 하는 게 어떻게 그에게 또는 관계에 도움이 될까? 반응하지 않는 것이 그의 패턴이라면 그녀가 아예 문제를 제기하지 않는 게 어떻게 그에게 도움이 될까?

제시카는 점점 커가는 좌절감에 별로 신경을 쓰지 않아서 함정에 빠졌다. 그 대신 그녀는 사람들이 항상 그러듯이 자신의 감정을 중요하게 생각하지 않은 것이다. 그러나 "당신의 감정을 지배하라, 그러지 않으면 감정이 당신을 지배할 것이다"라는 속담에 진실이 있다.[15]

대인관계 역학 강좌의 언어로 표현하자면, 우리는 제시카가 처음에 '핀치Pinch'를 느꼈다고 말할 것이다. "죽일 죄는 아닌데 나를 짜증 나게 해"를 간단하게 표현한 것이다. 핀치는 어떤 관계에서든 불가피하게 나타나곤 한다.

예를 들어 어떤 사람이 당신을 놓고 농담했을 때 당신은 문제를 제기하는가, 아니면 '성격이 활달하고 좋은 사람'이 되고 싶은 마음에 다른 사람들과 그냥 웃어넘기고 마는가? 아니면 당신이 상대방에게 호의를 베풀었을 때 그들이 당신의 노력을 충분히 인정하지 않았다고 느낀다고 해보자. 이때 당신은 무언가 말하는가? 혹은 그들이 당신의 호의를 사소하게 보도록 두는가? 아니면 사적인 것을 나눴지만 상대방이 이해하지 못해서 당신은 좀 실망할지도 모른다.

이건 심각한 갈등은 아니다. 어떤 일은 그냥 지나가지만 다른 경우에는 당신을 짜증 나게 한다. 이때 제대로 처리하지 않으면 상당한 문제로 커질 수 있다. 우리는 이렇게 큰 문제를 '크런치Crunch'라 부른다.

처음에 관계가 발전할 때 쌍방은 모두 최선의 행동을 취한다. 하지만 서로 좀 알게 되면 한 사람이 불가피하게 상대방의 신경을 거스르는 행동을 하게 된다. 우리는 각자 자신만의 방식으로 관계를 맺고 문제를 제기하고 해결한다.

조직의 경우라면, 일을 완수하는 자기만의 방식이 있다. 이런 차이는 양립할 수도 있지만 그렇지 않을 수도 있다. 이른바 딜레마다. 당신은 더 온전히 당신 자신이고 싶은데 그렇게 하다가 다른 사람과의 사이에서 문제가 발생하면 어떻게 해야 할까?

대인관계 문제는 불가피해서 관계를 구축하고 유지할 때 나타나는 정상적인 현상이기도 하다. 하지만 앞으로 이 장에서 보여주듯이, 그 문제가 심각한 갈등으로 발전하기 전에 문제를 제기하는 것이 더 쉽다.

예를 들어 우리 두 사람이 대형 프로젝트를 진행하고 있는데, 데이비드가 짬을 내서 손자를 방문한다고 해보자. 캐럴은 그가 없어도 계속 일을 진척시키려고 그에게 질문하면 답해주기를 기다려야 한다며 불만을 토로했다. 개인적으로 스타트업 창업을 준비하는 캐럴이 두 사람이 함께 진행하는 프로젝트를 위한 시간도 충분히 내주기를 바라면서 데이비드도 꾹 참고 많이 기다렸기에 그 역시 핀치를 느꼈다.

데이비드는 그의 짜증을 묻어두는 편이 쉬웠을 수도 있으나 그 문제가 곪을 수 있다는 것도 알았다. 데이비드의 개방적인 소통 방식이 효과적으로 문제를 제기하는 데 도움이 되었다. 자신의 조바심을 인정한 캐럴은 사과하고 데이비드가 시간을 내어 부족한 부분을 벌충해준 데 감사를 표했다. 데이비드는 캐럴에게 대단한 파트너라고 말해주고 그녀 또한 화답함으로써 그들은 다시 일을 시작할 수 있었다.

핀치를 일찍 간파하면 어느 쪽도 감정에 빠져들지는 않는다. 하지만 짜증이 곪아 터지면 보통은 촉발된 사건보다 더 큰 문제로 변한다. 그로 인해 수많은 문제가 서로 엉킬 수 있다.

배우자가 최근에 약간의 건망증이 있어서 당신이 화났다고 해보자. 그러나 매번 가벼운 문제였으므로 당신은 아무 말도 하지 않았다. 그때 배우자가 사 온다고 했던 우유를 잊어버리고 집에 빈손으로 돌아왔다면 표면상으론 우유 문제로 싸움을 벌일 것이다. 하지만 진짜 문제는 우유가 아니며 이 싸움은 그동안 축적된 짜증을 대신한 것에 불과하다.

최근에 데이비드는 부인 에바와 유사한 주도권 문제에 부딪힌 적이 있었다. 그가 부엌에서 커피를 만들다가 막 자리를 뜨려고 하는데 에바가 (약간 흥분한 채) 이렇게 말했다. "왜 당신은 카운터에 더러운 스푼을 놔두는 거지? 좀 치울 수 없을까?" 이러면 그는 이렇게 말하기 쉽다. "별것도 아닌 스푼 하나 가지고 웬 야단이야? 그리고 어쨌든 나는 많은 것을 잘 치운다고."

다행히도 그는 그렇게 말하지 않았다. 문제는 더러운 스푼이 아니었기 때문이다. 사실 문제는 그것이 의미하는 바였다. 에바는 방금 부엌을 정리했다. 데이비드는 감사의 뜻을 표하지 않았을 뿐 아니라, 더러운 스푼을 무신경하게 두었고 이를 본 에바가 자신을 부엌일 하는 사람으로 취급하고 있다는 신호로 받아들였기 때문이다.

각자 상대방에게 얼마나 감사하다고 표현했는지(혹은 표현하지 않았는지)와 같은 구체적인 문제에 도달했을 때에야 두 사람은 효과적으로 토론할 수 있다.

'엘레나와 산제이' 3편

엘레나와 산제이는 거의 매주 계속 점심을 같이 먹으면서 서로 훨씬 더 잘 알게 되었다. 때론 개인의 관심사도 이야기했지만 대부분 회사에서의 일과 변화에 관한 이야기를 나누곤 했다. 엘레나에게는 도움이 되는 대화였고 직장에서 성공을 거듭하면서 자신감도 크게 배양되었다. 그녀는 더 이상 예전 회사에서 일어났던 일에 사로잡혀 있지 않았다.

산제이는 부서의 좁은 관점에 갇혀 있지 않고 더 큰 그림을 보는 엘레나의 능력에 점차 감명을 받았다. 그래서 승진해 라틴아메리카 시장을 담당하게 되자 멕시코에서 자란 엘레나에게 그의 부서로 와서 일해달라고 부탁했다. 그는 그녀의 배경과 시각을 높게 보기도 했지만, 자신과 함께 일하던 팀원 헤더가 일곱 명으로 꾸려진 팀에서 유일한 여성이었던 점도 마음에 걸린 터였다.

엘레나는 새로 맡은 역할이 흥미진진하고 팀 회의도 대체로 보람 있다고 생각했다. 그녀에게 중요한 문제라 생각해 진심으로 대화에 참여했다. 산제이는 처음부터 모든 팀원에게 "전체 상황을 좀 더 큰 관점에서 보고 최선의 결과를 얻기 위해 서로 책임지기를 원한다"라고 강조했다. 엘레나에게는 이런 넓은 시야를 갖는 것이 쉬웠지만 다른 팀원 입장에서는 쉽지 않아 종종 자신들의 기능적 관점에서만 대답하곤 했다.

엘레나는 산제이가 팀원에게 이런 경향을 지적하지 않아서 당혹스러웠다. 이 같은 상황을 반복적으로 목격하다가 한 팀원이 자신의 영역을 지키느라 유난히 방어적인 태도를 보이자, 엘레나는 마침내 자신의 의견을 말하기로 작정했다.

"우리가 좁게 생각하지 않고 더 큰 목적을 고려하면서 좀 더 넓게 보면 좋겠어요"라고 엘레나가 말했다. 그러자 팀원들은 잠시 조용해졌고 문제의 팀원이 고개를 끄덕였다. 누구도 이 지적에 대해 말하지 않은 채, 회의는 계속되었다. 그녀의 말 이후에 정적이 흐르긴 했으나 엘레나는 자신이 목소리를 높이길 잘했다고 생각했고, 넓은 시각을 가진 팀원이 늘어났음을 알게 되었다.

일주일 후, 목요일에 점심을 먹으면서 산제이는 엘레나에게 이렇게 말했다. "이제 당신이 우리 팀에 들어왔으니 하는 이야기인데, 다른 팀원들이 우리 둘이서만 점심을 먹는 모습을 보고 소외당한다는 느낌이 들까 봐 염려돼요. 아마도 우리가 프로젝트 이야기를 하면서 의사결정까지 내린다고 생각할지도 몰라요. 이 점심 약속을 모두에게 개방하면 어떻겠어요?"

엘레나는 상실감이 들었지만 팀원들의 느낌에 대한 산제이의 우려를 인정하고 그렇게 하는 데 동의했다. 모든 팀원이 목요일 점심 약속에 합류하지는 않았으나 대부분 참석했고, 그 결과 팀의 동료 의식은 고양되었다.

한편 팀 회의의 다른 역학 관계가 엘레나의 신경을 거스르기 시작했다. 그녀는 편안한 말투와 친근한 농담을 좋아하기는 했으나, 가끔 회의 중에 팀원들 사이에서 오가는 유머에는 뼈가 있었다. '**나는 사람들이 좀 더 솔직하면 좋겠어**'라고 그녀는 생각했다. 하지만 그냥 넘어가기로 했다.

자주는 아니지만 더욱 신경 쓰이는 것은 그녀가 의견을 말했는데 아무 반응이 없는 경우였다. 그런데 5분 후에 팀원 한 명이 그녀와 똑같은 의견을 내면 다른 사람들은 그녀가 그 의견의 최초 제안자였다는 것을 인정하지도 않은 채 그의 의견을 받아들이고 그대로 추진하곤 했다.

그녀의 아이디어를 제대로 듣지 않고 있다가 곧바로 똑같은 제안을 했던 스티븐의 경우가 특히 그랬다. 엘레나를 더욱 화나게 한 것은 그의 감수성을 감안해 더 많은 것을 기대한 산제이마저도 엘레나가 전에 언급했던 내용을 남성 팀원이 말하자 그에게 더 관심을 보이는 것 같았다는 점이다.

어느 날 엘레나는 이런 일이 또다시 벌어진 회의를 마치고 함께 나오던 여성 팀원 헤더에게 눈치를 챘냐며 물었다. 헤더는 "물론이죠"라고 말하면서 어깨를 으쓱했다. 그러고는 다소 포기한 듯한 목소리로 덧붙였다. "그런데 뭘 기대하겠어요? 남자애들은 자기들끼리

보다 우리가 하는 말에 훨씬 잘 끼어들잖아요. 세상이 원래 그렇죠."

엘레나는 이런 결론에 만족하지 않았고, 이러한 상황을 그냥 받아들일 마음의 준비도 되어 있지 않았다. 특히 산제이의 행동이 그녀의 신경에 거슬렸다. 그녀는 리더인 그에게 더 많은 것을 기대했고, 그가 성별 문제를 이해하고 회의에서 반복되는 비상식적인 행동을 지적할 것으로 예상했다.

그녀는 이 팀에 대한 우려를 제기하길 꺼렸다. 팀원들이 그녀를 '너무 민감한' 사람으로 볼까 봐서였다. 더구나 그녀가 특별한 것을 요구하면 두 사람의 우정을 이용한다고 산제이가 생각할 것 같은 두려움 때문에 그 문제를 그에게 말하는 게 염려되었다. 그녀는 이렇게 생각했다. '**좋아, 이런 건 그렇게 대단한 문제가 아니야. 그냥 내버려둘래.**'

그런데 그게 그리 쉽지 않았다. 이후에 진행한 회의에서도 이런 행동이 반복되면서 엘레나는 점점 더 신경이 쓰였다. 그때 그들의 라틴아메리카팀이 이사회에 중간보고서를 제출했는데 부사장 한 명이 그들이 택했던 계획을 특히 칭찬했다.

산제이는 말했다. "우리가 그런 찬사를 들으니 기분이 좋네요."

엘레나는 속으로 생각했다. '**그건 내 아이디어야, 내가 더 세게 밀어붙였어야 했어. 그래서 내가 인정받았다면 훨씬 좋았을 텐데.**' 회의실에서 나와 엘레나는 산제이 옆으로 다가가 조용히 그녀의 생각을 전달했다.

그러자 산제이가 이렇게 응답했다. "우리는 한 팀이죠. 그리고 나는 우리 모두가 팀 관점을 가지면 좋겠어요."

우리는 왜 핀치를 제기하지 않는가

사람들은 보통 자신이 너무 민감하고 옹졸해 보일까 봐 염려돼서 핀치를 제기하기를 망설인다. 당신은 아주 조그만 지적에도 상처받곤 하는 사람을 알고 있을지도 모른다. 그리고 당신은 그런 사람처럼 되고 싶지 않다. 혹은 이렇게 생각할 수도 있다. **'그것은 그럴 만한 가치가 없어.'** 가끔 그게 맞긴 하나 좀 더 깊이 들어가면 그것이 당신이 처음에 생각했던 것보다 훨씬 중요하다는 걸 알게 된다.

이렇게 한번 해보기 바란다. 주어를 '나' 혹은 '당신'으로 바꿔보라. '나는 그럴 만한 가치가 없어' 혹은 '당신은 그럴 만한 가치가 없어'라고 생각했을 때 그 문제가 여전히 제기할 만한 가치가 없어 보이는가? 가끔 그런 생각이 들지도 모르겠으나, 보통은 당신이 처음 인식했을 때보다 더 많은 감정이 핀치에 담겨 있음을 깨닫는다.

역시 많은 사람은 자신이 목소리를 높이면 상황을 더욱 어렵게 만들까 우려해 핀치를 제기하기를 주저한다. 당신의 불평 때문에 다른 사람이 보복할 것 같은가? 그로 인해 다른 많은 문제가 촉발될 것 같은가? 혹은 핀치를 유발하는 관계나 상대방이 연약해 보여서 참는 것인가?

이런 문제가 강의 중에 생기면 우리는 학생들에게 물어본다. "당신이 한 말로 친구가 핀치를 느낀다면 친구에게 당신한테 말하라고 하고 싶은가?" 대부분 학생은 그렇다고 말한다. 우리는 재차 물어본다. "만약 당신이 그걸 원한다면, 당신이 거꾸로 핀치를 느꼈을 때 상대방도 그렇게 하길 원하지 않을까?"

우리가 핀치를 일찍 제기하지 않는 마지막 이유는 상대방이 아무런 해를 끼칠 의도가 없었다고 가정하기 때문이다. 우리는 생각한다. '그들이 나를 괴롭힐 의도가 없는데 왜 내가 구태여 신경 써야 하는 거지?' 이런 합리화는 스티븐이 엘레나가 인정받지 못한 아이디어를 처음 똑같이 따라 했을 때는 효과를 봤을지 모른다. 하지만 그것은 여전히 합리화일 뿐이다.

다음 장에서 다루겠지만, 상대방의 **의향**과 행동이 미치는 **효과**에는 차이가 있다. 엘레나가 짜증 나는 것은 그 자체로 사실이다. 그녀의 느낌이 존재하는 데는 어떤 명분도 필요하지 않다.

스티븐에게 어떤 의도가 있어서 그렇게 말한 것은 아니었을 가능성 덕분에 오히려 핀치를 더 쉽게 제기할 수도 있었다. 스티븐이 회의를 하다가 출처를 밝히지 않고 엘레나의 아이디어를 두 번이나 언급했다고 해보자. 나중에 두 사람이 함께 걸어 나가다가 엘레나가 슬쩍 이렇게 말했다면 어땠을까?

"스티븐, 다른 사람들이 무시한 내 아이디어를 택해줘서 고마워. 그런데 내가 먼저 그 아이디어를 냈다는 것을 당신이 인정해주었다면 좋았을 텐데."

스티븐은 이렇게 대꾸할지 모른다. "미안해, 내가 그런 줄 몰랐어." 그러면 엘레나는 이렇게 덧붙였을 수 있다. "그럴지도 모른다고 생각했어." 이렇게 핀치를 언급해 상대방에게 인정받고 해결할 수도 있다.

엘레나가 단지 핀치만 당했다면 이처럼 가볍게 말할 수 있다. 그녀가 더 화날 때까지 참다가 이를 악물고 똑같은 감정을 표현했다면, 스티븐은 이를 공격으로 받아들일 가능성이 크다. 그러나 엘레나가 일찍 문제를 제기함으로써 그녀는 기분이 더 좋았을 것이고 스티븐도 자신이 그녀가 문제라 생각한 일을 저질렀음을 더 잘 알게 되었을지도 모른다. 그가 인정하지 않아 그녀가 의견을 거듭 되풀이해야 한다면 이제 얼마든지 다시 언급할 수 있는 기반이 생겨서 더욱 강하게 표현할 수 있을 것이다.

많은 핀치는 그냥 사라지곤 한다. 하지만 자문해보기 바란다. 이런 핀치가 완전히 사라지지 않고 남아 있지 않을까? 혹은 다른 문제로 연결되지 않을까? 정말로 일어나고 있는 일은 보지 못하고 겨우 우유 하나 빠뜨린 것을 큰 싸움으로 번지게 하고 있는 건 아닐까?

핀치가 일단 이렇게 커지면, 크런치가 될 위험이 있다. 크런치는 핀치보다 훨씬 문제점이 많다. 감정이 훨씬 더 강해질 가능성이 있으나 당신도 상대방에 대한 부정적인 이야기를 만들 가능성이 더 커지기 때문이다. 엘레나는 아직 그런 정도까지는 아니었지만 그것에 점차 가까워지고 있었다. 그래서 산제이는 그녀가 바랐던 대로 반응하지 않았지만 그들이 회의장에서 나갈 때 산제이에게 문제를 제기한 것은 현명했다.

핀치가 크런치로 발전하면, 우리는 상대방에 대한 **부정적인 가정**이 포함된 것 같은 이야기를 만들기 시작한다. 엘레나가 스티븐에게 느낀 핀치를 예로 들어보자. 사실 그녀는 그에 대해 잘 모른다. (엘레나가 목격했듯이) 스티븐이 그녀의 아이디어를 자주 훔치곤 했기에 그녀는 그의 동기와 성격에 의문을 품기 쉽다.

그러므로 그녀가 그에 대한 스토리를 만들기도 쉽다. '**그는 강한**

여자에 대해 무슨 문제가 있나 봐. 그는 관심을 받고 싶어 하고 권위자에게 자주 확인을 받고 싶어 해.' 따로 직접 말하지 않더라도 이런 이론들은 그녀가 이 핵심 동료와 긍정적인 관계를 맺는 데 도움이 되지 않을 것이다.

게다가 일단 부정적인 이야기를 만들면 우리는 **데이터를 선택적으로 모으고**, 아니면 흔히 생각하듯이 '우리 견해를 지지하는 사례를 만드는' 경향이 있다. 당신이 아무리 스스로 객관적이라 생각하더라도 모든 사람에게 확증편향[원래 가지고 있는 생각이나 신념을 확인하려는 경향]이 있다는 것은 진실이다.[16]

당신에게 어떤 믿음이나 하물며 직감이 생기면 그것을 지지하는 사건에는 더 신경을 쓰고, 부정하는 사건은 무시하곤 한다. 엘레나는 자신의 아이디어가 무시받고 나서 다른 사람, 특히 스티븐이 그 아이디어를 되풀이한 경우를 더 많이 알고 있을 것이다.

마찬가지로 그녀는 산제이가 자신을 무시하거나 팀에 대한 자신의 기여도를 평가 절하한다고 생각되는 때를 가만히 지켜보라는 신호를 받을 것이다. 또한 그들 가운데 누구라도 그녀의 말을 들어주고 인정해주고 고마워하고 있다는 걸 그녀가 알아차릴 가능성은 **더 작을 것이다.**

핀치를 제기할 때 유머 사용하기

회의가 끝난 후 엘레나가 스티븐에게 직접 말하지 않고, 그가 그녀의 아이디어를 '훔쳤다'는 생각을 품은 채 회의 중에 이렇게 말했다고 생각해보자. "좋은 지적이에요, 스티븐. 그게 바로 내가 5분 전에 말했던 거예요. 여기서는 굵고 낮은 목소리로 말해야 아이디어를 들어준다는 생각이 드네요." 미소를 띠고 경쾌한 목소리로 말하긴 했지만 어떤 상황이 됐을까?

한편으로는 전반적으로 보아 긍정적인 결과가 나타났을 수 있다. 스티븐을 포함해 모두가 웃고, 그는 그녀가 지적한 사항을 인정한다. 그리고 그와 다른 사람들은 자신들의 행동을 멈추고 그녀가 기여한 바를 모두 듣게 된다.

유머는 사람들을 연결해주는 힘이 있어서 이런 경우에 효과를 발휘한다. 빅터 보르게Victor Borge는 이런 말을 한 적이 있다. "웃음은 두 사람 간의 가장 가까운 거리다." 농담이나 웃기는 이야기를 공유하면 사람들은 서로 더 가까워질 수 있다. 분위기를 경쾌하게 만들어주고 기분을 고양시킨다. 농담을 주고받고 놀면서 서로를 더 잘 알게 되고 특별한 자유를 경험할 수 있다.

우리 동료인 제니퍼 아커Jennifer Aaker와 나오미 백도나스Naomi Bagdonas의 연구를 보면 "웃음은 신체적으로 긴장이나 스트레스 요인에 잘 적응하게 하고, 사회적 유대 관계를 맺기 쉽게 하며, 신뢰를 높인다. 사람들이 일하면서 함께 웃으면 관계가 좋아지고 스스로 더 가치 있고 신뢰받는다고 느끼게 한다."[17] 가장 좋은 시나리오는 엘레나의 농담이 동료들 사이에서 그녀의 지위를 올리고 팀의 결속력을 강화하는 것이다.

반면에 농담이 다른 사람의 희생을 요구하고 전혀 웃기지 않는다면 효과가 거의 없다. 엘레나는 자신이 던진 가벼운 한방이 스티븐에게 어떻게 받아들여질지 잘 모른다. 동료들 앞에서 무시를 당해 당황한다면 그는 핀치 이상의 감정을 느낄 수 있다. 스티븐이 이의를 제기하지 않더라도 그와 다른 동료들이 단순한 농담으로만 받아들인다면 엘레나가 던지고자 했던 메시지는 사라져버렸을 것이다.

메시지가 제대로 전달되었더라도 스티븐이 추후에 있을 수 있는 반박에 대해 수세를 취하고 엘레나가 혹시 모를 보복에 대처하려고 한다면 두 사람 간의 거리는 더욱 멀어질 것이다. 이런 상황이 되면 그도 곤란한 처지에 처하려 하지 않을 것 같다.

이처럼 유머스러운 지적이 엘레나와 다른 사람들이 불만을 간접적으로 표출하기를 원한다는 메시지를 전달할 수는 있다. 사실 이런 경향이 엘레나가 팀에 실망스러움을 느끼게 했다.

유머에는 방패 기능이 있다. 상대방이 나의 유머에 모욕감을 느낄 때 방패 뒤로 숨을 수 있다. 만약 스티븐이 엘레나의 농담에 "빈정거리시는군요. 왜 그러십니까?"라고 답변했다면 어떻게 되었을까? 엘레나가 자신의 감정을 직접적으로 표출할 수 있는 진정한 대화의 포문을 열 수도 있다.

그러나 그녀가 "오, 농담을 잘 못 받아들이는군요?"라고 말하면 어떻게 될까? 이제 그녀는 스티븐에게 굴욕감을 두 번 준 셈이다. 문제는 제대로 해결되지 못하고 두 사람 간의 신뢰는 깨질 것이다. 게다가 이러한 모습은 엘레나가 다른 동료들 사이에서 솔직하고 신뢰할 만한 사람이라는 명성을 얻는 데 도움이 되지 않을 수 있다.

유머를 이용해 메시지를 전달하려 할 때의 문제점은 내재적 모호성이다. 엘레나가 자신의 아이디어를 따라 말하는 스티븐에게 얼마나 화가 났는지는 명확하지 않다. 그녀가 정말 화난 건지, 아니면 그저 약간 핀치를 느끼는 건지, 그리고 스티븐이 무슨 말을 들었고 그 말을 어떻게 받아들였는지도 모호하다. 특히 두 사람 간 관계의 측면에서 본다면, 회의가 끝난 뒤에 그녀가 자신의 우려를 스티븐에게 말하는 직접적인 대화 방식이 더 낫다.

그렇다고 해서 유머가 결코 효과가 없다고 말하려는 것은 아니다. 그러나 당신은 유머의 전후 상황에 매우 민감해야 한다. 당신의 핀치는 얼마나 큰가(처음에 생각했던 것보다 당신의 반응에 더 많은 것이 있을 수 있음을 기억하라)? 상대방의 유머 감각이 어떠한가? 어떤 사람은 자신이 약간 손해를 보더라도 위트 있는 반응을 보이는 것을 즐긴다. 반면에 다른 사람은 유머를 상당히 개인적으로 받아들이기도 한다.

당신은 상호 관계의 강도도 고려해야 한다. 상대방이 당신이 자신을 인정한다는 걸 알고 있다면 유머를 가미한 지적이 그런대로 잘 먹힐 것이다. 마지막으로 유머를 던질 당시의 환경을 고려하라. 이런 요인을 감안한다면 유머는 잘 기능할 것이다.

예를 들어 데이비드의 친구인 제인 앤이 조그마한 디너파티를 열고 싶어 했다. 그녀는 뛰어난 요리사이긴 하지만 식사 시간의 대부분을 의도한 대로 음식이 잘 만들어지지 않았다며 사과하느라 보내곤 했다. 음식이 너무 구워졌다거나 양념이 부족하다고 하거나 또는 십여 개의 다른 자책을 했다. 그녀의 음식은 항상 훌륭해서 손님들이 그렇지 않다며 강하게 부정해도 이런 사과는 계속됐다.

손님들의 이런 부정은 제인 앤에게 아무런 영향을 주지 못했고 그녀는 자신의 요리를 여전히 비판했다. 어느 저녁 식사에서 똑같은 상황이 연출되자 그녀의 친구인 페기는 이렇게 말했다. "음식이 정말 훌륭해요. 제인 앤, 내가 당신의 요리법을 얻을 수 있을까요? 하지만 자책하지 않는 버전으로요." 우레와 같은 웃음소리와 함께 농담의 의미가 충분히 전달된 것 같았다. 그날 저녁 이후로 제인 앤의 자책은 현저히 줄어들었기 때문이다.

이런 상황에서 제인 앤과 페기는 좋은 친구였다. 제인 앤은 페기가 자신을 좋아하고 존경한다는 것을 알고 있다. 그녀는 페기가 자신을 폄하하려는 게 아니고, 자신을 **낮추는** 발언을 계속하지 않기를 바란다는 걸 느꼈을 것이다. 다른 손님들 역시 친구들이어서 모두 상황을 잘 이해했다. 이런 경우라서 피드백이 효과를 발휘한 것이다. 유머가 적절히 사용되기만 하면 얼마나 유용한지를 보여주는 좋은 사례다.

스티븐이나 산제이의 경우라면 엘레나는 아마도 유머를 활용하는 방법을 택하지 않을 것이다. 그녀는 집행위원회 회의실을 나오면서 그녀가 핀치라 여겼던 문제를 제기하려고 했다. 하지만 효과가 없자 그녀의 화만 더욱 커졌다.

이제 핀치를 넘어서 더 나아갈 차례다. 그녀는 산제이와 직접 대화할 필요가 있다고 결정을 내린다. 문제를 해결하면서도 그들이 관계를 계속 형성해나가도록 대화하는 것이 다음 도전 과제다. 그러려면 행동 면에서 구체적인 피드백을 할 수 있어야 하는데 다음 장에서 이 중요한 역량을 다룰 것이다.

자기 성찰하기

1. 엘레나의 입장이 되어보라

당신은 팀 회의 중에 자신이 말한 아이디어는 무시되고 다른 동료가 당신의 아이디어를 도용하여 다시 말하는 상황에서 어떻게 대응할 것인가? 그냥 내버려둘 것인가, 아니면 뭔가 말할 것인가? 그리고 집행위원회 회의가 끝난 후에 산제이가 당신의 우려를 묵살한다면 어떻게 할 것인가? 당신이 하고자 하고, 말하고자 하는 바를 구체적으로 생각해보라.

2. 핀치 다루기

당신이 과거에 느꼈던 핀치를 생각해보라. 당신은 어떻게 반응하는가? 그냥 받아들이는가, 무시하는가, 물러나는가, 핀치를 느끼게 한 상대방에게 핀치를 언급할 기회를 찾는가, 화를 내는가?

3. 핵심 관계

당신은 중요한 인간관계에서 현재 핀치를 느끼고 있는가? 무엇 때문에 핀치를 제기하지 못하고 있는가?

4. 유머 활용하기

당신은 유머를 어떻게 활용하는가? 당신이 유머를 활용할 때 어떤 일이 벌어졌는가? 유머를 사용했을 때 기능이 제대로 발휘되지 않는 경우가 있는가? 친구 중에 유머를 잘 구사하는 친구가 있는가? 유머의 효과를 거두려고 그들은 어떻게 하는가?

적용하기

당신이 위의 '핵심 관계'에서 좀처럼 사라지지 않는 핀치를 발견했다면 그것을 제기하라.

앞으로 다가오는 몇 주에 걸쳐 당신이 핀치를 느낄 만한 순간을 주목하라. 당신은 어느 것이 그냥 내버려 둘 핀치이고 어느 것이 문제를 제기할 만한 가치가 있는 핀치인지에 대한 감이 있는가?

당신의 선택에 어떤 유형이 있다고 생각하는가? 이런 유형을 찾아냈다면 당신은 어떤 행동을 취할 준비가 되어 있는가?

당신이 핀치를 표출할 때 잘 반응하지 않는 사람을 아는가? 예를 들어 그들은 당신의 핀치를 무시하고 당신이 민감하다고 비난하며 싸우려 드는가?

이러한 반응 때문에 당신이 핀치를 공유하지 않게 된다면 관계 개선을 위해 어떻게 핀치를 제기할 수 있을까?

당신이 유머를 많이 구사하는 편이라면, 당신을 잘 아는 사람 몇 명에게 가서 의도한 대로 유머가 먹히는지 확인하라. 유머가 언제 효과를 보고, 또 언제 효과를 보지 못하는지 구체적으로 물어보라.

당신은 유머로 신경을 거슬리게 하는 사람을 알고 있는가? 그게 당신을 폄하하기 위한 유머일 수도 있고, 메시지를 간접적으로 전달하기 위한 유머일 수도 있다.

주요 문제는 아니지만 핀치가 점점 커지면 당신에게 살짝 불확실한 느낌이 들고 당신이 원하는 만큼 핀치에 가깝게 다가서지 못하게 된다. 관계 개선을 위해 핀치를 제기하는 전략을 짜서 실제로 이행해보라.

이해하기

이번 토론에서 당신은 더욱 깊은 관계로 나아가는 것을 막는 장애물을 제거하는 작업을 시작했다. 과정이 어떻게 진행되었는가? 당신 자신에 대해, 그리고 관계 구축에 대해 무엇을 배웠는가?

주의: 당신의 적용 연습이 처음에는 잘 안 될지도 모른다. 그러나 문제를 바로잡는 과정에서 새롭게 개발한 기술을 포함하여, 당신(과 다른 사람)이 그런 실험을 통해 무엇을 배우는가가 가장 중요하다.

7

비난하지 않고 피드백하고 싶을 때

∞

가까운 동료에게는 어떻게 피드백해야 할까?

엘레나는 산제이를 만나 피드백을 해주리라 마음먹었다. 문제는 두 사람이 집행위원회 회의를 끝냈을 때에 비해 어떻게 그가 그녀의 우려를 더 심각하게 받아들이게 하느냐였다. 그녀는 그가 공격을 받는다거나 난처하다고 느끼지 않길 바랐다. 또한 특별한 부탁을 한다거나 우정을 이용한다고 생각하는 것도 원치 않았다.

엘레나는 **행동에 대한 구체적 피드백**Behaviorally Specific Feedback을 통해 상대방에게 불쾌감을 주지 않으면서 솔직한 생각을 말할 수 있다. 이것이야말로 상대방의 자기방어를 최소한으로 줄이고 당신의 어려운 점을 제기하는 결정적인 능력이다. 이는 대인관계 문제해결뿐 아니라 개인학습과 의미 있는 관계 구축에도 필수적이다.

행동에 대한 구체적 피드백은 상대방이 그것을 예상하지 못했을 때 특히 중요하다. 우리 두 사람은 생각이 다른데, 당신이 자신의 현실을 고수하기만 한다면 (거의) 아무에게나 (거의) 아무 말이나 할 수 있다고 열렬히 믿는다. 우리는 '거의'를 괄호 안에 넣었다. 학계에 오래 머무르다 보니 일반화하는 진술을 조심하는 데 익숙하다. 그러나 와인 두 잔을 마시고 나서 경솔해지면 우리는 단어 '거의'를 빼버린다.

우리는 스탠퍼드대학교 동료이자 제트블루JetBlue사의 이사회 의장인 조엘 피터슨Joel Peterson이 한 말 "피드백은 챔피언의 아침 식사다Feedback is the breakfast of champions"에 동의한다[챔피언은 특정한 인물, 단체나 사상을 위해 투쟁을 불사할 정도로 강하게 지지하는 사람으로, 투사 성격의 지지자, 옹호자, 대변자를 말한다].

자신의 현실을 고수한다는 것은 당신이 상상하는 것보다 복잡하다. 두 사람이 상호작용 할 때 존재하는 세 가지 다른 이해 영역 혹은 현실이 있기 때문이다. 집행위원회 회의 장소에서 나와 엘레나가 그룹의 보고서 작성에 자신이 별로 기여하지 않았다고 인식한 산제이 때문에 짜증이 났다고 표현했을 때 두 사람이 나누었던 대화를 다시 살펴보자.

첫 번째 현실은 산제이의 **의도**Intent다. 산제이는 모든 사람이 '팀 관점을 가지기'를 원했다. 그 첫 번째 영역은 산제이만 알고 있는 것이다. 그의 **필요, 동기, 감정, 의향**을 모두 포함한다. 두 번째 현실은 그의 **행동**Behavior이다. 그것은 두 사람 모두가 보는 영역이다. 산제이의 단어, 말투, 몸짓, 얼굴 표정 등으로 구성된다. 세 번째 현실은 산제이의 행동이 엘레나에게 끼치는 **강한 영향**Impact이다. 그것은 엘레나의 전문 영역이며 그녀의 반응(감정과 응답)으로 이뤄져 있다.

처음에 두 사람은 이 세 가지 현실 중에 두 가지만 알 수 있다는 데 유념해야 한다. 산제이는 자신의 행동이 엘레나에게 끼친 영향을 모르고, 엘레나는 그의 동기와 의향을 모른다.

엘레나가 자신의 현실을 고수한다면, 그녀는 비난조가 아닌 방식으로 솔직하게 문제를 제기해 두 사람 모두 진행 상황을 이해하도록 도울 수 있다. 그녀는 그의 행동을 지적하고 그 행동에 대한 자신의 반응을 공유할 수 있다. 그녀가 산제이의 의향을 알 필요는 없다. 자신의 현실을 넘어서 산제이의 동기를 언급하면 그녀의 피드백은 비난조가 된다.

이러한 모델을 설명하면서 우리는 학생들에게 첫 번째 현실과 두 번째 현실 사이, 즉 의도와 행동 사이에 테니스 네트가 존재한다고

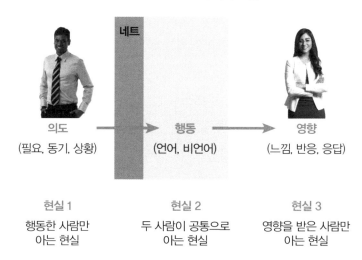

대인관계 사이클: 세 가지 현실

네트

의도
(필요, 동기, 상황)

행동
(언어, 비언어)

영향
(느낌, 반응, 응답)

현실 1
행동한 사람만
아는 현실

현실 2
두 사람이 공통으로
아는 현실

현실 3
영향을 받은 사람만
아는 현실

상상해보라고 말한다. 테니스 경기에서 당신은 상대방의 코트에 들어가 경기할 수 없다. 피드백도 마찬가지다. **당신은 상대방과 네트를 사이에 두고 자신 쪽 코트에 머물러 있어야 한다.**

피드백이 대부분 효과가 없는 이유

일반적으로 사람들은 피드백 모델을 사용하지 않는다. 사람들은 자신의 현실을 고수하지는 않으면서 네트 건너편으로 넘어가 상대방에게 책임을 돌리곤 한다.

사람들은 이렇게 말한다. "당신은 협력하려고 하지 않아." "당신은 자기 맘대로 관계를 휘두르려고 해." "내가 느끼기에 당신은 자신만 생각해." "네가 나를 신경 쓰지 않는 것 같아." (그리고 당신은 이제 감정 어휘에 대한 우리 입장을 안다. 그러나 당신이 혹시 잊어버릴 경우를 생각해, 이 진술의 어디에서도 감정 단어는 없다!) 상대방이 오해받고 심하면 공격받을 거라고 느낄 가능성을 고려했을 때, 정말로 많은 피드백 때문에 사람들이 상처 입고 자신을 방어하려고 한다는 게 그리 놀랍지 않다.

아이러니하게도 보통 어린아이들이 자신 쪽 코트에 머무르기를 어른보다 더 잘한다. 캐럴은 아이들이 다섯 살과 일곱 살일 때 동생이 형에게 이렇게 말하는 걸 들었다.

"형이 벌써 세 번이나 게임을 골랐어. 난 그게 맘에 안 들어. 다음 게임은 내가 고를 거야. 안 그러면 나 게임 안 할래."

동생은 이유를 형에게 전가하거나("너는 통제하기를 원해") 형에게 꼬리표를 붙일("너는 깡패처럼 굴고 있어") 줄은 몰랐다. 그 대신 형의 행동을 자신이 좋아하지 않는다고 구체적으로 말했던 것이다. 얼마나 간단한가? 그 후부터 아이들은 함께 할 게임을 돌아가며 선택했고, 절대로 다시 싸우지 않았다(이야아!).

어른은 자신이 상대방의 동기와 의향을 알고 있다고 생각하는 함정에 자주 빠지곤 한다. 그러나 그들이 솔직하게 말하지 않는다면, **우리가 추측하는 것은 단지 직감일 뿐이다.** 그들의 의향은 그들의 현실이지, 당신의 것이 아니다. 게다가 의향 자체가 문제인 경우는 드물다.

이런 격언을 기억하라. "지옥으로 가는 길은 선의로 포장되어 있다The road to hell is paved with good intentions"[좋은 뜻으로 시작하는 일 때문에 오히려 상황이 악화되어 돌이킬 수 없는 결과를 낳는다는 뜻이다]. 문제는 그들의 **행동**에 있다. 아무리 좋은 의도였다 하더라도 어떤 사람이 취하는 행동이 상대방의 입장에서는 문제투성이로 보일 이유는 정말 많다.

또한 피드백을 해주는 사람은 어떤 사람의 행동(두 번째 현실)을 묘사하고 있다고 생각하는데 이것이 실제와 다르다면, 피드백을 그르치게 된다. 행동이란 당신이 지적할 수 있는 것이다. 단어, 몸짓, 침묵마저도 모든 형태의 행동이다. 사람들에게 상호작용 하는 영상을 보여주고 똑같은 행동을 봤다는 데 동의하는지 물어보면 유용한 테스트가 될 것이다.

반대로 "당신은 토론을 자기 맘대로 휘두르려고 해"라고 말하는 것은 눈에 보이는 행동이 아니다. 그것은 연속적인 행동을 보고 내린 판단이다. 당신이 그런 결론을 도출하도록 상대방은 정확히 어떤 일을 했는가? 그들은 당신이 말하는 중에 끼어들어서 다른 사람의 의견을 들먹였는가? 아니면 다른 사람의 기여도의 가치를 묵살했는가? 또는 당신이 양보할 때까지 자신들의 관점을 계속 밀어붙였는가? 마지막 세 가지가 바로 행동이다.

이것은 잔소리처럼 느껴질 수 있다. 하지만 상대방이 당신의 피드백을 부정하는 경향이 있는 한, 당신이 더욱 구체적인 것을 제시할수록 상대방은 더 부정하기 어려울 것이다. 그들이 상대방의 말을 네 번이나 중단했다고 당신이 지적하면 그들도 피드백을 무시하기란 더욱 어려워진다. 그들의 행동이 당신에게 토론을 그들 맘대로 휘두르고 있다고 보게 한 것이다. 하지만 이는 **당신의** 결론이다.

피드백의 또 다른 흔한 문제는 당신이 다른 사람의 행동에서 어떤 식으로 영향받는지를 항상 다 알고 있지는 않다는 점이다. 당신의 반응, 특히 당신의 느낌을 인식하는 것은 당신의 '전문' 영역이고 영향력의 기초를 이루므로 중요하다.

산제이가 자신의 기여도를 인정하지 않았을 때 엘레나는 어떤 감정을 느꼈나? **약간 짜증이 났나**, 아니면 **매우 화가 났나**? 결국 그런 감정이 산제이에 대한 그녀의 태도에 어떻게 영향을 끼쳤나? 산제이에 대한 그녀의 신뢰가 줄어들었나? 그리고 마침내 그로 인해 새로운 아이디어를 내려는 그녀의 의지에 영향을 줘서 일에 전념하려는 생각이 줄어들게 했는가? 그런 반응이 산제이가 맡은 일의 효과를 보여주고 있으니 그는 이러한 반응에 매우 많은 관심을 보일 것 같다. 따라서 이런 것을 공유하면 그녀의 피드백은 강력해질 것이다.

행동에 대한 구체적 피드백의 힘

행동에 대한 구체적 피드백은 여러 이유로 강력하다. 엘레나가 관찰 가능한 산제이의 행동과 이에 대한 그녀의 반응이라는 현실을 고수한다면 피드백은 논란의 여지가 없을 것이다.

"당신이 그 결정에 대한 내 역할을 언급하지 않으면 나는 인정받았다는 느낌이 들지 않아"라고 그녀가 말한다면, 산제이가 "당신은 기여하지 않았어"라고 말할 수는 없다. 그땐 그가 그녀 쪽의 코트에 있게 되기 때문이다.

하지만 그녀가 자신의 현실에서 떠나 "당신이 나를 인정하지 않았던 이유는 업적을 마땅히 인정해야 하는데도 그렇게 하는 것을 중요하게 생각하지 않기 때문이야"라고 말해 그의 의향을 추측한다면, 그는 "그건 사실이 아니야"라고 말할 수 있다. 그러면 두 사람은 곤경에 빠지고 말 것이다.

엘레나가 그녀의 현실을 토대로 피드백을 해주면 또 다른 이점이 있다. 산제이가 자신이 그렇게 행동했던 이유를 설명할 가능성이 커지는 것이다. 엘레나가 집행위원회 회의를 마치고 걸어 나오면서 불쾌감을 표현했을 때, 산제이는 이렇게 설명했다. "나는 우리가 팀으로 행동하길 원해요." 이제야 그녀는 그의 의도를 알았다. 이 때문에 피드백을 주는 사람은 상대방의 의도를 알아내려고 할 필요가 없다. 조만간 상대방이 당신에게 말해줄 것이기 때문이다.

엘레나는 산제이를 완전히 단념하기 전에 자신의 문제를 제기하면서 그에게 선물을 주었다. 산제이는 세 가지 현실 중에 두 가지만 알고 있다는 사실을 기억해보기 바란다. 그는 자신의 행동이 그녀에게 끼친 영향을 모른다. 그 영향은 단지 그녀만 알고 있다. 효과적인 리더가 되려는 사람은 자신의 언행이 상대방에게 어떻게 전달되는지 알 필요가 있다. 격언에도 있듯, 어둠 속에서 쏘면 목표물에 맞힐 가능성이 없다.

자신의 펀치에 대한 엘레나의 표현은 산제이의 행동이 잘못된 결과에 이르게 되었음을 그에게 알려주는 신호였다. 그가 즉각적인 반응으로 그녀의 코멘트를 무시해버렸지만 그녀가 자신의 현실을 공유했다면 그는 그렇게 하지 않았을 것이다. 그래서 그녀는 얼마나 더 말해야 할까 하는 의문이 생겼다.

우리가 **행동에 대한 구체적** 피드백을 강조하는 이유는 지나치게 많은 피드백은 구체적이지 않아서 결국에는 쓸모없어지거나 하물며 파괴적으로 변하기 때문이다. 조의 매니저가 "조, 당신은 태도가 나빠서 당신의 성과에 지장을 줘요"라고 말했다면 조는 혼란스러울 수밖에 없고 방어적인 태도를 보일 것이다. 이런 피드백은 그가 한 행동이나 개선 방법에 대한 정확한 정보를 주지 않는다. 어떤 태도가 문제인가(그의 태도 전부인가)? 어떤 작업이 기준 이하인가? 사람들이 피드백하기를 주저하고 진부한 말로 '당신을 달래주어야' 한다고 생각해도 그리 놀랄 일은 아니다.

행동에 초점을 맞추면 이런 문제를 피할 수 있다. "조, 오늘 회의 때 당신은 본인 영역만 주로 말하고 다른 사람의 우려에는 답을 하지 않더군요. 상대방이 당신의 문제를 심각하게 받아들이도록 하려면 그들의 우려에도 신경 쓰는 게 좋을 거예요"라고 말해보라. 이렇게 구체적으로 피드백을 해주면 조는 자신과 자신의 행동 **모두가** 문제인지를 덜 고민할 것이다.

많은 사람은 상대방에게 피해를 주고 상대방의 의욕을 잃게 할까 봐 두려워 부정적 피드백 주기를 머뭇거린다. 문제는 '부정적 피드백Negative Feedback'이라는 용어에 있다. 우리 두 사람은 모든 행동에 대한 피드백은 긍정적이라 믿기 때문에 이 용어를 몹시 싫어한다.

문제 있는 행동에 대한 피드백마저도 긍정적이다. 우리는 행동을 바꿀 수 있고 그 행동에 대한 피드백은 곧 개선 기회이기 때문이다. 당신이 감사해하고 강점이라고 전달하고 싶은 행동에 대한 피드백을 묘사할 때 우리는 '긍정적Affirmative'이라는 단어를 선호한다. 그리고 당신이 문제라고 생각하는 행동에 대한 피드백일 경우에는 '발전적Developmental'이라는 단어를 더 좋아한다.

모든 피드백은 데이터다. 정보는 피드백을 주는 사람에 대한 뭔가를 말해주기도 하고 피드백을 받는 사람(주로 두 사람 모두)에 대한 뭔가를 말해줄 수도 있다. 하지만 그것은 모두 데이터다. 데이터는 적은 것보다는 많으면 많을수록 더 좋다. 아주 간단히 말해, 당신은 모르는 것보다 아는 것이 더 좋다.

몇 년 전에 강의가 끝나고 어떤 학생이 캐럴에게 다가와 이렇게 말했다. 캐럴의 질문에 자신이 답변할 때 그녀가 그녀의 시계를 보고 있어서 무시당하는 느낌이 들었다는 것이다(교실에는 시계가 없었고 그녀가 그 강의 시간 안에 다뤄야 할 내용이 남아 있었다).

캐럴의 이유와는 상관없이 그 학생의 피드백은 중요한 정보를 담고 있었다. 이 정보가 없었다면 캐럴은 학생의 우려에 대해 답변하기가 곤란했을 테고, 나중에 다른 사람들이 똑같이 느낄 수도 있다는 걸 제대로 인지하지 못했을 것이다. 도우려는 의도로 해준 피드백은 항상 긍정적이다.

이런 지침은 피드백 내용이 긍정적일 때도 똑같이 중요하다. 당신이 "잘했어"라고 나에게 말하면 나는 그 순간엔 기분이 엄청 좋아지기는 하나 사실상 의미가 별로 없다. 정확히 내가 무슨 행동을 해서 당신은 고마워하는가? 내가 당신에게 어떤 영향을 끼쳤는가? 내가 여기에서 무엇을 배워서 나중에 내 강점으로 활용할 수 있을 것인가?

우리는 뒤에 나오는 여러 장에서 문제를 제기하고 해결해 당사자 모두가 더욱 온전히 자신이 될 수 있도록 하는 위력을 지닌 구체적 행동 피드백 모델을 계속 접할 것이다. 이렇게 하면 상호 관계를 순조롭게 진행시키는 것은 물론이고 후속 장에서 보여주겠지만 관계를 개선하고 심화하게 된다.

'엘레나와 산제이' 4편

엘레나는 "라틴아메리카팀 관련 문제를 이야기하자"며 산제이에게 연락을 취했다. 그는 기꺼이 동의하고 그날 오후 자신의 사무실로 잠깐 들르라고 말했다.

인사를 나누고 엘레나는 말문을 열었다. "산제이, 우리 팀에서 일어난 일로 자꾸 답답한 마음이 들어서 말을 좀 해야겠어요. 내 동료들과 관련된 일이자 당신과 관련된 일이기도 해요. 나는 정말로 일을 잘 해내고 싶어요."

산제이가 놀란 표정을 했다.

"걱정하지 말아요"라고 엘레나는 말했다. "이건 중죄는 아니에요. 하지만 기분이 언짢아져서 일에서 느끼는 즐거움에 방해가 되기 시작했어요."

"무슨 일이죠?" 산제이는 우려 섞인 목소리로 물었다.

"당신도 봤다고 생각이 드는데, 나는 우리 팀에 정말 헌신하고 싶어서 토론에 도움이 되는 제안을 하려고 열심히 노력했어요. 그런데 내가 어떤 제안을 했을 때 다른 사람들은 아무 말도 안 한 적이 많아요. 그리고 나서 5분 후에 우리 팀의 한 남성이 똑같은 말을 하면 사람들은 그제야 반응을 보이죠. 그럴 때면 사람들이 내 말을 헛듣는다는 느낌이 들어요."

"그래요, 나도 두 번 목격한 적이 있어요." 산제이는 응답했다. "그래서 미안해요."

"그것을 목격했는데 아무 말도 하지 않았다고요? 그건 더욱 실망스럽군요."

"아, 나는 학교 운동장에 있는 안전요원이 아니에요." 그는 다소 방어적으로 말했다.

"산제이, 당신은 리더고, 그래서 롤모델이에요. 아무 말도 하지 않는다면 바로 당신이 그 상황을 아무렇지도 않은 일로 만들고 있는 거예요. 그런데 이건 문제점의 일부에 불과하죠."

"뭐가 더 있어요?"

"그래요. 동료들과는 문제를 해결할 수도 있어요. 하지만 내가 의견을 낼 때는 당신이 거의 아무 말도 하지 않다가, 몇 분 후에 남성 동료가 똑같은 말을 할 땐 알아보려고 하는 경향이 있어서 그게 더 힘들고 실망스러워요."

"아니에요. 나는 그렇게 하지 않아요."

"자, 지난 회의 때 두 가지 상황이 있었어요." 엘레나는 구체적인 사건을 거론하며 내용을 자세하게 설명했다.

산제이는 잠깐 곰곰이 생각하더니 "좋아요. 이해가 되네요. 미안해요. 앞으로 유의하지요. 그런데 당신도 알다시피 나는 당신이 기여한 바를 정말로 소중하게 생각해요. 집행위원회에 제출한 우리 보고서는 당신이 낸 아이디어 덕분에 훨씬 좋아졌어요."

"그래요, 산제이. 당신이 내 조언을 중요하게 생각한다는 것을 알고 있어요. 그리고 당신이 내 의견을 의도적으로 무시하려고 한다고는 잠시라도 생각하지 않아요. 단지 당신은 자신의 행동을 의식하지 못했을 뿐이죠. 그래서 내가 문제를 제기한 거예요."

그녀는 잠깐 멈췄다가 이어서 말했다. "우리가 서로 오해를 풀고 상황을 개선하려 한다면, 의욕을 잃게 하는 또 다른 요인도 말할게요."

"그게 뭐죠?"

"어제 했던 집행위원회 회의에서 그들이 가장 좋아한 아이디어는 내가 열심히 싸워야만 했던 그 아이디어였죠. 그리고 나는 당신에게서 인정받지 못했어요."

"하지만 내가 말했듯이, 팀 플레이어가 되는 것이 중요해요. 우리 모두 한배를 탄 거니까요."

"나도 그건 인정해요. 그러나 내 관점에서는 팀 플레이어가 된다는 게 우리가 자신의 정체성을 잃거나 사람들이 다르게 기여하는 바를 인정받지 못한다는 걸 의미하진 않아요. 나는 여러 이유로 헌신하고 있고 내 기여가 인정받으면 도움이 될 것 같아요."

산제이는 잠시 생각하더니 이렇게 말했다. "나는 편애하는 것을 원치 않아요. 각자가 가치 있다고 느끼기를 원해요."

"산제이, 나도 물론 그걸 원해요. 하지만 우리는 다른 식으로 가치를 인정받을 수 있어요. 이건 제로섬 게임이 아니에요. 내가 인정받는다고 해서 다른 사람은 인정받을 수 없다는 뜻은 아니죠. 내 생각에 우리는 모두 인정받는다고 느끼는 걸 좋아해요. 잘 보세요.

당신은 회의를 주관하고 우리가 제대로 일을 잘 진행하게 하고 목표에 초점을 맞추도록 하는 것을 아주 잘하고 있어요. 그러나 내가 보기에 리더인 당신은 우리 각자가 기여하고 있는 바에 초점을 맞출 필요도 있어요. 나는 우선, 내가 쏟고 있는 별도의 노력에 대한 인정을 받길 원해요. 내가 팀에 있는 다른 사람들을 대변할 수는 없어요. 하지만 나만 이런 식으로 느끼고 있다면 놀라운 일일 거예요. 그것이 내가 당신에게 이렇게 말하는 이유예요."

산제이는 잠시 침묵하다가 조용히 말했다. "나는 내가 알고 있다고 생각하는데, 그런데 으음… 내가 집행위원회에서 당신의 역할을 말하지 않은 이유에는 사실 이런 두려움이 있었던 거 같아요. 사람들이 우리 우정 때문에 내가 당신을 편애한다고 생각할 것이라고 말이죠."

"알겠어요." 엘레나는 끄덕였다. "나는 편애를 요구하지 않아요. 내 요구 사항은 당신이 우리 각자가 이루어낸 것을 따로따로 인정해달라고 하는 거예요. 내가 한 일에 대해 당신이 나를 인정해 준다고 해서 헤더나 스티븐, 아니 팀의 어느 누구를 인정하지 말라는 건 아니죠. 당신에게 이런 피드백을 하는 내 **의도**는 당신의 행동이 나에게 부정적인 영향을 미치는 방식을 지적하려는 것이고 그게 큰 문제로 비화하지 않도록 초기에 말하려는 거라고 분명히 하고 싶어요. 어쩔 수 없이 우리가 이런 대화를 해야만 하는 이유는 내가 우리 관계에 신경을 많이 쓰고 있기 때문이에요."

산제이는 동의하며 고개를 끄덕였다.

산제이의 사무실에서 대화를 시작하면서부터 엘레나는 자신의 현실에 머물러 있으면서 산제이의 동기와 의향에 대해 어떤 비난을 퍼붓거나 그를 부정적으로 탓하지도 않았다(그녀는 "당신이 내 노력을 중요하게 생각한다는 것을 알고 있어요"라고 말하면서 긍정적인 원인 규명을 했을 때 네트를 넘어가기는 했다). 우리가 상대방의 의도를 긍정적으로 해석했을 때 사람들이 자기방어를 하는 경우는 드물다. 그리고 그녀가 이렇게 말한 목적은 행동의 결과와 의향을 구별하는 데 있었다.

엘레나는 자신의 느낌과 자신에게 일어나고 있는 일에 대해 말했다. 그녀는 문제를 달리 보고 "이건 중죄는 아니에요"라고 말하며 **화가 났다**가 아니라 **짜증이 났다**는 정도로 낮은 단계의 감정이라는 것을 인정했다.

그러고 나서 엘레나는 산제이의 행동이 프로젝트에 대한 그녀의 참여도에 미친 영향을 이야기했다. 이는 그녀에 대한 것뿐 아니라 산제이의 우려에 대한 것도 말해주었다. 그녀는 자신이 그들의 관계를 염려하고 있기 때문에 문제를 제기한다고 분명히 말했다. 이 관계가 또한 효과적인 피드백의 중요한 요소다.

게다가 엘레나는 적대적 입장을 취하지 않고 공통의 관심사를 전했다. 그녀는 자신을 신경 쓰이게 하는 구체적 행동을 산제이에게 말하고 최근 사례 두 건을 제시했다. 이 마지막 지점에서 중요한 것은 그런 행동이 최근에 발생했다는 점이다. 어떤 사건과 시점상 가까운 때 이루어진 피드백은 두 사람의 기억이 생생하므로 영향력이 더욱 강하다. 몇 개월 전에 발생한 어떤 사람의 행동에 대해 지적하면 희미해서 기억을 왜곡할 가능성이 크므로 훨씬 쓸모가 없다.

엘레나는 산제이가 염려하던 것에 대해 말했으므로 더 솔직할 수 있었다. 많은 사람은 특히 권위자를 대할 때 핵심을 피하고 넌지시 말해야 한다고 믿는다. 엘레나는 산제이의 리더십의 효과성을 높이기 위해 그에게 필요한 정보를 전달했기 때문에 그렇게 하지 않았다.

행동을 분명하게 하는 것이 출발점이다. 그러나 두 사람은 같은 행동에서 서로 다른 결론을 도출할 수 있다. 엘레나는 구성원들에게 책임을 묻지 않는 산제이의 행동(관찰 가능한 행동)은 그의 권위를 깎아내리는 부정적 효과를 낸다고 믿는다. 하지만 그는 그렇게 하면 그 사람들이 스스로 책임지고 그에게 의존하지 않을 여지를 준다고 결론 내릴지도 모른다.

그러면 어떻게 해야 할까? 두 사람 중 누구도 산제이의 머뭇거림이 다른 팀원에게 어떻게 영향을 미치는지 모른다. 하지만 그들은 문제가 되는 행동을 확인했기 때문에 전체적인 영향을 찾기 위해 함께 노력할 수 있다.

엘레나는 산제이의 의도에 어떤 간섭도 하지 않았다. 사실 왜 자신이 그런 행동을 했는지를 공유한 사람은 산제이였다. 엘레나는 그의 목적에 동의했으니 적이 아니라 동지가 될 수 있다. 그리고 그 행동이 그의 목적 달성을 어떻게 방해하는지를 보여줄 수 있다.

그녀는 모두에게 유리한 상생의 대화를 할 수 있도록 했다. 우리가 많은 경우 언급했듯이, 문제가 되는 것은 개인의 목적이 아니라 목적 달성을 하기 위해 그들이 무엇을 하는가이다. 이런 이유로 피드백은 곧 선물이다.

엘레나의 진술(그녀 자신, 그녀의 느낌, 그녀에게 필요한 것에 대해 말하기)은 자신의 현실을 반영했기 때문에 논쟁의 여지가 없었다. 게다가 산제이를 공격하지 않고 자신의 현실을 고수함으로써 그녀는 산제이가 그의 현실(그의 필요와 우려)에 대해 더 쉽게 말할 수 있는 환경을 만들었다.

엘레나가 자기 개방을 하자 산제이도 연달아 자기 개방을 했음을 주목하라. 만약 그녀가 비난조로 질문을 던졌다면 산제이는 아마도 자신의 마음을 닫아버렸을 것이다.

'피드백 샌드위치'를 조심하라

사람들은 말하기 어려운 피드백을 듣기 편하게 한다며 '피드백 샌드위치'라는 말을 너무 자주 사용한다. '피드백 샌드위치'란 (분위기를 부드럽게 하려고) 긍정적인 말로 시작한 다음에, 부정적인 말을 꺼내고 상대방의 기분을 풀어주려고 다시 긍정적인 말로 마무리하는 걸 말한다. "조, 당신은 여기에서 정말로 일을 잘해요. 하지만 우리가 말해야 할 문제가 하나 있어요. 그래도 당신은 정말로 소중한 직원이에요."

불행하게도 이런 접근법은 거의 효과가 없다. 당신이 긍정적인 말을 꺼내자마자 상대방은 "하지만"이라는 말이 언제 나올지 기다리며 방어 태세를 취한다. 상대방은 좋은 이야기는 무시하고 받아들이지 않는다.

대부분 자신이 긍정적인 말로 피드백을 보강하지 않으면 상대방이 전적으로 거부당한다고 느낄까 봐 우려하기 때문에 피드백 샌드위치를 자주 사용한다. 그러나 이렇게 하면 문제를 제대로 파악하지 못한 것이다. 피드백이 거칠거나 부정적이라는 점이 문제가 아니라, 행동이 구체적이지 않아 도움이 되지 않는 것이다. 이런 행동은 긍정적인 피드백에 나쁜 영향을 준다. 학습 기회를 제공하는 것이 아니라 무언가를 조종하려는 책략처럼 보이기 때문이다.

그러나 엘레나는 산제이에게 말할 때 그가 팀을 이끌면서 여러 일을 잘했다고 피드백 샌드위치를 구사하지 않았던가? 하지만 우리는 그녀가 정말 그렇게 하지 않았다고 주장한다. 그녀는 처음에 그의 사무실로 걸어 들어가서 자신에게 문제가 되었던 점들로 이야기를 시작했다. 그리고 그녀가 감사한 점을 언급하기 전에 피드백 과정으로 제대로 들어갈 때까지 기다렸다.

그녀가 하려고 했던 바는 팀원 각각이 독특하게 기여한 바를 적절히 인정하는 것을 포함하여 그가 자신의 책임이라 생각한 영역을 확장하는 것이었다.

판도라의 상자 열기

산제이와 엘레나가 나눈 대화가 매우 깔끔하다고 느낄지도 모른다. 그러나 세상이 그렇게 항상 단순하지는 않다. 산제이가 엘레나의 첫 피드백에 이렇게 응답했다고 가정해보자.

"으음, 엘레나. 당신이 이 문제를 제기해줘서 기뻐요. 나도 신경 쓰고 있었어요. 나는 우리 팀이 잘 지내길 원하는데. 당신은 꽤 비판적인 것 같아요."

엘레나의 첫 생각은 이랬을 것이다. '왜 내가 이런 것까지 제기했지? 잠자는 개를 그대로 두는 게 더 나았을 텐데.'

그러면 정말 더 나을까? 많은 사람은 상대방이 형세를 역전시킬까 봐 걱정되어 피드백하기를 두려워한다. 그러나 누군가를 화나게 하는 일을 저질렀다면 그 사실을 당신이 아는 게 더 낫지 않을까? 당신이 안다면 적어도 선택권을 갖게 된다. 그 사실을 모른다면 당신은 어둠 속에 있게 될 것이다. 산제이는 엘레나의 핀치에 대해 아는 것이 더 좋고, 엘레나는 자신이 그에 대해 펀치를 느낀다는 것을 아는 게 더 낫다고 우리는 주장한다. 그녀가 어떻게 반응하는가에 따라 이것은 문제가 아니라 기회가 될 수도 있다.

엘레나가 보일 수 있는 또 다른 반응은 자기방어적 태도다. 그녀는 자신이 비판을 잘하는 사람이라 생각하지 않기 때문이다. 산제이가 엘레나를 비판적인 사람이라고 칭함으로써 네트를 넘어와 그녀 쪽 코트에 와 있다는 점에 주목하라. 그는 그녀의 행동을 묘사하는 대신 그녀에게 꼬리표를 붙였다.

이것은 엘레나 입장에서 보면 중요한 선택 지점이다. 그녀는 논쟁할 수도 있고(아니에요, 나는 비판적이지 않아요), 자신의 방어적 수세를 다스려 그의 불평을 좀 더 잘 이해하려고 피드백 모델을 사용할 수도 있다. 그렇게 했다면 이런 대화가 오가지 않았을까?

"와우, 산제이. 나는 나 자신을 잘 비판하는 사람이라 생각하지 않지만 자기방어적으로 대응하지 않으려고 노력 중이에요. 하지만 분명히 내가 어떤 행동을 하고 있겠죠. 그 행동이 당신에게 그런 인상을 주었고요. 내가 어떤 행동을 하고 있는 걸까요?"

"으음, 당신은 남성 직원들에게 좀 더 넓은 시각을 가지라며 정말 심하게 공격했어요."

"오케이, 당신이 어디에서 그런 인상을 받았는지 알겠어요. 하지만 두 가지 문제를 제기할 수 있겠네요. 당신은 구성원이 서로 책임지기를 원한다고 말했어요. 그걸 정말 원하나요? 만약 그렇다면, 내가 덜 비판적인 사람으로 보이게 하면서 그렇게 할 수 있는 방법이 있나요?"

이렇게 하면 두 사람 사이에 풍부한 토론이 이어질 수 있다. 산제이는 팀원들이 정상적인 경로에서 벗어났을 때 서로 말해주기를 원했으나, 엘레나가 어떻게 달리해야 했을지 가늠하기엔 역부족이었다.

만약 산제이가 엘레나에게 그런 논점을 제시하게 하는 더 효과적인 방법을 **제안할 수** 있다면, 윈-윈하는 결과를 얻을 것이다. 그녀는 자신이 노린 효과를 거두고 산제이는 괴롭힘을 덜 당했을 것이다. 많은 기회가 사방에 널려 있다.

엘레나에게 이제 또 다른 선택지가 주어졌다. 그녀는 자신의 주장을 밝히고 여기에서 대화를 끝낼 수도 있었지만, 이 상황을 두 사람의 상호 관계를 심화시키고 그녀의 의도를 다시 한번 말할 수 있는 기회로 보았다.

그래서 그녀는 산제이에게 이렇게 물어봤다. "이게 맞는지 아닌지 잘 모르겠는데, 팀원들이 자신의 영역을 고수하려고 할 때 당신이 팀원들과 맞서기를 주저하는 것 같아 나는 충격을 받았어요. 당신이 갈등에 대해 어떻게 생각하는지 궁금해요. 그리고 다시 말하자면, 이렇게 물어보는 게 좀 위험해 보이긴 하지만 여기에서 내 의도는 당신에게 도움이 되고자 하는 거예요."

"그래요. 이건 내 문제군요." 산제이는 인정했다. "모든 것이 안정적이고 사람들이 서로 잘 지내면 나는 더 편안해요."

"혼란스럽군요, 산제이. 회의 시간에 우리는 다소 심하게 언쟁을 벌였는데, 당신은 그럼에도 편안해 보이던데요. 혹시 내가 잘못 봤나요?"

"아니에요. 당신이 맞아요. 하지만 우리가 지금 이야기하고 있는 것과는 달라요. 나는 사람들이 서로 공격하는 걸 원치 않아요."

"나 역시 원치 않아요." 엘레나는 말했다. "나는 남성 동료들이 넓은 시각을 갖지 않는다고 비판적으로 말할 때 그들을 바보라 부르거나 무능력하다고 말하지 않았어요. 나는 그들의 행동을 말하고 있었어요. 우리가 일에 대해 서로 동의하지 않을 수 있다면, 사람의 행동에 대해서도 동의하지 않을 수 있지 않나요?

그리고 산제이, 이 토론에서 내가 당신을 몰아붙이고 있다고 느끼나요? 당신이 이것을 어떻게 받아들이고 있는지 솔직히 좀 신경이 쓰여서 물어보는 거예요. 내가 아무 말도 하지 않거나 덜 솔직했어야 하나요?"

"아니에요, 아니에요." 산제이는 그녀에게 확실하게 말했다. "전적으로 편안하지는 않지만, 나는 공격받고 있다고 느끼지 않고 당신의 솔직함에 고마워하고 있어요. 사실 아이러니이긴 하지만, 이 경우가 서로 책임지는 팀원의 모범 사례라는 걸 내가 알고 있다는 거죠."

"이런 솔직함은 내가 사람들에게 보여주고 싶은 가장 중요한 모습이죠. 이걸 받아들인다면 당신이 나에게 솔직해지면 좋겠고, 내가 비판적이거나 가혹하다고 생각할 때마다 말해주면 좋겠어요.

그리고 우리가 이런 대화를 나누어서 정말 기뻐요. 이렇게 터놓고 이야기하니 서로 간의 의심이나 오해, 나쁜 감정을 풀고, 우리 우정의 기반이 더 단단해진 느낌이라 기분이 좋아졌어요."

"맞아요. 나도 그래요."

이 시나리오에서 엘레나는 어려운 상황에 치달을 뻔했던 순간에 잘 대처하는 핵심 역량을 일부 보여주었다.

- 그녀는 초기의 자기방어적 태도를 통제했다

  엘레나가 방어적인 느낌이 들지 않았던 것은 아니다. 오히려 그녀는 이런 반응에 좌우되지 않았다. 그녀는 자신의 느낌을 인식하고 계속 앞으로 나아갈 수 있었다.

- 그녀는 피드백 모델을 사용했다

  자신을 설명하거나 정당화하지 않고 (a)자신의 현실을 묘사했다("나는 자신을 그렇게 보지 않아요"). (b)산제이의 반응이 온전히 그의 것이 맞는지 확인하고 (c)그에게 그런 인상을 주는 행동을 말해달라고 부탁했다.

"당신이 갈등에 대해 어떻게 생각하는지 궁금해요"라고 엘레나가 말했을 때 네트를 넘어간 것으로 보일지 모른다. 그녀가 산제이의 현실에 대해 말하고 있다고 생각하는가? 반드시 그렇지는 않다. 그녀는 사실 진술이 아니라 직감으로 문제를 제기하고 함께 탐구하자고 독려하고 있기 때문이다.

게다가 엘레나의 말보다 더 중요한 것은 태도다. 그녀가 진실로 자신이 모르고 있다고 믿었다면, 그녀의 말투와 몸동작에 그런 생각이 드러났을 것이다. 같은 문장이라도 말투가 달라진다면, 정해진 답을 도출하기 위한 유사 질문이 될 수도 있다. 그랬다면 네트를 **넘었을 것이다.** 이 포인트는 미묘하나 중요하다. 그것은 말을 제대로 이해했느냐에 관한 것이 아니라, 상대방한테 무슨 일이 있는지를 당신이 모른다는 근본적 신념을 고수하고 있느냐에 관한 것이다. 이는 직감을 생산적으로 사용하는 훌륭한 사례가 아닐 수 없다. 엘레나는 확신할 수는 없었지만 추측하고 있었다. 산제이에게 무슨 일이 있는지 계속 궁금해하면서도 네트를 넘지는 않았던 것이다.

산제이 역시 여러 역량을 보여주었다. 그가 자신의 현실을 더 많이 공유하면서(사람들의 의견에 동의하지 않거나 사람들에게 책임을 묻도록 하면 개인적인 공격을 받을 수 있다는 두려움), 엘레나는 그에게 무엇이 중요한지에 대해 더 많은 통찰을 얻었다.

산제이도 그녀의 말에 열심히 귀를 기울였다. 엘레나의 피드백을 들었고 서로에 대한 솔직함의 가치에 동의했다. 두말할 필요 없이 이로써 엘레나는 상대방이 자신의 말을 더 많이 들어주고 있고 그녀의 피드백이 더 인정받고 있다고 느끼게 되었다.

이런 과정에서 그들은 서로를 더 잘 알게 되었다. 이는 나중에 그들이 더 심도 있는 토론을 할 수 있게 도와줄 것이다. 나쁜 결과는 아니었다. 드디어 판도라 상자가 열렸다!

"야, 너 네트를 넘어왔어?"

엘레나가 비판적이라고 산제이가 비난할 때처럼, 어떤 사람이 외부 상황이 아니라 당신에게 문제가 있다고 피드백을 할 때 그것을 받는 입장에서 자기방어적 감정을 느끼지 않기는 어렵다. 자기방어적 감정을 느꼈을 때 첫 번째로 보이는 반응은 반박이다. "아니에요. 나는 그렇지 않아요." 두 번째 반응은 역습이다. "내가 그렇게 한 이유는 당신이 이랬기 때문이에요."

이런 발언은 자신이 공격당하거나 오해를 받거나 한 단계 아래 입장에 놓인 것 같은 느낌이 들 때 나타나는 정상적인 반응이다. 그러나 자기방어적 태도는 점차 커져서 서로 학습할 기회를 앗아간다. 당신이 수세에 몰렸다는 것을 받아들여라. 하지만 그에 입각해 행동하지는 말아야 한다. 그 대신 상대방을 상대방 쪽 코트로 밀어내려면 피드백 모델을 사용하라. 엘레나는 그렇게 했다.

"와우, 산제이. 나는 내가 비판을 잘하는 사람이라 생각하지 않지만 자기방어적으로 대응하지 않으려고 노력 중이에요(현실 1). 하지만 분명히 내가 어떤 행동을 하고 있겠죠(현실 2). 그 행동이 당신에게 그런 인상을 주었고요(현실 3). 내가 어떤 행동을 하고 있는 걸까요?"

그녀는 비난을 상호 학습 체험으로 바꾸었다. 개념적으로는 단순하지만, 그렇게 한다는 게 항상 쉽지는 않다. 스탠퍼드대학교 경영대학원에서 일어난 가장 흥미롭고 주목할 만한 일 중 하나는, 더 많은 학생이 대인관계 역학 강좌를 수강하면서 네트 모델이 일상적 대화에서 점점 더 일반화된 것이다. 네트 모델이 몇십 년에 걸쳐 동창 사이에서 여전히 사용되는 것을 보면 우리 또한 고무된다. '네트를 넘어서Over the net'라는 표현은 문화적으로 자리를 잡은 용어다.

이 개념의 효용을 잘 보여주는 사례가 있다. 한 젊은 여성이 나이 든 친구에게서 네트 모델에 대해 배웠다. 어느 날 그녀의 고등학교

테니스 코치가 그녀에게 짜증을 내며 말했다.

"당신의 문제는 열심히 하지 않는다는 거예요."

그녀는 차분하게 응답했다. "무슨 말인지 좀 더 말해주겠어요? 나는 연습이나 경기에 절대 빠진 적이 없어요. 라인업에서 어디에 배치되든 기꺼이 경기를 했어요. 그게 나에게는 열심히 한다는 의미예요. 하지만 분명히 내가 당신이 열심히 하지 않는다고 생각하게 하는 어떤 행동을 하고 있군요. 그게 뭘까요?"

그러자 코치는 목소리를 약간 높이더니 말했다. "당신은 자신의 유니폼도 입지 않고 연습하러 나타났어요!"

이에 대해 그녀는 이렇게 대답했다. "아, 내가 당신에게 물어봐서 다행이네요. 그게 열심에 대한 당신의 정의인지 전혀 모를 뻔했어요. 당신이 내게 체계적이지 않고 무엇이든 잘 잊어버린다고 말했다면 제일 먼저 동의했을 거예요. 이제야 알겠어요. 연습하러 내일 다시 올게요, 내 유니폼을 입고."

그녀가 코치가 짜증 난 이유를 알고 그 이유에 반응할 수 있게 되자 그들의 관계는 현저히 달라졌다. 가끔 피드백은 매우 추악하게 포장된 채로 나타난다는 것을 기억하라. 하지만 포장 안에 선물이 담겨 있지 않다는 의미는 아니다.

당신 스스로는 세 가지 현실 중에 두 가지만 알 수 있으므로 피드백을 받는 것이 영향력을 더 높이는 데 필수적이다. 당신은 세 번째 현실, 즉 당신 행동의 영향을 알 필요가 있다. 우리는 이렇게 자주 말한다. "하나를 알기 위해서는 두 가지가 필요하다."

엘레나의 피드백 덕분에 산제이는 이제 리더로서 자신을 더 잘 알게 됐다. 그러나 엘레나에게 효과를 발휘하지 못한 것이 다른 팀원에게는 효과를 낼 수 있다. 우리 행동은 사람마다 다르게 영향을 끼치기 때문이다.

예를 들어 데이비드는 상대방이 말을 마무리하기 전에 끼어들곤 했다. 그는 캐럴한테도 마찬가지였다. 그러나 캐럴 역시 그의 말에 끼어들어서 둘 중 누구도 자극받지 않았다. 사실 우리는 둘 다 그 때문에 활기를 띠게 된다고 생각했다. 어느 날 데이비드는 다른 동료 도널드와 얘기를 하고 있었다. 도널드가 인상을 찌푸리고 있길래 데이비드가 물어보았다.

"무슨 일이야?"

그러자 도널드는 "당신이 내 말을 방해했어"라고 답했다.

데이비드가 의아해하며 "그래서 뭐가 문제인데?"라고 물었더니 도널드는 "배려심이 없군"이라고 말했다.

데이비드의 끼어들기는 좋은 것인가, 나쁜 것인가? 사실은 쓸모없는 질문이다. 끼어들기가 캐럴과의 관계에는 유용했다. 그녀는 그것을 대화에 참여하려는 신호로 봤기 때문이다. 그리고 도널드와의 관계에서는 끼어들기가 기능을 발휘하지 못했는데, 그가 그것을 무례하다고 보았기 때문이다.

도널드의 피드백 덕분에 데이비드는 상대방을 대하는 방법을 달리하는 데 더 민감해졌고 문제를 개선하려고 애쓰게 되었다. 이어진 대화에서 자신은 무례를 범할 의도는 아니었다고 말했고 도널드가 어떤 영향을 받았는지 들었다. 데이비드는 대화를 방해하는 끼어들기는 하지 않으려 노력하겠지만 혹시라도 끼어든다면 용서해

달라고 도널드에게 요청했다. 이를 토대로 두 사람은 긍정적인 업무 관계를 맺을 수 있었다.

우리가 마지막으로 고려해야 할 핵심은 피드백은 받는 사람에게나 주는 사람에게나 많은 것을 말해준다는 점이다. 어떤 사람이 상대방의 동기나 의향에 대해 "문제는 당신이 모든 논쟁에서 이기려 한다는 점이야"라고 피드백한다면 상대방에게만 책임을 전가하는 것이다. 그러나 피드백을 주는 사람이 자신의 현실에, 즉 자기 쪽 코트에 머물러 있다면 문제가 양쪽 모두와 관련되어 있을 수 있다. "우리가 대화할 때 당신이 주로 대화의 결론을 내린다고 느끼면 나는 좌절하게 돼."

대인관계 역학 강좌에서 우리는, **피드백은 대화를 개시할 순 있지만 종료할 수는 없다고** 거듭 강조한다. 일단 당신이 감정을 공유하면 일이 시작된다. 모든 문제를 풀고 또한 문제가 되는 일의 얼마나 많은 부분이 당신에 대한 것인지 물어봐야 한다.

한번 생각해보라. 엘레나가 팀원들에게 맞서고 있을 때 산제이는 화를 냈다. 하지만 그가 그런 갈등을 싫어한다는 것도 화낸 이유 중의 일부다. 당신이 불화의 한 원인이면, 상대방 역시 불화의 원인이기 쉽다. 함께라면 당신들은 각자의 필요에 더 잘 맞는 해법을 찾을 수 있다.

사람들이 피드백 주고받기로 부담감을 느끼지 않는 관계를 구축하면 펀치가 크런치로 확대되는 것을 미연에 방지할 수 있다. 또한 그런 관계는 각자가 새롭고 더욱 효과적인 방향으로 발전하도록 도와주는 핵심적인 전제다. 진심으로, 사람들이 서로 배려하고 그런 마음을 전달해주려는 의도가 있다면 피드백은 선물이다.

이런 개념을 학생들과 공유할 때 우리는 오래된 홀마크Hallmark 축하 카드에 적힌 말을 변형시켜서 자주 사용한다. 우리는 이렇게 말한다. "나는 배려심이 많아서 최악까지도 말해줄 수 있어I care enough to say the very worst." 당신이 진심으로 상대방을 배려하고 관계를 위해 피드백했을 때, 피드백을 받는 사람이 순간적으로 매우 놀랄 수 있다. 그러나 피드백은 항상 감사해야 할 선물이다.

자기 성찰하기

1. 엘레나의 입장이 되어보라

순차적으로 벌어진 사건을 되돌아보라. 당신은 산제이와 좋은 관계를 유지하고 있으나 그는 여전히 당신의 상사다. 그녀가 했던 일을 당신이 한다면 얼마나 쉬웠을까? 당신도 어렵게 일을 추진했을까? 어떤 일이 쉬웠고 어떤 일이 어려웠을까? 당신은 문제를 어떻게 제기했을까?

2. 당신이 피드백을 주는 데 어려움을 겪는 이유가 아래에 있다(어떤 이유는 우리가 영향력을 포기하는 방법과 겹친다는 것에 주목하라). 어떤 것이 당신에게 사실인가?

- 다른 사람의 동기와 의도로 책임을 돌림
- 당신이 느끼는 감정을 식별하지 못함(특히 상처, 배제, 슬픔 같은 취약한 감정)
- 피드백을 주는 당신의 의도를 전달하지 못함
- 너무 일반적인 용어로 피드백을 줌(예를 들어 솔직하지 않거나, 실제 행동에 대해 구체적이지 않거나, 혹은 영향을 보기 좋게 꾸며서 상대방이 당신의 요점을 잘못 이해하는 것)
- 평판을 좋게 하고 존경받으려고 피드백을 늦추고 경시함. 좋은 사람으로 보이도록 호감을 얻으려고 함, 다른 사람을 기쁘게 하길 원함

- 피드백이 잘못되거나 다른 사람이 그것을 거부할까 봐 걱정함. '그건 내 문제라서 다른 사람에게 그것을 강요할 정도로 나는 이기적'이라고 생각함
- 관계가 피해를 당하거나 영구적으로 무너질까 봐 걱정함. 갈등이 없어야 관계가 조화로워진다고 믿음
- 갈등에 두려움 느낌. 갈등을 다룰 기술이 있다고 확신하지 못함
- 특히 권위자에게 도전하고 대적하는 것에 불편함 느낌
- 상대방이 당신에게 보복하거나 피드백을 줄까 봐 우려함

3. 행동에 대한 구체적 피드백을 해주는 경우라도, 당신은 피드백을 받는 게 얼마나 어려운가?

- 자기방어적이고, 진실을 거부하고, 변명하고, 당신의 행동을 정당화하는가?
- 문제의 원인이 되는 상대방이 한 일로 갑자기 옮겨가거나 그들의 잘못을 지적해 앙갚음하는가?
- 당신이 짜증을 내고 피드백을 받아들이지 않아 상대방에게 피드백을 철회하거나 문제 제기에 죄책감을 느끼도록 하는가?
- 상대방에게서 물러서거나 거리를 두는가?
- 피드백을 받아들이는 척 아부하지만 결국 수용하지 않는가?

적용하기

당신이 이전에 확인한 핵심 관계 중 한 사람과 피드백을 주고받는데 어려움이 있는가? 어려움이 없다면, 피드백 대화가 도전적이라 생각되는 다른 사람을 고르라. 그 토론을 준비하면서 진단을 먼저 해보기 바란다. 진단 시 고려할 점은 이렇다.

- 당신은 정확히 무엇이 문제라고 생각하는가?
- 두 사람의 이해에 도움이 되도록 토론하는 것이라고 듣게 하려면 상대방에게 어떻게 문제를 제기할 것인가?
- 상대방이 참여하는 행동은 무엇이고, 그런 행동은 당신에게 어떻게 영향을 주는가?
- 상대방의 현실을 모르기 때문에(즉 그들에게 무엇이 진행되고 있는지, 그들은 상황을 어떻게 보는지, 그들은 왜 그런 방식으로 행동하는지) 그것을 알아내기 위해 당신은 무엇을 하려고 하는가?
- 당신이 스스로 진단했기 때문에 피드백을 주고받는 두 가지 능력을 향상시키도록 상대방을 만나보기 바란다.

이해하기

피드백 주고받기에 관해 토론하면서 당신은 무엇을 배웠는가? 그리고 당신 자신에 대해 무엇을 배웠는가? 피드백을 주고받으면서 당신이 확인한 어려움에 대해 추가적으로 배운 것이 있는가? 당신이 배운 것을 토대로 더욱 나아가기 위해 무엇을 하길 원하는가?

우리는 어려운 문제를 성공적으로 처리하면 실제로 관계를 강화한다는 주장을 여러 번 했다. 이번과 지난번의 적용하기에서 당신은 그것이 그런 경우라고 생각했는가? 만약 그렇지 않다면 당신은 그것이 사실이 아닐 때의 조건에 대해서 무엇을 배웠는가?

8

피드백했는데 상대방이
받아들이지 않을 때

⦿⦿⦿

모든 사람이 피드백에 대해 산제이처럼 반응한다면 얼마나 좋을까. 물론 어떤 사람은 어려움을 원활하게 해결해나간다. 하지만 인생이 항상 그렇게 쉽지는 않다. 사람들이 자기방어, 부정, 저항, 복수와 같은 반응을 보이면서 분쟁은 엉망이 된다.

문제가 잘 풀리더라도 해결하기까지의 과정이 험난함과 고통의 연속일 수 있다. 아마도 사람들이 피드백 모델을 제대로 따라가는 대신에, 기피해야 할 옆길로 갑자기 새거나 더욱 심각한 갈등으로 위태롭게 치닫기 때문일 것이다. 우리는 강한 감정을 인정하기는커녕 오히려 무시하고 논리적 주장으로 되돌아가곤 한다. 이를 가장 잘 알고 있고 좋은 의도를 가진 사람마저도 자신의 현실을 잊어버리고 상대방에게 비난을 퍼부을 수 있다.

이 장에서 우리는 왜 이런 일이 벌어지는지 알아보고 이러한 과오에서 벗어나려면 무엇을 해야 할지를 다룬다. 그러면서 문제해결을 여러 단계로 나누어 어느 단계에서 곤경에 빠지는지 살펴볼 것이다.

불편하겠지만 우리는 당신이 무엇 때문에 피드백을 효과적으로 사용하지 못하는지 되돌아보길 권한다. 자연스러운 일이지만 관계란 상호 간에 결정되므로 당신 혼자에게만 책임이 있는 것은 아니다. 그러나 우선은 자신에게 초점을 맞추면 좋겠다. 당신을 악당으로 만들려는 게 아니라, 당신의 행동과 반응은 결국 당신만이 통제할 수 있음을 강조하려는 것이다.

우선 유의 사항이 하나 있다. 피드백 모델은 마법의 지팡이가 아니다. 아무리 잘 만들어졌더라도 피드백 하나만으로 문제를 해결하진 못한다. 가족구성원 중 한 명이 언제나 비판할 거리를 찾는 것처럼 보여서 당신이 화가 났다고 해보자. 그에게 당신이 화났다고 말하는 것만으로는 문제를 해결하지 못한다. 아마도 그의 행동이나 그 행동에 대한 당신의 반응에는 훨씬 더 많은 과거와 현재의 문제가 도사리고 있을 것이다.

대부분의 인간관계 문제는 복잡하고 층을 이루고 있다. 당신은 **자신의** 감정과 **자신의** 필요만 알고 있음을 기억하라. 당신은 오직 이야기의 일부만 가지고 있다. 피드백은 대화를 시작하게 하지만 그것은 그야말로 시작일 뿐이다.

감정을 차단하지 말라

피드백을 주고받을 때 대화가 잘 진행되지 않으면, 피드백 대화를 위험하다고 여겼던 우리 생각이 옳다는 결론을 내린다. 문제는 우리가 제기한 데 있는 게 아니라 제기하지 않았던 데 있음을 우리는 잘 보지 못한다.

우리는 감정을 자주 간과한다. 감정은 피드백 모델에서 중점적 역할을 한다. 아래와 같은 명분을 내세워 침묵을 지키는 대신, 그들에게 접근해서 감정을 실제로 표현하는 게 매우 중요하다.

"나는 ~한 감정을 느껴서는 안 돼"

어떤 상황이든 거의 상관없이 당신이 느껴선 안 된다고 생각하는 감정이 있는가? "나는 무언가를 부러워하거나 질투하면 안 돼." "누구에게 화내는 건 나빠." "나는 정말 상처받지 않아."

이런 생각의 일부는 부모가 한 말이나 당신의 가치관, 당신이 보여주고자 하는 이미지에서 왔을지도 모른다. 아니면 혹시나 이런 감정을 느끼도록 허용하면 자신이 그런 감정에 휩싸이거나 그것에 따라 행동할까 봐 우려하는 것일 수도 있다.

다시 말하건대, 당신이 어떻게 느끼는지와 당신이 어떤 행동을 하는지를 구분하는 게 중요하다. 감정에 대해서는 선택의 여지가 거의 없다. 당신이 원하든 원하지 않든 느낌은 튀어 오르기 때문이다. 그러나 행동에 대해서는 선택의 여지가 훨씬 더 많다. 친구 샤론이 당신에게 뭘 하라고 말해서 짜증이 났다면, 당신은 샤론에게 짜증이 난 것이다. 그것을 인식한다면 당신에게 선택권이 주어진 셈이다.

당신이 **왜** 짜증 났는지 생각해보라. 그러면 짜증이 현저히 누그러질지도 모른다. 또는 당신이 너무 화가 났다면 다음번에 그녀가 당신에게 뭘 하라고 말할 때 분노의 정도를 충분히 말할(사론을 공격하지는 않더라도) 필요가 있다.

느낌이란 결코 **잘못된 게** 아니다. 적절치 않을 수 있는 게 있다면, 당신이 느낌을 어떻게 표현하는가 혹은 당신이 그 원인을 어디로 돌리는가 하는 것이다.

"이런 상황에서 내 느낌을 정당화할 수 없어"

프로젝트를 함께 진행하는 동료가 오늘따라 유독 경직되어 있고 그에게 영향을 미치기가 어려워 보인다고 가정해보자. 아마도 당신은 이렇게 생각할 것이다. '**상사에게 시달린 것 같으니 그를 한번 봐줘야겠어.**' 그러나 계속해서 당신은 짜증이 난다. 지금 이 감정을 그냥 넘길 수 없는 자신에게도 화가 난다.

어떤 사람이 왜 그렇게 행동하는지, 아니면 그의 논리적 설명을 당신이 이해하는지 마는지는 비록 그것이 느낌의 강도에 영향을 줄 수는 있지만 당신 느낌의 정당성과는 관련이 없다. 당신은 짜증과 더불어 살기를 택할 수도 있고 이렇게 말할 수도 있다.

"나는 당신이 상사와 싸웠다는 걸 알지만 당신이 그 상황에 반응하는 방식에 짜증이 나. 우리가 어떻게 하면 좋을까?" 이를 보면 피드백은 단지 대화의 시작일 뿐임을 알 수 있다.

"나는 이런 느낌이 이내 사라지리라 확신해"

어떤 느낌은 스쳐 지나가지만 어떤 느낌은 질질 끌며 마음속에 오래 머문다. 당신이 짜증을 내지 않기로 마음먹고 한 시간 만에 그런 느낌이 사라지길 원하더라도 완전히 없어지는 것은 아니다. 그런 느낌은 아마도 어딘가에 '대기'하고 있다가 샤론이 다음에 조언을 해주면 훨씬 더 큰 힘으로 되살아날 것이다.

자동차 수리에 대한 오래된 TV 광고 가운데 이런 것이 있다. "나에게 지금 비용을 지불하거나 아니면 나중에 지불하시오." 물론 후자의 경우에는 가격이 더욱 비싸질 것이다. 상황이 더 악화되기 전에 지금 샤론에게 응답하고 싶지 않은가?

"내 느낌은 서로 모순되네" 혹은 '+5' + '−5' = 0

감정에 관한 한 이 계산은 형편없다. 특정 상황에서 여러 느낌이 자주 드는데, 이때 그런 감정이 서로 충돌하는 것처럼 보일 수 있다 (우리가 3장에서 언급했듯이 이것은 감정 공유를 막는 일종의 장애물로 작용한다).

한편으로는 동료가 당신의 행동을 통제하는 것에 대해 그에게 짜증이 나면서, 다른 한편으로는 엄청나게 스트레스를 받으면서도 이 프로젝트를 기꺼이 하려는 그의 태도에 **감사하고** 있다. 이처럼 긍정적 감정이 부정적 감정을 상쇄하도록 하면, 두 감정이 모두 억제되어 결국 당신을 잠자코 있게 하거나 당신의 피드백을 약화할 수 있어 위험하다.

하지만 두 감정은 사실이라서, 감정 계산에 따르면 '+5'와 '−5'는

0이 되는 게 아니라 그냥 '+5'와 '-5'로 남아 있어야 한다. 그러므로 감정을 억제하지 말고 그냥 둘 다 표현하라. 그렇게 하면 감정 자체와 감정의 강도를 통해 다른 사람이 당신을 더 잘 알 수 있다. 두 감정 모두 당신에 대해 중요한 것을 알려주기 때문이다. 또한 두 감정은 충분히 표현되기 전까지는 사라지지 않을 것이다.

"너무 화가 나서 말할 자신이 없어"

상대방 때문에 당신이 몹시 화가 나면 어떤 일이 벌어지는가? 너무 화가 난 나머지 상대방에 대한 걱정은 모조리 창밖으로 날아가 버린다. 당신은 이렇게 생각한다. '나는 몹시 화가 나서 그들이 왜 그랬는지는 전혀 신경 안 써. 내가 무슨 말을 할지 나도 모르겠어.'

당신이 그 마지막 문장을 말한 뒤에 상대방에게 분을 삭이고 나서 다시 얘기할 수 있도록 20분의 시간을 줄 것을 요청할 수 있는가? 그럼 당신에게 어떤 일이 일어나고 있는지 상대방이 알 수 있다. 이렇게 표현하기만 해도 당신의 열기를 식히는 데 충분할지도 모른다. 말하는 것만으로 열기가 가라앉지 않을 수는 있지만 20분이면 열기를 가라앉히는 데 충분하다.

당신은 감정이 감당하기 쉬워지길 원한다. 또한 감정이 아예 사라지거나 훨씬 더 심해지는 것도 원치 않는다. 이런 유형의 감정 조절과 적절한 감정 표현은 정서지능의 중요한 요소다.[18] 대니얼 골먼이 지적했듯이, 정서지능은 자기 인식과 감정이 솟구칠 때 자신의 감정을 인지하는 능력에서 시작한다. 감정을 (억압하는 것이 아니라) 다스리는 능력은 그다음이다.

특히 잘 다스리기 어려운 감정은 분노다. 대부분의 사람은 분노가 부차적인 감정이라는 것을 깨닫지 못한다. 어떤 사람은 상처나 거절, 질투 같은 특정한 감정을 표현하기엔 지나치게 개방되었다고 느낄 때 화를 표출하는 편이 오히려 더 안전하다고 생각하기도 한다. 특히 자신의 약점을 노출하지 않도록 사회화된 남성이라면 더욱 그렇다.

더 근원적이고 약한 감정에서 분노로 이전되는 것은 매우 자동적이라서 화난 사람은 저변에 깔린 감정을 의식하지 못한다. 하지만 분노 표출은 쌍방이 경직되고 자기방어적인 입장을 취하게 할 수 있다.

분노 표출이 적절치 않다고 말하는 건 절대로 아니다. 그 분노를 자신이 느끼는 대로 놔두는 것이 중요하다. 사실 당신이 비난과 힐책으로 넘어가는 것을 거부하고 그 분노의 저변을 자세히 들여다본다면 분노를 제대로 인식하는 데 매우 유용할 수 있다.

당신의 감정은 어디까지나 당신의 감정이다. 당신이 화난다고 느끼면, 당신은 화가 난 것이다. 그 화를 어떻게 다루는지가 문제가 될 수 있다.

이야기 만들어내기

사람들은 다른 사람이 어떤 식으로 행동하면 그 사람이 왜 그렇게 하는지에 대한 이야기를 만들어내는 경향이 있다고 지적한 바 있다. 인간으로서 우리는 자신의 경험을 이해하고픈 강한 욕구가 있다. 그러나 피드백의 경우라면 이야기를 만들어내는 것보다 우리를 더 곤경에 빠뜨리는 일은 거의 없다. 특히 우리가 뭘 하고 있는지조차 깨닫지 못하는 상황이라면 더욱 그렇다.

추측에서 시작해 강력한 직감에서 확신으로 넘어가면 당신은 호기심이 사라지게 되는 이야기를 만든다. 당신이 만든 이야기가 네트를 넘어간 것("그는 최종 결정을 내리길 원할 뿐이다")의 고전적 사례이든, 부정적 이야기에 맞도록 선택된 데이터("그는 나를 존중하지 않아. 내가 말을 하려고만 하면 항상 자기 휴대전화를 보고 있어")이든 간에 이런 일은 벌어진다. 이 순간에 당신이 무엇을 물어보더라도 "…이 당신이 항상 최종 결정을 내리는 이유 아닌가요?" 같은 유사 질문이 될 가능성이 있다. 이러면 열린 토론에 도움이 되지 않을 것이다.

일단 이야기를 만들면 원인도 쉽게 비약해서 도출할 수 있다. "그는 단지 최종 결정을 내리고 싶을 뿐이에요"는 "그는 불안해하고 있어요"로 빨리 바뀐다. "그녀는 자신에 대해 말하기만 좋아해요"는 "그녀는 자기중심적이에요"로 바뀐다.

원인 돌리기가 이루어지면(앞서 지적했듯이 우리는 확인용 데이터를[19] 선택한다) 우리는 자주 꼬리표 붙이기로 넘어간다. '자기중심적'은 '자기애적'으로 바뀐다. 원인 돌리기와 꼬리표 붙이기는 우리가 다른 사람을 들여다볼 때 사용하는 특수한 렌즈가 되므로 상황을 과도하게 단순화하며, 위험할 정도로 환원주의적이다.

이처럼 거의 자동적인 경향이 있다면 우리는 무엇을 할 것인가? 몇 가지 선택지가 있다. 우선 당신의 친구 수지가 그녀 자신과 자신의 최근 성과에 대해 말하는 경향이 당신을 괴롭힌다면 그런 경향이 어떤지 되돌아보는 것이다.

당신이 하기 힘들어하는 일을 그녀가 해서 부러운 것인가? 아니면 당신 삶의 진행 상황을 그녀가 물어봐 주기를 기다리고 있는가? 이렇게 당신의 사고 과정에 주목하는 것은 중요한 출발점이다(대인관계역량 강화의 상당 부분은 마음챙김을 요구한다).

또 다른 선택지는 긍정적인 설명을 개발하는 스토리텔링 경향을 강화하는 것이다. 예를 들어 왜 수지가 자신에 대해서만 말하는가에 관한 당신의 초기 이야기가 부정적인 동기로 만들어졌다면, 그 대신 그녀의 의도를 긍정적으로 보는 이야기를 만들 수도 있다. 즉 그녀가 실제로 하려던 건 두 사람이 서로의 성과를 공유하고 축하하는 일을 부담스럽지 않게 느끼는 관계를 구축하려는 거라고 생각하는 것이다. 이야기의 대안을 만들면 불확실성이 생겨 당신이 다시 호기심을 느끼게 될지도 모른다.

세 번째 선택지는 당신이 생각하고 있는 바를 그대로 말하는 것이다. "수지, 요즘 내가 보니까 당신은 자신이 하는 일, 그리고 그 일이 어떻게 다 잘돼가고 있는지 너무 자주 이야기하더군요. 그게 내 신경에 거슬려서, 미안하지만 당신이 불안한 마음에 자신을 홍보하고 있다는 이야기를 만들게 되었어요. 사실 나는 그렇게 하고 싶진 않았어요. 이건 **내** 이야기이고 당신에게는 공정하지 않죠. 당신은 무슨 의도로 자신의 성과를 나에게 말하는 거죠?"

이건 **당신의 이야기**이지 명백한 진실이 아님을 당신은 인정하고 있다. 하지만 당신의 이야기가 틀릴 가능성까지 허용해야만 이 세 번째 선택지가 효과를 거둘 수 있다.

문제해결 단계

위에서 언급한 함정에 당신이 빠지진 않았는데, 다층 구조를 가진 복잡하고 골치 아픈 문제를 해결하기를 원한다고 가정해보자. 당신이 이전에 가볍게 말했지만 별로 영향을 주지는 못한 것 같은 문제 행동이 계속되고 있다. 이제 당신은 이 문제가 다른 문제와 얽히기 시작해 큰 갈등으로 번질까 봐 두려워한다. 그래서 정면 돌파로 문제를 완전히 해결하기로 한다. 대화가 과격해지지 않도록 하면서 이 문제를 어떻게 해결할 수 있을까?

복잡한 문제를 해결하려 할 때 중요한 네 단계가 있다. 첫째는 상대방이 문제를 심각하게 받아들이게 하는 것이다. 둘째는 그들이 자신의 상황을 기꺼이 모두 공유하도록 하는 것이다. 셋째는 당신이 토론을 최소한으로 만족하는 선에서 끝내지 않고 서로 만족스러운 해결에 도달하기를 원하는 것이다. 넷째는 관계에서 일부 정정이 필요한 사항이 있는지를 당신이 확인해야 한다. 토론에 논쟁의 여지가 있다면 각자 상처를 입고 고통받는 관계가 되기 쉽기 때문이다.

피드백 모델을 따라가면 각 단계에서 도움을 받을 수 있고, 피드백 모델을 따르지 않으면 각 단계에서 방해를 받을 수 있다. 다행히도 모델을 완벽히 따라가기를 요구하지는 않는다. 일시적으로 경로에서 벗어나도 재빨리 멈춰서 제대로 방향을 다잡는다면 재앙이 되지는 않을 것이다. **당신의 실수로부터 배우기를 거부하는 것이 유일한 실수임을 기억하라.**

1단계: 상대방이 피드백을 심각하게 받아들이도록 하기

사람들은 보통 당신이 그렇게 하는 의도가 자신의 최선의 이익에 부합한다고 보면 당신의 우려를 고려할 것이다. 이렇게 하는 몇 가지 방법이 있는데 아래의 어느 것도 상호 배제하지는 않는다.

- 당신의 행동은 나에게 이런 영향을 주고 있어요

  상대방이 당신을 배려하고 있다면 이 기본 접근방식은 효과가 있다. 예를 들어 "회의에서 내가 말하는 도중에 당신이 세 번이나 주제를 바꿔서 마음이 언짢아요"라고 말했다고 하자. 하지만 상대방이 당신의 마음 상태를 개의치 않는다면 이 방법은 효과가 떨어진다. 그들은 당신을 무시하거나, 더욱 심하게 이렇게 응답할지 모른다. "으음, 그건 당신의 문제라는 생각이 드네요."

- 당신의 행동은 당신의 목적을 충족시키지 못하고 있어요

  이 말은 상대방이 자신의 목표를 말하고 있다고 가정한다. "한스, 당신은 상대방이 목소리를 높이길 원한다고 말했어요. 하지만 사이먼의 입을 다물게 하는 방식은 나도 어떤 의견에 반대하는 걸 주저하게 하고 다른 사람들도 자신의 생각을 말하지 않게 할 거예요."

  상대방의 목표 또한 자명할 수도 있다. "당신이 내 아이디어를 고려

해보지 않는다면, 나도 당신의 아이디어를 덜 받아들이고 당신은 나에게 영향력을 잃을 거예요." 당신이 관계를 별로 맺지 않아도 그들의 행동이 어떻게 목표를 성취하지 못하고 있는지 지적하면 주의를 끌수 있다.

• 당신은 목표를 달성할지는 모르겠으나 일부 불필요한 비용을 지불하고 있어요

어떤 사람의 행동이 당신을 짜증 나게 하면, 스스로 물어보기 바란다. "그들 역시 비용을 지불하고 있나?"

"리아, 나도 효율적인 회의를 원하지만 우리가 서두르면 별로 좋지 않은 아이디어를 얻게 돼." 당신은 일차 목표로 리아를 지지하고 있으나 바람직하지 못한 결과가 나올 수도 있음을 지적함으로써 그녀의 주의를 끌고 있다.

• 내가 당신의 행동을 유발하는 어떤 것을 하고 있나요?

대인관계 문제 대부분에는 **상호 간** 이유가 있다. 당신이 당신의 이유를 인정하면 상대방이 자신의 이유를 받아들이기가 더 쉬워질 수 있다. "카일, 해법을 가지고 나서 뛰어들려는 내 성향이 무엇인가 시작하려는 당신의 의지를 꺾고 있나요?"

주의: 피드백 모델에 대한 이런 네 가지 변형은 12장에서 매디와 그녀의 남편에게 일어날 모든 관계에 적용된다.

2단계: 모든 문제 공유하기

두 사람 모두 통상적인 이야기를 나누는 자리에 앉아 말할 준비가 되어 있고 대화에 몰두하려 한다고 가정해보자. 지금 해야 할 작업은 문제를 탐구하는 것이다. 하나의 문제가 아니라 복수의 문제다. 왜냐하면 제기된 첫 번째 문제가 유일한 논쟁 영역이 아니고 가장 중요한 논쟁 영역도 아니기 때문이다.

앞 장에서 엘레나는 이야기를 시작할 때 한 문제를 공유하기로 했다. 팀 회의에서 했던 그녀의 발언이 제대로 인정받지 못해 느낀 좌절에 대한 문제였다. 그 후에 토론이 진행되자 이 문제는 산제이가 그런 행동에 직접 관여했을 뿐 아니라 집행위원회 회의에서 엘레나의 공로를 인정하지 않았다는 문제로까지 확장되었다.

피드백을 시작하는 사람이 몇 가지 문제를 가질 수 있을 뿐 아니라 이러한 문제 제기가 상대방의 우려를 촉발할지도 모른다. 엘레나의 첫 피드백에 대해 산제이가 이렇게 말해서 그런 일이 일어났다. "으음, 엘레나. 당신이 이 문제를 제기해줘서 기뻐요. 나도 신경 쓰고 있었어요. 나는 우리 팀이 잘 지내길 원하는데 당신은 꽤 비판적인 것 같아요." 단순하게 시작했던 엘레나의 마음은 훨씬 더 복잡해졌다.

그들의 대화는 정말 엉망진창으로 치달을 뻔했다. 더 많은 쟁점이 생겼을 뿐 아니라 산제이의 비난으로 더욱 수세에 몰린 엘레나는 이렇게까지 톡 쏘아붙였을 수도 있다. "으음, 내가 목소리를 높여야 했던 이유는 당신이 당신의 일을 제대로 하지 않아서예요."

산제이는 다시 비난으로 반격하며 자기방어를 할 수도 있었고 그렇게 되면 비난 게임[서로 책임을 회피하기 위해 화살을 남에게 돌리는 행동]으로 돌입했을 것이다. 그러면 목적은 승리밖에 없으니 누구도 문제가 무엇인지 궁금해하지 않는다. 그들은 행동에 대한 피드백을 완전히 잊어버렸을 것이다.

문제가 복잡해져 서로 얽히면, 일이 지저분하게 느껴질 수 있다. 앞에 늪이 있는데 그 늪을 건너 반대편의 높은 땅으로 가야 한다고 상상해보라. 처음엔 신발에 진흙이 묻지 않도록 밟을 수 있는 암석이 어디 있는지 조심스럽게 찾으려 한다. 그러나 반쯤 건너면 암석이 더 이상 보이지 않는다.

그러면 선택을 해야 한다. "계속해서 늪을 헤치고 가야 할까, 아니면 되돌아가야 할까?" 되돌아간다는 것은 한 사람이 성큼성큼 방을 걸어 나가거나 아니면 이 또한 문제가 있지만 "서로의 의견 차이를 인정하고 그만두자"라고 말하고 토론을 그냥 접는 것이다. 정치나 커다란 이념 차이에 관한 언쟁이라면 후자의 경우가 타당할지 모르나, 튼튼한 관계를 만들려는 상황에서는 타당하지 않다.

상황이 까다롭지만, 각자가 수세에 몰려 있으면 밀고 나가는 것도 가능하다. 여전히 상황이 어지러울 수 있지만 얽힌 문제를 분리하려다가 긴장이 고조되는 것을 막을 수도 있다. 그게 효과가 없으면 당신은 잠시 논쟁의 내용을 접어두고 이렇게 물을 수 있다. "어떻게 된 거야, 우리는 왜 꼼짝 못 하고 있지?" 이러면 당신은 우선 어떻게 늪에 빠졌는지, 마른 땅으로 가려면 어떻게 효과적으로 움직여야 하는지 생각할 수 있다.

물론 또 다른 상호 비난의 장이 열린다면 이것마저도 효과가 없을 것이다. 그 대신 토론을 경로에서 벗어나게 한 특정 행동을 보고 각자 느낀 것을 공유할 필요가 있다. 피드백을 해주려는 당신의 의도가 상대방과 관계 모두에 도움이 되려 한다는 것임을 거듭 강조하기에 적절한 시점이기도 하다. 그러면 당신은 문제해결의 경로로 다시 돌아갈 수 있다.

3단계: 해결하기

'하나의 답'을 찾기보다는 바람직한 결과가 많이 있음을 인식하는 게 중요하다. 첫째, 당신은 토론으로 쌍방을 모두 만족시키면서 초기 문제가 확실히 해결되기를 원한다. 이런 종류의 문제에는 실행 가능한 해법이 보통 하나 이상 있다. 안심해도 될 것 같은 첫 번째 해법을 움켜쥐고 나면 이 어려운 대화를 끝내고 싶은 유혹이 생기게 마련이다. 그 대신 쌍방의 필요를 모두 만족시키는 해법을 찾을 때까지 여러 선택지를 계속 연구하라. 시간이 걸리고 더 많은 대화가 필요할지도 모른다.

둘째, 당신은 토론으로 **문제해결 능력**을 **개선**하기를 원한다. 우선 자신이 이 문제에 어떻게 관여하게 되었는지 이해하고 그 문제의 해결을 위해 어떻게 해왔는지 검토해야 한다. 막힌 곳이 있었는가, 아니면 필요 이상으로 더 고통스러웠는가? 목적은 미래에 어려운 문제를 제기하려는 각자의 의욕을 **높이려는** 것이지 줄이려는 게 아니다.

셋째와 넷째 목적은 관계 자체를 여러 측면에서 다루는 것이다. 토론 중에 자신과 관련된 부분을 공유함으로써 **서로를 더 잘 알게**

되었는가? 엘레나가 자신의 상호작용 방식에 대해 말하고 산제이가 갈등 처리에 어려움을 겪는다는 걸 인정했듯이 이 두 사람의 경우에는 맞다.

그리고 마지막으로 **노력한 결과로 당신들의 관계가 개선되었는가**? 산제이와 엘레나는 앞으로 서로에게 가능한 한 솔직해지길 원한다는 합의에 도달했다.

4단계: 정정하기

당신이 이런 목표를 이뤘다고 해보자. 잘 해냈으니 이제 점검할 차례다. 당신의 관계에서 일부 정정 작업이 필요할지도 모른다. 지금까지의 과정은 쉽지 않았을 수 있다. 상처와 후회를 초래한 말이 오갔을지도 모른다. 두 사람 간 관계의 중요성이 이런 과정에서 사라졌는가? 둘 중에 한 사람 혹은 둘 다 평가 절하된 기분을 느꼈는가?

"미안해"라고 말하는 것이 보통은 정정의 중요한 요소다. 하지만 많은 사람이 스스로 이런 말을 하지는 않는다. 어떤 사람은 이런 말을 '체면을 잃은' 것으로 보기도 하고, 다른 사람은 오해를 받을까 봐 두려워하기도 한다. 예를 들어 두 사람 모두 이런 상황에 있어서 유감이지만, 당신 혼자서 모든 피해에 대한 책임을 지겠다는 말로 들릴 수도 있기 때문이다.

그러나 "미안해"라고 말하는 것은 매우 강력한 행위다. 이렇게 말하면 화해의 손길을 내밀게 되어 적대적 말다툼이 진행되는 것을 멈출 수 있고 사람들이 의견 불일치를 겪은 이후에도 다시 연결되도록 할 수 있다. 이 말이 자기 개방으로 작용해서 당신의 약점을 드러내게 해 상호 반응의 기회를 늘릴 수도 있다.

좋은 사과는 상대방에게 당신이 진심으로 미안해한다는 것을 전달해준다(예를 들어 "당신이 그렇게 느꼈다면 미안해"라고 말하면 그냥 형식상 반응으로 받아들여질 수 있다). 좋은 사과를 하려면 당신이 실제로 미안해한다는 느낌이 들도록 해야 한다. 대부분의 사람은 당신이 진심인지 아닌지를 쉽게 파악할 수 있기 때문이다.

사과 이상으로 상대방과의 관계 자체를 지지하는 것이 중요하다. "우리가 곤경에 빠진 자신을 발견하게 되더라도 내가 우리의 관계를 얼마나 가치 있게 보는지 당신이 알고 있기를 정말 원해." 공감의 진정한 표현 또한 정정에 중요하다. "나는 이런 대화가 당신에게 얼마나 곤혹스러웠는지 듣고 있어. 당신이 버텨줘서 정말 고마워."

마지막으로 어떤 단계를 다시 점검할 필요가 있는지 보기 위해 다음 날 한번 살펴보라. 마침내 문제가 해결되면 당신 생각한 만큼 완전하다고 느껴지는가? 신속하게 해결하려는 나머지 그냥 감추어져 있는 미해결 문제가 있지는 않은가? 다른 문제가 없더라도 이러한 점검이 상대방과 관계에 대한 관심을 암시하므로, 그 자체가 정정에 해당한다.

자기방어 다루기

피드백 모델에는 상당한 이점이 있다. 그중 하나가 자기방어적 느낌을 최대한 줄일 수 있다는 점이다. 상대방이 네트의 자기 쪽에 머물러 있다면 그는 당신의 **행동**에 대한 자신의 반응을 공유하는 것이다. 그 반응은 당신의 성격에 대한 판단은 아니지만, 당신은 여전히 자기방어를 어느 정도 느낄 수 있다. 하지만 그렇다고 해서 당신의 현 모습을 전적으로 거부했다고 볼 필요는 없다.

이는 **방어적인 것**과 **자신을 방어**해야 하는 것의 차이를 말해준다. 당신이 부정확하다고 생각하는 비난을 어떤 사람이 한다면, 그것을 고치려는 게 자기방어적인가? 어떤 사람이 당신을 오해하고 있을 때 더 정확하게 자신을 설명하려 한다면 자기방어적인가? 당신이 공격받았을 때 자신을 방어하는 것이 적절한가?

문제는 자기방어가 아니라 오히려 자기방어의 부작용일지도 모른다. 그것은 당신이 피드백을 듣는 능력을 차단하거나 아니면 피드백을 들었더라도 해명을 덧붙여서 재빨리 무시해버리게 할 수 있다. 피드백이 과장되었다고 생각한다면 자기방어는 어떤 측면에서 피드백이 타당한지 당신이 확인하지 못하게 할 수도 있다.

피드백이 전적으로 잘못됐다고 무시하면 자기방어적이 돼서 상대방이 왜 그렇게 느끼는지 당신이 탐구하려는 걸 방해한다. 이런 제한적인 결과를 초래하지 않고 당신은 자기방어적 느낌을 어떻게 받아들일 수 있을까?

자기방어가 연속적이라고 상상해보자. 맨 끝에는 당신이 감정에 압도되어 상대방의 말을 더 이상 듣지 못한다(우리 모두 한 번쯤은 그런 경험을 하지 않았는가?). 감정이 넘치는 상황이라면 피드백을 멈추는 것이 최선일 수 있다. "미안하지만 내가 좀 당황해서 그런데, 더 이상 참을 수가 없어. 그걸 받아들이려면 시간이 좀 필요해. 그러고 나서 다시 시작할 수 있을 것 같아."

그러나 십중팔구 당신이 자기방어를 느꼈을 때 그 느낌이 그렇게 극단적이지는 않다. 당신은 상대방의 말을 듣고 대응할 수 있다. 느낌을 받아들이고, 반박하고 싶어도 참으라. 그 대신 상대방의 말을 이해하려고 노력해보라. '옳아야 한다'는 생각을 제쳐두어야 한다. 그 순간에 가장 중요한 문제는 당신의 정체성이나 자아를 방어하는 것이 아니고 상대방이 주고 있는 피드백이다.

당신이 피드백을 주고 **상대방**이 방어적인 태도를 취하는 상황이라면 어떤 일이 벌어질까? 똑같은 조건이 적용된다. 상대방의 감정이 철철 넘치고 있음을 당신이 본다면, 이렇게 말할 것이다. "걱정되네. 내가 네 입장이라면, 나는 어쩔 줄 몰라 했을 거야. 너도 그래? 잠깐 쉬었다가 나중에 다시 시작하면 어떨까?" 그리고 다시 거기에서 시작하라. 당신의 피드백이 상대방에게 그렇게 많은 영향을 끼친다면, 그건 틀림없이 중요하다.

사람들은 자주 방어적으로 들릴 만한 방식으로 피드백에 반응한다. 그들은 이렇게 말한다. "잠깐, 나는 언제나 그렇게 하진 않아." "내가 그걸 하는 이유는 X와 Y 때문이야." 그 순간에 피드백을 주는 사람들은 뒤로 물러나는 경향이 있다("아, 이게 정말 큰 문제가 아니구나"). 그들은 상대방이 학습에 폐쇄적이라 가정하기 때문이다.

뒤로 물러서면 어떤 것도 해결하지 못할 뿐 아니라 그 가정이 틀릴 수도 있다. 왜 그들의 대답이 정보를 이해하려 노력하고 있다는 신호라고 가정하지 않는가? 그들은 피드백을 자신의 관점과 일치시키려고 힘겹게 애쓰고 있을지 모르지만 여전히 들을 것이다.

그들이 전혀 반박하지 않는다면 어떤 일이 일어날지 생각해보라. 당신이 동료에게 중요한 피드백을 한마디 했는데 그가 매우 차분하고 이성적인 목소리로 반응한다고 해보자. "정말 고마워. 난 이전에 그런 말을 들어본 적이 없어. 그걸 받아들여서 바로 바꿀게." 당신은 정말로 그들을 믿는가? 당신의 피드백이 상대방의 한쪽 귀로 들어갔다가 다른 쪽 귀로 흘러나와 버린 것은 아닌가?

그들의 이런 투쟁에서 가치를 찾으려고 노력하라. 물러나지 말고 합류하라. 그들이 "잠깐 기다려, 내가 항상 그렇진 않아"라고 말하면 당신은 이렇게 말하면서 반응하라. "맞아, 당신이 항상 그렇진 않지. 그러나 여기저기서 당신이 그렇게 했지(구체적인 행동 사건을 거론하며). 그게 나를 짜증 나게 해/당신 목적에 부합하지 않아/당신이 치를 대가가 커." 중요한 관계인데 특정 행동이 방해된다면, 둘 모두를 위해 그 사실을 되풀이해서 말하고 끈기 있게 지속하라!

당신이 피드백을 주든 받든 자기방어는 피드백 속에 진실의 핵심이 있다는 신호이고, 그래서 탐구할 만한 가치가 있다. 심리 치료사인 친구가 한번은 이렇게 말한 적이 있다. "똥은 달라붙을 만한 게 있어야 붙어 있는 법이야." 우리는 그것이 진실임을 자주 발견하곤 한다.

누군가 당신을 심한 말로 공격했는데 그게 당신에게 반향을 일으키지 않는다면, 그 자기방어는 단명하고 만다. 그러나 자기방어가 좀처럼 사라지지 않는다면 보통은 비난의 어떤 부분이 당신의 정곡을 찌른 것이다. 그건 당신이 인정하길 싫어하는 것일지도 모른다. 아니면 지나치게 부풀려졌다고 걱정할지 모르는데도 받아들여진다. 그걸 인정하면 당신이 어떻게 반응해야 할지에 대한 선택권을 갖게 된다.

당신은 적어도 부분적으로 진실이라 느껴지는 내용을 인정할 수 있는가? 만약 그렇다면 반감을 낮춰서 상대방의 피드백을 더 많이 듣고 가능하면 그로부터 뭔가를 배우길 바란다.

학습 능력

이 책의 앞부분에서 언급했듯이, 우리의 광범위한 강의, 코칭, 컨설팅은 관계 개발과 개인 성장 모두의 핵심 결정요인이 바로 학습 능력임을 보여주었다. 당신의 직위와 관계없이 학습 능력은 직장에서 성공의 지렛대이기도 하다. 배움을 꺼리면 성공이 가로막히고, (기술적 전문성 결핍이라기보다는) 대인관계 결핍을 해결하지 못하면 자신의 경력이 제한받게 됨을 우리는 반복해서 목격했다.

산제이와 엘레나가 발견했듯이, 개인과 관계 학습은 자주 서로 엮여 있다. 엘레나가 팀에 대한 자신의 공헌을 인정해달라고 산제이에게 피드백하자, 그는 자신의 행동 일부분이 부정적 효과를 가져온다는 걸 알았다. 그러나 그들은 서로 어떻게 관계 맺기를 원하는지에 관해서도 토론했다. 엘레나는 자신이 산제이에게 피드백하는 방법이 공격적으로 느껴지는지, 그녀가 솔직해서는 안 되는지 물어보았다. 산제이가 그렇지 않다고 말하자 두 사람의 상호작용은 자유로워졌다.

산제이가 그랬듯이, 상대방에게서 피드백을 받으면 당신의 발전이 촉진된다. 왜냐하면 당신은 뭘 잘하고 뭘 더 잘할 수 있는지를 알게 되기 때문이다. 그렇다면 왜 어떤 사람은 그것을 듣기를 거부하는가? 이는 피드백을 해주는 사람이 도와주려는 의도보다는 억누르려는(그래서 자신이 더 돋보이도록 하려는) 의도가 있다는 믿음 같은 정신적 모델 때문이기도 하다. 아마 피드백 제공자는 상대방이 듣기 어렵게 불확실한 방법으로 피드백을 해주었을 것이다. 네트를 넘어갔거나 마음대로 판단했을 수도 있다. 당신은 이런 피드백으로 여전히 배울 수는 있지만 미래에 그들에게 피드백을 해달라고 간청하고 싶지는 않을 것이다.

당신 안에 있는 무엇이 학습을 방해하는지도 생각해보라. 당신은 어떤 이미지를 유지할 필요가 있는데 피드백을 수용하는 게 그런 이미지를 위협하는가? 아니면 피드백을 받아들이면 실패나 무능함을 인정하는 게 되는가?

우리는 가끔 이런 말을 듣는다. "나는 배우는 걸 좋아해요. 내가 배우고 있다는 것을 다른 사람이 알기를 원치 않을 뿐이에요." 무결성(오류 없음)의 이미지를 고수하려는 유혹이 있음을 우리는 안다. 하지만 그러기에는 대가가 너무 크다.

어떤 사람이 해주는 피드백의 타당성을 받아들인다고 해서 당신이 그에 따라 행동해야 한다는 것은 물론 아니다. 피드백은 당신이 그걸 어떻게 해야 할지를 결정하기 위한 정보이자, 선택지를 확장할 때 사용하는 데이터다. 우리의 동료가 말하듯이, 그것은 옷과 같아서 일단 입어보고 잘 맞는지 보는 것이다. 이는 누군가가 갈등을 피하려는 당신의 성향과 같은, 어떤 중요한 가정이나 행동을 바꾸라고 당신에게 제안하는 것일지도 모른다. 그러나 당신은 자신이 정말로 그것을 받아들였다가 나중에 후회할 말을 할까 봐 두려워한다.

하나의 선택지는 작은 것부터 시작해서 당신이 상대적으로 안전하다고 느끼는 환경에서 사람들과의 실험을 고려해보는 것이다. 예를 들어 당신이 더 솔직해지고 갈등을 덜 피하기 위해 노력하고 있다면, 친한 친구와 이렇게 한번 해보는 게 좋을 것이다. 친구가 마지막 순간에 계획을 취소하는 경향이 있어서 당신이 괴롭다고 해보자. 그에게 이 문제를 제기할 때 당신이 더 솔직해지려 노력하고 있다는 말도 해야 할지 모른다. 그렇게 말함으로써 당신은 안락지대 바깥의 15%에 있을 가능성이 있으니 출발하기 좋은 시점이다. 당신의 상사를 찾아가는 것과 우선순위를 계속 바꾸는 방식이 당신을 화나게 한다고 친구에게 말하는 것은 뚜렷한 대조를 이룬다.

우리는 피드백이 선물이라고 반복적으로 말해왔다. 하지만 어떤 사람이 당신에게 선물을 준다고 해서 꼭 그것을 사용해야 한다고 말하는 건 아니다. 지금이 행동을 취할 가장 좋은 시간은 아닐지도 모른다. 피드백을 변화의 요건이 아니라 당신의 선택에 도움이 되도록 정보를 주고 선택지를 확장하는 데이터로 본다면, 피드백을 듣고 고려하기가 더 쉬워진다.

자기 성찰하기

1. 느낌을 평가 절하하기

당신은 아래와 같은 식으로 감정을 평가 절하하는 경향이 있는가?

- "나는 ~한 감정을 느껴서는 안 돼."
- "이런 상황에서 나는 내 느낌을 정당화할 수 없어."
- "이런 느낌은 그냥 지나갈 거라 확신해."
- "내 느낌은 서로 모순돼." ('+5' + '-5' = 0)
- "너무 화가 나서 말할 자신이 없어."

당신이 느낌을 인식하고 표현하는 걸 막는 다른 방법이 있는가? 만약 그렇다면 이런 경향은 어디에서 비롯되는가?

2. 이야기 만들기

당신은 상대방의 현실에 대한 이야기를 만들어내는 경향이 있는가? 아니면 예감이 확신으로 바뀌는 경향이 있는가? 그런 일이 어떤 상황에서 일어날 가능성이 더 큰가?

3. 문제해결의 네 단계

효과적인 문제해결을 방해하는 네 단계에서 당신은 어떻게 하겠는가?

- 상대방이 피드백을 심각하게 받아들이도록 하기
- 모든 문제 공유하기
- 해결하기
- 정정하기

4. 자기방어 하기

당신은 얼마나 자주 자기방어를 하는가? 어떤 상황이 그런 경우를 촉발하곤 하는가? 그리고 그런 느낌이 들면 어떻게 처리하는가? 상대방이 자기방어를 하려고 하면 당신은 어떻게 반응하는가?

적용하기

'자기 성찰하기'에서 당신은 자신이 행동하는 것을 어떻게 보는가를 알려주었다. 그러나 다른 사람은 당신을 어떻게 볼까? 당신의 핵심 관계 중 한 사람과 함께 당신의 몇 가지 인식을 점검해보기 바란다.

바라건대, '자기 성찰하기'와 상대방과의 토론은 당신이 여러 발전 영역을 탐구하도록 유도할 것이다. 예를 들어 다음과 같이 생각할 수 있다. '나는 피드백에 대해 더욱 개방적이고 덜 자기방어적이길 원한다.'

당신이 노력해보고 싶거나 약간의 변화 목적을 정하고 싶은 영역을 한두 개 선택하라. 당신을 지지하는 사람이 있다면 변화하기가 더 쉽고 변화할 가능성이 더 크다. 당신이 학습 목적에 도달하도록 도와달라고 그들에게 요청하라.

이해하기

당신이 읽고 되돌아보고 시도한 바를 토대로 하여, 피드백을 효과적으로 사용하려 할 때 겪는 도전에 대해 무엇을 배웠는가? 그리고 당신 자신에 대해서는 무엇을 배웠는가?

당신이 배운 바를 토대로 앞으로 무엇을 하고 싶은가? 이제 당신은 처음에 확인했던 핵심 인물과의 관계뿐 아니라 어떤 관계에서도 언제든지 쉽게 얻을 수 있는 도구 세트 일체를 만들어나가고 있음을 주목하라.

다른 사람과 더 많이 연습해 그런 '행위'에서 더 많은 교훈을 얻을수록 당신은 더 배우게 된다.

9

오래된 관계를 개선하고 싶을 때

◯◯◯

피드백으로 아버지의 습관을 바꿀 수 있을까?

지난 몇 장에 걸쳐서 우리는 등장인물들이 어떤 문제 행동에 부딪혔을 때 달리 처리하는 방법을 배우는 것을 목격했다. 엘레나는 취약해지려면 용기가 필요함을 배웠다. 산제이는 갈등을 피하려면 비용이 든다는 것을 배웠다. 리암은 화제를 갑자기 바꾸면 관계가 소원해진다는 것을 배웠다. 이는 모두 중요한 학습이다. 하지만 더욱 근본적이고 수년간 강화된 행동의 경우에는 어떨까? 피드백이 아무리 솔직하고 잘 전달되더라도 이런 오래된 행동 패턴을 바꿀 수 있을까?

우리는 사람이 변할 수 있다고 믿는다. 그것은 어려우나 지속적인 노력이 필요하다. 하지만 변화가 반복적으로 일어나는 것을 보지 못했다면 우리가 몇십 년 동안 몸담아왔던 이 비즈니스에 머물러 있지 못했을 것이다. 사람들은 변화를 어렵다고 생각해서 어떤 특별한 시점에는 원하지 않을 수도 있지만, 그렇다고 해서 변할 수 없다는 것은 아니다.

매사추세츠공과대학교 교수이자 유명한 조직이론가인 리처드 베커드Richard Beckhard는 사람들이 변하기 쉬운 조건을 흥미로운 공식으로 설명한 바 있다. 'R 〈 D × V × F' 여기에서 R은 '변화에 대한 저항Resistance to change'을 의미하는데, 변화가 발생하려면 세 변수의 곱이 변화 저항보다 커야 함을 말한다.

D는 '불만Dissatisfaction'으로, 당신이 자신의 현재 행동의 비용을 알 필요가 있음을 의미한다. V는 '비전Vision'으로, 당신이 새로운 행동의 이점을 보고 노력할 만한 가치가 있다고 믿는 걸 의미한다. F는 '첫걸음First step'인데, 당신이 변화를 쉽게 하는 새로운 기술을 습득할 수 있다고 믿는 걸 의미한다.

필과 레이철의 이야기는 오래된 행동 패턴을 바꾸는 이런 공식이 얼마나 까다로운지 분석한다.

'필과 레이철' 1편

필과 그의 딸 레이철은 같은 병원에서 의사로 함께 일하고 있었지만, 레이철은 자신만의 조그만 개인 병원을 준비하고 있었다. 두 사람은 (대학 때 학교 대표 농구부 활동도 해서) 농구와 진료에 대해 유대감을 느끼고 서로 가깝게 지내왔다.

레이철은 이러한 부녀 관계가 10대 이후 큰 변화가 없었음을 깨달았다. 아버지는 항상 딸의 성공에 관심을 집중하고 있어서 그녀의 최고 전문 상담가는 물론이고 가장 큰 옹호자이자 치어리더이기도 했다. 레이철의 어린 딸 에마가 농구에 흥미를 보이자 필은 비공식적으로 스포츠를 지도하는 일에 대한 열정을 다시 불살랐다.

하지만 불행히도 필은 대부분 레이철과 에마에게 충고만 해줄 뿐이었다. 레이철이 대학에서 농구를 하고 의대에 진학할 때는 필의 충고가 도움이 되었지만, 시간이 지나면서 별로 그렇지 않다는 것을 알게 되었다.

두 사람은 농구와 의학 외에는 할 말이 별로 없어서, 레이철은 아버지의 내면세계를 좀 더 알고 싶어 했다. 어머니가 살아 있을 때만 하더라도 레이철은 어머니를 통해 그의 기분이 어떤지 알곤 했는데, 직접 아버지한테서는 거의 듣지 못했다. 레이철이 **자신의** 삶에서 어떤 일이 있었는지 말하면 필은 자신을 드러내지는 않고 부모로서 충고를 해주려고 했다.

어머니가 작년에 세상을 떠난 이후로, 레이철은 적어도 2주에 한 번씩은 꼭 아버지가 남편과 아이들과 함께 저녁 식사를 하거나 주말 나들이를 갈 수 있도록 했다. 그리고 병원에서 일정이 맞으면 간단히 아침이나 점심을 아버지와 함께하려고 노력했다.

어느 날 병원 식당에서 필과 레이철은 병원에서 제공하는 맛없는 점심에 대해 보통 때처럼 농담을 하고 사내 정치 이야기를 나누면서 각자가 알게 된 흥미로운 사례를 얘기했다. 그러고 나서 필은 평소에 해오던 질문을 레이철에게 던졌다.

"네 진료를 늘리고 그 친구를 파트너로 삼는 문제는 어떻게 결정했니?"

레이철은 매번 있는 경련을 느꼈고 '또 **시작이군**' 하고 생각했다. 그녀는 혼자서 하는 진료를 늘려 오랜 친구이자 동료인 나댜를 합류시킬지 말지를 결정하려고 몇 개월 동안 고민하고 있었다.

"아직 생각 중이에요." 그녀는 말했다. "제가 이야기해 드렸듯이, 검토해봤더니 많은 장점과 몇 가지 단점이 있어요."

"으음." 필은 말했다. "내 생각에 지금 당장 나댜를 잡을 기회를 놓친다는 건 말도 안 되는 일이야. 그녀는 정말 훌륭한 의사야. 너희 둘은 의대를 다닐 때부터 친구였고, 분명히 잘 지내왔어. 그녀 같은 사람은 하늘에서 뚝 떨어지지 않아. 너도 알잖아."

"나댜가 좋은 의사인지, 우리가 서로 잘 지내는지는 그 문제와 상관없어요. 아버지, 그것보다 상황이 복잡해요."

"뭐가 그렇게 복잡해?"

그녀는 개업 결정에는 재정과 조직 구성 등 여러 문제가 얽혀 있는데 그 이야기는 하고 싶지 않다고 다시 한번 설명할지 생각했다. 필은 딸의 대답을 기다리면서 묵묵히 콜라를 마시고 점심을 먹었다.

잠시 후에 레이철이 마침내 말문을 열었다. "아버지, 지난번에 이 문제에 관해 여러 번 이야기를 나눴잖아요. 나는 정말로 그 모든 것을 되풀이하고 싶지 않아요."

"간단하잖아. 그냥 하면 돼, 지나친 생각은 그만하고."

레이철은 부아가 치밀어 오름을 느꼈다. 그녀는 아버지의 조언에 짜증이 났고, 자신의 걱정이 아예 묵살된다고 느꼈다. 또한 자신에게도 좌절했다. 그녀는 다시 한번 자신이 일하다가 생긴 일로 화제를 바꾸었다. 아버지는 이 일에 대해서도 의견을 제시했는데 그것도 아주 강한 의견이었다. 두 사람이 비슷한 대화를 얼마나 많이 했는지를 생각하자 그녀는 괴로움 이상의 감정을 느꼈고, 정말 화가 치솟았다.

그녀는 이런 충고가 달갑지 않다는 메시지를 아버지가 받아들이지 않는 것도 불쾌했다. 전에도 여러 번 점잖게 문제를 제기했지만 아버지는 계속 받아들이지 않았다.

'아버지는 문제를 너무 기분 나쁘게 받아들여서 나는 아버지를 계속 들볶고 싶진 않아. 하지만 이건 멈춰야 해. 맙소사, 나는 지금 마흔세 살이야. 그런데 내가 열여덟 살이던 때와 비교해도 대화가 달라진 게 없어. 이를 바꿀 방법이 있을 거야. 내가 엄청 골머리를 앓고 있는 문제를 지나치게 단순화해서 나에게 어떻게 해야 한다고 무턱대고 말하는 아버지를 얼마나 더 오랫동안 잠자코 감당해야 할지 모르겠어.'

점심시간이 막바지에 접어들었고 두 사람 모두 진료해야 할 환자가 있었다. 그래서 그녀는 말하기로 마음먹었다. "아버지, 이건 도움이 되지 않아요. 이제 그 이야기는 그만둬요."

필은 마음에 상처를 입은 듯했다. "맙소사, 나는 도와주려고 했을 뿐이야."

레이첼은 "으음, 도움이 되지 않아요"라고 말하며 필의 말을 툭 끊고 나서, 이렇게 덧붙였다. "오는 토요일 오후에 에마가 자기 팀에서 새로운 코치와 함께 연습한대요. 그때 점심을 먹으러 오지 그러세요. 그러면 에마가 연습하는 모습을 지켜볼 수 있을 텐데요."

필은 기분이 누그러져서 고개를 끄덕였다. "좋아, 토요일 점심에 보자."

두 사람은 음식을 먹었던 접시를 집어 들고 각자의 진료실로 돌아갔다.

그날 오후에 레이철은 진료 스케줄이 꽉 차 있었지만 마음은 점심때 나누었던 대화로 되돌아갔다. '아버지가 그걸 이해하지 못하다니 정말 짜증 나.' 그녀는 생각했다. '하지만 그걸 기대하는 게 무리일지도 몰라. 아버지는 늘 이런 식이지. 아마도 늙은 개한테 새로운 재주를 가르칠 수 없다는 격언에 뭔가 있는지도 모르겠어.'

레이철은 친구 도미코와 최근에 나누었던 이야기가 생각났다. 도미코는 이렇게 말했다.

"나도 내 아버지와 똑같은 문제를 겪고 있어. 이봐, 네 아버지 나이가 예순여덟이잖아. 뭘 기대하니? 그리고 그분은 항상 남의 말을 잘 안 듣기도 하시잖아. 내가 아버지를 있는 그대로 인정하기 시작하니까 우리 두 사람의 관계가 훨씬 나아졌어. 내 생각에 네가 너무 고집을 피우지 말고 아버지의 조언 행태를 그냥 받아들이고 살면 나아질 거야."

레이철은 도미코가 맞을지도 모르니까 아버지에게 문제를 심각하게 받아들이도록 하는 것을 포기해야 할지도 모른다고 생각했다. 그렇다고 해서 문제가 완전히 정리된 느낌이 들지도 않았다.

토요일 점심때 에마는 에너지가 넘쳐서 자신의 중학교팀과 새 코치에 대해 수다를 늘어놓았다.

9 ● 오래된 관계를 개선하고 싶을 때

"그는 어떠니?" 필이 에마에게 물었다.

"그가 아니라 **그녀**예요, 할아버지." 에마가 말했다. "그녀는 좋은 것 같아요. 하지만 다른 아이들 대부분은 운동을 그렇게 진지하게 생각하지 않아요. 그래서 코치가 아이들을 다루느라 고생하고 있어서 우리는 아직 연습을 많이 못 했어요."

필은 인상을 찌푸렸다. "너도 모르는 사이에 이번 시즌은 끝나버릴 거야. 에마야, 너는 정말 열심히 연습해야 할 거야."

레이철은 또 심사가 뒤틀렸다. "에마는 열심히 하고 있어요, 아버지. 에마야, 가서 옷을 갈아입으렴. 우리는 몇 분 안에 나가야 해."

에마가 방에서 나가자, 필은 레이철을 향해 말했다. "너는 그냥 당당히 걸어 들어가서 그 코치한테 재빨리 상황을 바로잡지 않으면 함선이 가라앉을 거라고 알려주면 돼."

"아버지, 제발. 그 코치는 이제 갓 시작했어요."

필은 말했다. "내가 말하고 싶은 건 네가 이걸 빨리 말해줄수록 더 좋다는 거야. 네가 운동하는 걸 예전에도 계속 봤기 때문에 하는 말이야. 스포츠에 대한 에마의 사랑이 여기에 달려 있어."

"그만두세요! 아버지 말을 들으면 내가 꼭 무능한 엄마처럼 느껴져요. 이번 주 초에는 파트너 구하는 결정 하나 제대로 못 한다며 나를 무능한 전문의처럼 느끼게 했잖아요. 정말 짜증이 나요."

필은 잠시 물러섰다. 그는 바닥으로 시선을 깔고서 처음에는 아무 말도 하지 않았다. 그러고 나서 방어적으로 이렇게 응답했다. "얘야, 내가 여기에서 하려고 한 건 그저 도와주려는 것뿐이었어. 진심으로 네가 잘되길 바라서야. 나는 분명히 너를 좌절시키거나 화를 돋우고 싶지 않아. 네가 원한다면 나는 전적으로 네 일에 관여하지 않을게."

"아버지, 그건 해결책이 아니에요. 아버지가 내 일에서 완전히 빠지라는 게 아니에요. 내 일에 대해 아버지가 말하는 방식이 나에게 더 이상 효과가 없다는 걸 말하는 거예요. 에마가 이제 연습하러 가야 해요. 하지만 이 문제에 대해 나중에 좀 더 이야기하기로 해요. 지금 상황은 우리 누구에게도 도움이 되고 있지 않아요."

그들 모두 차에 타자 에마는 흥분해서 수다를 떨었다. 하지만 레이철과 필은 조용했다. '**아버지가 달리 응답하게 하려면 내가 무엇을 할 수 있을까?**' 레이철은 생각했다. '**그는 진짜 변할 수 있을까?**'

레이철이 겪고 있는 곤경이 특이한 경우는 아니다. 아마 당신도 배우려고 하지는 않고 평소에 하던 행동을 거듭하는 상대방에게 괴롭다고 말한 적이 있을 것이다. 그러면 이를 지켜보는 사람은 어깨를 으쓱하며 이렇게 말할지 모른다. "원래 그 사람은 그래. 그게 그의 성격이야."

그러나 우리는 그렇지 않다고 주장하려 한다. 성격과 행동 사이에는 커다란 차이가 있다. 성격은 변하기가 정말로 어렵다. 당신이 외향적인 사람이라면 아무리 노력해도 내향적인 사람이 될 가능성은 없다. 그렇다고 해서 당신이 다른 사람에게 말할 여지를 더 주는 노력을 할 수 없다는 말은 아니다. 그것은 행동이다.

어떤 사람도 배려하지 않거나 자기중심적인 유전자를 가지고 태어나지는 않는다. 그렇게 자주 충고하려는 본능이 필의 DNA에 정말로 있다는 말인가? 우리는 그렇다고 생각하지 않는다. 오래 길들여진 습관을 바꾸는 것이 쉽다고 말하는 건 아니다. 그러나 누군가에게 어떤 행동이 왜 그렇게 중요해서 그 행동을 바꿀 수 없을 것처럼 보이는지 탐구해보는 일은 가치가 있다.

필은 수십 년 동안 충고를 해왔고 그런 충고가 과거에 레이철에게 도움이 되었다. 그래서 충고의 가치가 계속 커졌던 것이다. 게다가 필은 의사이고, 이 직업에서는 충고가 일상적인 일이며 역사적으로도 사람들이 충고에 대한 기대를 해왔다. 또한 의료 상황에서는 합리성을 강조하므로 감정 억제를 요구한다. 그래서 그가 딸에게 자신의 감정을 많이 드러내지 않는다는 게 그리 놀랄 일은 아니다.

필처럼 어떤 사람이 습관적으로 행동하면 상대방은 적응하는 법을 배우게 되어 그런 행동이 더욱 강화되곤 한다. 환자와 간호사, 인턴들은 필의 충고하는 습관에 대해 불평하거나 자기를 더욱 개방하며 소통해달라고 필에게 요구할 가능성도 별로 없다. 또한 아마도 친절을 베푼다는 의미로 필의 아내는 필과 자식들 사이의 통역자를 자처함으로써 필이 아이들에게 자신의 감정을 드러내지 않는 태도를 유지하게 됐을 것이다. 충고가 의사로서는 필의 강점이었지만, 이를 과용하면 레이철을 통해 알 수 있듯이 약점으로 변한다. 이게 학습된 행동이라면 바뀔 수 없을까?

캐럴의 가족도 비슷한 패턴을 가졌다. 말수가 거의 없던 그녀의 아버지는 그 세대의 전형적인 강하고 과묵한 타입이었다. 여러 면에서 캐럴은 아버지가 갖지 못한 아들이나 마찬가지였다. 두 사람에게는 공통점이 많았다. 두 사람 모두 경쟁적이고 실용적이며 추진력이 있었다. 캐럴은 언제나 아버지와 가깝다고 느꼈고, 아버지가 전쟁 체험 이야기를 비롯해 자신을 드러내며 했던 많은 대화를 애틋하게 기억한다. 그녀는 더 알고 싶은 게 항상 많았지만 결코 아버지에게 더 알려달라고 강요하지 않았다.

최근 들어 아버지가 가장 후회하는 것 중 하나는 자매를 기를 때 더 신경 쓰지 못한 것이라고 캐럴의 양어머니(아버지가 상처하고 나서 재혼한 여성)가 말해주었다. 그 말이 캐럴에게 약간의 슬픔으로 다가왔다. 캐럴은 아버지가 그런 생각을 했으리라 전혀 상상하지 못했다. 왜냐하면 그녀가 캐물은 적이 없기 때문이다.

이제 그녀는 자신의 안락지대를 벗어나 더 밀고 나가 아버지에게 더 많은 친근감을 요구했다면 어떤 일이 벌어졌을까 궁금해졌다. 그녀는 아버지를 얼마나 더 알게 되었을까? 그녀는 아버지가 그녀를 얼마나 더 안다고 느낄 수 있었을까? 그리고 부녀 관계는 얼마나 더 깊어졌을까?

어떤 행동에 대해 '그 사람의 방식이고 항상 그럴 것이라고' 지나치게 성급한 결론을 내려버린다면, 당신은 그를 부당하게 판단한 것일 수 있다. 그 대신 그런 행동 패턴을 지속시키는 모든 요인을 이해하도록 시도해보기 바란다.

필에게 감정을 노출해달라고 요구하는 건 작은 요청이 아니다. 그동안 그의 행동 패턴이 크게 강화되었기에 곧바로 행동을 바꾸기가 어색할 것이다. 그러나 그렇다고 해서 레이철이 요구해서는 안 된다거나, 변화는 불가능하다고 생각해야 한다는 말은 아니다. 필의 행동은 단지 깊게 강화되어 있는 것일 수도 있다.

어떤 운동을 하면서 '잘못된 습관'을 들였던 것을 생각해보라. 예를 들어 당신이 테니스를 시작할 때부터 백핸드가 약해서 라켓 드는 손을 바꿔가며 항상 포핸드로만 경기한다고 해보자. 코치가 백핸드로 경기하라고 요구하지만 당신의 초기 샷은 약하다. '**나는 그런대로 잘하고 있는데 왜 바꿔야 하는 거지?**' 필도 비슷한 감정을 느끼고 있을지 모른다.

필이 뿌리 깊은 행동 패턴을 가지고 있다는 걸 이해하더라도 레이철이 그에게 모든 비난을 쏟기 쉽다. '**그는 왜 그걸 이해하지 못할까? 말귀를 못 알아듣는 걸까?**'라고 그녀는 생각한다. 그러나 그녀 자신은 과연 그런 곤경에 일부라도 책임이 없었는가? 그녀는 자신의 감정을 (말, 말투, 비언어 신호로) 표현했고, 문제가 되는 행동을 지적했다. 하지만 감정이입 방식이 아니라 필에게 쏘아붙이는 식으로 상황을 묘사하면서 상세한 피드백 방식을 취했다. 그녀가 보인 피드백의 단점을 시간 부족 탓으로(한 번은 병원 내 점심시간이었고, 다른 한 번은 농구 훈련 전이었다) 돌릴 수도 있겠으나, 심적 갈등을 반영한 것일 수도 있다.

한편으로는 필의 반복적인 충고로 그녀의 좌절감은 점차 커져만 갔고, 다른 한편으로는 그에게 상처를 주는 일만은 정말 하고 싶지 않았다. 어머니가 세상을 떴기 때문에 아버지의 생활이 얼마나 고달플까에 대해 민감했던 그녀는 그의 생활을 힘들게 하고 싶지 않았다. 그녀는 자주 이렇게 생각했다. '**나는 아버지를 정말 사랑해, 그렇지만 아버지 때문에 미치겠어.**' 심적으로 막혀 있었기에 그녀의 감정은 뒤죽박죽이 되어 분명치 않았다.

또 다른 문제는 레이철이 필의 충고에 대해 말했을 때 그는 자신이 완전히 충고를 중단해야 할 것처럼 받아들였다는 점이다. 보통 어떤 사람에게 행동을 수정하기를 원할 때 그렇게 극단적인 생각을 염두에 두진 않는다. 내 동료 한 사람이 자주 지적하듯이, 스위치를 아예 끄라는 게 아니라 다이얼을 돌려 정도를 약간 줄여달라고 요청한다고 생각하면 더 쉬울 것이다.

충고가 유용한 경우도 있지 않은가? 필이 진정으로 필요로 하고 바라는 것이 도움이 되리라 깨닫고, 그런 필요가 충족되는 다른 방법을 제시하면 되지 않을까? 핵심은 필이 더 쉽게 변하도록 레이철이 유도할 수 있다는 점이다.

'필과 레이철' 2편

농구 연습이 끝난 후, 레이철은 최근 점심시간에 필과 나눈 불만스러운 대화를 회상해보고 제대로 된 토론을 피하면 자칫 두 사람 관계의 미래를 위험에 빠뜨릴 수도 있겠다는 걸 자각했다. 그녀는 그동안 자신이 충분히 개방적으로 소통하지 않았다는 것을 알고 필의 행동이 그녀에게 그리고 둘의 관계에 얼마나 영향을 끼쳤는지를 그가 구체적으로 알도록 더 노력하기로 마음먹었다.

그녀는 다음 주말에 하이킹하러 가서 끝까지 얘기를 나눠보자고 아버지에게 제안했다. 필은 뭐가 문제인지 제대로 알지는 못했지만 동의했다.

그 주 토요일에 하이킹 길이 시작하는 곳에서 만나 출발하면서 레이철은 필에게 이렇게 말을 건넸다. "아버지, 걸으면서 이야기하는 데 동의해줘서 고마워요. 아버지는 이런 것을 별로 좋아하지 않는다는 걸 아니까 더 고마워요."

필은 어깨를 으쓱했다.

레이철이 덧붙였다. "나는 이런 일이 정말 버거워요."

"뭐가 그렇게 버거울까? 그냥 어서 말해봐." 필이 말했다.

"내가 말하려고 하는 게 아버지 마음을 상하게 할까 봐 두려워요. 나는 그걸 원치 않아요." 그녀가 말했다. "또 내가 이걸 아버지에게 말하지 않으면 우리 관계를 해칠까 봐 두려워요."

"네가 언제부터 이렇게 감상적인 사람이 되었지? 진짜 말하고 싶은 게 뭔데?" 필이 말했다.

레이철은 첫 번째 지적을 그냥 내뱉기로 마음먹었다. "내가 진짜 말하고 싶은 건 아버지가 나에게 하는 충고가 점점 짜증이 난다는 거예요. 내가 짜증이 난다고 아버지에게 그동안 얼마나 많이 말했는지는 중요하지 않아 보여요. 그런 경우엔 어찌할 바를 모르겠어요. 그런데 이 문제를 제대로 말하지 않으면 문제가 계속 커질 것 같아서 걱정돼요."

"무슨 문제?" 필은 걸음을 멈추고 물었다.

레이철은 믿을 수 없다는 표정을 지었다. "정말요? 아버지가 방금 그렇게 말했어요? 우리가 소통할 때마다 결국 나에게 충고하는 걸로 마무리되면 정말 돌아버리겠어요. 그게 문제예요. 그 충고가 도움이 되지 않는다고 말해도 아버지는 그냥 무시하고 계속 밀고 나가죠. 그러면 내가 아무리 문제를 제기해도 아버지는 그게 문제임을 전혀 듣는 것 같지 않아서 더욱 큰 문제예요!"

필은 정말 마음에 상처를 입은 듯했다. "나에게 충고를 그만하라는 말이지? 너는 나에게 내가 아닌 다른 사람이 되라고 요구하고 있구나. 내가 그 사람이 되지 못하면 우리 관계는 완전히 끝나고 말겠네. 내가 나쁜 아버지인 것 같구나."

레이철은 계속 걸으면서 눈물이 글썽거림을 느꼈다. 필은 아무 말도 하지 않았다. 그녀는 생각했다. '**아마도 도미코가 옳았을지도 몰라.**' 아까 필이 그런 것처럼 그녀도 걸음을 멈추고 다시 해보기로 마음먹었다.

"아니에요, 나쁜 아버지는 아니에요. 하지만 방금처럼 아버지가 그렇게 반응하면 나는 정말 미쳐버리겠어요. 이렇게 자책하는 방식으로 대응하면 우리가 문제를 해결할 수 없어요. 이건 충고 자체보다 훨씬 큰 문제인 것 같아요."

두 사람은 한동안 불편한 침묵 속에서 걸었다. 마침내 레이철이 침묵을 깨고 말했다. "아버지, 보세요. 우리는 이 문제를 어떻게 해결해나가야 할지 얘기를 나눠야 해요. 분명히 말하자면, 나는 아버지의 성격을 바꾸라고 요구하는 게 아니에요. 아버지의 행동, 아버지의 태도가 문제예요. 그리고 아버지는 그걸 통제할 수 있어요."

피드백을 주는 데 한계에 부딪히면

레이철에게는 두 가지 목표가 있었다. 하나는 물러나지 않는 거였다. 그리고 또 하나는 필의 충고 주기에 대한 피드백과 그녀가 그 충고에 관해 말했을 때의 필의 반응에 대한 피드백을 더 잘하는 것이었다.

말처럼 쉽지는 않다. 그녀는 종전보다 하이킹을 하면서 더 솔직하긴 했으나, 정말 효과가 있는 것 같지는 않았다. 필의 반응은 그녀의 좌절감만 키웠다. 그녀는 쉽게 포기하거나 모든 것을 그만 망칠 뻔했다.

벤과 리암, 그리고 엘레나와 산제이의 경우처럼 피드백을 주고받는 사람들이 하나의 문제해결을 위한 대화로 가려는 똑같은 연대책임 의식을 공유했을 때 피드백이 효과가 있었다. 레이철이 자신 쪽 코트에 머물면서 피드백을 했지만 필은 협조할 마음이 없었다. 심지어 그는 레이철이 피드백을 계속해나가기 어렵게 행동했다.

필은 상처 입은 마음을 보이고 죄책감을 나타내며 물러나서 거의 말을 하지 않았다. 그리고 문제에 관해 끝까지 얘기를 나누지 못하는 데서 벗어나 다시 대화의 초점을 '충고하기'로 되돌렸다. 필이 세운 장애물이 드물지는 않다. 그가 사용하지는 않았지만 우리가 항상 보는 다른 것들도 있다(이전 장에서 방어심을 다룰 때 이에 관해 언급한 바 있다).

• 부인
"아니야, 나는 그렇게 하지 않아. 네가 그렇게 상상하고 있는 것 같아."

- 방어심

  "나는 별로 그렇게 하지 않아. 이건 그저 예외야. 그리고 하여튼 다른 사람들도 그렇게 해."

- 변명

  "내가 그렇게 한 이유는 (…) 때문이었어." "내가 그렇게 한 것은 당신이 이렇게 했기 때문이야."

- 보복

  "으음, 당신은 늘 문제를 일으키지. 이건 당신이 저지르는 일이야."

- 비난

  "당신은 잘못된 방식으로 문제를 제기했어." "그건 당신이 그걸 제대로 처리하지 못했기 때문이야."

- 상대방 깔아뭉개기

  "나는 네게 실망했어." "나는 네가 더 잘하기를 바랐어."

- 동기에 대해 의문 던지기

  "너는 대화의 주도권을 쥐려고 이 문제를 제기하는 거 아니야?"

어떤 사람이 장애물을 세운다면, 그 사람은 메시지를 제대로 듣고 있지 않은 것이다. 그러면 피드백을 주는 사람은 (레이철이 그렇게 하려고 고려했듯이) 보통 물러서거나 나중에 피드백을 주기를 꺼릴 것이다.

저항감을 가지고 응답하는 게 이해가 되는 상황이 일부 있기는 하다. 문제가 되는 것은 피드백을 받는 사람이 피드백 수용을 방해하는 이런 장애물에 일관되게 의존하는 경우다.

피드백하기를 포기하거나 상대편을 더 세게 공격하기보다는, 피드백의 초점을 잠시 바꿀 필요가 있을지도 모른다. 당신이 직원(그를 샘이라 부르자)에게 어떤 행동에 대해 피드백을 해주길 원한다고 상상해보자. 샘은 무언가 할 거라고 말하지만 끝까지 완수하지는 않는 성향이 있다. 당신이 그 말을 꺼낼 때마다 그는 변명을 한다. 이런 행동 패턴은 피드백을 듣는 샘의 능력과 피드백하려는 당신의 욕구를 차단한다.

피드백은 이제 그의 변명 패턴에 대한 것으로 옮겨갈 수 있다. "샘, 당신이 일을 완수하지 못하는 문제를 내가 제기할 때마다 당신은 변명을 늘어놓는 성향이 있어. 그게 나는 정말 괴롭군." 그러나 당신이 그렇게 할 때, 샘이 다른 변명을 늘어놓으면 어떻게 될까? 격분하며 반복되는 루프처럼 보이는 것이 실제로는 기회다. 그게 마침 일어나고 있는 바로 그때 정확히 지적하면 된다. "샘, 이게 내가 말하려고 하는 거야."

이 경우가 레이철이 직면한 상황과 유사하다. 필이 자신의 충고 주기에 대한 그녀의 말을 이해하지 못하는 경우는 단지 이번만이 아니다. 매번 레이철은 문제를 제기하지만 필은 그냥 무시하고 넘길 뿐이다. 함께 문제를 해결하는 그들의 능력 저변에는 문제가 도

사리고 있다. **그게 그녀가 말해야 하는 바다.**

'필과 레이철' 3편

"아버지," 레이철은 애원했다. "뭐라도 말해봐요."

"나는 할 말이 없어."

레이철은 조용히 흐느꼈다. "아버지, 그건 사실일 리가 없어요. 아버지는 많이 느끼고 있을 텐데, 나는 그걸 듣고 싶어요. 내가 내 기분이 어떤지 자유롭게 공유하고 싶은 것처럼 말이에요."

필이 받아들이는 것처럼 보였으나 오랜 시간 묵묵부답이었다.

레이철은 이어갔다. "나는 한 번 더 해보려고 해요. 아버지가 내 말을 들어주기를 간절히 바라요. 내가 아버지를 사랑하지 않는다면 그리고 우리 관계에 신경 쓰지 않는다면, 이렇게까지 하지 않을 거예요. 저기 편평한 바위에 앉아서 다시 해보지 않을래요?"

필은 걸음을 멈추고 그녀를 쳐다보았다. 그는 고개를 끄덕이고 언덕이 내려다보이는 편평한 바위가 있는 쪽으로 그녀를 따라갔다. 오후의 햇빛이 나무들 사이로 흘러들어 왔다.

"제발, 아버지. 이건 나에게 정말 중요해요. 그리고 우리 둘에게 정말 중요하다고 믿어요."

"좋아, 내 충고가 뭐가 그렇게 짜증 나는지 다시 말해다오."

"아버지, 아버지가 해주는 충고는 큰 문제가 아니에요."

"나는 정말 혼란스러워. 난 너에게 내 충고 성향에 관해 이야기하려고 하는데 지금 보니 너는 그것에 관해 이야기하기를 원치 않는 구나. 그럼 도대체 나한테 원하는 게 뭐지?"

레이철은 밀고 나갈지 확신하지 못해 잠시 머뭇거렸다. 보통 때 같았다면 "신경 쓰지 마세요"라고 응답했을 것이다. 그러고는 길을 다시 걷기 시작했을 것이다. 하지만 그녀는 이것이 문제의 일부라는 것을 깨달았다. '**지금 이걸 말하지 않으면 나는 앞으로도 절대로 말하지 못할 거야.**'

"점점 커지고 깊어지는 문제는, 내가 아버지에게 피드백하거나 나에게 문제 되는 점을 이야기할 때 아버지가 내 말을 잘 듣지 않거나 나를 인정해주지 않는다고 느끼는 거예요."

필은 그들 아래에 있는 계곡 바닥을 내려다보며 아무 말도 하지 않았다.

"아버지, 이건 나에게 정말 힘들어요. 아버지가 아무 반응도 보여주지 않으니 더욱 힘들어요."

"나는 최선을 다하고 있어. 너에게 문제가 생기면 나는 해법을 제공하지. 그게 언제부터 잘못된 일이 됐는지 모르겠는데, 너는 그걸 좋아하지 않는다고 하는구나."

"아버지, 그런 문제가 지금 우리 사이에서 일어나고 있어요."

필은 다소 짜증을 내며 말했다. "도대체 무슨 말을 하는 거냐?"

"아버지가 자신의 충고 성향에 대해 말하고 싶다고 해서 고마워요. 정말로 고마워요. 바로 그 성향에 대해 나도 더 말하고 싶어요. 하지만 아버지가 인식하지 못했는데, 그 성향보다 더 큰 문제가 있다고 내가 방금 이야기했어요. 우리가 지금 하고 있는 바로 그 언쟁이 내가 말하고자 하는 패턴이에요. 나는 내 이야기가 또다시 아버지에게 전달되지 않는 느낌이에요. 더구나 묵살당한 느낌이에요."

그녀는 아버지를 팔로 감싸고 계속 말을 이어갔다. "제발, 아버지. 나는 아버지를 사랑해요. 그리고 이건 나에게 정말 중요해요."

필은 분명히 불편하긴 했으나 마음이 누그러졌다. "좋아, 내가 너의 말을 더 들어주기를 네가 원한다는 것을 알기 시작했어. 나는 귀를 기울여 듣고 있다고 생각하긴 하지만."

"그래요, 아버지. 하지만 아버지가 내 말에 귀를 기울이는 게 문제가 아니라, 내 말이 아버지에게 제대로 전달되고 있다고 내가 느끼는가가 문제예요. 이 둘은 실제로 다르거든요."

"으음, 나는 그것에 대해 생각해본 적이 없구나. 그러면 내가 네 말을 듣고 있다고 말하면 되는 거냐? 그건 할 수 있어."

"그러면 도움이 돼요. 하지만 나는 좀 더 중요한 걸 말하는 거예요. '상대방이 내 말을 듣고 있다'는 말은 상대방이 나를 정말로 이해하려고 하는가를 의미해요. 지난주에 몇 차례에 걸쳐 나는 짜증이 났다고 말했어요. 아버지는 그 말을 들었다는 것을 인정하지도 않았고, 아버지가 그것에 신경을 쓴다거나 나에게 무슨 일이 진행되고 있는지를 알고 싶어 했다는 것도 듣지 못했어요. 서로 이해하려고 노력하지 않으면 우리는 우리 문제를 해결해나갈 수가 없어요."

"하지만 그게 내가 해법을 주는 이유인데. 그게 내가 너를 이해하고 신경 쓴다는 것을 보여주는 방식이야."

"아버지, 나는 아버지의 해법이 필요하지 않아요. 아버지가 나를 이해하려 하고 내가 아버지를 이해하려 노력하면 해법은 자연스럽

9 ● 오래된 관계를 개선하고 싶을 때

게 나올 거예요."

"나에게는 어렵구나." 필은 말했다. "나는 질문을 던지는 게 아니라 답을 주는 데 익숙해. 질문은 네 어머니가 잘하던 거였지." 정적이 길게 흘렀다. 그러고 나서 필은 말을 이어갔다. "하지만 네가 무슨 말을 하려고 하는지 내가 알기 시작한 것 같구나."

레이철이 미소를 지었다. "이 순간이 오랜만에 아버지가 내 말을 제대로 들었다는 것을 느낀 순간이에요."

그들은 다시 걷기 시작하면서 충고하기에 관한 대화로 돌아갔는데, 레이철은 아버지가 답을 주는 것을 자제하려 한다는 걸 느꼈다. 그 대신 그는 그들의 이전 대화에 그녀가 왜 그렇게 고통을 당했는지를 이해하려고 노력하는 것 같았다.

리처드 베커드의 공식 'R〈D×V×F'로 돌아가보자. 레이철은 아버지가 그녀에게 불행(D는 아버지의 불만)을 초래해서 지불하고 있는 비용에 대한 아버지의 이해를 높였다. 그리고 더 나아질 수 있다는 것을 그가 이해하도록 돕고(어떻게 그럴 수 있는지 V를 그에게 보여주었다), 또 어떻게 거기에 도달할 수 있는지에 대해 더욱 많이 그에게 보여주었다(F는 '첫걸음').

상대방과 정서적으로 만족하기

레이철은 그녀가 자신에게 중요한 것을 말할 때 필이 달리 반응하고, 필의 충고가 그녀에게 얼마나 문제를 일으키는지 알기를 원했다. 그가 잠자코 있기를 원했던 것은 아니다.

또한 그녀는 우리가 이름을 지은 '정서적으로 만족하기Feeling emotionally met'를 원했다. 이런 식으로 다른 사람과 소통할 수 있다는 것은, 갈등과 감정이 고조에 이르고 각자 상대방을 이해하기 어려워 곤경에 빠져 있을 때 특히 중요하다.

상대방과의 정서적 만남에 대해 생각하는 데는 두 가지 방법이 있다. 하나는 상대방이 무엇을 느낄 필요가 있는가이고, 다른 하나는 당신이 무엇을 할 필요가 있는가이다.

사람이 정서적으로 만족할 때는 상대방이 자신의 말을 충분히 들어주고 이해해주고 봐주고 인정해주며 판단받지 않는다는 느낌을 받는다. 그러려면 말하는 것 이상의 경청을 해야 하고 저변에 깔린 의미까지 파악할 수 있도록 귀 기울여야 한다. 이는 레이철이 막바지에 이르기까지 대부분 필의 반응에서 느끼지 못했던 것이다.

필은 레이철의 생각에 동의하거나 그녀를 만족시키기 위해 그녀의 요구가 '맞거나 옳다'고 생각할 필요는 없었다. 그가 해야만 했던 것(그리고 마침내 했던 것)은 그녀가 느낀 바를 이해하고 **그녀**의 관점에서 왜 그렇게 느꼈는지를 전달하는 것이었다.

상대방이 정서적으로 만족하도록 돕는 다양한 행동이 있다(이건 **행동** 파트다). 예를 들면 다음과 같다.

- 적극적 청취(귀 기울이기)

  말하는 사람에게 당신이 그들을 이해하고 있다는 것을 확신시켜주는 것이다. 이런 행동은 눈 맞추기나 고개 끄덕이기처럼 언어가 아닌 방식으로 전달된다. 청취할 때는 중요한 지점에서 대화의 속도를 늦춘다. 상대방을 설득하거나 당신 자신의 감정으로 대항하지 않고 상대방이 자신의 감정에 머물도록 충분한 여유를 주는 게 핵심이다.

- 어휘를 변용해서 느낌 인정하기

  상대방이 하는 말을 듣고서 반복해 말하는 것은 당신이 상대방 말을 들었음을 전달하고 정확하게 들었는지를 그 순간에 알 수 있는 강력한 방법이다.

- 적극적 감정이입(예를 들면 "정말 형편없게 들리는군"처럼 말하거나 단지 상대방과 함께하면서 상대방이 자신의 감정에 머물도록 적극적으로 청취하기)

  그러려면 상대방과 자신의 느낌이 다를 때 잠시 당신의 감정을 접어둘 필요가 있다.

- 배려 전달하기

  말로도 할 수 있지만, 레이철이 아버지를 팔로 감싼 것처럼 말이 아닌 행위로 전달할 수도 있다.

• 판단을 유보하고 호기심과 의문 품기

개방형 질문을 던지고 상대방에게 어떤 일이 일어나는지 정말로 이해하려고 노력하는 것이다.

당연히 이런 행동을 한 번에 모두 사용하는 일은 거의 없다. 하지만 누군가를 정서적으로 만족시키려면 이런 행동이 많이 요구될 것이다. 상대방과 온종일 함께 있으면 당신은 무엇이 적절한지 느낄 수 있다. 가끔 감정을 넣어서 "정말 끔찍하다"라고 말하면 충분하다.

레이철은 아버지가 그녀의 말을 받아들이려고 발걸음을 멈추고 단지 이렇게 말했을 때 정서적으로 만났다고 느꼈다. "하지만 네가 무슨 말을 하려고 하는지 내가 알기 시작한 것 같구나."

우리가 매우 감정적일 때, 상대방의 말을 충분히 듣도록 우리 자신의 감정을 잠시 접어두라는 것은 너무 큰 부탁일 수 있다. 이런 순간에 상대방의 감정에 전적으로 충실하기는 정말 어렵다는 걸 처음으로 인정해야만 할 것 같다. 그래서 자신이 만약 그렇다면 감정적으로 덜 자극받은 순간으로 돌아와 다시 참여하는 것이 중요하다.

우리가 상대방을 정서적으로 만나는 게 불화나 갈등을 피하는 방법이라고 제안하는 것이 아니다. 이것은 감정적으로 고양된 상태에 있는 누군가에게 반응하는 **하나의** 방법일 뿐이다. 그리고 매우 사적인 차원에서 서로를 연결하는 방법이다.

한 번에 하나씩 해결하기

대단한 인내심이 요구됐지만 레이철은 상당한 진전을 이루어냈다. 그녀는 아버지를 아예 포기하고, 그녀가 원하는 대로 그가 자신의 말을 들을 수 없다고 결론을 내리기 쉬웠을 것이다. "나에게는 어렵구나"라며 그가 인정한 말이 그녀가 그에게 큰 행동 변화를 요구하는 것임을 깨닫게 하는 데 도움이 되었다.

하지만 이런 대화가 성공한 것처럼 보일지라도 뿌리 깊은 습관을 일거에 변화시키는 경우는 드물다. 그러나 적어도 시작은 한 것이다. 필은 레이철에게 일어나는 일을 이제 이해했고 소통하는 새로운 방법을 배웠다. 그가 다시 뒷걸음질 쳐서 익숙했던 패턴에 안주하리라는 것은 거의 확실하다. 중요한 것은 이제 레이철이 포기하지 않는다는 점이다. '이 보 전진 일 보 후퇴Two steps forward and one back'의 과정이다.

레이철이 마침내 자신의 목소리가 상대방에게 전달되었음을 느꼈다고 그에게 말했을 때처럼, 그가 이루어내는 진척 상황을 계속 인정하는 것이 중요하다. 우리는 긍정강화[내가 원하는 걸 상대방이 해주면, 그가 좋아하는 것을 주어 상대방의 행동을 강화하는 것]가 얼마나 영향력이 큰지는 잊어버리고 한 사람이 잘못하는 것에만 초점을 자주 맞추곤 한다.

때때로 직선이 두 점을 연결하는 가장 긴 거리임을 기억하라. 토론은 한 주제에서 시작하나, 다루어야 할 더 중요한 주제가 있다는 것이 점차 명백해진다. 이런 일이 일어나면 잠시 멈추고 한 걸음 물러서서 생각해보라. 맞설 장애물이 있는가? 레이철이 아버지와 함께 하이킹하면서 했듯이, 첫 번째 주제를 제쳐두고 **당신이 어떻게 말하는지를 보라.** 당신이 어떻게 느끼는지에 주목하고 그것에 대해 말하라!

　더 심각한 그 문제를 해결하면 지금 당면한 문제만이 아니라 미래의 문제해결에도 도움이 될 것이다. 그래서 관계가 훨씬 더 깊고 튼튼해질 것이다.

자기 성찰하기

1. 레이철이나 필의 입장이 되어보라

당신이 레이철이라면: 당신이 아버지에게 좌절하더라도 그의 마음에 상처 주기를 원하지는 않는다. 당신은 이런 상황을 어떻게 해결해야 겠다고 생각하는가? 포기할 것인가? 그녀가 했던 다양한 접근방법 중에 당신은 어떤 것을 시도했을까? 혹은 아예 시도하지 않았을까?

당신이 필이라면: 당신은 딸과의 관계를 정말로 소중하게 생각하므로 그런 친밀감을 잃기를 원하지 않는다. 그러나 현재의 소통 방식이 편안해서 레이철이 원하는 대로 하기가 어렵다고 생각할 수 있다. 당신은 이런 상황을 어떻게 해결할 것인가? 당신은 어떻게 했고 무엇을 말했을까?

2. 오래된 협약

당신은 신경을 쓰는 (핵심 혹은 다른) 관계에 놓여 있는가? 하지만 당신이 관계를 맺는 어떤 방식이 과거에 얽매여 있는 것처럼 보이는가?

3. 당신의 기여

레이철처럼 당신은 이 관계에서 예상 밖의 변화를 가져올 어떤 일을 할 수 있는가?

- "그게 그들의 방식이고 그들의 성격이다"라고 가정하기
- (특정 행동과 당신이나 당신에게 필요한 것에 미치는 영향에 대한) 명확성이 떨어지는 피드백하기
- 변화가 현재 상태보다 쉽다고 가정하기
- 지속성과 인내심 결핍되기
- D×V×F(불만×비전×첫걸음) 사용하지 않기
- 상대방이 원하는 것을 고려하지 않고 자신을 위한 변화를 원하기

적용하기

위의 '자기 성찰하기'에 토대를 두고 두 사람 모두에게 이익이 되도록 당신이 관계를 재정의할 수 있는지 보기 위해 상대방과 대화해보라.

이해하기

어떻게 되었는가? (당신 자신과 상대방에게 영향을 미치는 것에 대해) 당신은 무엇을 배웠는가?

돌이켜 생각해볼 때, 당신이 다르게 했으면 혹은 달리 말했으면 했던 게 있는가?

10

가까운 사이에 갈등이 심해졌을 때

오랜 친구 사이에 묵힌 감정을 풀 수 있을까?

지금부터 설명하는 상황이 익숙하게 들리는지 보라. 당신은 부모님, 배우자, 친구 또는 아이와 함께 완벽하게 훌륭한 저녁 식사를 하고 있다. 얼핏 보기에는 대화가 갑작스럽게 중단될 하등의 이유가 없다. 누군가의 악의 없는 지적으로 다른 누군가가 말대꾸를 하고, 이는 급기야 비난으로까지 이어져 상황은 악화일로를 걷는다. 갑자기 의혹이 난무하고 오래된 상처가 들먹여진다.

아무리 노력해도 왜 이런 일이 벌어지는지 가늠조차 하기 어렵다. 이런 문제는 서서히 차오르는 걸 감지하지 못하다가 어느새 통제가 불가능해진 증기와 같아서 마침내 무슨 일이 터지고 만 것이다.

두루 적용되는 만능 진단은 없겠으나, 감정의 잘못된 관리가 작용했을 가능성이 매우 농후하다. '잘못된 관리'는 여러 의미를 담고 있다. 억압된 감정이 폭발할 정도로 고조되어왔다는 의미일 수도 있다. 또한 당신의 감정이 무감각해지고 있음을 의미하기도 하는데, 사실 그런 감정은 항상 있었으나 당신이 거의 의식하지 못한 것이다.

이전 장에서는 당신이 감정을 밀어내는 많은 이유를 다루었다. 10장에서는 감정 밀어내기의 대가와 감정을 밀어내다가 어떻게 폭발 상태로 치닫고 쌍방이 경직된 입장에 갇히는지를 다룬다. 자신의 감정에 대해 더 많이 알수록, 당신은 감정에 덜 휘둘리게 되어서 감정을 유익하게 표현하는 방법이 더 늘어날 것이다.

'미아와 아니야' 1편

아니야와 미아는 대학 룸메이트로 남자 친구 이야기부터 진로 선택이나 성인이 되는 과도기 생활 이야기까지 나누는 절친한 친구로 지냈다. 이런 가까운 신뢰 관계는 대학 졸업 후에 멀리 떨어져 살면서도 계속 이어졌다. 두 사람은 전화로 정기적으로 대화를 나누었고 가능할 땐 서로를 방문하기도 했다. 그들은 서로의 결혼식에도 참석했고 아이들이 태어난 후에 겪었던 생활의 고락도 공유했다.

미아와 그녀의 남편 제이크는 아니야와 그녀의 남편 크리스토퍼가 살고 있던 필라델피아로 이사했다. 미아와 아니야는 이사 이후에 두 부부가 함께 어울리기를 바랐지만 남편들은 서로 잘 맞지 않았다. 그 대신 두 여자는 저녁 식사를 정기적으로 하려고 했으나 아이들과 직장일 때문에 그들이 바라는 만큼 자주 식사를 하지는 못했다.

두 사람은 서로 만나기를 좋아했으나 예전만큼의 친밀감은 점차 사라져 가는 것을 알 수 있었다. 그들은 그것을 터놓고 말하지는 않았으나 과거에 비해 공유하는 것이 줄어들었다. '**아마도 남편 제이크와 다른 친구들이 있어서일 거야.**' 미아는 속으로 중얼거렸다.

'**친밀감은 내 삶의 초기에 필요했던 거였을지도 몰라. 하지만 이제 그 정도로 필요하지 않아. 아이들이 내 시간을 많이 잡아먹는 건 말할 필요도 없지. 아니면 아마도 우리가 아니야 부부보다 더 잘살아서 그럴지도 몰라. 그들 부부는 좀 이상해.**' 미아는 이런 생각을 접어두기로 마음먹고 아니야와 만날 약속을 고대했다.

두 사람은 자신들이 좋아하는 프랑스식 비스트로에서 만나 예전처럼 서로 어떻게 지냈는지 이야기를 나누며 식사 시간의 초반부를 보냈다. 식사가 끝날 무렵, 아니야가 이렇게 한탄했다. "나는 언제나 피곤하고 모든 것에 뒤처져 있어. 수면과 운동 시간을 아무리 줄여도 별로 진전이 없는 것 같아."

미아는 고개를 끄덕였다. "무슨 말을 하는지 알겠어. 나도 다루어야 할 일이 많아. 승진, 아이들, 새집 건축 등등. 누가 매일 다섯 시간만 더 준다면 얼마나 좋을까!"

아니야는 미아가 선의로 말했다는 것을 모르지 않았지만 약간 분했다. 그래서 이렇게 답변했다. "그래, 네가 할 일이 많다는 건 나도 알지. 하지만 적어도 너는 온갖 좋은 일 때문에 피곤한 거잖아. 나는 판에 박힌 듯이 직장에서 일하고 시간의 절반을 아이들과 보내면서 나쁜 엄마처럼 느끼며 지내고 있어."

"무슨 말을 하는 거야? 넌 대단한 엄마잖아?"

"네가 그렇게 말해주니 좋긴 한데, 나는 그렇게 생각하지 않아. 지난주만 해도, 아들 에번의 견학에서 인솔자를 하기로 했는데 취소해야만 했어. 내가 열심히 만든 보고서를 직장 상사가 막바지에 고쳐달라고 했거든. 에번은 정말 실망했지."

아니야의 눈에 눈물이 고이기 시작했다. "미안해, 내가 무엇 때문에 이렇게 흥분하는지 모르겠어. 나는 그냥 피곤할 뿐이야. 아니면 그게 날 이렇게 힘들게 하는지 몰랐을 수도 있어."

"아마도 네가 새 직장을 찾을 때가 온 게 아닐까?"

"미아, 무슨 의미로 그런 말을 하는 거지?" 아니야는 화가 나서 물었다.

"네가 직장에 대해 불평하는 걸 내가 꽤 오랫동안 들어와서 그랬을 뿐이야." 미아는 말했다. "이제 너도 다른 무언가를 찾아볼 시간인 듯해서 그런 거야."

아니야는 실망하기도 하고 짜증이 나기도 했다. "미아, 네가 말하기는 쉽지. 너는 살아가는 데 필요한 모든 게 잘 돌아가고 있잖아. 게다가 우리 집은 내 소득이 필요하고 지금 하는 일은 보수도 좋아."

두 사람은 침묵에 빠졌다. 웨이터가 디저트 주문을 받으러 왔을 때 정적이 깨졌는데, 두 사람 다 사양했다.

"나는 도와주려고 했을 뿐이야, 아니야. 그런데 내 말이 너를 짜증나게 한 것 같아. 너는 왜 그렇게 민감할까?"

"다른 사람에게 일어나는 일에 때때로 민감한 건 좋은 일이지." 아니야가 답변했다.

"그건 무슨 의미지?" 미아가 물었다.

아니야는 깊게 한숨지었다. "보라고, 난 정말 피곤해. 나는 내 개인적인 이야기를 공유했는데 너한테서 들은 게 고작 새 직장을 찾아보라는 말이었어. 네가 좋은 의미로 말한 건 알겠지만 이 모든 게 나한테 얼마나 힘든지 넌 제대로 듣고 있는 것 같지 않아."

아니야는 그들의 대화를 점점 더 불안하게 하던 모든 시간에 대해 생각했다. 미아는 모든 것에 답이 있는 듯했다. **'미아는 어떤 것과도 씨름해본 적이 없나?'** 아니야는 궁금했다.

"어떻게 그렇게 말할 수 있지? 물론 너한테 이 일이 얼마나 힘든지 나도 알아." 미아가 반격했다. "어떻게 내가 모른다고 생각할 수 있어?"

"그냥 그렇게 생각해." 아니야가 답변했다. "게다가 네가 직장에서 승진하고 새집을 짓는다는 이야기를 들으니 더욱 기분이 나빠졌어. 나는 너에게 제일 좋은 일만 있길 바라니까 이렇게 말하면 안 된다는 것도 알아."

"그럼 나는 내 일상에 무슨 일이 있는지 공유하면 안 되고 그냥 네 문제에만 귀를 기울여달라고? 세상에나, 너와 대화하는 건 온통 지뢰밭 같구나. 뭐라고 말해야 상황을 악화시키지 않을지 모르겠어."

미아는 속으로 생각했다. **'늘 그렇듯 아니야는 과민해. 그녀와 말하는 건 달걀 껍데기 위를 걷는 것 같다니까.'**

"이제 그만하는 게 좋겠어." 미아가 덧붙였다.

아니야는 식사비의 자기 몫을 내고 포기한 듯한 말투로 "나도 동의해"라고 말했다.

그들이 차로 걸어갈 때 미아는 "좋아, 내 남편 제이크와 아이들한 테서 벗어나 저녁 시간을 잘도 보냈네"라고 빈정대며 말했다.

"이제 시간이 늦었어." 아니야는 말했다. "그리고 여기 도착했을 때보다 훨씬 더 지쳤어. 집에 가야겠어. 미안해."

"나도 마찬가지야." 미아가 말했다.

그들은 상대방에게 화가 나고 분개한 채로 각자의 차에 탔다.

울분 방출: 무슨 일이 일어났나?

간단히 말하면, 미아와 아니야는 이전 장들에서 우리가 언급했던 모든 것을 위반했다.

1. 두 사람은 핀치가 쌓이도록 했다

각자에게 문제는 많았다. 아니야는 미아가 개인적인 문제를 거의 말하지 않아 신경이 쓰였다. 그리고 자신의 분투하는 이야기를 미아에게 늘어놓을 때 그녀가 특별히 공감하는 모습을 보지 못했다. 그 대신 미아는 조언을 해줄 뿐이었다. 이런 조언은 미아가 자신을 얼마나 이해하지 못하고 있는지 보여줄 뿐이라고 아니야는 생각했다. 또한 미아의 직업 만족도와 풍족함에 질투를 느꼈다.

미아도 억눌린 핀치가 있었다. 그녀는 아니야가 자신의 직업에 대해 계속 불평하면서 아무것도 하지 않고, 자신을 희생자처럼 표현하는 것에 지쳤다. 아니야를 도와주고 싶었지만 그녀가 과민하게 반응한다는 생각 때문에 좌절했다. 미아는 자신의 직업과 새집에 대해 더 많이 이야기하고 싶었으나 아니야의 시기를 감지했기에 이야기하지 못하고 억제되어 있다고 느꼈다.

이런 문제 중 어떤 것은 그리 대단한 일도 아니었다. 그래서 두 사람은 이런 문제를 그전에는 제기하지 않았다. 좀 더 일찍 말을 꺼냈다면 더 쉽게 해결되었을 것이다. 하지만 시간이 흐르며 문제가 점점 더 강력해져서 결국 그들을 더 부정적으로 만들었다.

2. 두 사람은 자신의 감정을 말로 드러내지 않았다

"나는 느껴"라는 표현이 있지만 두 사람은 "나는 ~처럼 느껴"라는 말로 시작했다. 이 표현은 감정이 아니라 생각이다. 동시에 그들의 말투와 단어 선택을 보면, 표현되지 않은 어떤 강한 느낌을 전달했다는 것을 알 수 있다.

3. 두 사람은 비난 게임을 했다

미아와 아니야가 집에 들어갔을 때 각자의 남편이 "어땠어?"라고 물어보면 각자 자신이 모든 합리적인 말로 의사소통을 하기 위해 얼마나 애썼는지, 그리고 상대방이 얼마나 부적절했는지 이야기했을 것이다.

아니야가 미아에게 "이 모든 것이 나에게 얼마나 힘든지 넌 제대로 듣고 있는 것 같지 않아" 그리고 "너는 살아가는 데 필요한 모든 게 잘 돌아가고 있잖아"라고 말해서 표현되지 않은 많은 감정이 공격 조로 변했다. 이렇게 해서 각자 스스로 옳다고 느끼고 상대방을 비난했다. 미아가 "너는 왜 그렇게 민감할까?"라고 물었을 때, 그녀는 질문이 아니라 비난을 하고 있었다.

비난 게임이 유익한 경우는 드물다. 비난 게임을 하면 문제해결을 원하지 않게 하는 것은 물론이고 자기 성찰로 가지 못하며 저변에 깔린 문제를 개방적으로 발견하는 것을 저지하게 된다. 그래서 상대방을 향한 문을 폐쇄하고 자신을 보호하려는 수동적 자세를 취하게 되어서 대개 상호 비난으로 이어진다.

4. 두 사람은 서로를 이해하려고 시도하지 않았다

각자 자신이 옳고 상대방은 형편없이 행동한다고 믿으며, 또 자신이 상대방의 동기를 안다고 생각하기 때문에 질문을 시작해보려는 의욕이 거의 없었다. 질문을 던지는 것이 가장 효과를 거둘 수 있었던 때는 아니야가 아들의 견학에 참가할 수 없게 되었다고 말하며 울기 시작했을 때다. 미아가 아니야의 감정 수준에서 공감하며 "아니야, 걱정된다. 무슨 일이야?"라고 말했다면, 전체 대화가 달라졌을지 모른다.

그 대신 미아는 논리적으로 제안하는 것을 선택해서("아마도 네가 새 직장을 찾을 때가 온 게 아닐까?") 아니야가 마음의 문을 닫게 하고 그녀의 감정을 더 나약하게 만들었다. 미아의 입장에서는 기회를 놓친 셈이지만, 보통 때 같으면 절친한 친구에게 당연히 느꼈을 공감이 그녀의 억눌린 짜증 때문에 차단되었던 것이다.

대화가 진행되면서 각자 더 독선적이고 자기방어적 입장이 되어 상대방에게 진짜 무슨 일이 진행되고 있는지 더 궁금해하지 않게 된다. 대화 중에 아니야는 이렇게 물었다. "무슨 의미로 그런 말을 하는 거지?" 그리고 나중에 미아는 이렇게 말했다. "그건 무슨 의미지?" 그러나 두 경우 모두, 그들의 말투는 진심 어린 관심 표현이라기보다는 더 자기방어적이고 공격적이었다.

그날 저녁이 그렇게 끝난 것은 정말 행운이었다. 두 친구는 자신의 감정을 특히 잘 다스릴 수 있는 공간에 있지 않았다. 그리고 그들의 감정은 친구 관계가 도저히 회복 불가능한 수준으로 쉽게 치달을 수도 있었다. 이것이 당신이 자신의 감정을 소유해야지, 그러지 않으면 감정이 당신을 소유하게 된다고 우리가 강하게 느끼는 이유다. '소유한다'는 의미는 두 사람이 그랬듯이 억압하라는 말이 아니다. 오히려 감정을 소유하고 관리한다는 것은 감정을 **표현**하되, 유익한 방법으로 표현하라는 말이다.

감정을 인식하고 받아들이기

데이비드가 거의 50년 전에 스탠퍼드대학교에서 T-그룹을 처음 운영하기 시작했을 때 학생들에게 어떤 감정을 느끼냐고 물으면 그들은 종종 "잘 모르겠어요"라고 대답했다. 이후로 감성지능과 다른 요인에 대한 연구가 진행되면서 감정 표현은 사회에서 더 잘 받아들여지고 자신의 감정을 완전히 모르는 사람은 훨씬 줄어들었다.

그러나 대부분 사람은 자신이나 상대방의 감정에 주의를 기울이기 이전에, 먼저 자신의 머리를 이용해 논리적인 방법으로 상황을 이해하려고 하는 경향이 있다. 이런 습관은 깨기가 어렵다. 우리 두 사람은 이 분야에서 수십 년 일해 왔지만 우리도 때때로 잠깐 멈춰서 자문해볼 필요가 있다. "내가 정확히 무엇을 느끼는가?"

캐럴은 일찍부터 느낌을 억누르거나 무감각하게 만들기 시작했다. 그녀의 어머니는 성질이 괴팍해서 캐럴은 어렸을 때 어머니가 호통치고 소리 지르고 문을 세차게 닫으면 집 안 어디엔가에 숨어서 움츠리고 있던 기억이 있다. 그래서 캐럴은 분노를 느껴서는 안 될 나쁜 감정으로 여겨 그 감정을 매우 두려워하게 되었다.

그녀는 화낼 때를 의식하고 감정을 적절히 표현하는 방법을 배우기 위해 열심히 노력해야만 했다. 브레네 브라운Brené Brown이 지적했듯이, 우리는 선택적으로 감정을 마비시킬 수 없다. 우리가 분노와 슬픔, 무서움을 마비시키면 고마움과 사랑, 즐거움 또한 마비되기 때문이다.[20]

일터는 감정 표현을 유발하는 점에서 따졌을 때 엄밀히 말하면 협력체는 아니다. 수십 년 동안 조직은 일터에서 감정을 배제하는 것의 중요성을 강조해왔다. 1975년에 캐럴은 〈포천〉 500대 기업 중 하나에 비사무보조직으로 고용된 최초 여성이었다.

그녀가 제일 먼저 배운 것은 그 시대에 여성인 자신이 기업에서 성공하려면 남자처럼 행동해야 한다는 것이었다. 공격적이고 강하고 대담해야 하며, 무엇보다도 침착하고 합리적이고 비감정적이어야 한다는 것이다. 감정이 발붙일 데가 없었다. 캐럴은 이런 데 능숙해졌고 이는 그녀에게 도움이 되었다. 하지만 직급이 올라가고 다른 회사로 옮기고 높은 직위의 관리자로 승진하자 그녀의 합리적 모델은 한계에 부딪혔다.

캐럴이 오천만 달러 규모의 영업 마케팅 부서를 운영하고 있었을 때 이야기다. 그녀의 팀에서 진행한 한 전략 모임에서 모두 합심하면 무엇을 달성할 수 있는가에 대해 열정적으로 말하다가 그녀는 그만 목이 메었다. 팀원들이 기절초풍했고 정적이 흘렀다. 그녀의 팀원들 중 한 명이 (남자, 하여튼 모두 남자였다) "와우, 결국 당신도 사람이었네요"라고 말했다. 그러자 캐럴은 정말 이렇게 울부짖었다. "당신은 나를 사람으로 여기지 않은 건가요?"

캐럴은 그날의 안건 목록을 모두 찢어버리고 대화를 나누기에 이보다 중요한 것은 없다고 선언했다. 그래서 그녀의 직장 생활 전체에서 가장 솔직하고 진정성 있고 보람 있는 업무 대화를 시작했다. 캐럴은 자신이 누구이고 어떤 것에 크게 신경 쓰는지 이야기하고 팀원들 역시 자신이 누구이고 그들에게 가장 중요한 것이 무엇인지 말했다.

희망, 슬픔, 긍지, 실망, 좌절, 배려에 대한 느낌 등이 모두의 입에서 쏟아져 나왔다. 그러면서 그들은 자신의 절반을, 그것도 아마 가장 중요한 절반을 출근길 주차장에 팽개치고 지냈다는 것을 깨달았다. 그들은 말을 더 할수록 서로를 더욱 상세히 알게 되었다.

그 모임 후에 그들은 난공불락의 팀을 만들었다. 지금까지 캐럴은 그 일곱 남자가 그녀를 따라 어디든 갈 거라고 확신한다. 이런 일이 그녀가 막 일하기 시작해 신뢰와 자신감이 부족하던 첫해에 발생했다면 결과가 그렇게 좋지는 않았을 것이다.

마찬가지로 감정은 일터 밖에서도 정당하게 대우받지 못한다. 대부분의 교육 체계는 논리와 이성을 강조한다. 우리는 "너는 화를 내서는 안 돼", "상대방은 단지 도와주려고 애쓰고 있을 뿐이라고 말하니까 너는 부정적 피드백을 받아도 마음에 상처를 입으면 안 돼", "너는 남동생에게 화내서는 안 돼(네가 받았던 모든 관심을 남동생이 받고 있더라도!)" 같은 초기 사회화를 경험했다. 우리의 "해서는 안 돼"라는 말은 우리가 **느끼고 있는** 바를 종종 인식하지 못하게 한다.

아무리 선의를 가진 부모라도 여전히 감정을 상쇄하게 하는 신호를 보낸다. 데이비드의 아들 제프리가 네 살이었을 때, 데이비드는 제프리가 놀 수 있도록 근린공원에 데리고 갔다. 제프리는 미끄럼틀을 타고 내려오다가 미끄럼틀 바닥 모서리에 그만 머리 뒷부분을 부딪혀 울음을 터뜨렸다.

데이비드는 서둘러 뛰어가 아들을 일으켜 세우며 말했다. "제프리, 넌 다치지 않았어." 하지만 그는 아들에게 그렇게 말한 것에 대해 마땅한 벌을 받았다. 여전히 눈물이 주르륵 흐르는 얼굴로 제프리는 이렇게 쏘아붙였다. "내가 어떻게 느끼는지 아빠가 어떻게 알아요? 내 느낌은 나만 아는데."

데이비드는 제프리의 느낌을 의식적으로 부정하려 들지 않았다. 그는 단지 자기 자신의 감정에 정직하지 않았을 뿐이다. 더 정확하게(그리고 아들을 지지하며) 말했다면, "나는 네가 다쳐서 기분이 나쁘다"라고 표현했을 것이다.

사람이 감정을 표현할 때도 감정의 강도를 줄이는 경향이 있다. 감정 수준을 매우 약함부터 매우 강함까지 10점 만점의 기준으로 표현해보자. 드물지 않게 7점의 문턱을 넘어야만 사람들이 자신의 감정을 알아차리거나 상대방에게 알려준다. 감정 수준이 낮으면 표현할 가치가 없을 수도 있지만 가운데 영역이라면 어떻게 될까?

가끔 T-그룹의 어떤 참가자는 이렇게 말한다. "나는 그 지적에 **조금** 화가 났어요." 그러면 우리는 엄지와 집게손가락 사이를 사분의 일 인치 틈만큼 벌리고 유머 삼아 이렇게 말하기도 한다. "아주 조금?" 그럼 그 학생은 종종 웃음 지으며 말한다. "실은 그렇지 않아요." 그래서 대화는 더욱 정확하고 유익해진다.

신체 반응(예를 들어 가슴의 두근거림, 맥박의 미세한 변화, 목의 따끔거림이나 압박감, 축축한 손바닥)은 우리 감정에 대해 중요한 실마리를 제공한다. 이런 반응은 우리를 무감각에서 깨워내 현재 상황의 심각성을 인지토록 하는 데 도움을 줄 수 있다. 그 반응을 무시하면 건강과 행복, 관계의 질에 악영향을 미친다는 연구 결과가 있지만 우리는 자주 그렇게 한다.[21]

또한 날카로운 말투나 경멸하는 표정으로 감정을 '흘리기도' 한다. 이런 감정 노출은 미아와 아니야 사이에서처럼 역기능을 발휘하기도 한다. 그러나 논쟁의 열기 속에서 누구도 그들의 느낌을 완전히 알지는 못했을 것이다.

미아와 아니야는 무엇을 할 수 있었을까?

두 친구는 상당히 곤란한 상황에 처해 있다. 둘은 공공장소에서 진이 빠지고 감정을 억누른 채로 있었다. 그들이 했던 최선의 행위는 이야기를 그만하기로 해서 피해를 최소화한 것이다. 그렇긴 하지만, 이미 언급했듯이 대화 초기에 다른 길로 가기로 선택했다면 그들은 더 많은 선택지를 가질 수 있었을 것이다.

미아가 했던 이야기를 짚어보자. "나는 도와주려고 했을 뿐이야, 아니야. 그런데 내 말이 너를 짜증 나게 한 것 같아. 너는 왜 그렇게 민감할까?" 이 시점에서 적어도 세 가지 선택지가 있었다. 이 모든 것의 핵심에는 7장에서 시작된 대인관계 사이클, 그리고 당신의 현실과 당신 쪽 네트 영역에 머무는 개념이 있다.

선택 1: 감정 고수하기

아니야가 이렇게 드러내며 반응했다고 생각해보자. "미아, 부분적으로는 그 말 때문이지만 이번 대화로도 나는 정말 상처를 받았어." 우리는 자기 개방 의지가 장애물을 허물 수 있다고 주장하긴 했지만, 아니야가 이미 낙심하고 과민한 반응을 보인다고 비난받았기 때문에 그렇게까지 자기 개방을 하리라 기대하는 건 무리일지 모른다.

그러나 아니야가 자신의 고통을 표현할 수 있었다면 미아도 똑같은 행동을 하고 상대방 입장에서 감정이입을 하여 "미안해, 나는 네 마음을 상하게 하고 싶지 않아, 내가 무엇을 하면 될까?"라고 말하며 사과할 수도 있었다.

아마도 미아는 불통을 해소하고 싶은 마음이 굴뚝같을지도 모른다. 그녀는 정신을 차리고 "오, 내가 그렇게 끔찍한 말을 하다니, 미안해" 혹은 "오늘 저녁에 내가 너한테 그렇게 반응해서 기분이 좋지 않아. 너의 불행을 듣는 게 너무 힘들었어. 나도 모든 것이 그렇게 장밋빛이지는 않아"라고 말할 수도 있다.

그러면 좋았겠지만 다른 타당성 테스트도 해보자. 아니야의 불평으로 미아의 짜증도 늘어나고 있음을 볼 때, 아니야가 비난한 후에 미아가 180도로 변할 가능성은 얼마나 될까? 그녀가 그런 감정을 모두 개방하리라 기대하는 게 이치에 맞을까? 아마도 아닐 것이다.

그러나 미아와 아니야가 분노에서 연민으로 갑자기 방향을 틀지 않고 그들의 감정을 공유하는 방법이 하나 있다. 우리는 이전에 분노가 이차적인 감정이고 그 저변에 근원적이고 솔직한 감정이 있다고 지적한 바 있다.

미아나 아니야가 이것을 알았다면, 자신에게 이렇게 물어보려고 잠시 멈췄을 수도 있다. "내가 무엇 때문에 이렇게 짜증이 났지? 무엇이 나를 이렇게 화나게 하지?" 그러고 나면 이렇게 말하는 것이 가능했을지도 모른다. "내가 짜증을 내고 화난 이유는 나 또한 '마음에 상처를 입었고/무시당하고/무력하다고' 느꼈기 때문이야."

그들 중 어느 한쪽이 이런 개방적인 감정을 드러내는 건 대화가 점점 더 격화되는 것을 중단시키는 가장 빠른 방법일 것이다. 그러나 갈등의 열기 속에서 그렇게 하기는 어렵다. 그러므로 선택 1이 존재하기는 하나, 시도하기는 쉽지 않다.

선택 2: 자존심의 함정을 인식하고 극복하기

미아와 아니야가 논쟁적인 상황에서 피할 수 있었던 일련의 자존심의 함정이 있다. 예를 들어 상대방이 먼저 사과할 때까지 자신은 사과를 거부하는 것, 상처를 인정하는 게 약함의 신호라고 생각하는 것, 또는 자신이 더 낫다고 느끼기 위해 상대방을 나쁜 사람으로 만들어야 한다는 것이다.

잘못된 자존심은 당신을 경직된 입장에 갇히게 해 앞으로 일어날 상황을 통제할 수 없게 한다. 당신의 에고가 작용하는 것을 인식해 자주 당신이 그냥 정신을 차리는 것만으로도 충분하다. 잘못된 자존심의 작용을 인정하기는 첫 번째 선택보다 더 쉽다. 둘 중 한 사람이 이런 함정이나 다른 독선적인 태도를 인식하고 그것을 인정할 수가 있었을까?

선택 3: 진행 상황을 제대로 처리해 미래에 집중하기

우리가 이전에 언급했듯이, 두 사람이 궁지에 몰려 옴짝달싹 못 하게 된다면, 가끔은 한 걸음 물러서서 이렇게 물어보는 게 중요하다. "무슨 일이야? 우리가 여기서 벗어날 수 있을까?" 미아나 아니야가 비난 게임으로 가면 안 된다는 것을 염두에 두고 그렇게 말할 수도 있었다.

두 사람의 대화가 비난 게임으로 확대되는 걸 막을 수 있었을 방법 중 하나는 두 사람이 서로의 관계에서 원했던 바를 이야기하는 것이다. 미아와 아니야는 예전처럼 친하지는 않았다. 두 사람 모두 더 개인적이고 배려하는 소통과 과거의 친밀감을 그리워했다.

둘 중 한 사람이 이렇게 말했을 수도 있었다. "오늘 저녁 대화는 우리가 예전에 했던 것과는 다르네. 과거에는 우리 관계에서 진정한 배려와 친밀감을 느꼈는데 나는 그게 그리워. 다시 그렇게 되기 바라는데, 너는 어때?"

나머지 한 사람이 마음을 열어 이런 제안을 받아들이고, 또 그들 각자가 과거의 친밀감을 해쳤다고 상대방을 비난하는 함정에서 벗어난다면 각자 원했던 바를 확인할 수 있었을지도 모른다. 그랬다면 이제까지 쌓여온 펀치 중 일부에 관해서도 의논해볼 수 있었을 것이다.

이런 세 가지 선택지가 상호 배타적이지 않고 최선의 상황에서는 서로 보완적일 수도 있음에 주목하라. 진행 상황을 보려고 뒤로 물러서서 그들이 원하고 그리워하는 관계를 떠올리는 것은 그들의 감정을 조사하고 공개하도록 할 수 있다. 기억해야 할 가장 중요한 점은 당신이 실시간으로 감정을 인식하고 있을 때 진행 방법에 대한 선택지가 더 많다는 것이다.

세 가지 선택지 모두 자기 개방이 필요하다. 이것은 당신이 상처 입고 오해를 받고 있을 때는 더욱 하기 어려운 일이다. 그러나 사람들이 말하듯이, 위험 없이는 보상도 없다.

분명히 미아와 아니야는 그들의 저녁 식사가 한창일 때 이런 선택지 중 어느 것도 선택하지 않았다. 그렇다고 해서 너무 늦었다는 의미는 아니다. 그들은 막다른 골목, 정체상태에 접어들었다. 그러나 이러한 교착상태는 해소될 수 있다. 다음 장에서 그 방법을 모색해보자.

자기 성찰하기

1. 먼저 아니야의 입장이 되어보라

당신은 다른 시점에서 어떻게 반응했을 것 같은가? 그러면 당신이
미아의 입장이 돼서 똑같이 해보라. 당신이 이렇게 반응했어야 한
다고 생각한 대로 응답하지 말고 그렇게 했을 것 같은 방식으로 응
답하라.

2. 논쟁하다가 막혔던 경우를 회상해보라

당신이 다른 사람들과 논쟁하면서 '막혔던' 여러 경우를 회상해보
라. 자신의 자존심이 방해물로 작용하는 어떤 패턴이 보이는가? 아
래 진술 중에 어떤 것이 사실로 들리는지 생각해보라.

- 나는 상대방이 먼저 사죄할 때까지 사죄하기가 어렵다.
- 나는 미안하다고 말하기가 어렵다.
- 내가 잘못했다고 인정하기가 어렵다.
- 나는 내 입장이 보통 옳다고 생각하는 경향이 있다. 상대방 입장을 이해하
  기 어렵다.
- 나는 상대방이 나보다 그 문제에 더 책임이 있다는 걸 보여줘야 한다.
- 나는 상대방의 잘못이라는 걸 밝힐 이유를 찾으려 한다.
- 나는 마음이 아프다고 말하기가 어렵다.

- 내가 다른 사람 때문에 상처받으면 내 분함을 해소하기가 어렵다.
- 나는 어떤 부정적 피드백이나 비판을 개인적인 공격으로 보는 경향이 있어서 자기방어적으로 변한다.
- 나는 상대방이 틀렸다고 생각하면 독선적으로 행동하게 된다.

이는 우리가 자신을 보호하는 방법이다. 당신이 선택한 항목대로 행동하지 않았다면 어떤 문제가 발생했을 거라고 생각하는가?

3. 정체

미아와 아니야의 관계는 네 가지 중요한 이유로 정체상태에 접어들었다. 위에서 확인한 상황 중에서 어느 것이든 일어나곤 하는가?

- 핀치가 쌓이게 두기
- 당신의 느낌을 말하지 않기(그러나 논리적 주장을 하거나 비난하기)
- 비난 게임 하기
- 상대방을 이해하려고 하지 않기

적용하기

때때로 정체상태에 빠지곤 했던 중요한 관계 하나를 생각해보라. 위에서 제시한 '자기 성찰하기'의 두 번째 문제에서 제시한 항목 중 어떤 것이 당신이나 상대방에게 일어나곤 하는가? 그런 상황에 대해 그들과 토론해보고 그런 일이 다시 일어나지 않게 할 방법을 강구할 수 있는지 알아보라.

당신은 해결하지 못한 (핵심 관계나 어떤 다른 사람과의) 불화가 있는가? 어떻게 그런 불통을 해소할지 방법을 결정하고 한번 시도해보라.

이해하기

당신의 대화는 어떻게 진행되었나? 당신은 자신과 이런 토론의 유형에 대해 무엇을 배웠는가? 다음에 당신이 정체상태에 빠진 대화를 하고 있다면 무엇을 전념해서 할 것인가? 당신이 배웠던 것 중에 특히 어떤 것을 사용하고 싶은가?

11

감정이 격해져 소통이 어려울 때

관계가 망가질 위기를 어떻게 극복해야 할까?

2장에서 워싱턴산에 오르는 하이킹 이야기를 했는데 그 은유로 잠시 돌아가보자. 미아와 아니야는 권곡 벽까지 쉽게 오르리라 기대했다. 그런데 날씨가 급변해 먹구름이 몰려와 흠뻑 젖고 말았다.

이제 오르기 가장 어려운 산기슭에 와 있다. 그들은 등반을 시도해야 하는가? 등반은 어려울 것이고 암반은 미끄럽다. 그렇다면 그들은 되돌아가야 하나? 만약 계속 등반한다면 다칠 수도 있다. 하지만 초원까지 갈 수만 있다면 그 고난으로 성취감은 한층 더 의미 있어질 테고, 초원에서 바라보는 전망은 더욱 만족스러울 것이다.

그렇긴 하지만 아마도 그럴 만한 가치가 없을지도 모른다. 그들은 그저 후퇴해야 할 수도 있다. 이 중요한 결정 지점에서 그들이 어떻게 전진할 것인가는 서로에 대한 헌신, 난국 타개 능력, 그들의 관계가 앞으로 생길 더 많은 갈등만큼의 가치가 있는지와 모두 연관되어 있다.

아니야는 자신이 꼼짝 못 하고 있다는 느낌이 들 수 있지만 실제로는 여러 선택지가 있다. 그녀는 장기적 관계를 포기할 수 있다. 혹은 미아가 먼저 어떤 행동을 하는지 보면서 기다릴 수도 있다. 하지만 그렇게 되면 다음에 일어나는 일에 대한 통제권을 포기하는 셈이 된다.

아니야가 솔선해서 미아에게 먼저 연락할 수도 있다. 그러나 그렇게 한다면 그녀는 뭐라고 말해야 하나? 그녀가 느낌을 공유하면 미아가 너무 민감하다고 또 꼬리표를 달까? 아니야가 모두 미아의 잘못으로 싸움이 발생했다고 의견을 개진하면 어떻게 될까? 그러다 상황이 더욱 악화되지 않을까?

아니야에게는 많은 선택지가 있으나 선택지마다 잠재적 대가가 있게 마련이다.

'미아와 아니야' 2편

아니야는 그날 밤 차를 운전하고 집으로 돌아오는 길에 저녁 식사 중에 나누었던 대화를 생각해보니 더욱 짜증이 났다. 집 앞의 진입로에 들어서자 울음이 벌컥 쏟아졌다. 문 앞에서 만난 남편 크리스토퍼에게 그날 밤에 일어났던 일을 더 설명할수록 그녀는 기분이 더욱 나빠졌다. 그녀는 이렇게 결론지었다.

"아마도 우정을 끝낼 때가 된 것 같아. 우정의 가치에 비해 너무 골치가 아파."

"25년도 넘은 우정을 정말로 포기하려고?" 크리스토퍼는 물었다. "당신 두 사람은 그동안 많은 일을 함께 겪었잖아."

"으음, 우리 관계가 미아에게 중요하다면, 그리고 오늘 밤에 일어난 끔찍한 일은 대부분 미아 잘못이니까 개가 먼저 나서야 할 거야"라고 아니야가 말했다.

크리스토퍼는 잠시 조용하더니 이렇게 말했다. "통제권을 아예 포기하고 결과를 전적으로 그녀 손에 맡길 거야?"

"난 모르겠어." 아니야가 대답했다. "너무 지쳐서 침대로 가 푹 자고 싶다는 생각뿐이야."

다음 날 차를 운전해 출근하면서 아니야는 전날 크리스토퍼가 했던 말을 다시 생각했다. 아니야와 미아는 함께 많은 일을 **겪어왔고** 아니야는 이전의 그들의 친밀감이 그리웠다. 사실 이 상실감이 그녀를 가장 화나게 했다. 그녀는 슬프기도 하고 허탈하기도 했다. 미아도 똑같이 느낄지 궁금했다. 그녀는 **'관계가 정말 끝나는군'** 하며 생각에 잠겼다. **'이게 미아가 원하는 건가?'**

아니야는 미아에게 연락할까 생각했으나 어떤 말을 이어서 해야 할지 몰랐다. 그녀는 "너는 왜 그렇게 민감할까?"라는 말에 여전히 잔뜩 덴 상태였다. 아니야에 대한 미아의 견해를 영구화하는 방식으로 문제를 제기하고 싶지는 않았다. 그녀는 전화를 걸 생각도 했으나 그러지 않기로 결정했다. **'내가 말하는 것을 통제할 자신이 없어.'** 그녀는 생각했다. **'특히 날 다시 실망시킨다면….'** 그래서 그 대신 미아가 더 생각할 수 있도록 이메일을 보내기로 했다.

그날 저녁, 아니야는 미아에게 이렇게 썼다. "나는 너에 대해 잘 모르겠어. 하지만 어젯밤 식사를 하면서 일어났던 일로 아직도 기분이 별로 안 좋아. 우리는 오랜 우정을 다져왔고 오랜 기간 서로에게 소중했어. 네가 어떻게 느끼고 있는지 모르겠지만, 다시 만나서 우리가 무엇을 할 수 있을지 보고 싶어. 그런데 저녁 식사 시간은 피하자. 좀 더 호젓하고, 서둘러 식사하기보다 더 여유로운 곳이면 좋겠어."

다음 날 미아는 답변을 보냈다. "네가 보낸 이메일을 받아 반가웠어. 다음 주 토요일 정오에 동네 정원에 있는 정자에서 만날까? 항상 비어 있으니까. 그래도 될까?"

미아가 빨리 답장을 보내와서 아니야는 안심이 되었다. 하지만 답장에는 그녀가 아니야만큼 화가 났음을 보여주는 내용이 거의 없었다. '내가 또 자신감 없는 사람이라는 인상을 주게 될까?' 아니야는 생각했다. 그러나 그녀가 제안했으니 이렇게 응답했다. "그래, 좋아. 그럼 그때 보자."

동네 정원은 아니야의 집에서 가까웠다. 그녀가 다음 주 토요일에 그곳으로 걸어갈 때 자신에게 더 편한 장소를 미아가 골라주어 고마웠다. 그러나 한편으로 긴장되고 만나기로 한 게 좋은 생각이 아니었을까 봐 걱정되었다. '이제 어떻게 될까?' 그녀는 궁금했다. '우리는 어떤 성과를 얻게 될까, 아니면 상황이 더 나빠질까?'

미아는 이미 정자에 와 있었다. 그녀가 예측했듯이 그곳에 다른 사람은 없었다. 아름다운 날이었고 기온은 완벽했으며 조그마한 정자는 안락하고 멋졌다. 미아는 포옹으로 아니야를 반기고 자리에 앉아 아니야에게도 앉으라고 손짓했다.

"그런데 어쩐 일이야?" 미아가 말했다.

"너도 나랑 같은 맘이길 바랐어."

미아는 한숨을 쉬었다. "왜 그러는데?"

아니야는 곧장 방어심이 솟구치는 것을 느꼈다.

"내가 왜 그러냐고? **너**는 왜 그러는데? 너는 어떻게 그렇게 둔감할 수 있니? 넌 우리 관계에 신경 쓰지 않는 것 같아."

그러자 미아가 말했다. "내가 모든 사소한 일에 흥분하지 않고 너처럼 반응하지 않는다고 해서 둔감하거나 신경을 안 쓰는 건 아니야!"

"잠깐," 아니야는 말했다. "우리 또 이렇게 하지 말자."

미아는 동의했다. "그래, 그러지 말자."

두 사람은 잠시 조용히 앉아 있다가 미아가 물었다. "아니야, 무슨 일이 있는 거야?"

"그게 문제지." 아니야가 말했다. "왜 이 모든 게 다 내 책임이지? 너도 우리 관계를 걱정하지 않아?"

"모든 게 네 탓이라고 말한 적은 없어." 미아는 약간 방어적으로 말했다. 그리고 말투를 부드럽게 하고서 "나도 걱정했어. 우리 우정이 정말 소중해서 어찌할 바를 모르겠어"라고 덧붙였다.

"그 말을 들으니 정말 도움이 돼." 아니야는 말했다. "하지만 이게 너를 신경 쓰이게 한다는 말을 이번에 처음 들었고, 네가 우리 우정을 얼마나 소중하게 생각하는지 나는 정말 잘 모르겠어. 너도 예전에 우리가 느끼던 친밀감과 친숙함을 나만큼 많이 그리워하니?"

"물론 나도 그립지. 너무 당연한 것 아니야? 그걸 분명히 하려면 내가 어떻게 해야 하지?"

"사실 그게 분명치 않아." 아니야는 말했다. "내가 만나자고 보냈던 이메일을 한번 해석해봐. 나는 위험을 무릅쓰고 그날 저녁 식사의 상황과 그것이 우리 우정에 어떤 의미일까 하는 것 때문에 기분이 나빴다고 말했지. 그러자 너의 반응은 이랬지. '네가 보낸 이메일을 받아 반가웠어.' 너도 나처럼 느꼈는지 나는 전혀 모르겠어."

"하지만 나는 이해를 못 하겠어. 내가 왜 그걸 말해야 하지?"

"그러면 도움이 되기 때문이야." 아니야는 말했다. "나는 상대방의 마음을 읽는 독심술사가 아니야. 보라고. 너는 내가 아주 자신 없는 사람이란 꼬리표를 붙이고 모든 사소한 걸 걱정한다고 말했어. 그래서 마치 내가 문제인 것처럼 나를 한 단계 아래로 무시했지. 그 꼬리표는 내 자신감을 떨어뜨려. 그래, 물론 나대로 원하는 게 있지만 너도 원하는 게 있지 않아? 이게 평등한 관계 아니니?"

미아는 그것을 이해하려고 잠시 멈췄다가 부드럽게 말했다. "그래… 나는 지금 그걸 이해하기 시작했어. 미안해. 그래, 나도 짜증이 났어. 내가 그것에 대해 좀 더 솔직했으면 좋았을 텐데."

잠시 적막이 흐른 후, 두 사람은 몸의 긴장이 약간 풀리기 시작했다. 그때 미아는 더 부드러운 말투로 덧붙였다. "내가 너를 밀어내는 또 다른 뭔가를 하고 있니?"

"으음, 사실 그래." 아니야는 말했다. "얼마간 내가 힘들어하고 있을 때 너는 모든 것이 너에게 완벽하게 잘 들어맞고 있었어. 그래서 너와 함께하기가 정말 힘들어."

"그러니까 상황이 좋아서 내가 나의 상황을 말하지 않아야 한다는 거야? 이게 우리가 관계를 유지할 수 있는 유일한 방법이니? 너는 내가 내 인생과 나 자신의 중요한 부분을 비밀로 하길 원하는 거니? 그건 좀 일방적으로 느껴지는데."

"아니지, 물론 아니지." 아니야는 말했다. "우리가 가까운 관계를 유지할 거라면, 우리는 우리 삶의 모든 상황을 자유롭게 말할 필요가 있어. 너는 나보고 너무 민감하다고 뭐라 하잖아. 반면에 네가 새로운 집의 비싼 세부사항에 관해 말할 때 내가 어떻게 느낄지 인지했다는 걸 난 듣지 못했어. 그건 좀 둔감한 거 아니니?"

"미안해, 하지만 너는 내 성공 이야기를 완전히 다 나눌 수 있는 유일한 사람이야." 미아는 울음을 터뜨리고 말했다.

"그리고 나는 너와 함께하길 원해"라고 아니야는 부드럽게 말했다. 그러고는 말을 잠시 멈춘 후에 "무슨 일이야, 뭣 때문에 우는 거야?"라고 물었다.

이 말에 미아는 계속 눈물을 흘렸다. "너는 내 배경을 좀 알잖아? 나는 주위 아이들이 모두 부유한 집안 출신인 곳에서 자랐어. 우리 집이 가난하지는 않았지만 다른 애들보다는 항상 부자가 아니었지. 그래서 나는 성공한 게 정말 좋다고 느끼고 있어. 그리고 자랑하고 싶지는 않지만 내가 다른 누구와 공유할 수도 없는 거니?"

"오, 미아. 나는 너와 함께 **정말** 축하하고 싶어." 아니야는 미아의 손을 잡았다. "그리고 나를 믿어줘. 나는 네가 그렇게 돼서 행복해. 난 네가 모든 것을 함께 나눌 수 있는 사람이 되고 싶어." 아니야는 말을 잠깐 멈추고 미아가 그냥 울도록 두었다.

미아가 울음을 멈추자 아니야는 말했다. "아직은 우리가 이야기할 때, 내 삶이 잘 풀리지 않아서 가끔 내 기분이 훨씬 더 나빠진다는 걸 인정할게. 그게 적절치 않다고 자주 느끼고 있어. 내 절친한 친구와 있을 때도 그렇게 느껴서 정말 고통스러워."

"그러면 내가 뭘 할 수 있지?" 미아가 물었다.

"네가 도우려고 애쓴다는 걸 나도 알아." 아니야가 말했다. "하지만 내가 나의 상황을 공유하려고 하면, 너는 나에게 '아마도 새 직장을 찾을 때가 온 게 아닐까?' 같은 무심한 조언이나 던지곤 하지. 그리고 나서 내가 거기에 긍정적으로 반응하지 않으면 내가 너무 민감하다고 말해. 사실 난 여기 앉아 있으면서도 네가 다음에 하려는 말이 그 말이지 않을까 걱정하고 있어. 더 두려운 건 네가 말하지 않더라도 그 말을 생각하고 있는 거겠지."

"듣기 거북하지만 나도 무슨 말인지 알겠어. 그게 내가 너와 함께 하기를 원하는 방식은 아니야. 이 모든 것이 너에게 얼마나 힘들었을지 난 몰랐어. 네가 너무 민감하다고 말한 건 정말 미안해. 그리고 네 말이 맞아. 나는 그만큼 민감하지 않았어."

"그렇게 말해줘서 정말 고마워." 아니야는 말했다. "네가 그렇게 말해주니까 도움이 돼. 그날 저녁 식사 때보다 이해받아서 기분이 더 좋아. 우리가 조금 아는 사이였다면 이렇게 말하기 힘들었을 거야. 하지만 내가 너를 부러워한다는 사실이 싫은데, 어떻게 대처해야 할지 모르겠어."

"나도 마찬가지로 그런 감정을 다루는 방법을 몰라." 미아가 인정했다. "하지만 우리가 마음을 열고 이야기하고 있어서 기뻐. 난 우리가 대처 방법을 알아낼 거라 기대하고 있어."

취약성으로 위기를 극복하다

미아와 아니야는 불통을 해결하긴 했으나 사실 아슬아슬한 상황이었다. 저녁 식사 자체가 둘 중 한 사람에게 최후의 결정타(더 이상 견딜 수 없는 한계)였을 수 있다. 아니면 아니야는 처음에 생각했던 것처럼 미아가 그 여파로 첫걸음을 내딛기를 기다렸을 수 있다.

미아도 아니야가 보낸 이메일에 바로 답장을 보내지 않았을 수도 있는데, 그랬다면 아니야는 포기했을 것이다. 무감각과 과민에 대한 비난으로 시작해서 결국에는 정자에서 대화하면서 우정은 산산조각이 났을 것이다.

이런 논쟁적 상황에서 문제 제기가 자칫 논쟁을 악화시킬까 봐 두려워서 곤경에 처하는 상황은 흔히 나타난다. 또 다른 경향으로 완전히 상대방의 잘못뿐이고 자신은 책임이 하나도 없다고 믿고서 갈등을 옳고 그름의 문제로 지나치게 단순화하기도 한다. 이런 지나친 단순화는 한쪽이나 쌍방이 대화를 진행하는 것을 주저하게 해화해의 여지를 줍힌다. 그런 상태에서는 서로의 말을 듣지 않으므로 생산적인 해결 방향으로 나아가기가 어려워진다.

당신이 매우 소중하게 생각하는 사람에게서 상처 입고 관계가 많이 소원해질 때, 당신에게 가장 필요한 것은 상대방이 당신의 말을 듣고 충분히 이해해주는 것이다. 앞서 언급했듯이, 이것이 '정서적으로 만족하기'의 두 가지 핵심 관점이다. 하지만 이런 일이 일어나려면 당신은 당신 자신의 필요와 느낌을 이해해야만 하고, 그러고 나서 그 필요와 느낌을 큰 소리로 말해야 한다. 누구도 마음을 읽어주지는 못한다. 오직 그럴 때만 당신은 상호 문제해결과 관계 개선으로 나아갈 수 있다.

미아와 아니야 두 사람은 주요 선택의 갈림길에 직면했다. 각 시점에서 그들은 그 문제를 향해 나아가거나, 서로에게로 돌아가기로 결정하거나, 혹은 서로에게서 돌아설 수도 있었다. 끔찍한 저녁 식사 직후에 그들은 그런 갈림길에 있었다. 다행히도 아니야는 미아에게로 향했다. 그녀는 마음에 상처를 입었지만 위험을 감수하고 취약성 수준을 높였다. 그래서 저녁 식사에 대해 유감을 표하고 자신에게 이 관계가 중요하다는 이메일을 보냈던 것이다.

이 책 전체에서 강조하듯이, 이런 취약성은 상호 간의 취약성을 유발하는 경향이 있다. 그러나 미아는 이메일에서 똑같이 대응하지 않았다. 그건 더 깊은 관계를 맺을 기회를 잃은 것이었다.

두 사람이 정자에서 이야기를 나누기 시작하면서 그들은 다른 선택 시점에 놓였다. 그들은 곧장 상호 비난에 돌입했다. 아니야가 미아에게 둔감하다고 말했고, 미아는 적어도 자신은 '모든 사소한 것에 열을 내지' 않았다고 주장하며 반박했기 때문이다. 여기가 대화에서 폭발 가능성이 있는 지점이며, 사람들이 처음에 어려운 대인관계 문제를 꺼내지 않는 이유이기도 하다.

대응과 맞대응이 점점 더 심한 비난으로 번질 테고, 그러면 어느 쪽도 회복하는 방법을 알지 못할 것이다. 아니야가 벌떡 일어나서 "더는 못 참겠어. 넌 정말 끔찍한 친구야"라고 말할 가능성이 다분했다. 그러면 미아도 똑같이 반응했을 수밖에 없다. 여기서 핵심은 아니야나 미아 어느 쪽이든 대화가 비화하는 것을 막을 수 있었다는 점이다. 아니야는 "잠깐, 우리 또 이렇게 하지 말자"라고 말해서 정말로 그렇게 되었다.

다행히도 미아는 긍정적인 반응을 보였다. 그러나 두 사람은 숲에서 아직 벗어나진 못했다. 특히 논쟁적 상황은 보통 처음에는 알지 못했던 여러 문제가 작용하고 있음을 보여준다. 분노 같은 강한 감정이 통제 불능 상태에 접어들면 불에다 휘발유를 던져넣는 셈이어서 큰 화재로 이어진다. 하지만 이런 강한 감정을 잘 관리하고 이해하면, **우리가 감정을 더 많이 느낄수록 마음속 더 깊은 곳에서 진행되는 일이 있을 가능성이 더 크다**는 걸 아는 데 도움이 되기도 한다.

"너도 우리 관계를 걱정하지 않아?"라고 아니야가 질문을 던지자 미아가 마침내 자신의 느낌을 노출했고 불통이 해소되기 시작했다. "나도 걱정했어. 우리 우정이 정말 소중해서 어찌할 바를 모르겠어"라고 미아가 말했던 것이다.

미아가 자신의 약점을 드러내면서 아니야도 자신을 괴롭히던 문제를 더욱 쉽게 공유할 수 있었다. 이로써 두 사람의 호기심이 발동해 상대방의 행동과 반응의 저변을 이해하기 시작했다. 그들은 또한 질투심 같은 관계 저변의 핵심 문제와 각자 상대방에게서 필요했던 지지 유형을 거론할 준비가 더 되었다.

아니야는 대화를 성공적으로 전환하는 행동을 했다. 자신의 느낌에 충실함은 물론이고, 미아의 행동과 문제점에 초점을 맞추었다. 미아의 둔감함에 대한 인신공격을 자제하고, 아니야는 자신이 보낸 이메일에 대한 미아의 반응과 충고 성향, 자신의 감정 노출 거부가 문제를 일으켰다고 지적했다. 피드백을 주는 사람이 자신의 현실에 충실하면서 구체적 행동에 대한 피드백을 주면, 피드백이 더 정확하고 듣기도 좋다는 점을 기억하라.

미아와 아니야는 불통을 완벽하게 해소하지는 않았다. 그래도 괜찮다. 어려운 대인관계 문제에 대처하기 위해 정확한 순간에 정확한 말을 사용할 필요는 없다. 미아와 아니야는 자신들의 감정을 더 일찍 공유할 수 있었다(그리고 상대방의 저변에 깔린 느낌을 더 잘 들을 수 있었다). 그들은 자신들이 네트 너머 반대쪽에 있을 때 눈치챌 수도 있었다. 그들은 비틀거렸지만 바로 정신을 차렸다.

이 대화에서 가장 가치 있는 교훈은 지속의 중요성이다. 어떤 순간에도 그들은 서로 상대방을 외면해서 관계를 더욱 악화시킬 수 있었다. 그렇게 참고 서로를 향해 가려면 인내와 자기 관리, 그리고 몇 번이라도 가려는 의지가 필요했다. 그러나 미아와 아니야가 발견했듯이 이렇게 노력할 만한 충분한 가치가 있다.

'미아와 아니야' 3편

아니야는 미아가 자신의 어린 시절에 대해 말한 것을 생각했다. "나는 너의 유아기 가정환경에 대해 약간 알아." 아니야가 말했다. "그런데 대학에 다닐 때는 우리가 그것에 대해 별로 말을 안 했어. 내가 알고 있는 것보다 뭔가 훨씬 많은 이야기가 있는 것 같아."

그러자 미아는 마음을 터놓았다. "맞아. 그때를 생각해보면 그건 정말 역겨운 문화였어. 아이들은 전부 디자이너 옷을 입고, 칸에서 휴가를 보내고, 호화 저택에서 살았지. 사람들은 지위 면에서 상대방을 능가하려고 끊임없이 애썼어.

나는 그들의 리그에 끼지도 못했어. 중고 옷 가게에서 옷을 사 입었고, 미시시피강 너머 서부 지역에는 가보지도 못했고, 조그만 아파트에 살았어. 다른 애들이 놀러 온 적도 전혀 없었고 내가 거기에 어울리지 않는다는 걸 감추느라 온통 신경을 써야 했지."

"미아, 네가 그렇게 힘들었는지 나는 추호도 생각 못 했어." 아니야는 답변했다. "우리가 그렇게 오랜 기간 친구로 지내왔는데, 이건 내가 정말 거의 몰랐던 일이라는 게 믿기지 않아. 으, 정말 미안해."

미아는 고마워하며 고개를 끄덕이고 이어서 말했다.

"작년에 고등학교 졸업 25주년 동창 모임에 갔을 때 내가 처음으로 다른 친구들과 동등하다는 느낌이 들었어. 내가 마침내 그들의 수준에 들어섰다는 그런 느낌 말이야. 대체로 내 직업이 그들보다 좋았고, 그게 타당하다는 느낌이 들었어. 나는 친구들이 햄프턴[미국 롱아일랜드의 동쪽 끝에 있다]에 있는 집과 뉴욕의 센트럴파크가 내려다보이는 아파트 이야기를 계속하는 걸 들었어. 개들이 예전에 그랬듯이 서로 앞서려고 하면서 말이야.

개들에게 내 인생의 좋은 것에 대해서 전혀 말하고 싶지 않았어. 나는 그렇게 자랑하는 걸 싫어해. 그런 게 정말 마음에 안 들고 재산이 친구를 사귀는 기준이 되는 것 자체를 참을 수가 없어." 미아가 잠시 말을 멈췄다.

"그리고 개들처럼 나는 과시하거나 내가 예전에 그랬던 것처럼 누가 경시당한다고 느끼길 원치 않아서 너와 남편 제이크 외에 누구에게도 내 삶에서 잘나가는 모든 것에 대해 이야기하지 않았어." 미아는 울부짖기 시작했다.

아니야는 미아를 더욱 이해하기 시작하면서 가슴이 뭉클해짐을 느꼈다. 그녀는 머리를 약간 흔들며 말했다. "네가 고등학교 때 네 친구들에게 느낀 것처럼, 내가 너에게 그렇게 느낀다는 게 참 아이러니하네. 우리가 이런 것을 말하게 돼서 기뻐."

"그 말을 들으니 마음이 아파, 하지만 이건 사실이야." 미아는 조용히 말했다. "참 아이러니하지. 내가 너에게 그렇게 해서 미안해."

두 사람 모두 더욱 마음이 풀려 한동안 서로의 어릴 적 기억에 관한 이야기를 계속 나누었다. 그러고 나서 아니야가 공원을 걷자고 제안했다. 걸어가면서 아니야는 직장에서 얼마나 답답함을 느꼈는지, 경영진의 임박한 변화에 대한 기대로 왜 자신이 직장을 떠날 수 없었는지 더 이야기했다. 이번에는 미아가 그녀를 지지하면서 고개를 끄덕였고 그녀에게 그냥 자신의 이야기를 발산할 여지를 주었다.

계속 걸어가면서 미아와 아니야는 상대방에게서 필요한 것에 관한 이야기를 더 나누었다. 그러면서 우정에 대한 자신들의 헌신을 재확인했다. 아니야는 미아에게 그녀의 성공을 즐길 기회를 주고 싶다고 확실히 말했다. 그리고 미아는 반사적이고 뻔한 해결책을 제시하지 않고 그냥 듣겠다고 약속했다.

상대방의 반응 책임지기

이 장은, 사실 이 책 전체는 두 가지 연관된 주장을 다루고 있다. **거의 모든 경우에 우리는 선택권이 있다. 그리고 상대방이 어떻게 반응하느냐에 따라 어떤 선택은 쉬워지고 다른 선택은 어려워진다.**

미아와 아니야는 각자 이번 갈등을 막을 수 있었고 상대방과 관계없이 빨리 갈등에서 벗어날 수도 있었다. 우리 두 사람은 학생, 동료, 고객, 친구들이 이런 행동의 자유를 포기하는 것을 몇 번이고 계속해서 목격했다.

동시에 사람은 서로 영향을 끼친다. 깊은 관계를 원하면 그들의 행동이 우리에게 어떻게 영향을 끼치는지는 물론이고, 우리가 상대방을 어떻게 자유롭게 하거나 제약하는지 의식할 필요가 있다. 다른 사람은 당신에게 **영향**을 줄 수 있으나 당신을 **통제**할 필요는 없다는 점을 기억해야 한다.

이러한 두 개념은 너무 많지도, 너무 적지도 않게 적절한 책임을 지는 문제를 다룰 때 만난다. 그 끔찍한 저녁 식사에서 미아와 아니야 그 누구도 발생한 일에 대한 책임을 지지 않았다. 단지 모두 상대방의 잘못으로 돌리려 했다. 그러나 이후에 다시 만난 두 사람은 자신의 감정과 우려를 노출하는 과정에서 상대방의 행동이 어떻게 최선의 자신으로 행동하는 것을 쉽게 혹은 어렵게 했는지를 지적했다. 또한 각자 자신의 행동에도 책임을 지기 시작했다.

상대방의 반응에 책임을 지지 않으면 위험이 뒤따를 수 있다. 미아가 "너는 너 자신이고 그래서 나의 비난에 영향받지 말았어야 했어"라고 말한다면, 그들이 서로 관계를 맺고 있다는 사실을 그녀가 부정하는 셈이다. 반대로 너무 많은 책임을 져도 위험할 수 있다. 미아가 "오, 모두 내 책임이야"라고 말했을 때가 그런 경우다. 그러면 아니야는 어쩔 수 없는 피해자가 됐을 것이다. 그들 두 사람은 마침내 두 주장을 똑같이 유효하게 대했다. **나에게는 선택권이 있고 너에게서 영향을 받는다.**

우리는 성공을 축하하기보다 문제를 공유하기가 때때로 더 쉽다는 것에 주목해야 한다. 성공 축하는 우리가 타격을 입을 수도 있다고 느끼게 하기도 한다. 상대방이 우리를 '너무 거만한 사람'으로 볼 거라는 두려움 때문이다. 하지만 좋은 친구란 당신을 허풍쟁이로 매도하지 않고, 당신의 말을 잘 들어주는 청자이자 일이 잘 풀릴 때 당신을 위해 기뻐해주는 사람이다. 이것이야말로 미아가 아니야에게 기대했던 바다.

불통이 해소되자, 아니야와 미아의 대화는 문제해결과 관계 회복으로 더 나아갔다. 그들은 어떤 반응을 왜 보였는지, 또 어떤 것을 왜 원하는지가 담긴 뒷이야기를 나누었다. 그렇게 하면서 두 사람은 그들의 우정에 관한 여러 문제를 표면화했다.

처음에 많은 사람은 다 안전하게 느끼는 감정만을 공유하므로 감정이 보통은 더 피상적이다. 그래서 가장 중요한 문제가 드러나는 것을 방해한다. 그 대신 당신은 각자의 상황을 끈기 있게 밝혀야 한다. 미아와 아니야는 각자 더 완전하게 자기 자신이 되고 상대방에게서 전적인 지지를 받는다는 일련의 합의를 이루고 나서야 이런 일을 할 수 있었다.

미아가 측은한 마음으로 "너 정말 우울해 보여. 무슨 일이야?"라고 말했다면 두 사람은 이런 갈등 없이 즐거운 저녁 식사를 했을 것이다. 혹은 아니야가 "미아, 너도 알듯이 네 제안은 별로 도움이 되지 않아"라고 말했다면, 미아는 "미안해"라고 말하고서 화제를 바꾸었을 것이다. 이러면 즉시 핀치를 다루게 되어 공연한 소동을 피할 수 있다. 이랬다면 더 좋은 저녁이 되었을지도 모른다. 그러나 결국에는 두 사람을 더 가깝게 만들었을 수많은 문제를 드러내는 갈등을 겪지는 못했을 것이다.

갈등이 스트레스를 느끼게 하고 하물며 위험하다고 해도 실제로는 도움이 될 수 있다. 갈등은 매우 솔직한 방법으로 문제를 드러낼 수 있다. 감정을 튀어나오게 하고 무엇이 실제로 진행되고 있는지 알게 해 당신은 상대방의 입장을 알게 된다.

여러 사건이 축적되어 일어난 미아와 아니야의 상황을 보면, 갈등으로 그런 사건에 조명이 비춰졌고 문제가 해결될 수 있었다. 그들의 불화는 고통스러웠지만 각자에게 가장 중요한 게 무엇인지 확인하지 않을 수 없게 했다. 문제를 다루는 그들의 능력은 생산적인 해결로 이어졌고 게다가 서로에 대한 책임과 우정에 대한 헌신을 재확인해주었다. 그들은 초기의 부정적 소통을 긍정적인 결과로 바꿀 수 있었다.

갈등의 유익한 사용은 우리가 다음 장에서 훨씬 자세하게 탐구할 복잡한 문제다.

자기 성찰하기

1. 먼저 아니야의 입장이 되어보고, 그다음에 미아의 입장이 되어보라

그들이 공유했던 것을 검토하라. 그들이 공유했듯이 당신은 당신을 노출하는 게 얼마나 쉬울까, 어려울까? 당신은 어떤 식으로 곤경에 빠지게 되었는가? 그러고 나서 당신이 그 상황에 어떻게 대처했을 지도 더 생각해보라.

2. 상대방보다 불리한 위치에 있을 때

당신이 상대방보다 한 단계 뒤처져 있다고 느낄 때 주도권을 잡는 것은 도전적인 일이다. 다시 한번 아니야의 입장이 되어보면 당신이 솔직해지는 것이 얼마나 어려웠을까? 당신이 불리한 위치에 있다고 느껴져서 상대방이 먼저 움직일 때까지 기다리는 갈등 상황에 놓인 적이 있는가? 당신은 무엇을 했는가? 이런 질문에 대한 당신의 답변에서 자신에 대한 어떤 통찰을 얻고 있는가?

3. 핵심 관계

핵심 관계 중 어느 하나 때문에 당신이 불리한 위치에 있다는 느낌이 들게 된 특정 사건을 생각해보라. 그게 어떤 사건이었고 당신은 어떻게 반응했는가?

4. 상대방보다 유리한 위치에 있을 때

핵심 관계에 있는 사람이 당신보다 한 단계 뒤처져 있다고 느끼거나 당신에게 약한 모습을 드러내는 것을 어려워할 만한 행동을 하고 있다고 생각하는가?

적용하기

'자기 성찰하기'의 세 번째와 네 번째 질문에서 당신이나 상대방이 불리하다고 느껴지는 관계를 확인했을지도 모른다. 그들과 함께 이에 관해 토론해보고, 그것을 바꾸려면 무엇을 할 수 있을지 의논해보라.

이해하기

취약성에 관한 이 토론에서 당신은 무엇을 배웠는가? 이런 토론으로 당신이 상대방에게 약한 모습을 드러내고자 하는 정도가 높아졌는가? 상대방이 더 쉽게 약한 모습을 드러내도록 하려면 당신이 무엇을 해야 하는지 배웠는가? 당신은 얼마나 쉽게 그렇게 할 수 있었나?

12

아무리 대화해도 문제가
해결되지 않을 때

〇〇〇

결혼 생활의 문제를 솔직히
털어놓을 수 있을까?

미아와 아니야의 논쟁은 핵심 문제의 일부를 겉으로 드러나게 했다 (자신의 말을 상대방이 듣지 않는다는 아니야의 느낌, 자신이 검열받는다는 미아의 느낌, 두 사람 모두 예전처럼 친하지 않다는 느낌). 두 사람은 상황의 근원을 깨닫자, 서로에게 접근하는 방법을 기꺼이 수정했다. 그들의 문제는 단순하지 않았으나, 해법은 쉬운 측면이 있었다.

그러나 많은 갈등의 해법은 쉽지 않다. 당신이 부모님에게 육아를 맡기고 있다고 해보자. 부모님은 기꺼이 아이를 돌봐주고 있으나 당신보다 훨씬 더 엄격하게 아이를 대한다. 그래서 짜증이 나기도 하지만 대놓고 부모님에게 말하지는 못한다. 잘못하면 당신에게 절실히 필요한 육아 돌봄을 부모님이 거부해버릴 수 있기 때문이다.

당신의 필요는 상호 배타적인 것 같다. 당신은 부모님이 무상으로 육아를 해주고, 아이에게 부드럽길 원하는데 부모님은 아이를 엄하게 기르고 싶어 한다. 또한 부모님이 당신에게 자신들의 관대함을 이용한다고 비난한다면 어떨까? 혹시 그 엄격함이 당신이 아이였을 때 부모님이 당신에게 엄격해서 응어리진 느낌을 떠올리게 한다면 어떨까? 문제로 가득한 말벌 둥지 전체가 혼란에 빠질 위험에 놓여 있다.

이런 유형의 갈등을 겪는다면 모두 최선을 다해야 한다. 갈등을 해결하기가 쉬워지기 전에 더 힘들어질 수 있기 때문이다. 5장에서 매디와 애덤이 직면한 일과 육아를 둘러싼 논쟁점이 있는 경우가 특히 그렇다.

'매디와 애덤' 2편

애덤과 매디가 만족할 만한 결론 없이 의견만 달리하며 토론한 지 몇 주가 지나고, 매디는 친구 테리사와 점심 식사를 했다. 테리사는 가족의 육아 문제를 마침내 해결해서 다시 정규직으로 돌아갈 수 있었다.

"해낼 수 있어." 그녀는 말했다. "그렇지만 간단하지는 않아."

매디는 친구가 그녀의 남편과 어떻게 그 문제를 해결했는지 물어보았다.

"쉽지 않았지." 테리사는 말했다. "남편이 집안일 부담에 더 나서

기로 하는 등 협상하는 데 시간이 걸렸지. 하지만 우리는 마침내 합의를 봤어."

그날 저녁, 매디가 아이들을 잠자리에 눕히고 나니 애덤이 집에 돌아왔다. 그는 좋은 소식이 있다는 것을 말하려고 그녀에게 미리 연락해두었다. 그래서 그녀는 저녁 식사를 하면서 이야기를 나누려고 기다렸다. 그녀는 허기를 느꼈고 피곤했고 짜증이 났다. 또한 테리사와 했던 대화만 머리에 맴돌았다.

애덤은 크게 미소 지으며 문을 열고 들어와서 말했다. "당신에게 말해줄 대단한 일이 있어. 빨리 저녁 식사를 하면서 얘기하고 싶어." 두 사람은 자리에 앉았고, 그는 앞으로 대단한 기회가 될 새 업무를 부여받았다고 자랑스럽게 선언했다. 그는 새로운 일을 하며 많은 것을 습득해서, 모든 사람이 탐내는 자리로 승진하는 데 유리해질 것이다.

매디는 애덤의 이야기를 듣고서도 별다른 말을 하지 않았다. 애덤은 새로 임명된 자리로 추가 책무가 생겨 "저녁과 주말이 당분간 더 줄어들지만 그럴 만한 가치가 있다"고 말했다.

매디는 한숨을 내쉬며 조용한 목소리로 말했다. "잘됐네."

"그게 다야?" 애덤은 말했다.

"응, 애덤." 그녀는 말했다. "이건 우리가 지난 몇 개월에 걸쳐 말했던 걸 더 악화시킬 뿐이야. 아이들과 가정에 대한 내 책임만 더 늘어날 거라고 생각하니 나는 벌써 불행해. 그리고 지금 당신은 이제부터 집에 **덜** 있게 될 거라고 나에게 말하고 있어. 당신에게는 그 소식이 아주 대단할지 모르지만, 내가 덩달아 신나기는 어렵지."

"또 이거야?"

"그래, 또 이거야." 매디는 말했다. "그리고 이건 사라지지 않아."

두 사람은 잠시 서로 바라보았다. 그러고는 그녀가 말을 이었다. "오늘 점심을 함께한 테리사가 좋은 어린이집을 찾았다며 이야기해 주었어. 그래서 정규직으로 돌아갈 수 있었대. 아마도 우리가 어린이집을 찾아서 나도 시간을 더 자유롭게 쓸 수 있으면, 도움이 되겠지. 당신이 평일 저녁과 주말에 집이 아니라 회사에서 시간을 더 보내더라도 말이야."

"하지만 우리에게 그럴 여력은 없어." 애덤은 말했다. "보육비가 엄청나. 부엌 리모델링을 하느라 저축한 걸 거의 다 써서 그 정도 돈을 우리가 당장 쓸 순 없어."

"음, 그렇다면 당신이 새로운 업무를 거절하는 게 좋겠어."

"그건 말도 안 돼." 애덤은 말했다. "이번 기회는 나중에 훨씬 큰 성공을 불러올 거야."

매디는 접시를 집어 조용히 주방으로 가져가려다가 멈추고 이렇게 말했다. "애덤, 나는 다른 어떤 것보다 화가 나서 당신 일로 신이 날 수가 없어. 이번엔 조용히 물러서지 않을 거야. 참을 만큼 참았어! 상황은 변해야 하고 우리는 그것에 관해 이야기를 해야만 해. 당신이 내리는 직장에서의 결정은 나에게 개인적으로 부담이 돼. 우리 관계를 해치고 있다고."

"무슨 의미지?"

"당신은 모든 걸 가지고 있어. 흥미롭고 도전적이고 의미 있고 누구나 원하는 성인들 간의 소통도 있는 신나는 직업이 당신에게는 있지. 반면에 나는 세 살, 다섯 살짜리 아이들과 함께 집에 처박혀 있고."

"의미 있는 일이지 않나?"

"물론 보기에 따라선." 매디가 말했다. "그렇다면 당신은 나와 처지를 바꾸고 싶어? 식료품 쇼핑, 주방 청소는 물론이고 아무리 사랑스럽더라도 아이들과 노는 데 종일을 보낸다면 당신은 어떤 느낌이 들겠어? 어른들과 대화도 하지 못하고, 지적으로 도전적인 일도 없이 말이야. 당신은 그걸 원하겠어?"

"잠깐만." 애덤은 말했다. "나를 여기에서 나쁜 사람으로 내몰지 마. 우리는 이렇게 하기로 **합의**했잖아. 내가 한동안 생업을 맡고 당신은 아이들과 집을 돌보기로 말이야. 부모가 둘 다 일하면 스트레스가 너무 많아져. 우리는 함께 그렇게 하기로 결정했어."

"나도 알아. 그리고 미안해." 매디는 말했다. "하지만 더 이상 그 결정을 받아들이지 못하겠어. 우리가 그렇게 했을 때 나는 그 결정이 지닌 단점이 어느 정도인지 제대로 깨닫지 못했어."

"나는 당신을 위해 어떻게 해야 할지 모르겠어, 여보. 난 당신을 사랑해."

"당신이 날 사랑하는 건 나도 알아. 하지만 그게 핵심이 아니야. 핵심은 우리가 사랑을 서로 다른 방식으로 보여주는 것 같다는 생각이 들기 시작했다는 거야. 나는 당신이 직장에서 성공하도록 당신을 지지하고 격려하고 싶어. 또한 당신의 발전에 전력을 기울이고 있고 계속 그럴 수 있길 원해.

그리고 나는 당신도 내 일에 전념해주길 바라. 그런데 그렇게 느껴지지 않아. 내가 그냥 아이들과 집을 돌봐야만 당신이 행복할까봐 걱정돼. 그러는 건 내 행복과 발전에는 도움이 되지 않아. 나는 행복하지 않다고 느끼며 상당한 시간을 보내고 있어."

"그래서 당신은 내가 이 새로운 일을 포기하길 원하는 거야?"

"아니, 물론 그렇지 않아. 나는 당신을 지지하고 당신에게 충분한 감탄을 표하고 싶어. 당신은 그럴 만한 자격이 있으니까. 하지만 나도 당신의 지지가 필요해."

"나는 그걸 어떻게 해야 할지 모르겠어. 우리가 이 문제에 들어서면 당신은 보통 그냥 가버려. 그래서 난 무력감을 느껴."

"정말? 놀랍네." 매디는 말했다. "당신이 무력하다고 느낀다는 걸 나는 한 번도 생각해본 적이 없어. 당신은 내 감정엔 신경 쓰지 않거나 당신 자신만 옳기를 원한다고 생각했어."

"음, 내가 옳아야만 한다는 데 신경을 쓴다는 건 당신이 맞았어." 그는 어색하게 웃음을 지었다. "하지만 나 역시 당신에게 정말 신경을 써. 당신은 내 아내이고 인생의 동반자잖아."

"내가 이 대화를 회피했다는 것은 맞아. 하지만 당신이 아무것도 할 수 없어서 그런 건 아니야. 나는 갈등이 두려웠고 그 갈등이 우리에게 어떤 의미인지가 무서워 피했던 거야. 지금은 내가 그냥 계속해서 피하면 무슨 일이 벌어질지가 더 두려운 거 같아."

"지금 뭐가 두려운데?" 애덤은 부드럽게 물었다.

"우리가 처음에 결혼했을 때는 관계가 동등했어. 중요한 결정을 함께 내렸고 서로 발전해가도록 도왔지. 이제 우리가 그런 것을 잃은 것 같아 두려워. 당신이 나를 무시하거나, 모성애의 보상이나 아이들이 나에게 친밀감을 느끼며 자랄 거라는 걸 상기시키는 말로 내 기분을 더 상하게 하는 답변을 할까 봐 두려워.

내 원망이 커지는 것을 별로 말하지 않아서 내 잘못도 있다는 걸 깨닫고 있어. 지금 이 순간처럼 힘들더라도 우리 사이에 진행되는 일을 말하는 걸 시작으로 내가 여기에서 도망가기를 멈추어야 한다고 생각해."

매디는 어떻게 영향력을 되찾았는가

매디와 애덤이 했듯이 두 사람이 중요한 문제를 다루는 것을 피하면, 종종 관계가 막혀서 생산적인 문제해결로 이동하지 못하기도 한다. 매디는 애덤과의 사이에서 두 가지 문제에 직면했다. 첫 번째는 육아에 대한 두 사람의 견해 차이였고, 이 첫 번째 문제해결을 막았던 두 번째 문제는 그녀가 그에게 영향을 미칠 수 없다고 믿게 한 영향력의 불균형이었다.

매디는 자신의 느낌과 우려를 더욱 강하게 표현하면 갈등이 생길지 모른다는 두려움에 우선 휘둘리지 않음으로써 영향력의 차이를 없애기 시작했다. 그녀는 자신의 어머니가 칭찬했던, 사회적으로 정의된 성역할의 정당성에 의문을 던졌다. 또한 완전한 결과를 제대로 이해하지 못한 채로 자신과 애덤이 맺었던 종전의 합의에도 의문을 제기했다.

매디는 자신의 입장을 분명히 밝히고, 과거에 했던 것처럼 도망가지 않았다. 또한 피드백 기본 모델을 네 가지로 변형해 사용했다.

- 이건 당신의 행동이 나에게 영향을 주는 방식이다

  그녀는 자신의 불행과 분노한 감정을 말했다.

- 당신의 행동은 당신의 목표에 부합하지 않는다

  애덤의 예상되는 새로운 업무에 대해 그가 원하는 반응과 달리 그녀
  는 지지하지도 신이 나지도 않는다고 말했다.

- 당신의 행동은 당신의 목표에는 부합할지 모르겠으나 큰 대가가 따른다

  그녀는 애덤이 직업상의 출세라는 목표는 달성하고 있으나 두 사람의
  관계와 동등하고 공정한 결혼 생활이라는 공동 목표에는 심각한 손상
  을 주고 있음을 인정했다.

- 내가 그런 행동을 유발하는 행동을 하고 있나?

  그녀는 과거에 도망가고 갈등을 회피했기 때문에 문제 일부에 대한
  책임이 있었다.

매디가 네트를 넘어서 비난조로 말했다면 대화는 매우 달리 전개
되었을 것이다. 그녀가 이렇게 말했다고 상상해보자. "당신은 자신
만 생각하는 것 같아." "당신은 내 행복과 우리 결혼 생활보다 당신
의 성공을 우선시하는 것 같아." "당신은 자신의 아이들을 낳게 하
고 집을 청소하는 데만 나를 이용하려는군." "당신은 전형적으로 자

기중심적이고 착취적인 남자야."

애덤은 이런 비난을 어느 것도 인정하려 하지 않고 방어적 입장을 취할 것이다. 비난을 퍼붓는 사람은 쌓인 분노를 분출해 기분이 좋아질지 몰라도 비난은 다른 방향으로 몰아간다.

우리가 강조했듯이, 권력의 주요 원천은 당신의 감정을 의식하는 데서 나온다. 애덤의 새로운 기회에 대한 매디의 분개는 두 사람 사이의 상황이 얼마나 악화하였는지를 깨닫게 하는 데 도움을 주었다. 당신의 느낌을 자각하면 정보가 더 풍부한 상황에서 선택할 수 있다.

그녀가 다시 한번 자신의 감정에서 벗어나서 판단하려 했다면 (나는 아이들을 돌보면서 행복해야 해, 아이들은 단 한 번만 이 나이일 거야, 온 가족과 애덤을 위해서 지금 그의 소득의 잠재력을 최대로 늘리도록 하는 게 사리에 맞으니까 나도 그냥 기뻐해야 해) 그들의 결혼 생활에서 정말로 중요한 문제를 제기하지도 않았고 애덤의 관심을 크게 끄는 행동도 하지 않았을 것이다.

이 순간의 목표는 육아 비용에 대한 그녀의 해결책을 애덤이 받아들이게 하는 것이 아니다. 그건 너무 이르다. 그 대신 심각하게 문제를 토론하게끔 남편을 협상 테이블로 오도록 하는 것이다. 결국 매디는 자신의 관점만을 가지고 있어서 공동으로 문제해결을 하려면 남편의 관점이 필요했다. 하지만 그전에 해야 할 일이 더 많았다.

결혼 생활의 문제점을 겉으로 드러내려면 나중에 더 많은 갈등이 나타나더라도 각자가 기꺼이 견뎌야 했다. 의견 불일치가 심하면 감정이 격해져 상대방의 우려에 귀를 기울이기 어려워지고 각자의 입장은 더욱 깊숙이 자리 잡게 된다. 그래서 긴장이 고조될 위험이 더 커진다.

그러나 미아와 아니야의 경우에서 볼 수 있듯이, 감정의 강도가 서로 같다면 이 또한 문제가 중요하다는 것을 의미할 수 있으므로 당신은 기꺼이 소매를 걷어붙이고 일에 착수하게 된다.

매디와 애덤은 진전을 이루었으나, 아직 문제를 해결하는 시점까지는 이르지 못했다. 그렇다고 해서 그들이 곤경에 빠졌다는 말은 아니다. 문제에 대한 논의가 이루어지고 있고 분명히 매디는 물러서지 않을 것이다.

'매디와 애덤' 3편

애덤은 모든 것을 받아들였다. "듣고 있기 힘든 얘기네." 그는 말했다. "하지만 우리가 이 문제를 서로 이야기해서 기뻐."

매디는 몸의 긴장이 풀어졌다. "고마워, 그 말이 정말 도움이 돼."

두 사람은 이렇게 된 것에 감사하며, 잠시 조용히 앉아 있었다.

그리고서 그녀는 덧붙였다. "우리 인생에서 가장 중요한 결정을 함께하는 문제로 돌아가서 서로 지원하는 방법을 다시 정의할 필요가 있어."

"물론이야." 애덤은 말했다. "그래서… 어떻게?"

"내 생각에 정말 도움이 될 것 같아서 추가적인 탁아 시설을 알아보자고 제안했지. 그런데 당신은 그게 너무 비싸다며 바로 쏘아붙였어."

"아, 그게 **있지**!"

"잠깐만! 맞아, 그건 비싸긴 하지만 당신이 **너무** 비싸다고 말할 자격이 있나? 당신에게 어느 정도가 **너무 비싸다**인지 판단할 최종 권한이 있는 건가?"

"매달 재정 문제로 고민하는 사람은 바로 나야." 애덤은 말했다. "내가 보기에 당신은 별로 고민하는 것 같지 않아."

"그렇게 말하니 화가 나네." 매디의 언성이 높아졌다. "이게 보통 우리 대화 중에 내가 피해 가곤 하던 지점이지. 하지만 이제 다신 그러지 않을 거야. 애덤, 나는 할 말을 잃었어. 우리가 얼마나 많은 돈을 쓰든 내가 신경 쓰지 않는다고 어떻게 말할 수 있는 거지?

당신은 내가 검소하다는 걸 아주 잘 알고 있어. 나는 부엌 리모델링을 할 때 더 저렴한 선택지를 찾으려고 동분서주로 돌아다녔던 사람인데. 당신이 그렇게 말하다니 정말 속상해."

"미안해." 애덤이 수세에 몰려 말했다. "하지만 나는 돈에 관해 **많이** 걱정해."

"세상에나, 나도 마찬가지로 돈에 관해 많이 걱정한다고 당신은 생각하지 않는 거야? 내가 요구하는 건 고작해야 약간의 육아야. 그래야 내가 온종일 아이들 돌보기와 집안일 하는 것 외에 무언가를 할 수 있으니까."

애덤은 팔짱을 끼었다. "으음, 애들을 어린이집에 보내는 게 답은 아니야. 우리 친구들이 모두 말하는 걸 당신도 알 텐데, 어린이집에 다니는 아이들은 언제나 아파. 아이들을 집에 데려오려면 어차피 우리가 직장에서 빠져나와야 하고, 아이를 돌봐주는 사람에게는 여전히 비용을 지불하니 우리 모두 스트레스를 받을 거야. 이건 말이 안 돼. 당신은 무슨 생각을 하고 있는 거지?"

"나는 또다시 벌어지고 있는 일이 맘에 들지 않아. 또 이러고 있잖아! 내가 아이디어를 내면 당신은 거부하지. 내 제안이 맘에 들지 않으면 당신이 해법을 제시해봐. 아이들과 가족은 우리 두 사람의 책임이야. 당신 아이들이기도 하다고. 이건 **우리의** 문제지, **나만의** 문제는 아니야."

애덤은 대답하지 않았다.

매디는 물었다. "뭘 생각하는 거지?"

"아무것도."

"어떻게 아무것도 생각하지 않을 수가 있지? **뭔가** 생각하고 있는 게 분명한데."

"으음, 이게 정말로 당신에게 중요하다면, 당신은 세후에도 육아 비용을 충당할 정도로 충분한 돈을 벌어야 할 거야."

"잠깐만, 애덤. 그건 공정한 해결처럼 느껴지지 않아. 내가 처음에 그 비용을 다 충당하지 못하면 어떻게 되는 거지? 육아가 마치 **우리** 책임이 아니라 내 단독 책임인 것처럼 들리네. 이건 **우리** 책임이야. 날 걱정해주던 당신은 어떻게 된 거야? 당신은 내가 무슨 사치를 요구하는 것처럼 들리게 하고 있어."

애덤은 이것을 받아들이고 마침내 이렇게 말했다. "우리가 합의했던 그 모든 게 다 막연하게 돼버렸어. 모든 걸 허공에 던지는 꼴이야. 난 어떻게 해야 할지 모르겠어."

"내가 당신에게 요구하는 건 여러 방법을 생각해보라는 거야. 내 제안을 곧바로 거부하라는 게 아니고. 당신은 우리가 뭘 해야 한다고 생각해?"

애덤은 다시 조용해졌다. 그러고는 말했다. "나는 이 대화를 더 이상 하고 싶지 않아."

"나도 이 대화를 하고 싶어서 하는 게 아니야. 하지만 당신이 이 문제에 관해 이야기하기를 거부하면 아무것도 더 나아지지 않을 거야. 나는 우리가 너무 걱정돼서 그냥 놔둘 수가 없어."

"우리는 죽도록 이야기했는데 아무런 도움도 안 되잖아." 애덤은 여전히 팔짱을 끼고 있었고 아래를 내려다보며 더는 아무 말도 하지 않았다.

"여기에서 벗어난다 해도 소용 없을 것 같아." 매디는 말했다. "우리가 성공할 때까지 함께 포기하지 말고 노력하자. 우리는 예전에도 여러 번 이런 문제를 해결하지 못한 채 중단했지만, 그래서 우리가 다시 그렇게 하면 어떤 일이 벌어질지 두려워."

그들은 테이블을 가운데 두고 조용히 마주 앉았다. 누구도 다음에 무슨 말을 해야 할지 전혀 모른 채.

갈등은 왜 무서운가

언뜻 보기에, 매디와 애덤의 충돌이 악화되는 것처럼 보였다. 이게 많은 사람이 갈등을 무서워하는 이유다. 감정이 고조되어 주고받는 언쟁부터 비난, 긴장 고조, 그리고 굳어버려 잘 바뀌지 않는 입장까지 갈등은 불편하고 지저분하고, 때로는 무섭기도 하다는 것에는 의문의 여지가 없다.

대인관계에서 갈등이 정점에 다다르면, 우리는 관계에 돌이킬 수 없는 손상이 생기거나, 관계가 끝날까 봐 두려워한다. 하지만 이런 시점에 대화를 중단하면 우리가 가장 두려워하는 영원한 교착 상태에 빠질 가능성만 커진다. 게다가 거의 아무것도 배울 수가 없게 된다.

두 사람 중 한 사람 혹은 둘 다 상황을 매우 개인적으로 받아들이기가 쉽지만, 이런 긴장 고조는 손쓸 필요가 있다. 애덤이 매디에게 돈을 함부로 쓴다고 했을 때 무슨 일이 일어났는지 보라. 매디는 (과거에 했던 것처럼) 자신의 감정을 억누를 수도 있고, 정반대로 극단까지 가서 보복 공격을 가할 수도 있었다.

그 대신 그녀는 목소리를 높여서 화난 감정을 드러냈다. 그녀는 분명했다. 그녀의 말과 말투는 그 상황과 부합했다. 모든 대안이 항상 '옳은' 방법은 아니라는 점에 주목할 필요는 있지만 효과는 있었다. 그녀는 그들의 지출에 관심이 없다는 애덤의 비난에 화가 났지만 **사실**로 응답했다. "당신은 내가 검소하다는 걸 아주 잘 알고 있어. 나는 부엌 리모델링을 할 때 더 저렴한 선택지를 찾으려고 동분서주로 돌아다녔던 사람인데."

그때 매디는 애덤을 공격하지 않고 자신의 느낌을 공유했다("당신이 그렇게 말하다니 정말 마음이 쓰려"). 그녀는 이 모든 말로 자신의 감정과 자신이 한 일과 말에 관한 사실을 고수하는 것이 중요함을 보여주었다.

매디는 애덤을 말하자면 구두쇠라고 부르는 것과는 반대로, 자신이 화나고 마음 아팠다는 말로 대응하면서 자신 쪽 코트에 머물러 있었다. 이런 선택으로 긴장 고조를 피할 수 있었고, 문제를 해결하는 방향으로 대화를 진전시킬 가능성이 더 커졌다.

어느 순간 애덤은 "우리는 죽도록 이야기했는데 아무런 도움도 안 돼"라고 말하면서 매디의 의사진행을 방해하기 시작했다. 그는 팔짱을 끼고 있었고 아래를 내려다보면서 침묵했다. 심리학자 존 고트먼John Gottman이 그의 연구에서 언급했듯이, 의사진행방해는 화를 북돋운다.[22]

애덤이 처음에 의사진행을 방해했을 때 매디는 이렇게 말해 방해를 차단하기도 했다. "여기에서 벗어나도 소용없을 것 같아. 우리가 성공할 때까지 함께 포기하지 말고 노력하자." 매디가 물러서지 않을 때 이런 말을 하며 압박하지 않았다는 점에 주목하자. "제기랄, 나는 당신이 그냥 침묵하게 내버려 두지 않을 거야." 이렇게 했다면 애덤은 궁지에 몰린 느낌이 들었을 것이다. 그 대신 그녀는 자신의 의도를 반복해서 말했다. 이는 그녀가 관계에 얼마나 신경 쓰는지를 보여주었다. 매디는 애덤과 비슷한 감정 수준을 유지하고 사실에 충실했다.

'매디와 애덤' 4편

시간을 오래 끌고 나서, 매디는 침묵을 깨고 정말 호기심 어린 시선으로 이렇게 물었다. "돈과 육아 문제가 당신에겐 뭐가 그렇게 어려운 거야?"

애덤은 무슨 말부터 시작해야 할지 고민하면서 좀 더 침묵을 지키더니 말을 꺼냈다.

"나는 리드 생각이 많이 나." 리드는 대학 때부터 애덤의 가장 친한 친구다. "대학을 졸업하고 나서 리드는 나보다 보수가 더 좋은 직장에 취직했어. 하지만 그의 주머니에는 항상 돈이 없었지. 그는 가장 신형의 고급차를 가져야 했고, 큰 집을 사느라 많은 빚을 지게 됐지. 우리는 여전히 월세를 살고 있을 때였어.

부인 역시 돈 쓰는 걸 좋아해서 비싼 휴가를 갔어. 그들이 항상 피지와 싱가포르에 갔던 거 기억나지? 그게 우리가 그 친구 가족과 어울린 적이 한 번도 없었던 이유야. 그러더니 그는 파산해서 모든 것을 잃었고 결혼 생활도 파탄이 났지. 이런 생각이 내게 계속 남아 있어서 나를 두렵게 해. 이런 일이 우리에게 일어나지 않길 바라."

매디는 눈물이 솟구치는 걸 느꼈다.

"나는 그들이 이혼한 건 알고 있었어. 하지만 그 이야기의 전말이나 그것이 당신에게 미친 영향은 몰랐어. 이건 당신에게 분명히 중요한 이야기네. 애덤, 이 이야기를 해줘서 정말 고마워. 퍼즐의 일부를 이해하게 되니까 우리가 이 문제를 해결하는 데 도움이 되는 것 같아.

돈에 대한 당신의 우려를 이해하게 되었고 나 또한 그런 생각을 지지해. 그러나 우리는 리드 같지는 않아. 육아 때문에 우리가 파산하지도 않을 거야. 내가 당신을 지지하고 싶어 하는 만큼, 당신도 나를 지지해야 해."

애덤은 고개를 끄덕였다. 두 사람은 반성하며 침묵으로 되돌아갔다. 하지만 이번에는 서로 눈을 마주치고 있었다.

매디가 다시 침묵을 깼다. "내가 당신을 사랑하지 않는다면 이렇게 피곤할 만큼 당신과 이런 대화를 하지 않을 거라는 걸 당신도 알 거야. 나는 여전히 당신과 우리 결혼에 전념하고 있어."

"나도 마찬가지야. 나는 그동안 정신없이 일하느라 집안 상황을 제대로 모르고 있었어. 당신이 전에는 화내고 분개하는 거 같았는데 이번에 내가 들은 건 실망과 슬픔, 두려움이었어."

"우리는 지금 둘 다 지쳤어." 매디는 말했다. "우리가 내일 이 주제로 다시 돌아가는 데 동의하면 하룻밤 동안은 각자 생각해보는 게 낫겠어. 토요일이니까 시간을 내기가 더 쉬울 거야. 벌써 어머니가 그날 아이들을 동물원에 데려가기로 했어."

"그래, 좋은 생각인 것 같아." 애덤이 대답했다.

애덤의 의사진행방해에 대해 매디가 더 밀어붙이지 않고 공감과 호기심으로 대응했던 것은 다행이다("돈과 육아 문제가 당신에겐 뭐가 그렇게 어려운 거야?"). 그녀는 원래 문제에서 도망치지 않고 대화의 폭을 넓혔다. 그녀는 애덤이 더 많이 공유하도록 하고 그렇게 할 수 있게 더 많은 여지를 주었다.

애덤과 매디의 대화는 우리가 이 책의 앞부분에서 설명했던 문제 해결 단계가 순차적인 것도 아니고 뚜렷이 구별되는 것도 아님을 잘 보여준다. 특히 복잡하고 골치 아픈 문제의 경우, 해결되지 않더라도 관계를 회복하는 방향으로 나아가는 것이 중요하다.

매디의 호기심은 자신의 관심과 우려를 상대방에게 전달하는 데 진정성이 있었다. 그녀는 애덤과 계속해서 대화를 나누면서도 자신의 필요와 우려에 대해 솔직할 수 있었다. 그래서 문제를 논의하고 관계 개선 과정을 시작하기가 더 쉬웠다.

관계 회복을 하려고 일찍 시도하면 할수록, 결과는 더욱 유리할 가능성이 크다. 매디가 경멸로 긴장을 고조시키거나, 대화 도중에 나가버리거나, 애덤이 말문을 닫았다면 관계에 훨씬 큰 치명타를 입혔을 것이다. 그 대신 그들은 적어도 상대방이 자신의 이야기를 듣고 있다고 느끼고, 정서적으로 만족해서 자신의 헌신을 표현할 수 있을 때까지 이야기를 계속했다.

그들이 **휴식**을 취했던 점도 중요하다. 지치거나 감정이 넘쳐서 더 받아들일 수 없을 때 대화를 일시적으로 중단하는 것은 합당하다. 그러나 상황에 대처하기를 거부하는 것과 생각과 느낌을 정리하려고 시간과 여유를 가지는 것에는 중요한 차이가 있다.

감정적으로 매우 고조되어 있을 때 그러한 자기 성찰은 거의 불가능하다. 결정적으로 두 사람은 그 문제로 다시 돌아올 수 있도록 특정 시간을 지정해놓았다. 분노가 훨씬 더 커졌을 수도 있는 다음 상황에 그 문제가 표면화될 때까지 회피하지 못하도록 했던 것이다.

1960년대 자기계발 운동에서 나온 격언이 하나 있다. "말다툼으로 하루를 넘기지 말라Never let the sun set on a dispute." 사실 우리는 이 격언에 전적으로 동의하지 않는다. 대화를 잠시 멈추면 우리에게 필요한 관점이 생길 수 있다. '끝내겠다'는 욕심을 부리면 하룻밤 생각한 후에도 별로 마음이 편치 않은 동의를 하게 될 수 있다.

대화하다가 더 짧은 휴식을 하는 것도 유용하다. 갈등의 문제는 대화가 빠르게 오가서 다른 접근방법이 효과가 있는지 생각할 겨를이 없다는 것이다. 매디와 애덤 두 사람 사이의 침묵이 처음에는 교착상태처럼 느껴질지 모르나, 정적이 지난 후에야 매디는 논쟁에서 호기심으로 나아갈 수 있었다. 짧은 휴식이 회피의 한 형태일 필요는 없다. 여러 감정을 평가하고 이러한 감정이 심층 문제에 대한 해결의 실마리인지 아닌지 평가하는 기회가 되기도 한다.

두 사람이 정적 속에 앉아 있는 시간은 쉽게 좌절감을 주기도 해 뭔가 하기를 원하도록 할 수도 있다. 그러나 이런 경우에 우리가 좋아하는 격언이 있다. "그냥 뭘 하지 말고, 거기 앉아 있어Don't just do something, sit there." 대인관계 역학 강좌에서 우리는 말하곤 한다. "과정을 믿어라Trust the process." 이는 "이 순간에 정말 무슨 일이 진행되는지 혹은 해결책이 무엇인지 알지 못할지도 모른다. 하지만 우리가 감정을 표현하는 것을 참을 수 있으면, 그것은 더 명확해져 결국 잘될 것이다"라는 뜻이다.

매디는 이렇게 자신의 입장을 표명했다. "당신이 이 문제에 관해 이야기하기를 거부하면 아무것도 더 나아지지 않을 거야." "우리가 성공할 때까지 함께 포기하지 말고 노력하자."

이 과정에서 매디와 애덤은 게임의 규칙을 재정의하기 시작했다.

1. 도망치지 않기, 우리가 문제를 해결할 때까지 버텨야 한다.

2. 우리 두 사람은 가능한 해법을 생각해낼 책임이 있다.

3. 두 사람 모두 비용을 부담하고 받아들여야 한다.

그들이 이런 합의를 이루어냈다 하더라도 문제해결 영역으로 충분히 이동하지는 않았다. 그들은 서로가 잘못되었다는 것을 증명하려는 영역에서 자신에게 또 상대방에게 중요한 것을 이해하기 시작하는 영역으로 진전했다.

그들은 문제가 단지 육아 이상임을 알기 시작했다. 아직도 갈 길이 멀지만 해결을 향한 중요한 모퉁이를 돌았다. 그들은 아직 완전히 각별하지는 않지만, 거기에 도달하기 위한 기틀을 마련했다.

자기 성찰하기

|||||||||||||||||||||||||||||||||||||||||||||||||||||||||||||||||||||||||||||||||||||||||||||||||||||||||||||||||||||||||||||||||||||

1. 매디의 입장이 되어보라

그녀는 문제를 바로잡고는 싶으나 결혼 생활을 손상하고 싶지 않은 강한 욕구로 곤란에 처해 있다. 그녀가 말한 것과 하려던 행동을 보았을 때 당신이라면 이런 상황을 어떻게 처리했을까? 어떤 상황이 당신에게 특별히 도전적이었을까?

2. 효과적인 접근법

매디는 갈등에 대한 두려움을 극복한 후에 이것을 효과적으로 사용할 수 있었다. 그녀는 다음과 같이 행동했다.

- 참고 물러서지 않았다.
- 욕을 하며 긴장을 고조시키지 않았다.
- 자신의 문제가 무엇인지 알았고 모든 잘못을 애덤에게 덮어씌우지 않았다.
- 피드백 모델과 비난하지 않는 변형 모델을 사용했다.
- 자신의 감정을 인지하면서 효과적으로 사용했다.
- 애덤이 그녀의 접근방법을 재정 상황의 부정적 원인으로 돌리자, 방어적으로 대응하지 않고 사실로 반박했다.
- 그들이 생각했던 해법의 폭을 넓혔다.
- 두 사람 모두 그 주제를 고수하고 도망가지 않을 것을 확실히 했다.

- 호기심을 갖고 애덤에게 지금 어떤 상태인지 물을 수 있었다.
- 그의 최종 목표에는 동의하고, 목표 달성 방법에 대해 의견이 다르다는 점을 솔직히 털어놓았다.

당신이 중요한 문제로 갈등 상황에 놓여 있고 강한 감정을 느끼고 있다면 이런 접근법 중 얼마나 많은 방법을 사용하려고 할까? 어떤 방법이 더 쉬울까? 어떤 방법이 더 어려울까?

3. 핵심 관계

당신이 주요 관계를 맺고 있는 사람 중 어떤 사람이 갈등을 잘 사용하는가? 그들은 구체적으로 무엇을 하는가? 반대로 갈등 때문에 문제가 있는 사람이 있는가? 그들은 무엇을 하는가?

적용하기

갈등에 잘 대처하는 사람을 알고 있으면, 그들이 화나거나 공격받은 후에 어떻게 그렇게 행동할 수 있는지 물어보라.

당신이 관계를 맺고 있는 사람 중에 갈등 해결로 문제를 겪고 있는 사람과 관계 개선 방법에 대해 토론해보라.

이해하기

갈등 관리와 당신의 강점 및 한계에 대해 당신은 무엇을 배웠는가? 당신은 향후 발전을 위해 어떤 조치를 취할 것인가?

당신이 갈등 해결에 문제가 있는 어떤 사람과 토론을 했다면 그런 토론이 당신과 그와의 관계에 어떻게 영향을 미쳤는가?

다른 토론에서 또 다른 사람과 사용할, 잠재적으로 어려운 상황을 초래하는 방법에 대해 당신은 무엇을 깨달았나?

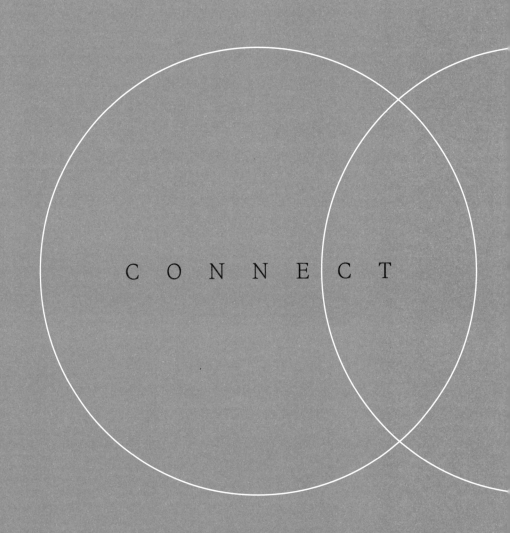

CONNECT

2부

각별한 관계를
만들고 싶다면

방금 당신은 동반자와 함께 권곡 벽을 넘었다. 좋은 등반이었으나 에너지를 많이 소모했다. 그래서 그들을 반기는 초원에 앉아 쉬기로 결정을 내린다. 산 정상이 저 앞에 버티고 있으나 주위 경관은 매우 아름답고 풀밭은 보드랍다.

이제 초원에서 선택할 것이 당신에게 더 많이 있다. 현재 있는 곳에 머무르면서 당신이 이룬 것의 진가를 진정으로 느낄 것인가? 초원에서 하이킹을 즐기며 산자락 주위를 따라 걷고 따뜻한 오두막에서 머무를 것인가? 아니면 산꼭대기까지 계속 갈 것인가?

워싱턴산 정상에 먹구름이 끼고 있으나 당신은 이전에 올라가 본 적도 있고 도전을 즐긴다. 구름이 걷히기라도 하면 정상에서 보이는 전망은 환상적이고, 당신은 어떤 악천후라도 감당할 수 있다고 느낀다.

그러나 당신은 아직 그러한 결정을 내릴 필요는 없다….

지난 장들에서 우리는 귀중한 역량을 습득했다. 특히 당신이 실전 연습에 나오는 제안을 사용하고 자료를 적용해봤다면 더욱 그랬을 것이다. 당신은 좋은 관계를 구축하고 그런 다음에 강하고 튼튼하며 서로 도움이 되는 관계로 발전시키는 방법을 배웠다. 당신은 쉬운 길 걷기부터 가장 도전적인 등반하기까지 해낼 수 있다는 것도 알게 되었다(만약 당신이 1부의 역량을 복습하고 싶다면 418쪽에 있는 부록 2에서 찾을 수 있다).

이러한 역량은 우연히 알게 된 지인이든 매우 가까운 친구이든 모든 관계에 적용할 수 있다. 가족과 친구는 물론이고 직장 동료, 자신이 관리하는 직원, 하물며 직장 상사에게도 사용해볼 수 있다. 대인관계 역학 강좌가 스탠퍼드대학교와 다른 주요 경영대학원에서 50년 이상 개설되고 있다는 것은 우연한 일이 아니다. 사람은 사람과 더불어 비즈니스를 하므로, 일할 때 이런 역량을 갖추는 것은 바로 직업상 성공의 핵심 결정요인이다.

이 책을 더 읽지 않더라도, 당신은 많이 배웠을 것이다. 그러나 이 마지막 장들에서 이 책에 소개된 다섯 개의 특징적인 관계가 연속적 과정을 거쳐 어떻게 각별한 관계로 발전하는지 보게 될 것이다. 어떤 경우에는 성공하고 다른 경우에는 성공하지 못한다. 각 관계의 인물은 결정적인 딜레마에 직면하고 이 역량을 발휘하여(혹은 발휘하지 못하고) 강력하고 기능적인 관계에서 매우 깊은, 거의 마법 수준의 각별한 관계로 전환하는 능력에 영향을 끼친다.

1부의 다섯 가지 관계 모두 현저하게 진전되었다. 인물들은 서로 더 잘 알게 되었고 문제를 제기하는 것을 정당화하는 몇 가지 규범을 만들었다. 또한 비난을 최소화하면서 그들의 필요를 표현하는 방법을 배웠고 효과적인 문제해결을 위해 노력했다. 각별한 관계로 전환하려면 지금 무엇이 필요할까? 그리고 그들이 그런 관계에 돌입했음을 어떻게 알 수 있을까? 누구든 어떻게 알까?

이런 일이 발생하는 어떤 정확한 시점은 없다. 이는 어느 정도 관찰자의 눈에 달렸다. 관계에 관련된 자신의 중요한 부분을 억누를 필요가 없다면 당신은 각별한 관계에 접어들었음을 알 것이다. 상대방도 마찬가지다. 상대방과 자신의 상황을 불확실하거나 혼란스럽게 느낀다고 쉽게 말할 수 있으면, 그 관계는 각별하다. 그래서 당신은 그것에 대해 말할 수 있다. 당신이 두렵게 느끼더라도 주요 문제를 다룰 수 있으면 각별한 관계인 것이다.

그때까지도 각별한 관계는 마지막 상태가 아니라 그 자체의 연속성을 가지고 있다. 각자 항상 더 많이 개방하고 지지하고 도전해서 새로운 성장 영역으로 이동할 수 있다. 당신은 관계 심화의 미묘한 차이를 이해할 수 있고, 당신의 '안테나'는 더욱 미세하게 조정된다.

관계는 반복적이고 점점 심화하는 순환을 이루며 유기적으로 각별한 관계로 변화하는 경우가 많다. 이런 관계는 차이와 불일치가 해결되고, 친밀감을 높이는 데 방해가 되지 않는 오랜 가족, 친구, 직장 동료와의 관계일 수 있다. 크고 어려운 갈등이나 곤란한 사안은 없다. 그들 중 한 사람이 핀치를 느낄 때, 어떤 사람도 조심스럽게 돌려서 말하지 않는다.

그리고 그 핀치가 상대적으로 작더라도 두 사람 모두 해결 방법을 안다는 것이 더욱 중요하다. 각자 상대방의 배움에 전념하고 상대방에게 유익할 거라 생각되면 그것을 좀 더 면밀히 들여다보기를 두려워하지 않는다. 진실 말하기, 애정 어린 대립은 관계 전반에 걸쳐 일찍부터 정립되고 유지된 규범이다. **양적** 단계가 축적되면 시간이 흐르며 의문의 여지 없는 **질적** 변화가 나타난다.

다른 경우에 관계는 다음 세 개 장에서 살펴보겠지만 결정적 선택 지점의 결과로 각별해진다. 13장에서 우리는 매디와 애덤의 경우로 돌아가서 논쟁점 해결에 무엇이 필요한가를 검토할 것이다. 엘레나와 산제이의 결정적 순간을 묘사하는 14장에서는 경계를 정하는 게 관계를 손상하지 않고 오히려 강화한다는 것을 보여준다.

그리고 미아와 아니야의 딜레마를 탐구하는 15장에서는 상대방에게 고통스러운 문제를 일으키는 중요한 무언가가 다른 한 사람에게는 절실하게 필요한 상황에 대처하는 방법을 다룬다.

깊은 관계라고 모두 각별한 관계가 되는 것은 아니다. 16장에서 우리는 바로 그런 경우의 다양한 사례를 살펴볼 것이고 그 이유를 파헤친다. 또한 우리는 직장에서의 각별한 관계에서 나타나는 까다로운 문제를 검토한다. 결론은 각별한 관계 맺기는 가능하나, 약간의 고려 사항이 추가로 필요하다는 것이다.

끝으로 관계 발전은 일직선으로 이루어지지 않는다. 마지막 장에서 우리는 두 사람 사이에 어떤 일이 일어나 각별한 관계를 잠시 파괴했는지를 살펴볼 것이다. 우리 관계가 어떻게 잘못되었고, 어떻게 회복되었으며, 우리가 더욱 가까워지는 데 무엇이 도움이 됐는지에 초점을 맞출 것이다. 그래서 모든 각별한 관계가 위기에서 태어나는 것은 아니지만 그런 경우가 마지막 다섯 개 장 중 네 개 장에 집중되어 있다. 두려움에 위기를 피하려다 보면, 종종 우리가 각별한 관계에 도달하는 것을 막기 때문이다.

우리의 등산 비유로 돌아가서, 당신과 당신의 동반자가 처음으로 등산한다고 가정해보자. 두 사람은 정상에 오르기를 원하지만 정상은 먹구름에 휩싸이고, 바람도 강해지고 있다. 초원에 그냥 머물면서 최후의 노력을 추가로 하지 않는 게 쉬울 것이다. 각별한 관계로 이동하는 과정은 대부분 안정적인 등반이지만, 어떤 경우에는 큰 도전에 직면하기도 한다. 우리는 2부의 마지막 다섯 개 장을 통해 당신이 큰 도전을 받아들이기를 바란다.

13

갈등의 근원을 알게 됐을 때

○○○

개인의 문제를 공동의 문제로
전환할 수 있을까?

두 사람이 앉아서 협력하며 문제를 풀면, 혼자서 할 때보다 보통은 훨씬 우수한 해법이 나온다. 그들은 더 많은 선택지를 고려하여 상대방의 생각에서 오류를 찾아내고 상대방의 방식에서 도움을 받는다.

어떤 사람은 위험에 더 익숙하고, 다른 사람은 더욱 신중할 수도 있다. 어떤 사람은 이미 쟁취한 성공에 초점을 맞추나, 다른 사람은 아직 해결해야 할 문제를 보곤 한다. 균형을 위해서는 상대방이 필요하다. 그러나 각자 자신의 성향을 유익하게 사용하는 방법을 배워야만 균형으로 효과를 거둘 수 있다.

'매디와 애덤' 5편

애덤과 매디가 자신들의 문제를 겉으로 드러낸 다음 날 아침에 매디의 어머니가 아이들을 데리고 나들이를 갔다. 애덤과 매디는 부엌 테이블에 앉아 커피를 마셨다.

"어제 저녁 우리 대화에 대해 많이 생각해봤어." 애덤이 말했다. "그리고 내가 당신 말을 들었다는 걸 당신이 알았으면 해. 나는 그동안 내 직업과 내가 원하는 바에 꽤 집중해왔다는 당신 말이 맞아. 당신이 어떻게 지내는가에는 그렇게 집중하지 않았지. 그 점은 미안해."

매디는 눈물이 났다. "그렇게 말해줘서 고마워."

"좋아. 현재 우리 상황을 다시 정리해보자고." 애덤은 말했다. 그는 매디가 생각하고 있는 것으로 이해한 문제들을 훑어나갔다. 그녀도 그의 생각에 대해서 똑같이 했다.

"그럼 우리는 이제 무엇을 하지?" 애덤은 말했다.

"어제 잠자리에 들면서 생각해봤는데, 나에게 두 가지 아이디어가 있어." 매디가 말했다. "위니커 일가는 재니의 어머니와 함께 살고 있대. 그런데 당신은 내 어머니와 잘 지내고 있지만 우리 둘 다 어머니와 함께 사는 건 원하지 않는다고 생각해."

애덤은 동의하며 고개를 끄덕였다.

"오페어au pair[외국인 가정에서 일정 시간 아이들을 돌봐주고 그 대신 숙식과 소정의 급여를 받으며 자유시간에는 어학 공부 등 그 나라의 문화를 배우는 문화 교류 프로그램의 참여자]를 알아볼 수도 있지만, 우리 집은 그리 크지 않고 우리는 우리의 사생활을 좋아해."

"나도 그걸 생각해봤는데, 같은 이유로 좋은 방법은 아니라고 생각했어." 애덤이 덧붙였다.

매디는 계속했다. "세 번째 선택지는 함께 월 생활비를 면밀히 살펴보고 우리가 육아비로 얼마를 할애할 수 있는지 보는 거야. 나는 이를 염두에 두고 아마도 아르바이트나 자원봉사를 늘리는 방법에 대한 조사를 시작할 수 있을 거야."

"하지만 절약하는 돈은 전부 우리 비상금으로 저축하고 있어. 난 우리가 그 비상금은 그냥 두어야 마음이 더 편할 것 같아."

"나도 그래. 하지만 모든 것을 다 가질 수는 없어. 당신은 이번 새로운 업무로 나중에 승진할 가능성이 커져서 봉급이 더 오를 거라고 말했어. 우리 둘 다 미래에 보상받기 위해 현재에 투자하고 있지 않아?"

애덤은 곰곰이 생각해보고서 마침내 "좋아"라고 말했다. "당신이 무엇을 말하려는지 알겠어."

"그런데?" 매디는 말했다. "나는 당신을 너무 잘 알아. 당신은 뭔가 걱정하고 있지?"

애덤은 웃었다. "그래. 당신은 나를 귀신같이 잘 알지. 하지만 나는 거기에 대답할 수 있을지 잘 모르겠어. 논리적으로는 미래에 투자하는 접근법에 동의하지만 난 여전히 불안해. 이유는 잘 모르겠지만."

그는 곰곰이 생각하고 나서 말했다. "나를 괴롭히고 있는 것 중 하나는 데릭이 태어난 후에 당신이 아이들과 함께 집에 머물기로 우리가 합의한 게 생각나기 때문이야. 그리고 이제 당신은 그 합의를 깨려고 하는 거지."

"정말로?" 매디가 물었다. 그녀는 방어적인 태도를 취하고 싶었으나, 상황을 악화하지 않으려고 자제했다. "이게 그 문제의 일부라고는 생각해본 적이 없어. 맞아, 우리가 합의했지. 그리고 당신은 내가 그걸 바꾸길 원한다는 게 정말 짜증 난다고 했어. 하지만 상황은 언제나 변해. 이 변화가 뭐가 그렇게 어려운데?"

"상황이 변한다는 건 나도 알지만 움직이는 부분이 너무 많아. 나는 우리와 우리 합의처럼 몇 가지는 안정적으로 그대로 두면 좋겠어. 삶이 한 방향으로 전개될 거라고 내 기대를 설정했기 때문에 다른 방향으로 가게 하는 건 너무 힘들어."

"그런데 잠깐만." 매디가 끼어들었다. "우리 삶에서 우리 결혼이나 아이들에 대한 헌신처럼 안정적인 것도 많아. 합의를 지키는 것에 대해 말하는데, 당신이 자진해서 대충 넘어가려 했던 우리 공동의 성장에 대한 합의는 어떻게 되었지? 이런 다른 합의는 뭐가 그렇게 더 중요하지?"

애덤은 이것에 대해 잠시 생각했다.

"알았어. 논리적으로 당신 말에 전적으로 동의해. 하지만 우리 중한 사람이 집에 머문다는 합의가 나에겐 큰 의미가 있어. 내가 아마도 지나치게 관습적이거나 너무 어렵게 생각하고 있는지도 몰라. 하지만 주위를 둘러보면, 부모 둘 다 일을 해서 큰 스트레스를 받는 집을 아주 많이 볼 수 있어. 나는 그저 우리 삶에서 좀 더 숨 쉴 수 있는 여지를 원할 뿐이야. 알겠어?

그리고 나는 부모가 해야 하는 힘든 일을 너무 많이 외부에 의뢰하고 싶지 않아. 우리 중 한 사람이 그 일을 하는 게 나에겐 중요해. 나는 내 직업을 포기하려 하지 않기에 지금 이렇게 말하는 게 성차별적으로 느껴져서 당황스러워. 나는 당신의 성장과 행복에 헌신하고 있어. 내 감정을 정당화할 수는 없지만 그런 마음은 정말 있어."

매디는 느긋해졌다.

"그런 마음을 공유해줘서 고마워. 나도 그런 예감이 들긴 했지만, 당신이 인정한다는 말을 듣는 건 큰 차이가 있어. 여보, 보라고, 시간제 탁아를 하더라도 나는 아이들을 위해 계속 함께 있을 거야.

결정에 충실한 것이 당신에게 얼마나 중요한지도 알겠어. 그래서 우리는 '업무 협약'과 그 결정을 분리할 수 있도록 최종 결정을 내릴 때 조심할 필요가 있겠어. 하지만 지금으로선 탁아 비중을 늘리자는 아이디어가 최선의 대안인 것 같아. 그 방법을 조사하는 건 괜찮을까?"

애덤은 합의의 의미로 끄덕였다. "좋아, 이렇게 합의를 이끌어내니 기분이 낫네. 한번 해보자고."

매디는 고마워하며 미소지었다. "고마워. 하지만 우리가 결정을 내리기 전에 알아야 할 게 많아. 나는 시간제로 근무하는 일을 구할 수 있는지 조사해보고 육아 선택지를 점검해봐야겠어. 그리고 우리 예산을 함께 검토해서 줄일 수 있는 부분이 있는지 살펴보자. 괜찮지?"

애덤은 동의하며 천천히 고개를 끄덕였다. "우리가 무엇을 하든 간에, 일정 기간 시험 삼아 해보고 그게 어떻게 풀리는지 지켜보자."

매디와 애덤은 사람들이 정말 빠지기 쉬운 함정을 용케 피하면서 문제해결의 첫 번째 관문을 잘 통과했다.

• 서둘러 판단하기

갈등은 스트레스를 준다. 빨리 지나가버리고 싶다 보면 제시된 첫 번째 옵션을 너무 조급하게 받아들일 수 있다. 일반적으로 복잡한 문제에는 실행 가능한 해법이 하나 이상 있다. 그리고 보통 각자가 강하게 느끼는 문제가 포함되어 있다. 다행히도 매디와 애덤은 서둘러 판단하는 함정에 빠지지 않았다. **두 사람 모두를 만족시키면서 문제를 해결하도록 토론의 초점을 확실히 맞추었다.**

• 양자택일 사고

이런 것이 극단적인 경우다. "종일(전일제) 탁아 비용을 지불하거나, 아니면 현 상태를 유지한다." 매디가 처음에 여러 대안을 제시하면서 그들은 이런 양자택일을 피했다. 매디는 여기서 힘든 일 대부분을 했다. 만약 그들이 브레인스토밍하는 합동 회의를 진행했다면 매디의 어머니가 일주일에 이틀 정도 아이들을 돌볼 수 있는지 알아보는 등 **더 많은** 방법을 만들어냈을 것이다.

• 필요에 초점을 맞추기보다 해법에 대해 논쟁하기

사람들이 물러서서 핵심 문제를 인식하지 않고 너무 빨리 한 해법의 장단점에 관심을 집중하면 이런 함정이 발생한다.[24] 보육료 지불은 지적 도전과 어른들과의 의사소통에 대한 매디의 더 기본적인 필요에 대한 **하나의** 해법이지 유일한 해법은 아니다.

- 의견을 사실로 간주하기

애덤은 이 함정에 빠져서 자신들의 재정 상태를 자세히 들여다보지도 않고 육아 예산이 없다고 믿었다. 이와 비슷하게, 자신의 새로운 업무 기회에 관한 이야기를 함께 나누면서 저녁과 주말에 근무시간이 늘어날 거라고 설명했다. 하지만 그게 얼마나 사실이었을까? 직장 상사에게 근무시간을 제대로 확인했을까, 아니면 자신이 그저 가정한 것일까?

- '시험'을 최종 결정과 혼동하기

지금 옳다고 느끼는 것이 나중에는 그렇지 않을 수 있다. 매디가 종전의 합의 사항에 만족하지 못하게 되었다는 것을 발견한 경우가 그렇다. 시험적 합의란 더 많은 데이터 수집을 허용하는 조치를 취하기 위한 결정이다. 시험적 결정이 얼마나 효과가 있는지 테스트한다는 건 최종 결정 이전에 수정을 허락하는 것이다.

- 개인적 필요를 평가 절하하기

사실과 논리는 중요하며, 가능한 것이 무엇인지 알려준다. 하지만 우리가 이미 강조했듯이, 각자 필요의 균형을 맞추는 것도 똑같이 중요하다. 애덤은 불확실성에 대한 자신의 느낌 일부가 비논리적임을 제대로 인정했다. 하지만 그럼에도 그 느낌은 그대로 있었다. 그가 이렇게 하지 않았다면 어떤 결정도 불완전할 테고 지속 가능하지도 않았을 것이다.

- 개인적 스타일을 고려하지 않기

모든 사람은 습관, 욕구, 성향을 지니고 있다. 애덤은 합의에 대해 다소 경직적인 것처럼 보여서, 매디는 시험적인 결정과 최종적인 결정 간의 차이점을 명료하게 할 때 그런 점을 고려했다.

- 누가 무엇을 실행할지 결정하기

결정이 무엇인가에 대해 여러 선택지(와 선호)가 있듯이, 결정이 어떻게 실행되는가에 대해서도 여러 선택지(와 선호)가 있다. 애덤은 매디에게 직업 선택지를 조사할 때 어떻게 시작해야 하는가를 말해서는 안 된다. 그리고 그녀는 그가 일과 생활의 균형 문제를 그의 상사에게 어떻게 제기해야 하는가를 말해서는 안 된다. 그들은 **방법**은 논의하지 않고 **무엇**을 해야 하는지를 함께 합의할 수 있다.

'매디와 애덤' 6편

다음 수요일 저녁에 애덤과 매디는 아이들을 재우고서 와인을 마시려고 소파에 앉았다.

"내가 인정해야 할 게 있어." 애덤은 말했다. "지난 토요일에 우리가 말했던 것에 동의하지만 여전히 좀 꺼림칙한 게 있어."

매디는 걱정스러운 표정을 지었다. "이 모든 문제를 다시 시작하자는 건 아니지? 그렇지?"

"걱정하지 마." 애덤은 웃었다. "그리고 당신이 이걸 듣고 싶을 거라고 생각해. 나는 다른 사람과 이 모든 것에 관해 이야기해야 했어. 그래서 오늘 드루와 함께 점심을 먹었지."

"뭐라고? **우리의 사적인 문제를 가지고 다른 사람과 이야기를 나눴다고?**"

"잠깐만." 애덤이 말했다. "괜찮아. 드루와 내가 친하다는 걸 당신도 알 거야. 그냥 다른 사람에게 이야기하는 것과는 전혀 달라. 드루는 자기 아들과 겪은 문제를 나에게 말하기도 했어. 나는 우리 결정을 입 밖에 낼 필요가 있었어. 내 머릿속에서만 빙빙 돌고 있었거든. 그리고 걱정하지 마, 당신을 나쁜 사람으로 묘사하지 않았어. 사실 그는 당신 편을 들었고 나에게 매우 솔직했어." 애덤은 웃음을 터뜨렸다. "참 대단한 친구지."

"그 친구는 뭐라고 말했는데?"

"당신이 말했던 것과 상당히 비슷해. 사실은 내가 나만 생각하고 당신을 충분히 생각하지 않는다며, 그가 나를 약간 야단쳤어. 그는 심지어 당신이 나에게 과분하다고 말하기까지 했어." 애덤은 대수롭지 않게 말했다. "그 친구의 지적 덕에 나도 생각하게 됐어."

"으음, 당신이 그런 면을 보려고 했으니까." 매디는 웃음을 지으며 말했다. "당신은 나와 함께할 만한 자격이 있는 거지."

"지난번에 내가 당신 말에 귀 기울이지 않았다는 건 아니야. 다만 다른 관점을 들어보는 게 안심이 됐어. 그리고 드루도 아내와 함께 자신의 문제를 해결한 걸 이야기하니까, 내가 혼자란 생각이 들지 않았어."

매디는 고개를 끄덕였다. "나는 우리 부부가 세상에 완벽한 커플로 보여야 한다는 생각은 해본 적이 없어."

그들은 잠깐 침묵 속에 앉아 있다가 그녀가 말했다.

"나는 일하는 게 왜 그렇게 중요한 건지 혼자 좀 생각해봤어. 지난 대화 때 말했듯이, 나는 어른 사이의 소통과 지속적인 성장 기회를 바라고 있어. 하지만 다른 무언가가 또 있어.

내 어머니가 결혼하고서 대학을 그만뒀다고 말했던 걸 기억해? 어머니는 공대에 다니는 아버지를 지원하느라 일을 해야 했어. 학위가 없다는 것은 사무보조직만 할 수 있었다는 건데, 그건 어머니에게 그다지 만족스럽지 못했던 거야. 그래서 오빠들과 내가 태어나자 그 직장마저 그만뒀어. 어머니는 경력을 가진 적이 없어. 어머니가 후회하는 걸 나는 알아. 그래서 내가 어머니처럼 될까 봐 두려운 거야."

매디는 울기 시작했다. 애덤은 술을 내려놓고 그녀를 팔에 안았다. 매디가 자제력을 되찾고 계속 말했다.

"전에 말했듯이, 나는 뭔가가 더 있다는 걸 깨달았어. 아버지는 어머니를 사랑했지만, 전인[지知 · 정情 · 의意를 모두 갖춘 전인全人]으로서 정말 존중했는지는 모르겠어. 물론 어머니가 우리를 키우고 집안 살림을 잘하는 것에 대해서는 존중했지만 그게 같지는 않지. 이런 일이 우리에게도 일어날지 몰라서 걱정돼."

애덤은 그것을 받아들이고 잠시 침묵했다.

"나는 그걸 인정하긴 싫어." 그는 마침내 말했다. "하지만 당신이 왜 걱정하는지 알겠어. 나는 당신이 아이들에게 해주는 것에 대해 매우 고마워. 하지만… 어, 내가 당신과 나누는 대화 소재에 제한을 두게 될지도 몰라. 그게 존경과 똑같은 문제인지는 모르겠지만 당신이 왜 그러는지는 알겠어."

두 사람이 생각하는 동안에 그는 다시 멈추었다가 말을 이었다. "좋아, 이 문제가 왜 우리 모두에게 중요한지 알겠어."

그다음 주말에 애덤과 매디는 숫자를 자세히 들여다보고 육아 예산을 정해서 그녀의 시간 일부를 확보했다.

"이제 그 정도면 시간제 근무를 할 수 있겠어." 그녀는 말했다. "하지만 나는 이 일에 얽매이고 싶지는 않아. 어떻게 되는지 보자. 내가 일을 좀 더 많이 원할지 더 적게 원할지 잘 모르겠어."

약간의 조정을 하고서 두 사람은 6개월간 시험적으로 해보기로 합의했다.

"분명히 말하면, 이건 우리 둘을 위한 실험이야, 그렇지?" 애덤이 물어보았다. 매디는 끄덕였다. "물론이지 이렇게 시도해보는 데 동의해줘서 고마워."

부부가 대화하는 도중에 토론의 틀이 바뀌었다. 대화에서 다루는 것이 더 이상 '매디의 문제'가 아니라 두 사람이 함께 풀어야 할 공동 문제가 되었다. 몇 가지 선택지를 함께 만들어내고 공동 의사결정 프로세스를 생각해내는 것을 포함한 다른 해법을 찾을 준비가 그때 된 것이다. 그들은 육아 문제에 대한 잠정적 해법에 도달하는 데 성공했다.

어느 한쪽이든 쌍방이든 어떤 주제를 포기하는 데 반대하면 뿌리 깊은 과거의 문제가 종종 드러나곤 한다. 대화를 하려면 이 문제를 표면화하고 탐구할 시간과 장소가 주어지는 것이 중요하다. 누군가가 그들의 과거로부터 어떤 영향을 받는지 안다면 그들에게 너무 일찍 꼬리표를 붙이는 걸 막을 수 있다.

이것은 애덤과 매디, 두 사람 모두에게 사실이었다. 매디는 자신의 남편이 구두쇠라고 결론 내리기가 쉬웠을 것이다. 하지만 그녀는 물러서서 질문하는 자세를 취하고 물었다. "돈과 육아 문제가 당신에겐 뭐가 그렇게 어려운 거야?"

질문을 한다는 것 자체가 중요했다. 그러나 애덤이 자신의 답을 내는 데 스스로 성찰하려는 의지도 중요했다. 그들은 서로에 대한 지지와 헌신의 분위기를 만들지 않고서는 절대로 거기에 도달할 수 없었을 것이다. 애덤이 대학 때 친구인 리드에 대해 공유한 것은 쉽지 않았다. 왜냐하면 논리가 묵살되었을 수 있기 때문이다("오, 애덤, 그게 시작이야. 우리는 그런 일을 절대 하지 않을 거야!").

그 대신 애덤이 이런 과거의 요인을 기꺼이 개방하려고 했기 때문에 매디도 나중에 그렇게 하기가 더 쉬워졌다. 매디가 자신의 성장기 가정환경을 근거로 한 두려움을 표현한 것이 부부 간 대화와 친밀감에 기여했다.

문제해결을 위한 퍼즐 조각들을 제대로 맞추면서 매디와 애덤처럼 과거, 현재, 미래라는 여러 시기에 주목하는 게 중요하다. 현재는 불만과 충족되지 못한 필요의 근원을 확인하게 해준다(예를 들면 지적 자극에 대한 매디의 필요와 돈에 대한 애덤의 걱정이 있다).

과거는 당신이 잃어버린 것을 예시로 보여주고 현재 상태에 어떻게 이르게 되었는지를 알려준다. 미래는 결국 당신이 원하는 상황에 계속 집중하게 해서 상호 비난으로 인한 불통을 해결할 수 있다. 토론할 때는 최상의 결과를 얻기 위해 종종 서로 다른 시기를 왔다 갔다 해야 한다.

제삼자의 역할

사람들은 다양한 이유로 다른 사람에게 도움을 요청한다. 매디가 친구 테리사에게 육아 문제를 어떻게 처리했는지 물어보았듯이, 가끔 당신은 다른 사람이 비슷한 상황을 어떻게 해결하는지 알아내고 싶어 한다.

때로 당신은 더욱 냉정한 견해를 찾는데, 바로 애덤에게 필요했던 바다. 매디는 자신이 원하는 것에 대한 강한 감정을 가졌으나, 드루는 그 결과에 개인적으로 기여하지 않았다. 애덤은 드루가 더 객관적인 관점을 제공해서 아마도 문제를 바라보는 새로운 방향을 제시할 수 있을 거라고 생각했다.

그러나 이는 드루가 공정한 사람이며, 매디와 애덤을 모두 안다고 가정했을 때만 가능하다. 그는 애덤의 친구이고 매디를 알긴 하지만 애덤을 훨씬 잘 안다. 또한 모든 관련 정보를 다 안다고 가정해야 한다. 애덤은 객관적으로 말하고 싶어도 아마도 매디의 관점에서 이야기하지는 않을 것이다. 드루는 이러한 한계를 인식했을 때만 도움이 될 수 있다.

이런 요인은 애덤과 매디의 공유 목표를 지지하는 드루의 노력을 제한하는 것처럼 보이지 않았고 그의 관점은 명확했다. 드루는 애덤에게 꽤 퉁명스러웠다. 하지만 애덤이 울화를 터뜨리게 두거나 상황을 보는 관점을 넓히도록 개방형 질문을 했어도 충분히 도움이 되었을 수 있다.

우리는 해법을 생각해낼 때 제삼자를 활용하라고 조언하지 않는다. 제삼자는 관련된 모든 정보를 가지고 있지 않기 때문이다. 그러나 그들은 당신이 가장 필요한 것을 더욱 명확하게 할 수 있도록 돕는다. 그러므로 **당신이** 상대방과 함께 문제를 유익하게 풀어나갈 수 **있게 하는** 매우 유용한 사고 파트너가 될 수 있다.

다양한 결과

애덤과 매디의 갈등은 두 사람 모두에게 만만치 않았다. 그래서 그럴 만한 가치가 있었나? 그날 막바지에 그들은 다양한 결과를 만들어냈다.

- 당면한 문제에 대한 실행 가능한 해법을 찾았다.
- 미래의 문제를 제기하고 해결하는 능력을 증가시켰다.
- 그들의 관계를 강화시켰다.
- 서로에 대한 이해도를 높였다.

이런 어려운 과정을 거쳐 애덤과 매디는 서로를 더 깊이 이해하게 된다. 그들의 노력으로 두 사람은 연속적 과정을 거쳐 각별한 관계 영역으로 확실하게 들어섰다. 그러나 아마도 그들이 이룬 가장 커다란 진전은 두 번째 항목일 것이다. 바로 미래의 다른 논쟁점을 다루는 그들의 합동 능력이다.

돈과 육아 문제를 처리하는 과정에서 그들은 미래의 도전을 제기하고 더 생산적으로 해결할 가능성을 높였다. 매디는 문제를 회피하지 않거나 더 이상 그녀에게는 효과가 없는 종전의 합의 때문에 입을 닫지 않기로 동의했다. 애덤은 매디의 필요를 고려하고 자신의 필요만 가지고 반응하지 않기로 동의했다. 게다가 그는 아이들과 집이 단지 매디만의 문제라는 관념에서 벗어나 그 문제를 공유해야 함을 인식했다. 무엇보다 종전까지 그들을 막았던 것이 무엇인지 알아냈다는 점이 중요하다.

이와 같은 합의는 중요한 첫걸음이지만 강화할 필요가 있다. 어떤 사람 또는 그 상대방이 실수로 그들의 합의를 존중하는 것을 게을리할 수 있기 때문이다. 그러나 합의 자체를 망치는 것보다 더욱 우려스러운 점은 망쳤다는 사실이 인식되거나 언급되지 않을 경우에 일어나는 일이다.

사실 어떤 경우에는 위반 사항이 수정되면 실제로 쌍방에 주는 교훈을 강화하고 회복을 더욱 공고하게 한다. 미래에 애덤이 어려운 주제를 제기했는데 매디가 회피하기 시작한다고 상상해보자. 그때 그가 이렇게 말한다면 매우 도움이 될 것이다. "우리가 힘든 토론을 하고 있을 때 당신이 설거지하러 자리를 뜨지 않기로 합의했는데 도대체 어떻게 된 거지?"

상황(과 관계)이 더욱 복잡해질수록, 문제해결 과정에서 더 많은 문제가 일어날 수 있다. 속담에도 나오는 '양파 껍질 벗기기'와 같다. 외피는 상황을 알아내는 것을 어렵게 한다. 그러고 나서 우리는 제시되는 문제를 발견하고, 그 저변에는 더욱 개인적이고 근원적인 문제가 있다. 저변에 있는 문제는 중요한 과거 경험의 영향을 포함할지 모른다. 각자는 정말로 어떤 일이 진행되는지 알아낼 수 있을 만큼 충분히 오래 견딜 필요가 있다.

이 모든 것은 결코 쉽지 않다. 로마는 하루아침에 이루어지지 않았다. 갈등이 클수록 해결에 더 오랜 시간이 걸릴 것이다. 해결에는 문제를 겉으로 드러내고 해법을 찾기 위해 협력하는 인내와 기술, 헌신이 필요하다.

자기 성찰하기

1. 매디의 입장이 되어보라

매디와 애덤이 포기하거나 강좌에서 벗어날 수 있었던 적이 여러 번 있었다. 그러나 그녀는 실행 가능한 해법에 도달할 수 있을 때까지 버텼다. 각 선택의 순간에 당신은 무엇을 했을 것으로 생각하는가? 매디가 취한 행동 중 어떤 것이 당신에게는 힘들까? 당신이 빠졌을 만한 함정이 있는가?

2. 핵심 관계

문제해결이 어려울 때, 당신의 핵심 관계 중 적어도 하나에 대한 하나 혹은 그 이상의 사건이 있었을 수 있다. 어떤 함정에 빠지는 경향이 있는가?

- 양자택일로 결정함
- 필요에 초점을 맞추기보다 해법에 대해 논쟁함
- 의견을 사실로 간주함
- 시험을 최종 결정과 혼동함
- 개인적 필요를 평가 절하함
- 개인적 스타일을 고려하지 않음
- 누가 무엇을 실행할지 결정함

3. 제삼자

당신이 제삼자였거나 제삼자에게 갔을 때 다음과 같은 문제에 부딪
혀본 적이 있는가?

- 자신들의 역할의 목적을 분명히 알지 못한다(그저 듣고, 시야를 넓히고, 검증되
  지 않은 가정을 확인하고, 동정을 표하는 등).
- 자신들이 해법을 찾아야 하는 사람이라고 생각한다.
- 자신들에게 결정적 정보(거기에 없는 사람의 관점)가 부족하다는 것을 잊는다.
- 편을 들도록 이끌린다.

적용하기

당신의 주요 관계 중 하나에 관해 토론할 문제를 확인했다면, 당신
의 의사결정과 문제해결 과정을 개선하기 위해서 그동안 배웠던 기
술 전부를 사용할 시간이다.

이해하기

토론은 어떻게 진행되었나? 결과는 문제해결과 두 사람을 위한 문제해결 기술 개선, 상대방에 대해 더 잘 알게 되는 것 그리고 관계의 추가 강화라는 네 가지 목표를 달성하는 데 성공적이었는가?

당신의 역량을 향상하면서 연속적으로 이 관계를 발전시키는 측면에서 당신은 어떤 일을 해야 하는가?

14

받아들일 수 없는 요청을 상대방이 할 때

가까운 사이에 선을 그을 수 있을까?

동료가 일을 마친 후에 자기를 공항에 좀 데려다줄 수 있는지 묻자 당신은 선뜻 동의한다. 공항에 가는 길이 당신이 평소에 다니던 길에서 약간 벗어난 것뿐이라 그 요청은 적절해 보인다. 반면 가난에 쪼들리고 자동차가 없는 또 다른 친구가 아무리 늦거나 이른 시간에도 공항으로 자신을 데리러 와달라고 당신에게 자주 요청한다. 이 또한 관계가 중요하니 요청을 들어주는 게 당연하다고 느낄지도 모른다. 그리고 또 그렇지 않다고 느낄 수도 있다.

　그렇다면 우리는 공정하다 느끼는 것과 부담스럽다 느끼는 것의 경계를 어떻게 결정하는가? 게다가 상대방이 나의 호의를 악용하는 경우라면, 우리는 얼마나 솔직할 수 있을까? 상대방의 요청을 그냥 따르기로 하고 우정을 위해서 아무 말도 하지 말아야 할까?

모든 사람은 우정의 단계에 따라 요청해도 괜찮은 것에 대해 기대하는 정도가 있다. 과거 경험이나 당신이 상대방에게 해줄 수 있다고 생각하는 데서 당신의 기대 수준이 나온다. 친구들은 대부분 그러한 기대를 솔직하게 말하지 않지만, 여전히 '사람들은 분명히 이럴 거야'라는 기대를 깊이 간직하고 있다. 당신이 당신의 아주 가까운 친구들과 서로에게 무엇을 요청해야 할지, 혹은 무엇을 해야 하는지에 대한 기대가 다르다면 문제가 발생한다.

중요한 관계가 손상을 입을 줄 알면서도 넘어서는 안 되는 선을 그어야 하는 시점이 올지도 모른다. 상대방이 거부감이나 거리감을 느낀다면, 어떻게 될까? 그냥 상대방의 요청을 들어주면서 갈등을 피하는 게 솔깃하기는 하다. 그러나 고대 그리스 철학자 플루타르코스가 말해 널리 알려진 경구가 있다. "내가 바꾸는데 덩달아 바꾸는 친구나, 내가 끄덕이는데 덩달아 끄덕이는 친구는 나에게 필요 없다. 그것은 내 그림자가 차라리 더 잘한다."

더 현대적인 표현으로 우리는 이렇게 말한다. 진짜 친구는 당신이 듣고 싶은 것을 당신에게 말하지 않는다. 그들은 당신에게 최선이라고 믿는 것을 말해준다. 그러다가 관계가 상처를 입으면 어떻게 될까? 그것이 엘레나가 산제이와 맞닥뜨린 딜레마다.

'엘레나와 산제이' 5편

엘레나와 산제이의 우정은 그 후 2년에 걸쳐 더욱 깊어졌다. 엘레나는 일을 잘해서 그 회사의 다른 부서로 이동하면서 승진까지 했다. 그녀는 이제 산제이와 직접 일하지는 않지만 정기적으로 점심시간에 만나 서로를 알아주고 배려하는 마음으로 견고히 다져진 우정을 키워나가면서, 거기서 얻는 편안함과 안락함을 같이했다.

또한 만남의 범위를 넓혀서 산제이의 부인 프리야와 엘레나의 남편 에릭도 만남에 합류시켰다. 이들 네 사람은 자주 만나며 좋은 친구가 되었다. 어느 날 산제이는 엘레나에게 전화해 퇴근 후 다소 비밀스럽게 술 한잔 마실 수 있는지 물어보았다. "업무 관련 일로 이야기하고 싶군요. 여기서는 말고." 그녀는 동의하고 동네 건너편의 조용한 바에서 만나기로 했다.

산제이가 다른 손님들에게서 약간 떨어진 한적한 테이블을 잡고 음료를 모두 주문한 후에 엘레나가 말했다.

"자, 말해 봐요. 무슨 일이에요?"

"으음, 우선 시간을 내줘서 고마워요. 나는 자문할 사람이 필요한데 이것에 대해 따로 얘기할 사람이 없어요."

"물론이죠! 중요한 일인 것 같네요."

"맞아요. 중요해요."

산제이는 숨을 돌리고서 말을 쏟아내기 시작했다.

"내 사업을 시작하려고 회사를 떠날까 생각 중이에요. 대학 친구 롤런드가 공동 창업자로 합류하라며 나에게 제안했어요. 나는 언제나 창업하고 싶었는데 한 번도 적절한 때가 없었거든요. 지금도 적당한 시기라고 생각하지는 않지만요.

대학 졸업 후 첫 직장을 구한 뒤로 나 자신만의 무언가를 꿈꿔왔어요. 그러고 나서 결혼, 아이들, 주택담보대출 그리고 연봉 인상이 계속되었죠. 당신도 황금 수갑[직원이 다른 직장으로 이직하거나 독립해 나가는 것을 막으려고 회사에서 사용하는 여러 기법. 예를 들면 연봉 외에 보너스를 주거나 주식 옵션을 약속하여 나가려는 직원을 묶어둔다] 이야기를 잘 알겠지만, 내가 지금 황금 수갑을 풀고 자유를 찾지 못하면 영원히 그러지 못할까 봐 두려워요.

나는 진짜 열정을 느끼는 일을 시작하길 **정말** 원해요, 말할 필요도 없이 나만의 사업을 시작해서 내 맘대로 해보고 싶은 거죠."

엘레나는 활짝 웃으며 말했다. "그거 너무 신나네요. 산제이! 그래요. 물론 겁나기는 하지만요. 그리고 별로 크게 놀랍지는 않네요. 당신이 한동안 안절부절못하는 것 같았거든요. 당신이 위험을 감수하려는 게 좀 부러워요. 나는 할 수 있을지 잘 모르겠어요."

"맞아요. 그건 겁나기도 하지만 신나고 활력을 주죠. 나는 언제나 틀에 박혀 있으면서 지극히 평범하고 신중했죠. 좋은 부양자가 된다는 게 나에게 얼마나 중요한지 당신은 알죠? 탄탄하고 보수도 좋은 이 직장을 내팽개칠 생각을 하고 있는 게 미친 짓은 아닌지 모르겠어요. 하지만 지금이 아니면 언제일까요? 나는 이제까지 직업적으로 나 자신을 밀어붙여 본 적이 없는 것 같아서 지금이 적기라고 생각해요.

롤런드는 굉장히 창의적인데 직장에서는 좀 활기를 잃었어요. 그에게는 게임 체인저[시장의 흐름을 통째로 바꾸거나 판도를 뒤집어놓을 만한 결정적 역할을 하는 사람, 제품, 서비스, 사건]가 될 수 있는 교육 기술 제품에 대한 정말 대단한 아이디어가 있죠. 내가 그 분야에 열정적이라는 건 당신도 알 거예요. 내가 이 일을 해야 할 거 같은가요?"

"프리야는 어떻게 생각해요?"

산제이는 낙담한 표정을 지었다. "그게 문제예요. 나는 지금은 그녀에게 말을 못 하겠어요."

엘레나는 놀란 얼굴을 했다. 그러자 그는 말을 이어갔다.

"당신은 그녀를 잘 알잖아요. 내가 그녀를 사랑하는 만큼, 그녀가 걱정이 많은 사람이라는 걸 우리 둘은 잘 알죠. 그녀는 재정 안전성에 대한 걱정이 많고, 아이들도 아직 어려요. 나는 그녀가 내 고민을 이해하지 못하고, 설상가상으로 내 이기심 때문에 집안의 안녕을 희생시키며 꿈만 좇으려 한다고 생각할까 봐 두려워요.

나는 이것에 대한 생각을 완전히 정리하고 만반의 준비를 마칠 때까지 그녀에게 말을 꺼내지 않으려 해요. 내가 그걸 하기를 원한다는 확신이 서면 그때 말하려고요. 우선은 당신하고만 이런 생각을 나누고 싶어요."

엘레나는 자신의 잔을 내려다보며 이마를 찌푸렸다. 그녀는 마음을 가다듬고 조용히 말했다. "미안해요, 산제이. 당신을 돕고 싶지만 사실 난처해요. 나는 그렇게 할 수 없어요. 그건 프리야에게 온당하지 않을 거예요."

"무슨 말이죠? 우리가 마음을 터놓고 서로 도울 수 있는 관계를 맺고 있다고 생각했는데."

"우리가 그렇긴 하죠." 엘레나는 말했다.

"분명히 아닌 것 같은데요."

엘레나는 주춤했다. "아휴! 정말 듣기 아픈 말이네요. 무엇보다도 당신을 실망하게 했다면 미안해요. 나는 정말로 우리가 그런 관계를 맺고 있다고 **생각해요**. 그래서 당신에게 솔직할 수 있었어요.

산제이, 당신이 원하는 대답을 하지 못해서 미안해요. 나는 당신을 응원하고 싶고 나에게 비밀을 털어놓아 줘서 정말 고마워요. 하지만 이게 내가 당신을 응원하는 최선의 방법은 아닌 거 같아요."

그녀는 심사숙고하며 말을 잠시 멈췄다가 다시 이어갔다.

"내가 당신을 정말 좋아하기 때문에 당신이 프리야에게 말할 때까지는 그것에 관해 얘기를 나눌 수가 없을 것 같아요. 당신이 나에게 요청하는 건 프리야의 희생을 무릅쓰는 것이라 사실 당신에게도 손해예요."

"무슨 말이죠? 왜 그게 프리야의 희생을 무릅쓰는 거죠? 당신도 그녀를 알잖아요. 그녀는 이 문제로 화를 낼 거예요. 나는 내 마음도 결정하지 못했는데 불필요하게 그녀를 불안하게 하고 싶지 않아요. 그래서 당신과 이 이야기를 나누려고 하는 거예요."

"보라고요, 산제이. 여기엔 실제로 두 가지 문제가 있어요. 하나는 이 새로운 사업상의 모험을 시도할지 말지에 대한 당신의 질문인데 이건 사실상 더 쉬운 문제예요. 그리고 다른 하나는 당신과 프리야가 서로 어떻게 관계 맺고 있는가에 대한 문제죠."

"그건 결혼 생활의 문제죠." 산제이가 약간 열을 내며 말했다. "그리고 솔직히 말해 이건 당신이 관여할 일은 아니잖아요!"

"전적으로 당신의 결혼 생활이죠. 이게 내 일이 되는 이유는 프리야와 관련된 일에 당신이 나를 끌어들이고 있어서죠. 당신이 사업을 시작하겠다고 결정하면 전적으로 그녀에게 영향을 주게 돼요.

나는 당신을 정말로 신경 쓰지만, 당신이 원하는 대로 내가 한다면, 나와 프리야의 관계에 영향을 줄 수 있어요. 만약 그녀가 이 사실을 안다면 화를 낼 테고, 나는 그녀를 탓하지 않을 거예요. 하지만 더욱 중요한 건 당신이 원하는 것을 내가 해주면 당신에게 해가 될 거라는 거예요."

"나에게 해가 된다고요?"

엘레나는 끄덕였다. "당신이 스타트업을 시작하기로 결정한다고 할 때 이건 앞으로 내려야 할 많은 결정 중 첫 번째에 불과해요. 재정에 영향을 미치는 수많은 다른 결정이 생길 거예요. 그때도 계속 프리야를 배제할 건가요? 그리고 당신이 그녀를 개입시키지 않고 이런 결정을 계속한다면, 그녀는 더욱더 소외감을 느낄 거예요.

난 두 사람이 그 어느 때보다 더 가까워질 필요가 있는데, 오히려 멀어지게 될까 봐 걱정돼요. 스타트업에 관해 그녀와 처음에 대화를 나누는 게 어렵겠죠. 전적으로 이해돼요. 하지만 당신이 나와 첫 대화를 하면 내가 그 문제에 공모하는 셈이 돼요. 그래서 나는 그렇게 하고 싶지 않아요. 내가 당신에게 해가 된다는 건 그런 의미예요."

산제이는 이를 받아들이고, 이렇게 말했다. "나는 지금 이 문제를 그녀에게 말할 수 없어요. 당신은 그녀가 얼마나 쉽게 걱정할지 알잖아요. 이건 그녀에게 공정하지 않아요."

14 ● 받아들일 수 없는 요청을 상대방이 할 때

"맞아요. 나는 그녀의 그런 성향을 잘 알고 있어요. 그리고 나는 당신도 알죠. 지금 그녀에게 말하지 않겠다고 선택한 이유 중 얼마만큼이 그녀에 관한 거고 얼마만큼이 당신에 관한 건지 궁금해요."

"그게 무슨 뜻이죠?" 산제이가 화를 내며 물었다.

"으음." 엘레나는 계속 말했다. "나는 가끔 당신이 그녀를 지나치게 보호하는 건 아닌가 생각해요. 예를 들면 지난번에 우리 네 사람이 저녁을 먹을 때 당신은 경영위원회와 겪은 최근 갈등에 대해 너무 고차원적인 이야기만을 그녀에게 말했어요. 그 주에 나와 점심을 먹으며 당신이 말할 때 얼마나 화가 나 있었는지 기억하는데, 이번 식사 때는 정말 평온하고 사무적인 말투로 말하더군요."

"맞아요. 하지만 엘레나, 프리야가 사소한 문제를 크게 만든다는 걸 당신은 인정해야 해요. 이야기를 다 하면 그녀는 내가 마치 금방 해고되는 것처럼 생각해서, 화난 그녀를 진정시키는 데 한 시간은 걸릴 거예요."

"알겠어요. 그녀가 반응하는 방식이 어렵다는 건 인정해야겠네요. 하지만 당신은 모든 문제를 그녀 탓으로 돌리고 있어요. 우리는 당신이 갈등을 얼마나 싫어하는지 전에 말한 적이 있는데, 프리야와 이 문제를 토론하고 싶지 않다는 것도 그런 건지 궁금해요.

당신은 그녀를 보호하는 건가요, 아니면 당신 자신을 보호하는 건가요? 어떤 경우든 에릭이 이처럼 중요한 개인적인 결정의 찬반을 나보다 먼저 다른 사람과 공유한다면, 나는 그 사람을 죽이고 싶을 거예요."

"글쎄, 프리야와 나는 달라요. 그리고 내 결혼 생활은 내 문제죠.

으, 당신이 나를 그냥 지지해주길 바랄 뿐이에요."

"내가 지지하는 것 같지 않다는 말이죠? 그래서 유감이에요. 나는 공교롭게도 지금 내가 당신을 매우 지지하고 있다고 생각해요. 내가 어느 순간부터 당신의 자문역이 되어 기쁘긴 한데, 나는 프리야를 대신할 순 없어요. 내가 진정으로 좋은 친구가 되려면 당신이 문제를 모두 파악한 다음이 아니라 지금 이 모든 것을 그녀와 이야기하는 게 제일 중요한 것 같다고 당신에게 말해야 해요."

"창업 이야기가 어떻게 해서 내 결혼 생활과 갈등의 어려움에 관한 토론으로 갑자기 바뀌게 됐는지 모르겠네요. 우리는 여기에서 대화를 끝내야 할 것 같아요."

산제이는 잔을 비우고 일어났다.

"아니에요, 산제이. 아직 자리를 뜨지 말아요." 엘레나가 말했다. "당신 부부가 어떻게 관계 맺는지는 더 이상 말할 필요가 없어요. 나는 내 의견을 말했어요. 하지만 지금 우리가 의도하든 그렇지 않든, 우리에게는 **우리** 관계에 관련된 문제가 있어요. 도망간다고 도움이 되질 않아요. 끝까지 이야기해봐요."

산제이는 다시 자리에 앉아 팔짱을 끼고 있었다. "우리 관계에 관련된 문제가 있다는 게 무슨 뜻이죠?"

"당신은 내가 당신을 지지하고 있다고 생각하지 않아요. 나는 당신을 지지한다고 생각하는데 말이에요." 엘레나가 말했다. "나는 지지란 당신 의견에 동의하는 것만큼이나 당신 생각에 도전하는 거라고 생각해요. 그리고 내가 당신이 나를 지지해주길 원하는 것처럼 나도 당신을 지지하고 싶어요. 그건 내가 실수하고 있다고 당신이 생각할 때 나에게 말해주는 것까지 포함되는 거죠.

우리가 스타트업에 대해 계속 이야기했으면 그 순간에는 우리가 더욱 가깝다고 느껴졌겠죠. 그런데 당신과 당신의 결혼 생활이 값비싼 희생을 치르게 될 수도 있어요. 그리고 내가 지금 당신과 그 이야길 계속한다면, 당신은 프리야에게 가지 않고 나에게 계속 오겠죠. 당신을 진심으로 소중히 생각하는 친구로서, 나는 잠재적으로 나쁜 결과의 근원이 되는 걸 원치 않아요."

"그래서 이제 롤런드의 아이디어에 대해서 나와 절대 이야기하지 않겠다는 거죠?"

"아니에요, 내가 그걸 말하는 건 아니에요." 엘레나는 말했다. "**지금**은 그것에 대해서 말하지 않지만 당신이 프리야에게 말하고 나면 말할 거예요. 그게 내가 당신을 지지할 수 있는 최선의 방법이에요."

"맙소사." 산제이는 말했다. "당신은 절대 이걸 포기하지 않을 거죠?"

엘레나가 웃었다. "포기하지 않을 거예요. 그리고 내가 당신을 정말 좋아하기 때문에 이러는 거라고 알아주면 좋겠어요."

산제이는 유감스러운 듯이 웃으며 일어나서 계산을 했다.

"오늘은 내가 살게요. 시간을 내어 만나줘서 고마워요." 함께 걸어 나가며 그가 덧붙였다. "이건 정말 힘드네요. 당신은 나를 냉정하게 대하는군요…. 하지만 그게 나에게 필요한 건지도 모르겠어요. 생각할 게 많군요. 내가 뭘 할지 당신에게 알려줄게요."

"당신은 나를 냉정하게 대하네요." 여기에서 산제이의 말은 옳다.

그리고 기존 관계를 각별한 관계로 변화시킨 것은 사실 다름 아닌 엘레나의 냉정함이었다. 그들은 자신들의 필요와 감정에 대해 서로 개방적이었고 소통할 때도 정직했기 때문에 마침내 갈등을 효과적으로 처리할 수 있었다.

산제이는 대화 초반부터 엘레나가 자신의 편이라고 생각지 않았지만, 엘레나는 우선 무엇이 그에게 최선인지를 생각했기에 그의 요구를 거절한 거라고 반복해서 말했다. 동시에 그녀는 자신의 우려를 부정하지 않았다. 그 우려는 그녀가 산제이의 자문에 답해준다면 그녀와 프리야의 관계를 망칠 수도 있다는 것이었다.

이런 실험은 두 사람의 관계를 더욱 강화했지만, 얼마든지 관계가 반대 방향으로 갈 수도 있었다. 이건 엘레나가 부담했던 위험이다. 그녀가 산제이와의 사이에 경계선을 먼저 그었을 때, 그는 술집에서 뛰쳐나가 그녀와의 관계를 완전히 끊어버릴 수도 있었다.

가까운 관계가 발전하면서 한 사람이 상대방에게 도움을 요청하기도 하고 그 상대방은 배려와 헌신이라는 관점에서 요청에 응해야 할 의무감을 강하게 느끼기도 한다. 이것이 엘레나가 느꼈던 압박이다. 그러나 그녀는 숨겨진 위험을 보았고, 거절했을 때 나타날 가치 있고 긍정적인 면이 있다고 생각했기에 요청을 거절하기로 했다. 그녀가 그렇게 하지 않았다면, 우정이 갈등을 해결할 수 없다는 믿음의 신호를 확인했을 것이다.

이런 긍정적인 결과를 얻기 위해, 그들 각자는 피드백에 개방적이어야 했다. 처음에 산제이는 피드백을 듣기 힘들어했고, 그가 하고 있던 일이 큰 비용이 든다는 것을 아는 데는 엘레나로부터 한마디 이상의 지적이 필요했다. 다행히 그녀는 그가 이해할 때까지 자신의 입장을 고집했고, 그리고 나서야 멈출 수 있었다("나는 내 의견을 말했어요").

그녀의 피드백은 그의 머리를 두들겨 패려는 방망이가 아니라 정보였다. 이런 소통 덕분에 산제이는 학습 기회를 얻었다. 그가 아내와 문제가 되는 소통을 하는 데 얼마나 많은 책임을 질지는 여전히 불분명하지만, 그 문제는 명백하게 논의되기 시작했다. 엘레나와 산제이가 각별한 관계에서 지지가 정말로 무엇을 의미하는지를 정의했다는 점도 똑같이 중요하다.

이들이 각별한 관계로 전환하더라도 그 관계의 성장이 끝난 것을 의미하지는 않는다. 항상 새로운 상황이 생길 테고 이때 한쪽에서는 성장하지만 다른 쪽에서는 잠재적인 어려움이 있을 것이다. 이들은 문제를 제기하고 해결할까, 아니면 스트레스가 너무 심해 감히 다른 위험을 무릅쓰지 못할까?

산제이가 갈등에 직면하는 능력을 개발하기 위해 노력한다고 가정해보자. 그는 유익한 방법으로 능력을 기를 수 있을까, 아니면 그의 행동은 결국 가혹한 기분으로 끝나고 말까? 관계에서 완전한 종점은 없다. 그래서 그 관계들을 신나고 도전적으로 만든다. 지속적인 학습과 성장의 잠재력을 다루기가 쉽지는 않지만 그것 또한 각별한 관계를 마법처럼 느끼게 하는 부분이기도 하다.

이런 상황이 훨씬 더 어려운 이유는 산제이와 엘레나 외에 더 많은 사람이 관련되어 있기 때문이다. 각자는 관계의 네트워크 안에 놓여 있다. 엘레나는 산제이와 각별한 관계를 원했다. 산제이는 프리야와 친밀한 관계를 원했고 엘레나도 그녀와의 가까운 우정을 원했다. 엘레나가 산제이의 요구를 받아들였다면 (적어도 처음에는) 그들의 관계는 강화되겠지만 프리야와 그들의 관계는 약화되었을 것이다. 다른 관계를 희생하면서까지 한 관계가 성장해서는 안 된다.

냉정함의 중요성

각별한 관계를 맺는 사람들 사이에는 신뢰와 배려의 수준이 높아서 상대방에게 중대한 요구를 할 확률도 높다. 당신이 줄 생각이 없는 것을 상대방이 원하면, 당신은 상대방이 거부당했다는 느낌이 들지 않게 하면서 어떻게 거절할 수 있을까? 상대방의 요구를 거절하면 관계가 위기에 빠질 거라고 두려워한다면 당신은 냉정해지기가 어렵다.

당신이 할아버지나 할머니라면 자녀에게서 항상 아이를 돌봐달라는 부탁을 받아 피곤할지도 모른다. 그러나 당신은 아이들과의 친밀감을 위태롭게 하고 싶지는 않다. 또 다른 예로 나이 든 부모가 자동차 운전대를 잡으면 위험할 수 있어서 당신의 형제자매 중 한 명은 당신이 부모에게 운전을 그만해야 한다고 말해주길 원한다. 어떤 친구가 당신에게 돈을 빌려달라고 했을 때 당신은 그런 부탁에 응한다는 생각만 해도 기분이 좋지 않을 수 있다. 하지만 당신은 그 친구와 매우 가까운 관계를 유지하길 원한다. 어떻게 해야 할까?

우리 친구 브리애나의 오빠는 술꾼이다. 그리고 불행히도 그는 유쾌하게 취하질 않는다. 수년간 그와 그의 아내가 저녁을 먹으러 올 때마다 브리애나는 그의 거친 행동을 참았다. 그러면서 그녀는 자신이 오빠의 방문을 두려워하기 시작했음을 깨달았다. 그녀는 그가 직장에서 스트레스에 많이 시달리고 있다는 것을 알고 있어서 그에게 음주에 관해 뭐라 말을 하면 더 많은 스트레스를 주게 되거나 두 사람의 거리만 멀어지게 될까 봐 두려워했다.

그녀는 오빠의 음주에 대해 뒤에서 이러쿵저러쿵 올케에게 말하는 게 옳지도 공정하지도 않다고 생각했고, 또한 그것이 반드시 도움이 될 거라고 생각하지도 않았다. 그러나 그 문제는 무시하기에 너무 두드러졌다. 브리애나는 자신이 무슨 말을 하지 **않으면** 둘 사이에 거리가 생길까 봐 두려웠다.

특히나 불쾌했던 어느 저녁 식사 다음 날, 그녀는 오빠에게 전화를 걸어 긴요하게 할 말이 있다고 했다. 그리고 며칠 후에 커피를 함께 마시기로 약속했다.

"그건 이제까지 그와 나누었던 대화 중 가장 어려운 것에 속해요." 그녀는 우리에게 말했다.

"무엇보다도 나는 그가 술을 너무 마셨을 때는 그 근처에 있기가 얼마나 싫은지 알도록 했어요. 그가 어디서 누구와 어울리든 상관없이 얼마든지 마셔도 좋지만, 내 옆에 있을 때는 그러지 말라고 말했어요. 내가 있을 때 알코올 섭취를 줄이겠다고 동의하지 않으면 어떤 사회적 모임에서도 그와 함께 있고 싶지 않다고 말했죠.

내가 이 문제를 제기하지 않는다면 우리 관계에 어떤 일이 벌어질지와 내가 그를 얼마나 걱정하는가를 포함해 들 수 있는 모든 이유를 그에게 말해주었어요. 우리는 항상 가까웠고, 우리 둘 다 이 관계를 그렇게 유지하길 원한다고 거의 확신해요. 그는 처음엔 내가 별일도 아닌 걸 가지고 야단이라며, 자신에게 너무 냉정하게 대한다고 반박했지만 나는 내 입장을 고수했어요. 그에게 내 요구를 존중하지 않는다면 알코올과 관련된 곳은 어디서든 함께 어울리지 않겠다고 말했죠. 그는 마침내 내 요구를 존중하도록 노력하겠다는데 동의했어요.

그 이후로 우리가 저녁을 함께 먹거나 서로의 친구들과 함께 밖에 나갈 때 그는 얼음을 넣은 스카치위스키를 (네다섯 잔 대신) 한 잔만 마셔요. 다른 상황에서는 여전히 많이 마실 거라고 추측하지만, 우리가 함께 있을 때는 그러지 않아요. 내가 아무 말도 안 했다면, 그러니까 내가 중요한 개인적 경계를 중히 여기지 않았다면 우리 관계는 서서히 악화되었을 거예요. 그 대신 우리는 가깝게 지내고 있고, 실제로 훨씬 가까워졌어요."

이런 식으로 경계를 정하면 거리를 둔다고 느끼게 할 수 있다. 그러나 브리애나와 엘레나는 훨씬 더 친밀해지려는 마음을 표현하기 위해 그렇게 했다. "좋은 울타리는 좋은 이웃을 만든다"라고 흔히 말하곤 한다. 또한 이러면 깊고 친밀한 관계가 형성된다.

엘레나와 브리애나가 비난받았던 '냉정'함은 못됐다거나 거절하는 것과는 다르다. 엘레나는 산제이의 마음을 상하게 할 의도가 없었고 그들이 대화하는 내내 그의 성격이 아니라 행동에 초점을 맞추었다. 솔직하게 다른 사람의 최선의 이익에 부합한다고 생각하는 것을 말하려면, 특히나 상대방이 회피하려는 길을 가고자 할 때면 이런 냉정함이 필요할 수 있다.

냉정함은 피드백을 받을 때도 필요하다. 당신의 행동으로 초래되는 문제에 대해 듣기란 쉽지 않다. 그러나 산제이는 결국 그것을 들을 수 있었다. 그는 몇 번이나 자신의 결혼 생활을 주제로 한 대화에서 벗어나려 했고 아예 자리에서 일어나 나가버리려고까지 했지만, 결국에는 포기하지 않고 엘레나의 피드백을 들었다.

브리애나와 오빠의 대화도 비슷한 패턴을 따랐다. 연약한 사람과 각별한 관계를 맺기는 불가능까지는 아니더라도 어렵다. 브리애나와 엘레나는 피드백을 받는 사람이 그것을 받아들일 수 있음을 이해하고 전달했다.

그럼에도 상대방이 거부당했다는 느낌을 받지 않게 하면서 부정적인 피드백을 주기는 여전히 어렵다. 엘레나는 여러 면에서 이런 아슬아슬한 상황에 처했다. 산제이가 그녀를 난처하게 하고, 또 화내며 저항해서 그녀는 짜증이 날 수도 있었다. 그 대신 그녀는 자신이 취했던 입장은 그를 해치려는 게 아니라 도우려 한 것이라고 되풀이해서 말했다.

그녀는 자신이 생각하기에 그에게 최선인 것에 초점을 맞추었다. 그리고 그녀가 그의 요구를 허락하면 그와 그의 결혼에 해가 될 거라 지적하고, 그녀의 노력을 그에게 보낼 수 있는 최고의 지지로 생각한다고 여러 번 말했다.

산제이의 요청이 터무니없지 않다는 사실을 주목하는 건 중요하다. 프리야가 엘레나의 역할을 전혀 모르는 채로 엘레나는 스타트업 문제를 산제이와 계속 이야기하고 결국엔 잘 마무리했을 수도 있었을 것이다. 그것이 엘레나가 자신의 입장을 고수하는 것이 도전적이었던 이유이기도 하다.

반면에 산제이가 "내가 이 위험한 스타트업에 합류할 텐데 당신이 프리야에게 그게 대단한 아이디어라고 설득해주면 좋겠어"라고 말했다면 그는 훨씬 확실하게 선을 넘었을 것이다. 그의 원래 요구가 표면상으론 합당해 보였기에 엘레나가 경계를 정하기가 훨씬 어려워졌다. 상황이 매우 미묘했다는 사실이 이 이야기를 중요하게 만드는 이유다. 왜냐하면 이것은 우리가 함정에 빠지기 쉬운 상황이기 때문이다.

당신이 어떤 사람과 각별한 관계를 맺고 있다는 것 자체가 당신이 그들 삶의 모든 면에 초대된다는 걸 의미하지는 않는다. 산제이가 화내며 한 말, "그건 결혼 생활의 문제죠. 그리고 솔직히 말해 이건 당신이 관여할 일은 아니잖아요!"는 합당하다. 산제이와 프리야는 엘레나의 기분과 관계없이 그들이 원하는 관계를 결정할 수 있다.

미팅에서 술을 마시며 산제이가 이 새로운 벤처 사업에 대해 생각하고 있다고 그냥 **발표**하고서, 자신의 부인과 결정을 공유하지 않을 거라고 말했다고 상상해보자. 엘레나는 약간 우려가 돼서 매우 친한 친구로서 그 문제를 제기하고 산제이에게 그가 원하는 대로 하도록 맡겼을 것이다.

그러나 그는 가능성 있는 계획 발표에만 그치지 않고, 엘레나의 충고와 조언, 그리고 어떤 의미에서는 그녀의 감정적인 지지도 요구했다. 이렇게 그녀를 끌어들였고 그 과정에서 잠재적인 방조자로 만들었다.

이로써 그녀에게는 문제 제기를 계속할 권리가 생겼다. 그녀는 산제이에게 설명하면서 현명하게 그 차이를 구분했고 그가 더 나은 반응을 보일 가능성을 키웠다. 또한 그에게 프리야와 함께 이 문제를 공유하라고 **명령**하지 않았다. 단지 그녀는 그가 프리야와 공유할 때까지 자문역을 하지 않겠다고 솔직하게 말했다.

엘레나는 친구 관계를 깊게 하는 세 가지 중요한 선택을 했다. 첫 번째는 산제이의 요구를 그냥 묵인하지 않는 결정이었다. 두 번째는 그녀가 자신에게 신경 쓰지 않는 것 같다며 산제이가 자신들의 우정에 관해 말했을 때 방어적 입장을 취하지 않는 결정이었다. 그리고 세 번째는 산제이가 그들의 대화를 너무 일찍 마무리하지 않도록 하는 결정이었다. 전체적으로 그녀는 산제이와 그들의 관계에 가장 좋다고 믿는 것에 초점을 맞추고 이에 최선을 다했다.

그녀가 이 세 가지 선택 중에 하나를 양보했다고 반드시 모든 것을 잃지는 않았을 것이다. 처음엔 산제이에게 자문해주는 데 동의했지만, 회의를 몇 번 한 후에 자신이 함정에 빠져들고 있음을 깨달았다고 상상해보자. 그녀는 그때 자신의 우려를 말하고 계속 함께 공모할 마음이 없다고 말했을 수도 있다.

마찬가지로 산제이가 관계를 폄하했다며 그녀를 비난했을 때 그녀가 냉정함을 잃었더라도 간단한 사과로 충분히 실수를 만회할 수 있다. 그다음에 지지가 그녀에게 무엇을 의미하는지에 대한 토론이 뒤따랐을 것이다. 그리고 그들이 문제를 해결하지 않은 채 술집을 떠났다면 다른 점심 만남 때 여전히 토론할 필요가 있는 문제에 관해 이야기를 나눴을 것이다. 항상 완벽하게 하는 사람은 없다.

'엘레나와 산제이' 6편

엘레나와 산제이는 그다음 주에 술을 마시러 만났다. 자리에 앉자마자 엘레나는 산제이에게 어떻게 지냈는지, 그리고 프리아에게 말했는지 물어봤다. 그는 얼굴을 찌푸리면서, 말을 하긴 했는데 자신의 예상대로 잘 되지 않았다고 말했다. 프리아가 매우 짜증을 내며 스타트업은 그들의 재정적인 파탄을 초래할 거라고 했다는 것이다.

"당신은 다른 주제에 대해서도 논의했나요?" 엘레나는 물었다. "그녀의 그런 반응 때문에 그녀에게 문제를 제기하기가 얼마나 어려운지에 대해 말이에요."

"나는 어떻게 해야 할지 몰랐어요. 내가 그렇게 하면 그녀는 그걸 아예 부정하거나 방어적 입장을 취할까 봐 두려워요."

"그렇겠네요." 엘레나는 말했다. "하지만 그녀가 그걸 부인하기 어려운 방식으로 문제를 제기할 좋은 기회였을 수도 있어요. 그 순간에 당신은 프리아의 반응 중 대처하기 매우 어렵다고 생각하는 바로 그 반응을 경험하고 있었어요."

"잘 모르겠어요. 엘레나, 이건 어려운 일이에요. 나는 상황을 악화시키고 싶지 않아요."

"그게 쉬울 거라 기대할 수는 없어요." 엘레나는 말했다. "당신들은 몇 년 동안 한 가지 방식으로만 서로 관계를 맺어왔어요. 이제 당신이 그걸 근본적으로 바꾸려고 노력하고 있는 거예요."

"꽤 세게 나오는군요, 친구." 산제이는 말했다. "좋아요. 내가 한번 해볼게요."

——————— 14 ● 받아들일 수 없는 요청을 상대방이 할 때

산제이는 몇 주에 걸쳐 여러 번 대화를 시도했다. 프리야는 처음엔 이러한 대화에 남편이 자신의 걱정에 무심하다며 비난하고 화도 내며 상당한 저항으로 반응했다. 그러나 산제이는 이를 통해 결혼 생활이 더 나아지리라 확신하게 되자 힘들어도 끝까지 버텼다.

관계가 일단 각별하다고 인정되면 언제나 그 관계는 계속 발전한다는 것을 기억하라. 엘레나와 산제이의 관계는 일단 시험을 거쳤기 때문에 산제이가 아내와 관계를 맺는 방식 같은 더 추가적인 문제를 다룰 수 있었다. 엘레나가 충고를 해주고 그들의 결혼 생활에 개입하는 것처럼 보일지라도 그녀의 의도는 그가 원하는 걸 얻도록 도와주는 코치 역할을 하는 것이다. 이는 제삼자 역할의 또 다른 예이고, 각별한 관계로 가는 도중에 두 사람이 할 수 있는 일이다.

엘레나는 그의 성장과 발전에 전념하고 있고 그 또한 그것을 잘 안다. 하지만 그녀는 산제이가 처음에 요구했던 것과는 다른 방식, 더 생산적인 방식으로 그를 돕고 있었다. 프리야에게 피드백을 주는 방법에 대해 그에게 코치하는 것은 그녀와 산제이의 관계나 그녀와 프리야의 관계를 위태롭게 하지 않았다. 산제이가 가장 원하는 결혼 생활을 이해할 정도로 엘레나가 그를 충분히 잘 안다는 가정이 이 사례에 기본적으로 깔려 있다.

엘레나는 새로운 사업에 대한 토론을 거부했지만 그로 인해 결국 그녀와 산제이의 관계는 깊어졌다. 그녀는 예측된 위험을 감수했다. 즉 그 일이 잘 풀리리라는 보장은 없었지만, 틀림없이 잠재적 이익이 위험을 감수할 만한 가치가 있다는 것을 알고 있었다. 그들은 우정이 무사히 계속될 뿐 아니라 종전보다 더 풍요로워질 수 있음을 배웠다.

산제이는 엘레나가 얼마나 깊게 그에게 신경 쓰고 있는지를 보았다. 정확히 말해서 그녀가 그런 위험을 기꺼이 감수하려고 했기 때문이다. 그리고 두 사람은 각자 그런 과정에서 그들 자신에 대해 더 많이 알게 되었다. 그들은 튼튼한 기초를 쌓았고, 어렵지만 유익한 대화를 나눌 기술과 역량을 갖췄기에 엘레나의 모험이 성과를 거뒀다.

관계에 대해 헌신을 많이 할수록, 그리고 대인관계 시험에 직면했을 때 두 사람의 기술과 역량의 수준이 더 높을수록, 힘든 대화를 받아들이는 것이 가치가 있을 가능성이 더욱 커진다.

자기 성찰하기

1. 엘레나의 입장이 되어보라

엘레나는 어려운 입장에 처했다. 그녀는 산제이의 요청을 받아들이지 않으면 그가 거절당했다는 느낌을 받을 테고 그들의 관계가 나빠질 것을 걱정했다. 당신이라면 어떻게 할 것 같은가? 엘레나가 이 이야기에서 직면했던 모든 선택 사항을 검토해보라. 당신은 어떻게 반응했을 것 같은가? 당신은 이와 같은 상황을 어떻게 다루었을지에 대해 어떤 결론을 내릴까?

2. 핵심 관계

당신이 상대방에게서 기대할 수 있는 것이 약간 애매모호한 당신의 핵심 관계 하나를 예로 들어보라. 당신이 부탁해도 완전히 괜찮다고 생각했는데, 나중에 분명히 그렇지 않았던 경우를 적어보라. 그러고 나서 당신이 확신하지 못한 요청도 생각해보라.

적용하기

위의 '핵심 관계' 질문에서 당신이 선택한 사람에게 당신이 써본 것을 공유하라(우선 그들이 당신에게 부탁할 수 있거나 없다고 생각하는 것에 대해 똑같은 분석을 해달라고 당신이 요청하고 싶을지 모른다). 그리고 어느 부분에서 애매모호한 점이 있었는지 뚜렷하게 밝혀보라.

이해하기

경계를 정하는 것은 거절로 느껴질 수 있기 때문에 상대방과 경계
에 관해 이야기하기는 쉽지 않다. 당신은 상대방이 거리감을 느끼
지 않게 하면서 그 주제를 솔직하게 제기할 수 있었는가? 그들이 경
계에 대해 말할 때 당신의 느낌은 어땠는가? 토론이 당신의 관계에
어떤 영향을 미쳤는가? 그리고 당신의 친밀감 수준에 어떻게 영향
을 끼쳤는가?

15

상대방 때문에 고통스러운
기억이 되살아날 때

(((

각별한 친구의 고민을
무시하거나 비난해도 될까?

관계가 발전하면 대화도 깊어지게 마련이다. 당신은 나이 든 부모에게 어떻게 대해야 하는가? 아이를 꼭 가져야 하는가? 직장에서 해고당했을 때 어떻게 대처해야 하는가? 압박을 주는 채무나 결혼 생활의 심각한 스트레스 요인에 어떻게 대응하는가?

개인적인 주제일수록 토론으로 감정적인 반향이 생길 가능성이 더 커진다. 대화의 강도가 높아지고 **현실감**도 커지기 때문이다. 그럼에도 그러한 감정은 객관적인 판단을 어렵게 한다. 상대방이 제기한 주제가 당신이 이미 처리했거나, 현재 처리하고 있거나, 혹은 비슷한 상황을 어떻게 처리할지에 대한 개인적 감정을 부추긴다면 어떻게 할 것인가?

이 장에서 우리는 미아와 아니야의 이야기로 돌아간다. 그들은 사이가 틀어졌다가 관계가 성공적으로 회복된 후에 좀 더 정기적으로 만날 약속을 했다. 그 만남에서 각자 다양한 개인 문제를 공유했다. 아니야는 미아와 자기 일의 좋은 점, 나쁜 점에 관해 더욱 터놓고 말할 수 있었다.

미아는 자신의 10대 아들과 여자 친구의 관계에 대한 걱정을 아니야에게 다 말했다. 이것과 비슷한 대화로 다음 해에는 두 사람이 더욱 가까워졌다. 그들은 대학 룸메이트 때와 똑같은 관계를 되찾았다는 것을 실감했기 때문이다. 하지만 그러고 나서 상황이 복잡해졌다.

'미아와 아니야' 4편

어느 날 저녁을 먹으며 미아는 특히나 기분이 안 좋고 산만해 보였다. 아니야가 지난 저녁 식사 때도 의식했던 미아의 행동 패턴이었다.

"미아, 너 같지 않아 보여." 아니야가 말했다. "무슨 고민이 있어?"

미아는 자신의 와인 잔을 내려다보았다.

"응." 그녀는 말했다. "신경 쓰이는 게 있어. 하지만 내가 이것을 너에게 얼마나 상세히 말하고 싶은 건지 모르겠어."

"물론 네가 정하기 나름이지만 네가 말하면 기꺼이 들어줄게."

"나는 정말 모르겠어…. 분명히 몸 상태가 안 좋아… 그리고 좀 우울해. 나는 행복해야만 해. 아니 오히려 내가 행복하지 않을 이유는 사실 없지. 나에게는 좋은 직장, 아름다운 집 그리고 나를 사랑하는 남편도 있어. 그런데도 내 삶에 신나는 게 거의 없어서 정말 괴로워. 인생이 그냥 따분해. 알지? 그날이 그날 같아. 나는 이게 정말 내 삶의 전부인지 궁금해."

"그런 말을 들어서 유감이야." 아니야가 말했다. "그러면 힘들어지지. 무엇 때문에 그렇게 되었다고 생각해? 제이크와는 괜찮아?"

"응… 어느 정도는. 그는 정말 사랑스럽지만 솔직히 말해서 우리는 연인이라기보다는 가까운 친구처럼 느껴져. 과거 같은 그런 정열적 에너지가 없어."

"음, 너희는 결혼한 지 거의 20년이 되었잖아." 아니야는 말했다. "첫 10년과 같을 거라고 생각하면 비현실적이지. 그리고 우리가 아이들을 아무리 사랑해도, 아이들이 있으니까 커플로서 보내는 시간은 항상 조금씩 뺏기게 되지. 그건 크리스토퍼와 나한테는 틀림없는 사실이야."

"맞아. 머리로는 알지. 하지만 나는 여전히 그 이상을 원해. 너는 그렇지 않니?"

"물론이지, 어느 정도 추상적 차원에서는 말이야. 하지만 인생이 모두 장밋빛은 아니잖아. 우리는 가지고 있는 모든 좋은 것을 가져가야 하지만 모든 게 완벽하리라 기대해선 안 되지 않을까?"

"그렇지. 나도 그렇게 생각해. 나는 꼭 극복할 거야." 미아가 말했다. 그리고 대화는 다른 주제로 넘어갔다.

한 달이 지나 두 사람은 저녁을 먹으러 다시 만났다. 미아는 친근하게 얘기도 잘하고 태도도 훨씬 부드러워졌다. 그들이 음식을 주문하고 다방면으로 그동안의 소식을 주고받은 후에 미아가 말했다.

"우리가 저녁을 함께해서 정말 좋아."

"나도 그래. 요즘 어떻게 지내? 너는 정말 **기분이 좋아** 보여."

미아는 웃었다. "내가 더 많은 이야기를 공유하도록 격려해준 네가 옳았어. 나는 너무 오랫동안 불만을 감추려고 노력했다는 걸 깨달았어. 내가 그걸 무시하면 할수록 더욱 나빠져."

"그런 말을 들어서 다행이야. 사정이 더 나아진 것 같아."

"맞아. 실제로 상황이 나아졌어. 몇 년 전에 알게 된 타일러라는 사람이 있는데 최근에 페이스북에서 다시 만나 갑자기 친해졌지." 미아가 말했다. "그가 우리 동네에 올 예정인데 나와 만나면 좋겠다고 말했어. 그래서 우리는 만나서 술을 마시며 즐거운 시간을 보냈어. 그는 나에게 **관심이 많을** 뿐 아니라 무척 재미있어. 우리는 온갖 이야기를 나누었지. 함께 오래 앉아 있을수록 내가 더욱 활기를 느낀다는 걸 알게 되었어. 몇 년 동안 이렇게 재미있어본 적이 없어. 제이크와 이런 감정을 느꼈던 게 언제였는지 기억도 나지 않아."

아니야는 가슴이 철렁 내려앉는 느낌이었다. "어어."

"어어, 왜? 아니야, 제발. 내가 말하려는 건 그와 함께 농담하고 웃고 심도 있게 대화하는 게 좋았다는 거야. 나는 이런 만남이 결코 끝나지 않길 바라."

"으음, 그날 저녁 어떻게 **끝났어?**"

"음, 물론 아무 일도 일어나지 않았지. 우리 둘 다 기혼이잖아. 하지만 우리는 정말 좋은 시간을 보냈다고 말했고, 그가 다시 우리 동

15 ● 상대방 때문에 고통스러운 기억이 되살아날 때

네에 오면 또 점심을 같이 먹기로 했지. 그는 일 때문에 이곳에 자주 올 거야."

"아이고, 미아. 이러다가 어떻게 될지 나는 걱정이 돼."

미아는 아니야의 말을 무시했다. "이걸 너무 심각하게 생각하지 말자. 나는 그냥 흥미로운 사람을 만났고 그와 점심을 함께하면 재미있을 거로 생각해. 그게 전부야."

아니야는 그게 더 큰 일로 비화되지 않으리라는 게 의심스러웠지만, "알겠다"라고만 말하기로 했다. 그들의 대화는 아니야의 회사에서 벌어진 재미있는 변화에 관한 이야기로 넘어갔다.

한 달 후 다음 저녁 식사 때 아니야가 먼저 와서 앉아 있던 테이블로 미아가 서둘러 다가왔다. 미아가 매우 행복해 보인다며 아니야가 먼저 말을 꺼냈다.

"고마워! 나 기분이 최고야. 타일러와 어제 다시 점심을 먹었는데, 그래서 아직도 기분이 너무너무 좋아." 그녀는 지난번에 아니야를 본 이후에 타일러와 함께한 두 번째 점심 식사였다고 계속해서 설명했다. 아니야는 약간 인상을 찌푸리기만 했을 뿐 아무 말도 하지 않았다.

"더 이상 아무 일도 없었어… 아직은." 미아는 말했다. "하지만 이 일이 어디로 향하게 될지 보여. 나는 타일러 생각을 많이 하고 있어, 아니야. 아마도 이건 미친 짓일 거야. 하지만 내가 인생에서 놓쳐온 일이야. 최근 몇 년간 이처럼 활기찬 적이 없었어."

아니야의 몸이 긴장되었다. 그녀는 음료수를 한 모금 마시고 말했다. "이런, 미아. 일이 아주 빨리 진행되는 것 같아. 지루하다고 결혼 생활을 팽개쳐버려도 되는지 잘 모르겠어."

미아의 얼굴이 침울해졌다. "으음, 실망인데. 네가 말했잖아, 내가 행복해 보인다고. 그리고 정말 오랜만에 난 행복해. 왜 너는 나를 더 지지해주지 않는 거야?"

"네가 그렇게 바람을 피워도 괜찮다고 내가 말해주길 정말 바라는 건 아니지, 그치?"

"꼭 그런 건 아니지만, 네가 적어도 내 상황에 공감해주었으면 해. 너는 결혼 생활에서 뭔가 더 원하고 앞으로 다가올 40년의 삶이 계속 지루해지지 않을까 두려운, 그런 비슷한 느낌이 든 적 없니?"

아니야는 단어 선택에 신중했다. "나는 그 지루하고 불안한 느낌에 공감할 수 있어. 맞아, 나도 그렇게 느낀 적이 있어. 하지만 네가 탈선해서 타일러와 사랑의 향연을 펼친다면 결혼 생활이 정말 엉망진창이 될 거야."

"아니야, 나는 네가 이해하지 못한 거 같아. 너는 너무 비판적이야. 나는 **함정에 빠진** 느낌이야. 매일 조금씩 더 불행해지고 있어. 너는 왜 이해하지 못하는 거야?"

"내가 나쁜 선택이라고 생각하는 네 일을 이해하는 것과 지지하는 건 다른 문제지." 아니야는 말했다. "나는 모든 게 잘못될 거라고 생각하지 않을 수 없어. 네가 일단 그 경계를 넘어서면 정말로 다시 돌아오기 힘든 그런 선 같아."

"왜 그러는 거야? 너는 이 일에 대해 처음부터 매우 부정적이었어. 나는 **내** 인생에 대해 말하고 있어, 이건 너의 인생이 아니라고."

그러자 아니야는 손으로 얼굴을 감싸더니 조용히 울기 시작했다.

"그건 내 이야기이기도 해…. 이 모든 것이 얼마나 고통스러운지 넌 모를 거야."

미아의 얼굴이 부드러워지더니 테이블 너머로 손을 뻗어 아니야의 손을 잡았다. "아니야, 무슨 일이야?"

자제하려고 노력하면서 아니야는 말했다.

"몇 년 전에 크리스토퍼가 바람을 피웠어. 나는 너에게 그 문제를 말한 적이 없어. 그땐 우리 사이가 멀어져 있었기 때문이야. 그리고 그 후로 그 불륜은 오래된 역사처럼 느껴졌어. 네가 타일러 이야기를 하는 걸 들으니 상처받고 배반당했던 그 옛날의 감정으로 돌아가게 되었어. 그 모든 고통은 아직 거기에 있는 것 같아. 그냥 드러나지 않았을 뿐이지.

정말 민망하네. 이 모든 것이 창피하고 너에게 말해서 이제 네가 나를 얕잡아볼까 봐 두려워. 크리스토퍼는 네가 지금 하고 있는 모든 말을 했지. 당시엔 왠지 그게 내 잘못이고 내가 부족하고 내가 뭔가 잘못했다고 생각하며 걱정했어. 네 이야기를 들으니, 모든 것이 다시 흔들려."

"오, 이런. 정말 미안해. 우리 대화가 이렇게 흘러가리라고는 정말 예상하지 못했어. 나는 너를 얕잡아보지 않아. 내 불행이 제이크의 잘못이라 생각하지 않고. 크리스토퍼의 불륜은 너와 아무런 상관이 없을 거야."

"결국에는 크리스토퍼와 내가 확실하게 문제를 헤쳐 나갔지만, 우리가 완전히 이겨냈는지는 확신하지 못했어. 모든 게 다 정말 고통스러웠어, 미아. 나는 네가 그런 일을 겪는 걸 보기 싫어."

"네 말을 알겠어. 네가 내 걱정을 해줘서 감동받았어. 하지만 아니야, 이건 **내** 인생이야. 타일러와의 이런 관계가 진짜인지 아닌지 내가 들여다볼 필요가 있을지도 몰라. 내가 이 문제로 이야기할 수 있는 사람은 너뿐이야."

"나는 깊은 갈등을 느껴." 아니야는 말했다. "내 경험과 너의 말에 대한 내 반응을 분리하는 게 어려워. 불륜은 아주 기분이 나빴지만, 무엇보다도 더 기분 나빴던 건 크리스토퍼가 행복하지 않다는 말을 나에게 전혀 하지 않았다는 점이었어. 그가 불륜을 비밀로 했다는 건 그다음이야….

끔찍했어. 네가 말하는 걸 들으면, 내 고통이 다시 살아나는 느낌이고 그 고통에서 나를 보호해야겠다는 생각이 들어. 마찬가지로 너를 보호하고 싶다는 생각도 들고."

그러고 나서 그녀는 덧붙였다. "만약 크리스토퍼와 내가 오래전 모든 것이 시작되던 시점에 부부 관계 치료를 받으러 갔더라면 좋았을 텐데. 우리가 결국 그렇게 해서 다행이지만 만약 가지 않았다면 결혼 생활을 더는 유지하지 못했을 거야."

"크리스토퍼의 불륜이 너에게 과거에도 지금도 얼마나 힘든 일인지 알겠어." 미아는 말했다. "그런데 그건 네가 나를 위해 여기 남아서 이야기를 끝까지 나눌 수 없다는 뜻인 거야?"

이제 아니야는 울음을 멈추었다. "나는 네가 나와 대화할 수 있다고 느끼길 원해. 그런데 네가 너를 지지하는 걸 네 불륜을 지지하는 거로 받아들이면 어쩌지? 그러면 내가 불륜을 저질렀던 크리스토퍼를 지지하는 것처럼 될 텐데. 나는 이런 느낌이 정말 싫어. 그래서 어떻게 해야 할지 모르겠어."

미아와 아니야는 각별한 관계에 근접해 있다. 두 사람은 점차 서로 마음을 열고, 정직하게 소통했고 서로 힘을 주었으며 이의를 제기할 수도 있었다. 그러나 아니야는 곤란한 처지에 있다. 미아의 문제가 아니야의 아픈 곳을 건드렸다.

이런 일이 많은 관계에서 일어나리라 상상하는 것은 어렵지 않다. 아마도 당신은 해고를 두려워하는데 당신의 절친한 친구가 방금 해고되었을 수도 있다. 아니면 당신의 어머니가 불치병을 앓고 있음을 방금 알았는데 당신 친구가 갑자기 부모를 잃었을지도 모른다. 또는 당신이 부모 역할에 적응하느라 고생하고 있는데 당신 친구는 임신할 수 없었을지도 모른다.

이런 비슷한 상황 때문에 상대방이 당신의 상황에 특히 공감하고 이해할 수 있다. 하지만 그들이 그것을 트라우마로 받아들일지도 모른다. 관계가 아무리 가까워도 이렇게 말하는 것이 타당하다. "미안해, 나는 정말 돕고 싶어. 하지만 이것이 나에게는 너무 고통스러워." 만약 그렇지 않다면 가까운 관계는 강압적으로 느껴질 것이다.

감정적 고통의 수준에 따라 또 다른 가능성이 있다. 아니야가 했듯이, 자신의 느낌을 인지하고 그대로 말하는 것이 하나의 해결책이다. 그녀는 자신이 객관적일 수 없음을 대화 초기에 인식했고, 그렇게 말했다. 그렇게 해서 미아는 아니야가 말하는 것을 더 분명히 듣게 되었다.

아니야는 계속해서 이렇게 말할 수도 있다. "미아, 이러면 나는 힘들 거야. 하지만 내가 너의 불륜을 암묵적으로 지지하는 거로 듣지 않는다면, 나는 너의 감정에 공감할 수 있을 것 같아. 나는 내 반응을 **내** 우려로 제기할 수 있고, 네가 그것을 훈계로 듣지 않길 바라. 아마도 내가 우려를 표현하면 너는 결과와 선택지를 통해 다른 관점을 가질 수 있을 거야."

세 번째 방법은 아니야가 초기 문제인 미아의 불행에 초점을 맞추는 것이다. 미아가 처음으로 불만을 표현한 것에 대해 아니야가 예비 조사를 좀 했다 하더라도 그녀는 본질적으로 인생이 장밋빛만은 아니라는 논리적 주장으로 그것을 중단시켰다. 그 대신 그녀는 계속 호기심을 느끼고 미아가 그녀의 침울함 뒤에 숨어 있는 더 심층의 문제를 곰곰이 생각하도록 도와줄 수 있었다. 근본적인 문제에 초점을 맞추면 타일러와의 불륜을 계속해나갈 가능성을 넘어 많은 해법을 분석해볼 수 있다.

아니야와 미아가 앞으로 나아갈 때 아니야는 세 가지 접근법의 요소를 모두 선택했다.

'미아와 아니야' 5편

아니야는 친구를 위해 할 수 있는 한 같이하겠다고 다짐했고 미아에게 그렇게 말했다. 그래서 미아는 고마워했다. 대화를 지속하면서 아니야는 미아의 불행 뒤에 있는 근본 문제들을 미아가 분석해보도록 최선을 다해 도왔다. 그녀는 미아가 불륜이 초래할 결론과 잠재적인 결과에 대해 생각하는 것은 물론이고, 여러 선택지를 검토할 수 있도록 했다.

어렵긴 했지만, 아니야는 자기 자신의 문제와 친구가 제안한 해법을 분리하려고 열심히 노력했다. 이를 통해 아니야는 미아의 불륜을 인정할 필요도 없이 미아가 불륜의 의미를 분석하는 것을 도울 기회를 얻었다.

어느 날 오후, 미아는 곰곰이 생각했다. "남편 제이크가 알더라도, 타일러와의 짧은 불륜이 내 결혼 생활을 끝장낼 것 같진 않아. 하지만 남편이 이 사실을 알아야만 할까? 많은 사람이 비밀스럽게 작은 모험을 하고 있지 않나?"

"응, 그래. 너는 그걸 비밀로 할 수 있을지 몰라. 하지만 그것이 너의 결혼 생활에 어떤 영향을 미칠까?" 아니야가 압박했다. "그래서 너는 남편과 더 가까워질 수 있을까? 그리고 남편이 이 사실을 알아낸다면 미래의 상호 신뢰에는 어떤 영향을 미칠까? 나는 정말 자주, 하물며 지금까지도 크리스토퍼가 여자 동료에 대해 말할 때면 마음이 불안해지는 걸 인정할 수밖에 없어.

너의 결혼에 그런 불확실성을 끌어들이는 게 정말 가치 있는 일일까? 게다가 네가 타일러와 사랑에 빠지기라도 하면 어떤 일이 벌어질까? 그땐 어쩔 거야? 결혼 생활을 그대로 유지하고 싶다면, 네가 남편한테 무엇을 원하는지 알아내는 게 더 낫지 않아?"

아니야는 미아가 그녀의 이런 질문 때문에 고심하는 걸 볼 수 있었다. 미아는 귀를 기울이긴 했으나 타일러와의 밀회에 대한 생각을 포기하려 들지 않았다. 그들은 저변의 근본적 문제가 무엇인지 계속 찾았다. 아니야는 미아가 제이크에게 무엇을 원하는지, 그리고 그것을 얻기 위해 다른 무엇을 할 수 있는지 물어보았다.

그다음 주에 그들이 계속 이야기를 나눌 때 몇 번의 순탄치 않은 상황이 갑자기 발생했다. 한번은 아니야가 미아에게 충고해주는 것으로 돌아가 "너는 그 만남을 정말 중단해야 해…. 넌 불장난을 하고 있어"라고 경고했다. 미아가 그런 말은 도움이 되지 않는다고 반응하자 다시 원래 나누던 이야기를 이어갔다.

또 다른 순간에는 아니야가 격분해서 이렇게 말했다. "너는 분명하게 생각하고 있지 않아. 네가 이렇게까지 생각한다는 걸 믿을 수 없어!"

미아는 약간 뒤로 물러서서 이렇게 말했다. "그렇게 말하면 내 마음이 아파. 나는 지지받거나 이해받는다는 느낌이 들지 않아. 마치 심사를 받는 듯한 느낌이야."

"네가 심사받는다는 느낌이 들게 해서 미안해." 아니야는 반응했다. "그게 내 의도는 아니지만, 내가 생각하고 느끼는 바를 네가 알도록 너에게 솔직히 말하는 게 중요하다고 생각해. 그게 너의 친구로서 내 책임인 것 같아."

그들은 당면한 다른 주제로 다시 돌아갔다. 미아와 아니야는 이런 문제들을 왔다 갔다 하며 점점 더 심도 있게 탐구했으나 어느 시점에서 교착상태에 빠졌다. 결국 아니야는 말했다.

"내가 너를 더 도울 수 있을지 모르겠어. 난 전문 심리치료사가 아니야. 그리고 나를 자극하는 것을 멀리하려고 아무리 노력해도 그런 게 너무 많아. 나는 이것에 대해 계속 말할 순 없지만, 내가 너를 얼마나 좋아하고 우리 관계가 나에게 얼마나 특별한지 네가 알았으면 해."

이에 대해 미아는 이렇게 반응했다.

"그래, 알아."

각별한 관계라고 해서 문제가 모두 해결될 수 있는 건 아니다. 그러나 두 친구가 직면한 경우처럼 교착상태를 제대로 다룬다면 두 사람 간 유대를 더 강화하고 그들의 우정을 각별한 수준으로 견고하게 할 수 있다.

그들은 이 상황에 대해 서로 비난하지 않음으로써 이것을 이뤄냈다. 미아는 이렇게 말했다. "나를 위해 여기 남아서 이야기를 끝까지 나눌 수 없다는 뜻인 거야?" 그건 질문이었고, 그녀가 공격적으로 이렇게 요구했을 때와는 아주 달랐다. "왜 나를 위해서 있어줄 수 없는 거야?" 마찬가지로 아니야도 이렇게 말하진 않았다. "이렇게 고통스러운데 어떻게 너는 내가 지지해주기를 바랄 수가 있어?"

두 번째로 두 사람은 각자 상당히 많은 것을 개방했다. 미아는 그녀에게 활기를 되찾는 게 얼마나 중요한지, 그리고 그녀가 아니야를 얼마나 필요로 하는지를 공유했다. 아니야는 남편 크리스토퍼의 불륜과 밀회 기간에 자신에게 일어났던 모든 일을 미아에게 터놓았다. 그리고 결국 아니야는 고통스러울 때도 미아를 위해 계속 그녀와 함께 있었다. 이런 지속적인 노력 덕분에 미아는 그녀의 친한 친구가 자신에게 신경 쓰지 않는다고 결론 내릴 가능성이 줄어들었다.

각별한 관계를 맺고 있다고 해서 당신이 상대방의 모든 요구에 동의해야만 한다는 걸 의미하지는 않는다. 두 필요의 균형을 맞추는 것이 중요하다. 하나는 당신 자신을 돌보는 것이고, 다른 하나는 상대방에게 반응을 보이는 것이다.

그것은 문제가 얽혀 있을 때 특히 중요하다. 미아와 아니야가 이런 힘든 문제를 처리하는 방식은 긴장을 어떻게 다스려야 할 것인가에 대한 단서를 제공한다. 당신의 필요에 개방적이고, 상대방의 필요에 관심을 두고 비난 없이 대화하는 것이 핵심이다.

세 가지 고려 사항

공감과 동의에는 어떤 차이가 있는가?

아니야는 미아의 불행에 대해 미아가 제시한 해법을 지지할 수는 없었지만 공감하고 이해하길 원했다. 사실 그렇게 처신하기에는 어려운 방식이었다. 아니야의 공감이 불륜 지지를 의미하는 게 아님을 두 사람은 명확하게 해야 했다.

우리 친구인 이브는 아버지와의 관계에서 비슷한 어려운 문제에 직면했다. 그녀의 아버지 알프레도는 자주 가족구성원을 멀리했고 자신에 대한 피드백을 모두 공격으로 들었다. 이브는 그의 불행에 공감하여 그와 연결하려고 노력했다. 하지만 아버지는 딸의 공감을 그가 가족에게 잘못 취급받고 있다는 자신의 입장에 동의하는 것으로 이해했다. 그는 항상 자신의 의도가 좋다고 주장했다. 이브가 상대방에게 영향을 주는 것은 당신의 행동이지 의도가 아니라고 지적하려 해도, 그는 그것을 또 다른 공격으로 들었다.

그녀는 그런 곤경에서 벗어날 방법을 몰랐다. 상대방이 동의를 원할 때 공감하며 이해하는 것이 효과가 없을지도 모른다. 이브는 아버지가 원하는 것을 자신이 줄 수 없다는 사실을 인정해야 했다. 두 사람 사이의 거리만 둘 중 어느 한쪽이 바랐던 것보다 더욱 멀어지고 말았다.

지지하는 것이 가치관에 위배된다면 어떻게 해야 할까?

아니야가 미아의 계획에 반대하는 이유는 가치관 때문이라기보다는 그녀가 개인적으로 경험했던 손해 때문이다. 그러나 그녀가 불륜 자체를 죄라고 믿었다면 어떻게 됐을까? 정말 "죄는 미워하되, 그 죄인을 사랑하라"라고 할 수 있을까? 미아는 그런 접근방식으로 충분히 지지받는다고 느꼈을까?

프란치스코 교황은 동성애에 대한 자신의 견해가 어떤지 질문을 받자 이렇게 답변했다. "내가 누구를 심판할 수 있나요?" 그러나 당신이 자신의 가치관에 대해 강한 신념이 있고, 프란치스코 교황도 아니라면 심판하지 **않는** 게 과연 쉬울까?

아니야가 외도에 대해 강한 가치관을 지니고 있고 미아가 그것을 알았다면, 지지받으려고 그녀에게 다가가지 않았을 것이다. 우리는 각별한 관계의 친구라고 해서 모든 문제를 공유하지는 않는다. 그래서 대부분 우리는 그런 친구가 둘 이상 필요하다.

선을 넘어 심리치료사처럼 행동한다면 어떻게 될까?

아니야는 미아가 자신의 인생과 결혼에 대한 불만의 원인을 찾도록 권했다. 그녀는 친구가 자신의 불행의 원인을 더 심사숙고하고 그것을 해결하기 위한 다른 가능성을 생각해보도록 격려하기 위해 개방형 질문을 던졌다.

그녀는 개인적 판단을 피하려고 노력했고 마침내 미아가 자신에게 무엇이 효과가 있는지 가장 잘 알고 있다는 사실을 받아들였다. 그러나 비전문가가 할 수 있는 것은 그 정도였고 아니야는 자신의 한계를 알고 있었다.

아니야가 "내가 너를 더 도울 수 있을지 모르겠어. 난 전문 심리치료사가 아니야"라고 말했을 때, 그녀는 친구의 역할이나 판단을 내리는 역할을 포기한 것이 아니었다. 그녀는 자신의 한계를 인정했던 것이다. 그렇긴 해도 당신이 어떤 사람에게 치료를 받으라고 강요할 수는 없다.

아니야는 비슷한 상황에서 치료가 그녀 부부에게 얼마나 도움이 되었는지 미아에게 말했지만, 미아는 결국 그 제안을 거부했다. 그 순간에 아니야는 할 수 있는 일을 다 했다.

한 사람과 친밀한 대화를 나누면 자신의 마음의 문을 열게 되는데, 좋든 나쁘든 더 이상 상대방에게 그 문을 닫아둘 수 없게 된다. 이런 방식으로 각별한 관계는 다른 관계에 영향을 줄 수 있다. 아니야는 크리스토퍼의 과거 불륜 문제가 잠재워졌다고 생각했는데, 표면 아래 남은 감정이 있다는 걸 다시 인식했다. 이로써 그녀와 남편의 관계에 추가로 필요한 관계 개선에 대해 남편과 이야기를 재개할지도 모른다.

이처럼 대화에는 잠재적으로 양날의 칼이 있다. 맞다, 아니야와 크리스토퍼는 미아와의 대화로 결국 도움을 얻을 것이다. 그러나 아니야는 고통스러운 문제가 되살아나길 바라지 않았다. 두 사람이 얽혀 있는 문제에 일단 접어들면 그 문제가 예상되든 아니든, 환영받든 아니든 간에 앞으로 나아가며 계속 해결해나가는 방법밖에 없을 것이다. 이로써 우리는 이 책의 중심 신조인 **학습 사고방식의 중요성**으로 돌아오게 된다.

아니야가 크리스토퍼의 과거 불륜으로 자극을 받았다고 가정해보자. 그는 자신이 바람피웠던 것을 상기하게 되는 걸 좋아하지 않을 것이다. 하지만 아니야가 비난을 넘어서서("어떻게 네가 나에게 이럴 수가 있어?") 탐구로 접어들 수 있다면("더 평화를 찾으려면 나에게 무엇이 필요하지?" 혹은 "우리는 지금 어떤 관계를 맺고 있지?") 두 사람은 충분히 배울 수 있다. 쉽지 않겠지만 그것은 또 다른 선택 지점이다.

다른 사람이 자신을 충분히 알아차리고 받아들여주는 경험, 충분히 인간적인 사람이 되고 상대방도 같은 방식으로 바라볼 기회, 그리고 배울 기회 같은 것이 각별한 관계를 정말 마법처럼 만들어준다. 쉽지 않겠지만 그것은 충만한 삶을 사는 것의 일부다.

자기 성찰하기

1. 아니야의 입장이 되어보라

아니야가 미아와 함께 있던 상황을 당신이라면 어떻게 다루었을까? 미아가 거절당한다는 느낌을 받지 않고 관계가 고통스럽지 않도록 하면서 당신이 미아의 문제를 토론하기 어려울 것 같다는 의사를 어떻게 전달했을까?

2. 개인적으로 얽히기

친한 친구, 가족구성원, 직장 동료가 당신과 함께 직면하고 있는 문제를 토론하기를 원했으나 그것이 당신의 강한 개인적 감정을 불러일으키는 상황에 처한 적이 있는가? 당신은 그 상황을 어떻게 처리했는가?

3. 상대방을 얽히게 하기

당신이 어떤 문제에 대해 말하기를 원했으나 그것이 상대방에게 괜찮은지 불확실한 상황에 처해본 적이 있는가? 예를 들면 당신은 건강이 악화된 부모가 있는데 당신 친구는 치매를 앓던 부모를 최근에 잃었다. 아마 당신 친구는 그 경험을 공유하려 할 수도 있고 그러지 않을 수도 있다.

상황이 어떻든 간에 당신은 그런 상황을 어떻게 처리했는가? 다른 방식으로 처리했으면 하는 부분이 있는가?

4. 현재의 딜레마
상대방을 자극할지도 모를 문제에 대해 당신이 말하길 원하는 상황이 있는가?

적용하기

당신이 '자기 성찰하기'의 네 번째 질문에서 떠올린 사람과 함께 문제를 토론할 방법이 있는지 점검해보라. 어떻게 둘 중 누구도 거절당했다고 느끼지 않고 상대방이 거절할 수 있는 방식으로 토론할 것인가?

이해하기

이번 토론은 솔직함과 민감함의 결합이 필요했다. 토론은 어떻게 진행되었는가? 당신 자신과 이 과정에 대해 무엇을 배웠는가? 이런 위험을 감수하는 것이 당신의 관계에 어떻게 영향을 끼쳤는가?

16

서로 원하는 것이 다를 때

우리 둘은 수십 년 동안 각별한 관계로 살고 있다. 하지만 우리 삶에서 만나는 사람들과 항상 그런 단계로 돌입하지는 않는다. 어렸을 때부터 청소년기까지 캐럴은 세상을 떠난 어머니와 매우 가까운 관계를 유지했다. 어머니인 플로라는 아이들과 가장 친한 친구인 '베프'가 되기를 원한다고 분명히 말해 캐럴은 자신이 한 일 대부분을 어머니에게 말할 수 있었다.

플로라는 화장을 비롯해 남자 친구, 혼전 성관계의 위험성까지 모든 것에 대해 캐럴에게 조언을 아끼지 않았다. 캐럴은 반항아가 아니었다. 그녀는 규칙을 따랐고 학점도 좋았고 문제를 일으키지도 않았다.

캐럴이 어른이 되어 결혼하고 아이들을 낳게 되자 모든 상황이 바뀌었다. 그녀는 두 사람의 '가까운' 관계란 캐럴이 플로라의 의견에 항상 동의하고 거의 언제나 플로라의 필요를 자신의 필요에 포함하는 것임을 알게 되었다. 만약 그렇게 하지 않으면 캐럴은 '이기적인' 사람이 되었다.

플로라는 자신이 실망하거나 화났을 때 피드백을 주는 데 매우 능숙했지만, 그녀가 어떤 일로 캐럴의 기분을 나쁘게 했을 땐 거꾸로 캐럴에게서 피드백을 받는 데 극히 서툴렀다. 그녀는 캐럴이 그동안 만난 가장 비판적인 사람 중 하나였다. 매우 독선적이고 영향을 끼치기가 정말로 어려웠다.

캐럴이 효과적인 대인관계 역학 강좌에 대해 더 많이 배우기 시작하면서, 그녀는 두 성인 여성으로서 어머니와 진정으로 가까운 관계를 맺을 방법이 있을지 궁금했다. 캐럴이 박사과정을 밟는 중에 두 사람은 기억에 남는 대화를 나눈 적이 있었다.

"나는 네가 왜 이 박사과정을 밟느라 고생하는지 이해를 못 하겠구나." 플로라가 말했다. "네 남편 앤디와 아이들은 너에게서 필요한 관심을 받지 못하고 있어."

"나는 가족과 함께 보내는 시간도 희생하면서까지 박사과정을 밟느라 고생하는데 어머니가 이걸 이해하지 못한다고 말하면, 제가 잘못하고 있는 것처럼 느껴져요." 캐럴은 말했다. "이게 어머니의 의도인가요?"

"물론 아니지. 나는 네가 불필요하게 미친 듯이 자신을 몰아가고 있다는 생각이 들 뿐이야."

"누가 불필요하다고 해요?"

"모두 다."

"나는 이 문제에 관해 앤디와 이야기를 많이 나누었어요. 그는 백

프로 나를 지지해요. 혹시나 그와 아이들이 너무 희생한다고 생각하지 않는지 물어봤는데, 그는 그렇지 않다며 나를 안심시켰어요."

"그럴 리가 없어."

"그럼 그이가 내게 거짓말을 하고 있다고 생각하세요?"

플로라는 잠시 침묵하고서 말을 이었다. "나는 그저 내 경험으로 말하는 거야. 너와 내가 쇼핑하거나 그저 점심을 먹으러 다니며 항상 함께 어울리던 때가 있었지. 우리는 몇 시간이나 전화로 수다를 떨기도 했어. 너는 이제 그럴 시간이 없는 것 같구나."

"맞아요. 어머니가 옳아요. 그게 바로 내가 앤디와 아이들에게 남는 시간을 쏟기를 원하는 이유예요."

"내가 너의 이 박사학위에 관한 모든 것을 이해하지 못하는 이유이기도 하고."

"어머니가 원하는 만큼 어머니와 시간을 함께 보내지 못해서 내 박사과정을 지지하지 않는다고 말씀하시는 거예요?"

"나는 그런 말을 한 적이 없다. 그것 때문에 불필요하게 네 가족이 상처받고 있다는 거지."

그렇게 이 대화는 지나갔다. 캐럴은 이런 대화의 영향이 어떤지 전달하려고 시도했지만 번번이 실패했다. 캐럴은 자신이 플로라에게 영향을 미칠 수 없어서 모녀 사이가 멀어지고 있다고 설명하려 했다. 또한 플로라가 가족 중 한 사람에 대해 단정적인 판단을 내리곤 할 때마다 정말 괴롭다고 그녀에게 말하려 했다.

그리고 캐럴은 플로라 자신이 틀릴 가능성을 외면하는 것처럼 보일 때 그녀와 시간을 더 적게 보내길 원하게 된다고 말했다. 캐럴은 더 친밀하고 어른스러운 관계를 바라는 마음에서 이 모든 것을 말하고 있다고 플로라에게 설명했다.

플로라는 캐럴이 공정하지 못하다고 말하며 대부분 눈물로 응답했다. 자신은 서로 더 가까워지길 바랄 뿐인데, 캐럴이 '너무 바빠서' 예전처럼 가깝게 지낼 수 없다는 것이었다. 캐럴은 친밀함 덕분에 자신이 어렸을 때는(플로라가 항상 '옳았기' 때문에 캐럴은 항상 결정을 따르는 것이 특징이었다) 두 사람이 상호작용 할 수 있었지만, 지금은 더 이상 그런 방식이 통하지 않는다고 말하려 했다. 플로라는 캐럴의 의견을 묵살하거나 그렇지 않다고 주장하거나 대화를 피했다.

캐럴은 각별한 관계를 맺는 것에 대해 많이 배웠지만, 자신의 어머니와는 그런 관계를 맺으려 하지 않았음을 받아들이기가 어려웠다. 플로라가 암으로 투병하고 있을 때 캐럴은 마지막으로 한 번 더 시도했다.

캐럴은 어머니가 수술을 받은 후 몇 달 동안 매주 며칠씩 방문해서 어머니 집과 항암 센터를 왔다 갔다 하기 위해 자동차를 운전하면서 최고의 딸이 되려고 노력했다. 지금 일어나고 있는 일에 대해 어떻게 느끼는지 말하도록 수차례 물어보았지만 플로라가 말하려 하지 않았다. 플로라는 자신이 우위를 점하지 못할(맞다, 권한은 네트 너머에 있다) 가능성이 있는 대화에는 참여할 수 없었다고 캐럴은 믿고 있다. 캐럴은 어머니를 사랑했고 그 사랑이 상호적임을 알았지만 두 사람은 각별한 관계를 맺지는 못했다.

각별한 관계에서 얻는 중요한 성과는 성장하고 발전할 기회가 있다는 것이다. 그러나 성장은 상대방이 그들에게 원하는 방향이 아니라, 각자가 원하는 방향으로 이루어져야 한다. 하지만 상대방은 관계가 당신이 원하는 바와 다르게 발전하길 원한다면 어떤 일이 벌어질까?

플로라는 마음속으로는 캐럴이 가장 잘되기만을 바라고 있다고 주장했지만, 딸이 십 대였을 때 둘이 맺었던 방식으로 캐럴을 역행 시켜 관계가 성장하길(더 자세히 말하자면 캐럴이 성장하지 않기를) 바랐다. 반대로 캐럴은 어머니가 성장하길 원했으나 (많은 다른 어려운 대화 중에서도) 자신이 죽어가고 있다는 사실에 대해 말할 수 있는 것으로 성장을 규정했다.

모녀가 이에 관해 대화할 수 있었다면 이 문제는 해결되었을지도 모른다. 하지만 플로라는 이런 의논을 하고 싶어 하지 않았다. 각별 함에는 문제를 살펴보고, 잘못될 가능성을 용인하고, 문제를 보는 새 로운 방법을 고려해보려는 의지가 필요하다. 플로라는 그럴 의향이 없었다. 왜냐하면 다른 무엇보다도 자신이 옳아야 했기 때문이다.

두 사람의 경우처럼 배려 그리고 사랑이 있을 수는 있지만 그것 이 각별함을 정의하는 것은 아니다. 각자가 상대방과 더욱 친밀한 관계를 원했던 만큼 캐럴의 자율성 상실은 캐럴이 치르기에는 너무 큰 대가였고, 성장과 배움에 대한 플로라의 의지 부족으로 두 사람 은 각별한 관계가 되지 못했다.

이 장은 당신의 모든 노력에도 불구하고 더 의미 있는 관계가 왜 가끔은 발전하지 못하는지에 대한 이유를 다룬다. 당신과 상대방이 서로 더 많이 알게 되면서, 두 사람의 견해가 아주 달라 그것을 연결 하는 데 드는 노력이 그야말로 너무 많다는 것을 알게 될 수도 있다.

혹은 서로 간에 공통점이 충분치 않고 진지한 관계를 구축하는 비용이 혜택을 넘지 못해서 그럴 수도 있다.

그러나 당신의 관계가 각별해질 잠재력은 있는데 그 단계에 도달하지 못한 거라면 어떻게 하겠는가? 무슨 일이 있었는가? 그것은 당신이 한 일인가? 아니면 당신이 하지 않은 일인가? 이 과정에서 교착상태에 빠진 관계로부터 무엇을 배울 수 있을까?

'필과 레이철' 아직까지는 괜찮지만

9장에서 레이철은 아버지 필이 자신에게 충고를 주는 방식과 그의 공감 결여가 자신을 미치게 한다고 그에게 털어놓으면서 부녀 간의 중대한 좌절을 해결했다.

한 번의 대립만으로는 이 문제를 완전히 해소하지 못하고 필은 때때로 과거 행태로 다시 돌아가곤 한다. 그러나 레이철이 그에게 그것에 대해 이야기할 수 있는 관계가 되었다. 시간이 흘러 필은 자신의 성향을 점점 억제해서 둘의 관계는 꾸준히 더 가까워졌다.

이 성공으로 대담해진 레이철은 아버지에게 원하는 것이 더 많이 있음을 깨달았다. 그가 인생의 중요한 부분을 레이철과 공유하지 않았기에 그녀는 그의 삶 속으로 더 들어가고자 했다. 어머니가 세상을 뜬 이후로 레이철은 아버지가 어떻게 적응하고 있는지 궁금하고 걱정도 되었다. 또한 외과의사로서 그가 하는 일에 대한 우려도 커졌다. 그들의 병원에는 의무 정년 연령이 없었고 필은 몇 년 전부터 복리후생비를 받을 수 있었다.

그녀가 가끔 이 주제를 꺼내 들면, 필의 반응은 항상 이랬다. "일을 해야 젊게 살 수 있어." 게다가 자신은 은퇴할 계획이 전혀 없다고 덧붙였다. 언제나 대화는 거기에서 끝났다. 그러나 레이철은 아버지의 수술 기량이 예전 같지 않다는 소문을 듣기 시작했다. 그녀는 그 소문이 어떤 결과로 이어질지 걱정됐다.

'그가 자신이 알아서 떠나지 않고 강요받아 떠밀리듯 나가는 것을 나는 보고 싶지 않아'라고 그녀는 생각했다. 그러나 그녀가 조심스럽게 이 문제를 제기하려 하면 필은 웃어넘기며 자신의 동료들이 이 나이에도 자신이 그들만큼 잘하고 있어서 부러워하는 것뿐이라고 말했다.

레이철은 이 주제에 관해 그와 더 토론하고 다른 개인적 주제도 철저하게 탐구하길 갈망했다. 그는 지난 40년을 회고하면서 자신의 경력에 대해 어떤 느낌이 들었을까? 혹시 실망하지는 않았나? 그가 택하길 바랐던 길에 대해 생각한 적이 있는가? 그는 자신의 평생 사랑인 배우자를 잃고서 정말로 어떻게 지내고 있는가?

그녀는 자신이 직면한 수많은 개인적이고 직업적인 문제를 필과 공유함으로써 그런 대화를 위한 조건을 구축하려고 노력했다. 필은 이런 토론을 중요시하는 것 같았고 그의 충고하는 경향이 줄어들면서 레이철은 자신의 감정과 고된 노력을 공개하기가 더 쉬워졌다는 걸 알았다. 그러나 그녀가 이렇게 노력해도 상호 간의 공개로 이어지지는 않았다. 필은 이해하기 어려운 사람이었다.

레이철은 더 솔직해지기로 마음먹고, 그와 저녁을 먹으러 가기로

16 ● 서로 원하는 것이 다를 때

약속했다. 식사를 하면서 그녀는 자신이 하고 싶던 대화 그리고 두 사람이 얻을 수 있는 것을 꺼내놓았다. "아버지는 전에 자신의 경험을 전수하고 싶다고 말했죠. 아버지 인생에 대해 말하는 게 그런 방법 중 하나죠"라고 그녀는 설득했다.

"하지만 나는 아니야"라고 필은 말했다. "나는 내 인생을 회고하는 게 즐겁지 않아. 그리고 내가 걸었을지도 모를 길에 대해 말하는 건 무의미해 보여. 나는 새롭게 시작하는 게 최선이라고 믿어."

그는 잠시 조용히 있다가 부드럽게 말했다. "그리고 네 어머니에 대해 말하면 나는 너무 고통스러워. 우리가 현재 가진 것을 그냥 즐기면 안 되겠니?"

레이철은 고집을 부렸다. "보세요. 한번 해보고 어떤지 봐요. 내가 몇 가지 분야를 말했어요. 아버지가 가장 편하게 느끼는 분야를 하나 골라 이야기해보고 그게 어떻게 되는지 봐요."

필은 잠깐 생각하더니 말했다. "내가 두 가지 전문 분야를 선택해서 그것에 대해 말해줄게."

그는 30분간 그 분야에 대해 말했는데 레이철은 그의 본심이 거기에 있지 않음을 알 수 있었고, 토론은 강요된 느낌이었다. 필은 고개를 흔들었다.

"이건 소용이 없어. 봐봐, 나는 네 삶에 관한 이야기를 듣고 싶어. 그리고 나는 충고를 주지 않는 걸 잘하고 있어. 우리가 함께했던 것에 관해 이야기를 나누면 좋겠어. 네가 자랄 때 우리가 했던 여행 이야기 말이야. 그런 게 내가 과거에 대해 말하고 싶은 것 전부야."

레이철은 고개를 끄덕이면서 마지못해 그렇게 하기로 동의했다.

관계의 기반 바꾸기

레이철이 원한 바는 자신이 깨달았던 것보다 훨씬 근본적이었다. 하나는 다른 사람의 행동을 바꾸기를 원하는 것이었다. 다른 사람에게 삶을 살아가는 방법을 말해주는 필의 성향이 배어 있을 때조차도 마찬가지다. 그러나 그들 관계의 기초를 바꾸는 것은 또 다른 일이다. 레이철이 필에게 해달라고 부탁했던 것이 그랬다.

그녀는 이제 성인이라서 성인 대 성인의 관계를 바라고 있다. 이는 두 사람 모두에게 상당한 변화를 요구하는 것이다. 레이철은 좀더 적극적으로 나서야 한다. 그녀가 그렇게 하기 시작했고 필은 충고를 줄이는 것 이상을 해야 할 것이다. 필은 더 솔직하게 자신을 드러내야만 한다.

두 사람이 필의 충고 주기에 관한 토론으로 성공하자 더욱 평등한 방향으로 물꼬가 터졌다. 하지만 거기까지였다. 그는 더 이상 나아가기를 원치 않는 것처럼 보였다. 일단 레이철이 원했던 지점까지는 아니었다. 그에게는 너무 큰 변화였을까?

레이철은 필이 더욱 감정적으로 자신을 드러내기를 바랐지만, 그는 훨씬 분석적인 방식으로 자신의 인생 대부분을 보냈다. 게다가 그의 훈련과 직업 환경이 그녀가 바랐던 취약성을 반드시 강화한 것은 아니며 가정생활도 마찬가지였다. 아내는 필의 느낌을 레이철에게 '설명'해주는 데 몇 년을 보냈다. 관계를 이루는 하나의 주요 방법이 지속적으로 강화되면 변화는 매우 어려워질 수 있다.

그러면 레이철의 선택지는 무엇일까? 그냥 내버려 두기를 선택할 수 있었다. 결국 그녀가 무엇을 얻었는지 보라. 레이철은 지난해에 필과의 관계에서 많은 진척을 이루었다. 그녀는 필이 조언해주지 않아도 자신을 더 많이 공유할 수 있었다. 그래서 두 사람은 가까워진 것을 감사히 여겼다.

각별한 관계에 초점을 맞추는 것의 잠재적인 단점은 그 단계에 이르지 못한 어떤 관계를 평가 절하한다는 것이다. 가끔은 성취한 것에 대해 감사히 여기는 게 필요하다. 우리는 다른 사람에게서 다른 필요를 충족할 수 있다. 레이철은 보람 있는 결혼 생활을 하고 있고 친한 친구도 있다. 그녀는 아버지와 현재 누릴 수 있는 것을 즐기면서, 더 깊은 관계에 대한 필요를 충족하기 위해 그들에게 갈 수 있었다.

반면에 그녀는 좀 더 밀어붙일 수도 있었다. 그녀는 필이 변할 수 있음을 봤기 때문에 어쩌면 그가 할 수 있는 일이 더 많을지도 모른다. 그녀는 항상 아버지와 친밀한 관계를 맺었으므로 그다음 단계로 넘어가 두 사람 사이에 더욱 풍부한 관계를 이룰 가능성이 크다.

필이 자신의 삶(특히 딸과의 삶)을 더 많이 공유하면 그에게 좀 어렵더라도 서로 관계를 맺는 더 의미 있는 방법을 제공할 수 있다. 그리고 자신의 경험을 전수하며 살겠다고 공언한 목표에도 부합할 것이다.

레이철은 얼마나 더 밀어붙여야 하는가? 저녁 식사를 하면서 한 30분간의 시도가 적절한 테스트였을까? 그녀의 어린 시절에 대해 향수 젖은 대화를 하자는 그의 제안을 받아들이면 그녀가 원했던 더욱 개인적인 자기 개방 단계로 접어들 수 있을까? 아니면 그녀는 헛수고하는 걸까?

답은 질문의 형태로 온다(우리는 결국 선생이고 그 사실은 우리 머리에 내장되어 있다). **그녀는 누구를 위해 고집을 부리는가?** 우리는 가끔 상대방을 있는 그대로 받아들일 필요가 있다. 그녀는 필이 외롭고 더욱 많은 친근감을 원한다는, 어떤 실질적인 단서를 찾았는가? 아니면 그녀는 자신이 원하는 것 때문에 그를 압박하고 있는가?

레이철의 선택을 바라보는 또 다른 방법도 있다. 이 책의 첫 부분에서 언급했듯이, 캐럴 드웩은 현재의 한계를 식별할 때 '아직'이라는 단어를 추가하는 게 중요하다고 시사한 바 있다.[25] "나는 내게 소중한 사람에게 원하는 바를 충분히 표현할 수 없어요"라는 문장의 끝에 '아직'이 붙는다면, 문장의 의미가 가망 없음에서 가능성 있음으로 바뀐다.

레이철은 필의 미래가 어떻게 될지 모른다. 아마도 수술이 예전처럼 잘되지는 않을 테고 그가 다른 외과의사보다는 레이철과 그것에 대해 의논하는 게 더 편할 것이다. 아니면 필은 한물갔지만 현실을 제대로 인식하지 못하는 동료를 만나 자신은 그 길로 가고 싶지 않는다는 걸 깨달을 수도 있다. 그렇게 되면 필은 자기 개방에 더 순응할 수 있을지도 모른다.

우리가 더 강하게 밀어붙일수록 다른 사람을 더욱 소외시킬 위험이 있다. 욕망에 너무 집착하면 관계가 끊어져서 삶을 압박할 수 있다. 그 대신 가끔 상대방을 있는 그대로 그곳에서 만나면 나중에 그들이 여정에 합류할 가능성이 커진다. 레이철은 상황이 바뀌고 더 많은 것이 가능해질 수 있다는 의식을 포기하지 않으면서 그녀가 얻은 것을 소중하게 여기고 감사할 수 있다.

사실 그녀 자신이 변할지도 모른다. 그녀가 아버지와 함께 평생 얻은 모든 것을 깊이 생각해보면, 아마도 필의 더 개인적인 자기 개방이 레이철에게는 덜 중요해질 것이다.

'벤과 리암' 시도 실패

우리가 4장에서 벤과 리암의 이야기를 떠날 때 두 친구는 약간의 진척을 이루었다. 벤은 개인적인 질문을 많이 하지 않겠다고 말했고, 리암은 그냥 말문을 닫기보다는 벤과 관련된 문제를 제기하겠다고 약속했다. 또한 더 많이 공유하도록 노력하겠다고 말했다.

그다음 해에 걸쳐 둘 사이의 우정은 커졌다. 리암은 브리트니라는 여성을 만나 사랑에 빠졌다. 벤은 그녀가 훌륭하고 그의 친구에게도 완벽하다고 생각했다. 벤은 그녀가 때때로 지배적이기도 한 리암과 함께할 때 그녀 자신의 입장을 고수하는 방식을 좋아했다.

리암은 브리트니와 많은 시간을 보내곤 했기 때문에 두 남자는 예전만큼 자주 보지는 못했다. 어느 날 밤 그들이 술을 마시러 만났을 때 벤이 리암에게 어떻게 돼가고 있는지 묻자 리암은 브리트니가 자신이 원하던 바로 그 사람이라며 비밀을 알려줬다.

"멋지다!" 벤은 말했다. "그녀는 훌륭해, 정말 잘됐다."

리암은 수심에 잠긴 듯 보였고 벤과 시선을 마주치지 않았다. 그러자 벤이 추궁했다.

"무슨 일 있어?"

리암은 웃더니 고개를 가로저었다.

"너는 슬쩍 넘어가려야 넘어갈 수가 없네. 그래, 좋아. 문제는 그녀의 어머니야. 낸시는 날 미치게 해. 그녀는 자신이 모든 것에 대한 해답을 알고 있다고 생각하지. 사실 아무것도 모르는 것에 대해서도 자신의 의견을 피력하곤 해."

리암은 말을 계속하면서 더욱 흥분했다.

"지난주에 그녀는 집 구매에 대해 나에게 강의를 하기 시작했어. 내 재정 상황에 대해 아무것도 모르고, 주택 시장에 대해서도 잘 모르면서 말이야."

벤은 공감하는 마음으로 고개를 흔들었다. "와, 짜증 나네. 그녀가 왜 그러는 것 같아?"

"일단 그녀는 믿을 수 없을 정도로 궁핍해. 그녀의 남편은 4년 전에 세상을 떠서 생계를 유지하기가 힘들어 보여. 낸시는 브리트니에게 **매일** 전화를 하지. 브리트니와 나는 가끔 그녀를 저녁 식사에 초대해서 함께 시간을 보내. 브리트니는 어머니가 외롭다며 마음에 걸려 해. 그런데 그런 저녁 식사가 나에게 불쾌감을 줘.

낸시는 대부분의 시간을 브리트니에게 그녀의 인생에 대해 추궁하고 그녀가 그것을 어떻게 주도해야 하는지를 말하는 데 보내지. 아 제발, 브리트니는 성인이고 인생을 주도할 능력이 충분해. 그게 나를 미치게 해! 낸시는 왜 자신이 사람들의 문제를 제일 잘 다루는 재능이 있다고 생각하는 거야?" 리암은 심호흡을 했다.

"그리고 나를 더욱 괴롭히는 것은 브리트니가 어머니에게 반응

16 ● 서로 원하는 것이 다를 때

하는 방식이야. 좀 더 정확히 말하자면 **아예 반응하지 않아.** 그녀는 모든 충고에 대해 '어머니, 고마워요. 그건 생각해볼게요'라고 말하곤 화제를 바꾸지. 대체 왜 낸시에게 그만하라고 말하지 않는 거지? 나는 그녀에 대한 존경심을 잃기 시작했어. 난 줏대가 있는 배우자를 원해."

"이런, 너는 이 모든 일에 정말 화가 났구나."

"물론 나는 그렇지." 리암이 말했다. "너라도 그렇지 않겠어?"

벤은 갈등을 느꼈다. 한편으로 그는 리암을 지지하고 싶었다. 그러나 다른 한편으로 더 많은 일이 벌어지고 있다고 느꼈다. 벤은 낸시를 만난 적은 없지만 리암이 너무 일방적인 그림을 그리고 있다고 생각했다. 그녀가 리암이 묘사한 대로 그렇게 끔찍하다고 믿기는 어려웠다.

또한 브리트니는 자기 확신에 차 있고 흔들리지 않는 여성이라는 인상을 벤에게 주었다. 그녀는 약하거나 지나치게 순종적으로 보이진 않았다. 그는 어떻게 말해야 리암에게 도움이 될지 확신하지 못했다. 그래서 그는 고개를 끄덕이며 이렇게 말했다.

"그래, 아마도." 그는 잠깐 시간을 두고 이렇게 물었다. "너는 왜 그들이 그렇게 행동한다고 생각하니?"

"이봐, 나는 그들의 심리치료사가 아니야! 그리고 네가 치료사 역할을 할 필요도 없어. 나는 그냥 화를 발산하고 싶을 뿐이야. 내가 이런 것을 편하게 할 수 있는 다른 사람이 있을지 잘 모르겠어."

"알았어." 벤은 말했다. "무슨 말인지 알겠어. 이런 일은 정말 힘들 것 같아. 특히나 네가 브리트니를 얼마나 많이 좋아하는지를 보면 말이야."

리암은 뒤로 기대더니 약간 긴장을 풀었다.

"그리고 네가 나에게 화를 분출해서 기뻐." 벤은 말했다. "나는 네가 그것을 나와 함께할 수 있다고 느끼기를 원해. 하지만 여기서는 솔직히 말해야겠어. 너는 상황을 너무 좁게 묘사하고 있어. 네 생각처럼 흑백이 뚜렷한 상황이 아닐지도 몰라. 그렇게 생각하고 있다가 브리트니와의 관계가 깨진다면 정말 실망스러울 거야. 네가 원치 않는다면 우리가 이 문제를 이야기할 필요는 없어. 하지만 나는 이걸 말해야만 했어."

리암은 조용했다. 그러고 나서 약간 주저하면서 고개를 끄덕이더니 말했다. "계속해봐. 넌 무슨 생각을 하고 있는 거야?"

"나는 낸시를 몰라. 하지만 그녀가 네가 묘사한 대로 그렇게나 '서쪽의 사악한 마녀'[영화 〈오즈의 마법사〉에 등장하는 마녀]일지 궁금해. 그리고 나는 브리트니를 좀 아는데 그녀가 줏대 없는 사람이라는 생각은 들지 않아! 그녀는 분명히 네게 맞서지. 넌 왜 그녀에게 수동적이라는 꼬리표를 붙이는 거지? 내가 보기엔 그녀가 자신의 어머니를 다루는 좋은 방법을 찾은 것 같은데."

"맞아, 그런데 그게 낸시가 항상 좌중을 이끄는 방식이야. 브리트니는 그녀가 말을 못 하도록 막아야 해."

"하지만 그것도 너의 방식이야. 너도 이야기했듯이 낸시는 자신이 일을 처리하는 올바른 방법을 알고 있다고 생각해. 너도 똑같이 하고 있는 건 아닐까? 하여튼 넌 왜 그렇게 흥분하는 거지? 브리트니는 무시하고 넘어가는 것 같은데, 너는 왜 그렇게 못 하지?"

"정말 짜증 나, 벤. 너는 왜 항상 그렇게 내 편을 들어주지 않는 거야. 그래서 그게 내 잘못이야?"

"아니, 내 말은 그게 아니야. 내가 말하려는 건 네가 진짜 통제할 수 있는 사람은 너뿐이라는 거야. 나 역시 낸시에게 짜증이 나긴 하겠지만 너만큼 화를 낼 것 같진 않아. 그리고 나는 브리트니가 그런 상황을 처리하는 방법을 정말 존경해. 그녀는 자신이 통제되는 걸 허용하지 않고 그녀의 어머니를 공격하지도 않아. 나는 네가 너를 위해 이 모든 일의 배후가 무엇일지 자문해봤는지 궁금해."

"그러면 뭐가 도움이 되지?"

"너는 브리트니와 결혼에 관해 이야기하고 있어. 그러면 낸시는 너의 장모님이 되겠지. 너는 장모님과 적어도 제대로 된 관계를 유지할 필요가 있어. 네가 그녀를 구제불능이라 생각하지 않도록 네게 무슨 일이 일어나고 있는지 알아낼 수 있을까?"

"나는 모르겠어." 리암이 말했다. "이렇게 자기 성찰하는 건 나랑 맞지 않지만 생각해볼게."

그 후 몇 개월 동안 리암과 브리트니의 관계는 계속 좋았다. 벤과 리암은 좀 덜 만났다. 그러나 리암이 브리트니에 대한 자신의 감정을 더 공유하면서 그들의 우정은 더욱 커졌다. 벤은 걱정은 됐지만 낸시와의 일이 어떻게 진행되고 있는지 물어보는 것에 대해 신중했다.

그리고 리암은 벤에게 브리트니와 약혼했고 다가오는 6월에 결혼할 계획이라고 말했다. 두 사람은 축하주를 나누러 약속을 하고 만났다. 일과 평범한 일상 이야기를 나눈 다음에 벤은 리암에게 결혼 준비는 어떻게 진행되고 있냐고 물었다. 리암은 눈을 굴리더니 맥주를 한 모금 들이켰다.

"우리는 빠져나왔어야 했어." 그는 말했다. "예상한 대로 낸시가 결혼 준비에 대한 전권을 인수하길 원했고 브리트니는 허락했어. 결혼이 우리 이벤트가 아니라 낸시의 이벤트라는 느낌이야."

"아, 실망스럽군. 브리트니가 힘들었겠네."

"나는 사실 그렇다고 생각지 않아." 리암은 말했다. "가장 미치겠는 건 낸시가 내린 모든 결정을 브리트니는 그저 괜찮아하는 것 같다는 거야. 정말 돌아버리겠어."

"너와 낸시의 사이가 약간 나아졌다고 생각했어."

"아니야. 나는 그것에 대해 말하지 않을 뿐이야."

벤은 깊이 생각하느라 잠시 멈췄다.

"리암, 나는 이게 왜 그렇게 너를 괴롭히는지 아직도 잘 모르겠어. 그게 브리트니는 괴롭히는 것 같지 않아서 특히 그래. 너 그리고 낸시의 역학 관계에 문제가 있다고 생각하는 거야?"

리암은 폭발했다. "벤, 내가 무슨 일로 화날 때마다 네가 이런 심리 분석 같은 헛소리를 하는 게 지겨워. 너와 이렇게 숨김없이 적나라한 대화를 다신 하지 않을 거야. 이래서 내가 아무 말도 하고 싶지 않았어."

벤은 물러섰다. "미안해. 나는 도와주려고 했어. 다른 얘기 하자."

대화는 다른 이야기로 넘어갔다. 일, 다가올 마라톤을 위한 훈련법, 리암과 브리트니가 임대하려고 생각하는 아파트, 벤이 만나고 있고 그래서 리암과 브리트니의 결혼식에 데려오려는 여성 등등에 관해 이야기를 나눴다.

결혼식 전후에 있었던 모임에서 리암이 낸시에 대한 좌절감을 계속 표현했지만, 벤은 공감하는 말만 했고 근본적인 문제까지 들어가려 하지 않았다. 리암은 벤의 최근 발언이 도움이 되었다고 말하면서, "아주 민감해지지 않고 내가 화를 분출하게 해줘서 고마워"라고 덧붙였다.

"우리가 좋아하는 게 서로 다른가 봐." 벤은 어깨를 으쓱했다. "내가 전에 말했듯이, 나는 이런 일을 더 깊이 파고드는 걸 좀 좋아해."

리암은 고개를 흔들었다. "그래, 그런데 한 가지만 지나치게 생각하는 건 내 스타일이 아니야."

시간이 지나면서 벤과 리암이 만나는 횟수는 줄어들었다. 리암은 자신의 결혼 생활에 집중했고, 벤은 둘의 관계에서 얻는 게 줄어들고 있음을 깨달았다. 두 사람은 친구로 남았고 술을 마시러 정기적으로 만났지만, 벤은 다른 관계가 더 만족스럽게 느껴져 자신의 시간과 에너지를 거기에 더 쏟았다.

사람들이 서로 다른 것을 원할 때

언뜻 보기에 벤과 리암의 관계가 각별해지지 못한 건 두 사람이 매우 다른 것을 원하기 때문이었던 것처럼 보인다. 리암은 삶의 우여곡절을 공유할 수 있는 '친구' 관계를 원하는 것처럼 보였다. 벤은 더 깊고 개인적인 관계를 원했다.

일찍이 그들은 일과 스포츠 같은 경험을 충분히 공유해서 우정을 쌓았다. 하지만 시간이 지나며 두 사람이 각각 이 관계에서 찾고자 하는 것이 달라 서로 단절되면서 우정에 그림자가 드리워졌다.

관계에서 서로 다른 것을 원한다는 게 반드시 장애물이 되지는 않는다. 그러나 대처해야 한다. 사람들은 다른 방향으로 성장하고 그런 과정에서 다른 것을 원할 수 있다. 그렇다고 해서 반드시 그들 사이가 멀어진다는 것을 의미하지는 않는다. 밀접한 관계는 완전히 똑같은 것을 원하는 데 의존하지 않는다. 벤과 리암의 근본 문제는 이런 차이점을 토론할 능력이 없었다는 점이다. 이것이 없다면 두 사람은 서로 화해할 수 없다.

그들은 '양자택일'이라는 덫에 빠졌다. 벤이 개인적인 질문을 멈추거나, 리암이 그런 질문을 용인한다. 이렇게 되면 그들이 각자 원하는 바와 원하지 않는 바를 분명히 하지 못하게 막는다. 리암은 **어떠한** 자기 성찰도 원하지 않았는가? 아니면 그건 벤의 접근방식 때문이었나? 벤이 리암도 똑같이 하리라 기대하지 않는 한에서 자신의 문제를 탐구하고 리암을 자문역으로 두기를 원했다면 리암에게 괜찮았을까? 우리는 모르지만 그들 역시 마찬가지다. 그들은 그렇게까지 가지 못했다.

예를 들면 벤은 이렇게 물었을 수 있다. "무엇이 우리를 방해하고 있지? 왜 우리는 이런 곤란을 겪고 있지?" 리암은 그런 질문을 '너무 민감하다'고 그냥 억눌렀을지도 모른다. 하지만 그렇게 하지 않았을 수도 있다. 핵심은 벤이 이에 관해 묻지 않았고, 그래서 그들은 관계 단절에 대해 더욱 생산적으로 대화하는 방법을 알아낼 수 없었다는 점이다.

이런 것을 토론할 수 없어서 그들 관계의 잠재력은 제한을 받았다. 기껏해야 두 사람이 그동안 일어난 사건에 관해 이야기를 나누러 정기적으로 만나는 정도에 머물 뿐이고 사이가 멀어질지 모른다. 그들은 진정으로 의미 있는 관계를 형성해나갈 것 같지 않다.

조직에서의 각별한 관계

우리 둘은 이 책에 나오는 역량을 직장에 적용하는 데 경력을 온통 쏟았다. 우리는 영리 및 비영리 기관, 교육 및 의료 기관, 국가 및 지역 차원의 정부 조직에서 임원과 관리자들을 지도해왔다. 직원, 관리자, 고위경영진, 최고경영자들이 서로 더 직접적이고 정직하게 대처하는 방법을 배우도록 지원했다.

우리는 팀의 발전을 도와서 갈등을 효과적으로 처리하고 대인관계 문제를 해결하며 강한 관계가 구축되도록 했다. 이런 교육 과정에서 개인의 큰 성장, 작업 환경 개선, 높아진 성과를 목격했다.

우리는 또한 직장에서 각별한 관계를 목격하고 경험했다. 이 각별한 관계들은 이 책에서 우리가 설명했던 것과 같은 특징이 있다. 조직 환경 때문에 관계 형성 과정에서 일련의 도전을 겪더라도 당신의 상사이든, 직속 부하이든, 동료이든 간에 이런 각별한 관계는 이루어질 수 있다.

직장 밖에서는 존재하지 않는 중요한 제약도 있다. 당신은 친구와 배우자를 고를 수 있을지 모르지만 동료를 고르지는 못할 것이다. 사이먼은 큰 골칫거리인지도 모르나 당신의 일은 상호의존적이라 당신은 유익한 관계를 구축하는 방법을 찾아야 한다. 일할 때 강한 우정을 가지고 있더라도 다른 사람이 진전하도록 돕기 위해서는 당신이 희생을 치러야만 할 것이다. 그렇다. 당신은 그들을 지지하기를 원하지만, 계층구조는 본질적으로 경쟁적이라 최정상부에만 다른 동료를 도울 수 있는 많은 여지가 있을 뿐이다.

각별한 관계의 여러 차원 중 하나가 당신이 다른 사람의 발전에 전념하는 것이라면, 두 사람이 원하는 특별한 임무를 수행하도록 동료를 지원할 때 당신은 갈등을 느낄지 모른다. 당신이 그들의 작업을 방해하려는 것은 아니지만 과연 자신의 진보를 얼마나 희생하려 할까?

좋은 업무 관계는 긴밀한 우정으로 발전할 수 있다. 그렇게 하는 것이 쌍방이 어려운 문제를 제기하는 위험을 줄일 뿐 아니라 더욱 정직하고 서로 투명할 수 있도록 동기를 부여하기 때문에 중요하다. 그러나 한계는 있다.

제너럴일렉트릭의 최고경영자인 제프 이멀트Jeff Immelt가 몇 년 전에 스탠퍼드대학교에서 했던 한 강연에서 이런 한계를 생생하게 보여주었다.

"나는 잭 웰치Jack Welch에게 직접 보고하는 수석 부사장 셋 중 한 명이었어요. 잭과 나는 좋은 친구였고 우리 가족은 함께 자주 바비큐 파티도 하곤 했습니다.

한번은 두 분기 연속으로 내가 달성해야 할 사업 실적을 내지 못했어요. 어느 임원 수련회에서 잭은 나를 옆으로 데려가 내 어깨에 팔을 올리더니 이렇게 말했어요. '제프, 나는 당신을 정말 좋아해, 그런데 다음 분기에도 지난 두 분기 같은 실적을 내면, 당신은 해고야.' 나는 다음 분기에 충족시켜야 할 실적을 확실히 달성할 수 있었습니다."

조직은 일하기 위한 긍정적인 공간이고 직원 개발을 지원할 수 있지만 조직의 요구는 본래 개인의 요구보다 우선한다.

관리자의 역할에서 당신은 또 다른 제약에 직면한다. 당신은 직원을 개발시키고자 하고 이제 발전적인 피드백을 주는 방법을 안다. 당신은 또한 스트레치 어사인먼트Stretch Assignments[회사에서 도전 기회를 제공하여 직원 개개인의 성장을 도모하는 프로그램]를 제공하는 것이 직원을 성장시키는 또 다른 중요한 방법임을 안다.

그러나 우리가 말했듯이 당신의 최우선 책임은 조직의 성공이다. 당신은 설령 학습 기회가 되더라도, 실패할지 모르는 직원에게 결정적인 임무를 맡기기 전에 다시 한번 생각할 것이다. 개발 필요와 조직의 성공 사이에 균형을 유지하는 것은 중요한 경영 능력이고 위험을 수반한다.

강하고 신뢰가 높은 관계에서는 우리가 서로 개방적일 수 있다. 코칭을 받으려는 데는 자기 의심이 가치가 있을지 모른다. 하지만 그 때문에 선택 임무를 얻을 가능성이 줄어든다면 직속 부하가 관리자에게 자기 의심을 인정하기는 쉽지 않다. 게다가 상사가 무엇을 잘하는지 잘 못하는지를 부하 직원이 안다 하더라도 그들은 정직하게 피드백을 주거나 월급을 주는 사람의 의견에 강하게 반대하는 것을 우려할 수 있다.

할리우드 영화계의 유명한 거물인 샘 골드윈Sam Goldwyn은 이렇게 말한 것으로 전해진다. "당신의 일자리를 잃게 되더라도 나에게 진실을 말하라." 상사는 자신들이 정직한 상호작용을 원한다고 말할지 모르나, 얼마나 많이 그리고 얼마나 자주 그럴까?

이런 요인 중 어떤 것도 본질적으로 직장에서의 각별한 관계를 차단하지는 않는다. 당신처럼 승진하고자 하는 동료와 각별한 관계를 맺을 수 있다. 직속 부하에 대한 우려와 조직에 대한 의무감의 균형을 유지하면서 당신의 부하 직원과도, 권력 괴리에도 불구하고 당신의 관리자와도 각별한 관계를 맺을 수 있다.

우리는 이 책에서 그것을 하는 방법에 대한 수많은 사례를 제공했다. 직장에서의 관계를 각별한 관계로 상향 조정하려면 당신이 배운 역량이 필요하다. 자기 개방, 솔직함, 핀치 해결하기, 피드백 주고받기, 어려운 문제 제기하기, 상대방의 관심사 말하기 그리고 영향력 차이 해소 등이 모두 토대가 된다.

대부분의 업무 관계는 아마도 '초원'에 도달할 수 있을 것이다. 일단 초원에 도달하면, 당신은 상호 간의 헌신과 자기 개방을 늘리고, 당신의 안락지대에서 벗어나 15%씩 지속적으로 확장해야 한다. 또한 실패를 후퇴의 이유라기보다는 탐구와 학습의 대상으로 보는 꾸준하고 지속적인 과정이 필요하다.

조직의 제약에도 불구하고, 우리 경험에 따르면 대부분의 관리자와 직원은 평소보다 더욱 개방적이고 솔직한 대화를 **원한다**. 우리는 임원 대상으로 진행하는 프로그램에서 "당신은 보스에게 얼마나 개방적일 수 있나요?"라고 물었을 때 대답이 매우 흥미롭다는 것을 알았다.

대부분의 반응은 종종 이러하다. "오, 나는 매우 조심해야 해요." "내가 동의하지 않을 때는 내 말을 조심해야 해요." "새로운 아이디어는 그들 것이라고 상사가 생각하도록 하는 게 가장 좋아요." 이러한 대답은 참가자의 관리 직급과 무관하다.

이어서 우리는 후속 질문을 던진다. "당신의 직속 부하가 당신과 생각이 다르면 당신은 그들이 어떻게 하기를 원하나요?" 이에 대한 응답 또한 관리 직급과 관계없이 비슷하다. 그러나 이번 대답은 이렇다. "나는 그들이 솔직하게, 말을 빙빙 돌리지 말고 명확히 다 말하면 좋겠어요. 나는 진실을 알기를 원해요."

그때 우리는 말한다. "재미있지 않나요? 이 프로그램의 모든 사람은 안정감 있고 중심을 잃지 않지만, 그들의 상사는 연약하고 불안정해요. 분명히 우리는 이 프로그램에 당신이 아니라 당신의 매니저를 참여시켜야겠네요."

우리가 위에서 언급했듯이 당신이 이 책에서 얻은 교훈을 활용한다면, 당신은 직설적이고 솔직할 수 있다. 당신은 그들의 편이고 당신의 의도가 그들의 동맹이 되는 것임을 알도록 도울 수 있다. 또한 더 많은 존경을 받을 뿐 아니라 결국 더욱 강하고 기능적인 관계를 맺을 것이다. 이를 기반으로 하여 많은 직장에서의 관계가 각별한 관계로 성장할 수 있다.

우리의 의도는 진심이고 이 모든 게 쉽다고 말하려는 것은 아니다. 이 책의 어떤 것도 쉽지 않다! 그러나 당신은 이것을 이미 알고 있다. 이 자료를 조직 내에서 적용하는 것은 우리가 이 장에서 말하는 것보다 훨씬 더 복잡하다.

　더욱 심층적인 분석을 위해 우리는 데이비드가 그의 동료인 앨런 코헨Allan Cohen과 함께 쓴 책 두 권을 추천한다. 바로《파워 업: 공유 리더십을 통한 조직 변혁Power Up: Transforming Organizations Through Shared Leadership》(1998)과《권위 없는 영향력Influence Without Authority》(1989) [26] 이다.

자기 성찰하기

1. 중간 점검

이 책의 앞부분에서 우리는 당신이 더 개발하길 원하는 관계를 확인했다. 그 관계는 현재 어떤 상태인가? 물론 계속해서 성장할 여력은 여전히 있으나, 당신은 현 상태에 만족하는가? 레이철이 아버지와 함께 이루었던 상당한 진전과 비슷한 수준인가? 초원에 도달하니 만족하는가? 아니면 당신은 정상까지 마지막 등정을 하길 원하는가?

2. 직장

당신은 상당 수준 개선하거나 계속 더 진행하기를 원하는 몇 가지 업무 관계가 있는가? 각각에 대해 무엇이 그들을 더욱 강하게 만드는지 구체적으로 말하라. 당신이 그 사람의 소망을 들어주는 것에 대해 생각하면, 어떤 우려가 생기는가?

적용하기

그동안 진전(초원에 머물거나 더 나아가는 것)을 이뤄내서 당신이 만족하는 관계에 대해 당신은 어느 정도까지 그 길을 같이해준 사람들에게 감사를 표했는가? 만약 그러지 않았다면 감사를 표하라!

당신과 함께 초원에 들렀던 사람들을 위해 당신은 무엇을 하기로 결정했는가? 초원에 머물기로 정했다면 당신이 이룬 진전에 얼마나 가치를 두고 있는지 공유하는 대화를 나누라. 그렇게 함으로써 당신이 이룬 것이 약화되지 않도록 하라. 당신이 여전히 그들을 더 나아가도록 격려하고 싶으면, 강제하는 게 아니라 설득력 있게 원하는 바를 요청하라.

앞서 제시한 '자기 성찰하기'의 두 번째 문제에서 당신의 업무 관계 중 하나를 선택하라. 두 사람의 관계를 현재보다 더욱 돈독해지게 할 방법을 모색하기 위해 당신은 무엇을 할 수 있는가?

이해하기

당신이 위에서 한 대화에서 무엇을 배웠는가? 무엇이 성공적이었고 무엇이 덜 성공적이었는가?

17

각별한 사이가 틀어졌다가 회복되다

∞

우리 두 사람은 오랫동안 가까운 관계를 유지했다. 우리는 20년도 더 전에 스탠퍼드대학교에서 처음 만났는데, 당시 데이비드는 퍼실리테이터Facilitator[회의, 워크숍, 심포지엄, 교육의 진행을 원활하게 하면서 합의 형성이나 상호 이해를 위해 깊은 논의나 효과적인 교육이 이루어지도록 조정하는 사람]를 위한 교육은 물론이고 대인관계 역학 강좌를 운영하고 있었다.

캐럴은 교육을 받고서 마침내 그 과정을 가르치는 다른 교수진에 합류했다. 우리는 재빨리 친밀한 멘토링 관계를 발전시켰고 계속해서 각별한 방향으로 나아갔다.

우리는 일반적인 목표에는 동의하곤 했으나 각자 약간 다른 방법으로 문제에 접근해서 우리가 개별적으로 얻을 수 있는 것보다 더 좋은 해법을 찾았다. 우리는 의견 차이를 쉽게 제기하고 해결하여 결과적으로 훌륭한 업무 관계를 이루었다. 우리 우정은 깊어졌고 개인적 문제와 직업적 문제를 위한 자원으로 서로를 활용했다. 고도의 상호 개방성과 큰 신뢰감을 고려해볼 때 우리는 서로를 매우 잘 안다고 믿었다. 게다가 책에서 우리가 설명했던 것, 예를 들어 상호 자기 개방하기, 긍정적이고 발전적인 피드백 주고받기, 핀치 해결하기, 주요 문제를 합동으로 해결하기 등 상당 부분을 실행하며 살았다.

그러다가 둘 중 누구도 예상치 못한 사건이 터졌다. 그 때문에 서로 배려하는 높은 신뢰 관계가 거의 끝날 뻔했다. 우리의 문제는 깊게 얽혀 있어서 매듭을 풀기 위해 어느 가닥을 당겨야 하는지 알아야 했다. 우리는 제삼자의 도움을 받아서, 그리고 이 책에 나오는 역량들을 사용해서 문제를 해결했다. 하지만 위기일발이었고, 이는 가장 열정적인 선생들 사이에서도 각별한 관계를 구축한다는 게 얼마나 어려운 작업인지를 보여준다.

의견 차이의 세부 사항 자체는 보편적이지 않더라도 시나리오의 핵심은 익숙하게 들릴 것이다(그리고 우리는 어쨌든 세부 사항을 변경했다). 캐럴은 자신이 얻지 못한 것을 그녀의 고용주에게 요구했고, 데이비드가 그녀를 도우려고 하지 않았음을 알았다.

데이비드의 관점에서

나는 오랜 기간 대인관계 역학 강좌 교수진을 조직·편성해왔는데, 이제 퇴진할 준비를 하고 있었다. 터치-필리 강좌는 스탠퍼드대학교에서 내 직업 경력의 최고 정점이었고, 이제 그곳에 있는 나의 유산이 되었다.

나는 10년 이상 캐럴을 훈련했고 그녀가 스탠퍼드대학교에서 활짝 꽃피우는 과정을 지켜보며 강한 인상을 받았다. 그녀는 점점 더 많은 책임을 떠맡으면서 일에 몰두했다.

그녀는 대인관계 역학 강좌의 여러 파트를 가르쳤고 경영대학원과 임원 프로그램에서 새로운 강좌를 여럿 개발했다. 그리고 경영대학원의 대표 프로그램이 된 '리더십 펠로 프로그램The Leadership Fellows Program'을 철저히 점검하여 재정비했다. 강좌와 프로그램들의 성공에도 경영진은 그녀의 기여를 거의 인정하지 않았다. 그러나 나는 그녀를 높이 평가했고 그녀가 나의 확실한 후임자라고 믿었다.

캐럴은 나의 후계자가 되겠다는 의사를 밝혔고, 나는 이 강좌를 뛰어난 사람에게 맡기게 될 거라고 확신했다. 나는 예산을 짜고 있었기 때문에 그녀가 의사를 밝혀주어서 안심할 수 있었다. 경영대학원은 재정 면에서 제약을 받아 강좌에 대한 재정적 지원을 삭감하고 있었다. 대인관계 역학 강좌는 그때까지 비용이 가장 많이 소요되는 강좌였으므로 필요한 자금이 사라질까 봐 걱정했다. 그 강좌를 구하는 것이 나에게 최우선 과제였다.

캐럴의 관점에서

데이비드가 자리에서 물러나겠다고 발표하고 내가 그의 책임을 인수하는 것에 대한 대화가 시작되자, 나는 경영진에게 대인관계 역학 강좌를 '강좌'가 아니라 '프로그램'으로 지정할 수 있는지 물어보았다. 이것이 그렇게 중요한 구체적인 이유는 복잡하지만, 간단히 말해서 프로그램으로 지정되면 운영의 복잡성을 인정받아 인프라가 더 많이 지원된다는 것이다.

부인할 수 없이 대인관계 역학 강좌는 운영하기에 복잡했다. '프로그램'으로 지정되면 나는 국장Director 직급을 가질 수 있었고, 교수진과 행정부가 나에게 더 많은 신뢰를 줄 거라 믿었다.

수십 년 동안 그 역할을 해왔던 데이비드와 달리, 나는 그만큼 영향력이 있으려면 이 두 가지 조건이 필요할까 봐 두려웠다. 이 조건 없이는 내가 원하는 만큼 그의 유산을 충분히 기릴 수 없을 것이다.

또한 우리는 매우 남성 지배적인 영역에서 일했고 여성으로서 나는 불리함을 느꼈다. 민간 기업에서 몇 년 동안 차별을 경험했기에 학계는 다르기를 바랐다. 하지만 똑같이 열악하다는 것을 알게 됐을 뿐이다. 나는 멘토인 데이비드가 내가 이 일을 해낼 수 있도록 도와주리라 기대하고 그에게 의지하고 있었다.

나는 내 주장을 관철하려고 경영진을 찾아갔으나, 그들은 나의 두 가지 요청을 거절했다. 화가 치솟았다. 학교에 내가 가진 모든 것을 바쳤고 학생들에게서 진가를 인정받았지만, 내 기여에 대해 경영진의 감사나 인정을 거의 받지 못했다. 그 대신 나는 그들로부터 계속해서 더 많은 것을 해달라는 요청을 받았다.

나는 시스템을 위해 '좋은 병사'가 되면 결국 보상을 받을 거라 오랫동안 믿어왔는데, 점점 그럴 것 같지 않았다. 나는 이전에 나 자신을 위해 많은 것을 요구한 적이 없다. 그리고 이제 이 강좌의 성공에 필수적이라 생각되는 것을 요청했을 때 그들은 내 요구를 들어주려 하지 않았다. 결과적으로 나의 분노는 점차 커져만 갔다.

나는 "기다리는 사람에게는 좋은 것이 온다"라는 말을 더 이상 믿지 않았다. 대인관계 역학 강좌가 프로그램으로 분류되지 않고 내가 공식 운영자라고 발표하지 않는다면 그 직책을 맡지 않겠다고 경영진에게 말했다. 나는 데이비드에게 가서 그의 지지를 요청했다.

각별한 관계가 틀어지다

간단히 인사말을 나눈 후에, 캐럴은 자신이 데이비드에게 원하는 바를 설명했다. 그는 이렇게 답변했다.

"캐럴, 프로그램과 직위에 대해 왜 그렇게 강하게 밀어붙이나요? 나는 뭐가 그렇게 큰 문제인지 이해가 안 돼서요."

"중요한 문제는 당신이 지금 싸우고 있는 바로 그 전투를 내가 치러야 한다는 거예요. 내가 요구하는 인정을 받지 못하면 나는 성공할 수 없다고 생각해요."

데이비드는 잠시 생각하더니 말했다.

"나는 그게 사실이 아닌 것 같아요. 당신은 그동안 했던 일로 높은 명성을 쌓았어요. 경영진은 그것을 인정하고 있고 대인관계 역학 강좌 교수진도 당신을 지지해요."

캐럴은 반박했다. "이 강좌는 진화 과정에서 중대한 길목에 놓여 있어요. 바뀌는 부분이 많아서 강좌를 운영하기가 아주 복잡해졌어요. 또한 다른 어떤 강좌보다도 경영대학원 전체 사람들과 학과들에 훨씬 더 상호의존적이에요. 이 강좌가 프로그램으로 인정될 **필요**가 있는 시점에 도달했죠. 내가 이 강좌를 잘 이끌기 위해서는 신뢰가 필요해요."

데이비드는 캐럴에게 자신은 여전히 곁에 있을 것이며 기꺼이 도와주겠다고 납득시켰다. 또한 그녀를 얼마나 신뢰하고 있는지 다시 한번 말했다.

"나는 그것보다 더 많은 게 필요해요." 캐럴은 말했다. "나는 당신이 나를 위해 싸워주고 경영진에게 내가 요구한 걸 주라고 부탁해주면 좋겠어요. 당신이 그렇게 안 하면 나는 당신처럼 이 시스템에서 성공할 방법이 없어요. 특히 여자로서 그리고 종신 교수가 아닌 사람으로서 말이에요!"

"미안해요, 캐럴." 데이비드는 말했다. "과거에 이 프로그램을 만들 때 당신이 얼마나 잘했는지 생각해보면, 당신은 이럴 필요까진 없을 것 같아요. 게다가 나는 우리 예산을 지키는 데 내 영향력을 모두 사용해야만 해요. 그들이 현재 고려하고 있는 대로 이 예산을 삭감하면, **이는** 우리 강좌에 심각하게 부정적 영향을 미칠 거고, 당신을 곤경에 빠뜨릴 거예요. 나는 당장 이 싸움에 온 힘을 기울여야 해서 결과를 위태롭게 하길 원치 않아요."

캐럴은 말했다. "하지만 이 **두 가지 모두**가 강좌의 미래를 위해 얼마나 결정적으로 중요한지 그들에게 말하지 못하나요?"

데이비드는 자신이 그 요구를 하고 지지하겠다는 데 동의했다. 하지만 그것을 위해 싸우지는 않겠다고 말했다.

"이게 내가 기꺼이 할 수 있는 전부예요."

캐럴은 화가 나고 오해한 상태로 자리를 떴다. '**왜 그는 이것이 나에게 그리고 그의 필생의 작업의 지속적인 성공에 매우 중요하다는 걸 인식하지 못할까?**'

데이비드는 짜증이 났다. '**왜 그녀는 이런 꼬리표 없이도 성공할**

수 있다는 걸 보지 못할까? 그리고 왜 그녀는 결코 적절한 인정을 받을 수 없음을 받아들이지 못할까? 나는 절대 그렇게 안 했고 그렇게 사는 법을 배웠는데. 나는 프로그램으로 지정되지 않고서도 대인관계 역학 강좌를 잘 운용하는 방법을 알아냈지. 그녀도 그렇게 할 수 있어.'

부드럽게 말해서, 그 대화는 어디에도 이르지 못했다. 그리고 거기에서 상황은 더욱 악화되었다.

경영진과의 다음번 예산 회의에서 데이비드는 캐럴의 요구를 주장했다. 데이비드는 그녀가 다른 교수진을 이끄는 데 그것들이 필수적인지 아닌지에 대해 질문을 받았는데, 잠시 머뭇거렸다.

"으음, 이것이 받아들여지지 않으면 그녀의 일이 힘들어집니다. 하지만 그녀는 할 수 있을 거예요." 그는 말했다. 진정한 도전은 그녀의 경영에 대한 정당성과 영향력이라고 덧붙였다.

경영진은 그에게 그건 문제가 되지 않는다고 장담했다. 그때 데이비드는 프로그램 지정과 직위가 왜 그들에게 그렇게 문제가 되느냐고 물었다. 그러자 그들은 전적으로 재정 문제에 몰두하고 있어서 그 문제가 최우선 과제라고 말했다. 또한 위기가 지난 후에 프로그램과 직위를 전면적으로 심층 검토하기를 원해서 당장 단발성 결정을 내리기를 매우 꺼렸다. 그래서 데이비드는 그쯤 해두었다.

데이비드가 캐럴에게 경영진과의 회의에서 일어났던 일을 말하고, 이것이 그녀에게 얼마나 큰 의미인지 알지만 더 이상 압박하지 않기로 결정했다고 하자, 그녀는 분노했고 깊이 상처받았다.

"데이비드, 이건 정말 모욕적이네요." 그녀는 말했다. "어려운 상황에 처해 있어도 상관없다면 내가 이렇게 죽을 힘을 다해야 하는 이유가 뭐죠?"

그는 그녀의 일은 중요하고, 그녀가 자신이 그동안 쌓아온 영향력을 과소평가하고 있다고 답했다. 그녀는 이런 결정이 장기적으로 대인관계 역학 강좌에 미칠 거라 우려되는 피해를 재차 언급하며, 이렇게 덧붙여 말했다.

"만약 상황이 뒤바뀌었다면, 당신이 나만큼 지지가 필요하지 않을지라도 나는 즉시 주저하지 않고 당신을 도우러 나섰을 거예요."

"캐럴, 나는 그러길 원치 않아요. 왜 당신은 그러려는 거죠?"

"당신이 학교를 위해 한 모든 일 때문에 나는 당신 편에서 옳은 일을 하고 싶어요." 그녀는 말했다. "그리고 나는 당신도 똑같이 해주기를 기대해요. 내 편에서 옳은 일을 하는 게 조직 관점에서도 옳은 일을 하는 거라고 생각하지 않는다니 믿을 수가 없네요. 그리고 나는 **당신**과 당신에게 '소중한 것'인 대인관계 역학 강좌를 위해 이 모든 걸 했는데, 당신이 이렇게 행동하다니 믿어지지 않아요."

"당신은 학교와 그 강좌를 위해 많은 일을 했어요. 나와 다른 사람들은 그것에 대해 당신에게 매우 감사하고 있어요." 데이비드는 말했다. "그러나 나는 그중 어떤 것도 그 강좌에 궁극적으로 가장 좋은 요인으로 포함되어야 한다는 데 동의하지 않아요. 예산 문제는 중요해요. 그리고 프로그램과 직위 지정 문제의 경우 그들이 결정을 내리는 과정을 존중하는 게 중요하다고 생각해요. 게다가 내가 우리의 우정 때문에 당신을 대신해서 옹호한다고 다른 사람이 생각하길 원치 않아요. 이건 당신에게도 공정하지 않을 거예요."

이 시점에서 우리의 토론은 끝났다.

캐럴의 관점에서

그 순간에 데이비드는 전 조직과 내가 수년간 소모적이고 소외되었다고 느꼈던 모든 방법을 대변했다. 나는 생각했다. '**그가 내 편에서 불공정을 마주하고 내가 옳은 일을 한 것에 대해 감사를 표할 거라 기대할 수 없다면 나는 아무도 믿을 수 없어.**'

나는 그를 완전히 단념했다. 그를 다시 믿을 수 있을지 확신하지 못했다. 우리의 세계관이 너무 다르다고 생각했다. 나는 의리에 매우 높은 가치를 두고 있었는데 그는 그렇지 않은 게 분명한 것 같았다. 아니면 그는 의리를 달리 정의하고 있었다. 나는 우리의 차이를 좁히는 것이 불가능하다고 생각했다. 그와는 아무것도 하고 싶지 않았다. 다시는 말이다.

데이비드의 관점에서

이 순간에 나는 무력감을 느꼈다. 나는 버려진 느낌이었고 그래서 고통스러웠다. 하지만 무엇이라 말해야 할지 몰랐다. 우리는 똑같은 논쟁을 계속했다. 시간이 흘러서 캐럴의 화가 다소 누그러지고 관계가 다시 연결되기를 바랐다.

우리 관계에 팽팽한 긴장감이 감돌았지만, 우리는 그해 나머지 시간 동안 함께 일해야만 했다. 우리는 필요한 상황 외에는 거의 말을 하지 않았다. 교직원 회의는 가능한 한 짧게 진행했고, 우리의 소통도 최소한으로 줄였다. 점잖고 전문가답게 함께 일하기는 했으나, 우리는 서로에게 조언을 구하거나 문제에 관해 이야기를 나누지 않았다. 예전과는 달리 농담도 훨씬 줄어들었다.

터치-필리 강좌의 중요한 요소는 관계 회복을 배우는 것이다. 몇몇 동료들이 캐럴에게 그녀가 가르친 대로 살고 데이비드를 만나라고 강요했다. 캐럴은 너무 억울하고 상처받고 배신감이 들어서 그들의 제안을 거절했다. 상황이 뒤바뀌었더라면 그녀는 데이비드를 전적으로 지지했을 거라 계속해서 생각했다. 그녀는 그와 아무것도 하기를 원치 않았다. 데이비드는 이것을 알고도 뭘 해야 할지 몰랐다.

관계 회복 시작하기

몇 개월이 지나고 캐럴은 관계 회복을 시도해보라는 권유를 받았다. 부정적 느낌은 여전히 강했으나 그녀는 관계 상실감 또한 느끼고 있었다. 그녀는 데이비드에게 연락해서 관계를 회복하려면 무엇을 해야 하는지 알아보기 위해 자신의 사무실에서 만나자고 요청했다.

데이비드는 다른 연결 방법을 알아내지 못했기에 초대에 흔쾌히 응했다. 그는 어떤 말이 나올지 몰랐으나 기대감에 부풀었다.

냉담하고 다소 어색한 인사말을 나누고 캐럴은 진정한 관계 회복을 위한 대화를 나눌 수 있기 바란다고 데이비드에게 말했다. 데이비드 역시 똑같은 바람을 말했다. 처음에 그 대화는 첫 번째 대화가 반복되는 것 같아서 별로 성과가 없었다.

하지만 그러고 나서 데이비드는 캐럴이 매우 화를 내서 당황스러웠다고 말했다. 그녀는 그가 자신을 잘 알 텐데, 왜 그랬는지 이해하지 못했다는 것이 믿어지지 않았다.

"당신과 말하면서 다음 지뢰가 어디 있을지 모른다고 생각하니 정말 긴장돼요"라고 데이비드는 말했다.

"그건 지뢰의 문제가 아니죠"라고 캐럴은 말했다. "우리는 서로 가치관이 상당히 다른 것 같아요. 그래서 우리가 정말로 서로를 얼마나 잘 알고 있는지 의심을 품게 됐어요."

캐럴은 그녀를 강하게 옹호하지 않겠다는 데이비드의 선택을 자신이 얼마나 받아들이기 어려웠는지 다시 말했다. 그러고서 국장 직위와 대인관계 역학 강좌를 프로그램으로 인정하는 것이 왜 그렇게 중요했는지, 그리고 그녀가 그토록 자신을 쏟아부었던 조직으로부터 평가 절하를 받은 느낌이 어땠는지에 관해 더 많은 이야기를 했다. 여자로서 모든 것을 위해 더 열심히 투쟁하며 싸워야 하는 자신의 삶이 이 모든 것과 뒤섞여 있었다.

그녀는 그렇게 강한 입장을 취했을 때 오해를 살까 봐 자신이 얼마나 약하게 느껴졌는지를 털어놓았다. 그리고 그녀가 데이비드와 수십 년 동안의 그의 필생 작업을 옹호하기 위해 온갖 노력을 다 했는데, 상황이 정말로 절박할 때 그를 의지할 수 없다는 것을 알게 되어 얼마나 깊은 실망을 느꼈는지 표현했다.

데이비드는 그녀가 가진 우려의 깊이와 중요성을 이해하기 시작했다. 한편으로 새로운 사실은 없었지만 그녀에게 무슨 일이 일어나고 있는지 더 잘 알기 시작했다. 그는 예산 대화의 우선순위에 대한 자신의 생각을 바꾼 것은 아니었지만 이제 이런 상황이 캐럴에게 어떤 의미인지 공감하게 됐다. 그 순간에 그는 무엇보다도 이렇게 말했다.

"당신에게 무슨 일이 일어나고 있는지 아마도 처음으로 알게 된 것 같네요. 그래서 미안해요."

이는 캐럴에게 큰 돌파구였다. 그와의 불화 이후에 그가 그녀의 말을 들어준다고 느낀 건 처음이었다. 그리고 그녀가 했던 반응 때문에 그녀에게 무슨 '잘못'이 있는 것처럼 보지 않는다고 느꼈다. 그녀가 화난 이유에 대해 데이비드가 동감했기 때문에 그녀의 입장에 동의하지 않는다는 말을 듣기가 조금 더 쉬웠다. 그녀가 처음으로 감정적으로 동감했다.

그녀는 화를 냈지만 데이비드가 그녀를 설득하려 하거나 그런 느낌이 잘못되었다고 하려 하지 않고, 단지 그녀와 함께하려는 그의 공감과 의향을 경험했다. 이로써 그녀는 마음을 열어, 생각과 의견을 통해서가 아니라 감정에 입각해 그들이 대화를 나눌 수 있으리라 믿게 되었다.

캐럴은 진정한 호기심에서 물어보았다.

"당신은 왜 나를 **지지하면서** 예산을 추진할 수 없었나요?"

"캐럴, 당신은 강좌 운영이 성공할 수 있을지를 걱정했어요. 내가 예산 삭감을 막으려고 최선을 다하지 않았다면 당신은 성공하려고 지옥같이 힘든 시간을 보내야 했을 거예요. 또한 당신이 원하던 걸 내가 당신에게 주었다면 당신이 필요하다고 생각했던 그런 지위가 주어지지 않았을 거예요."

데이비드는 그녀의 요구가 승인받게 된 유일한 이유가 그가 주장했다는 것이라면 이로 인해 장차 그녀의 신뢰성이 손상될까 봐 두려웠다고 설명했다. 그는 자신이 무엇을 추진하는 것에 대해 상충되는 지점을 고려할 때 느꼈던 무시무시한 압박감을 이야기해주었다.

마지막으로 그가 수십 년간 제대로 인정받지 못하고 지내다가 어떻게 그것을 시스템의 일부로 받아들이게 되었는지 이야기했다. 그녀가 제시한 조건이 충족되지 않는다면 프로그램을 인수하지 않겠다고 거부한 것에 대한 분노와 실망감에 관해서도 말했다.

우리의 문제는 매우 엉켜 있었다. 우리는 몇 시간 동안 말했다. 우리가 이런 문제를 훨씬 깊게 탐구해서 왜 우리 각자가 그렇게 반응했는지 더욱 명확하게 이해하게 되었는데도 모든 것이 깔끔하게 마무리되진 않았다.

이 사건에는 너무 많은 고통이 있어서 한 번에 문제가 완전히 해결될 수 없었다. 그러나 우리는 문제를 뚫고 나갔고 충분한 신뢰가 회복되어 서로 진정으로 다시 소통할 수 있었다.

무엇이 왜 잘못되었나

능력 있는 두 사람 간의 대화가 왜 그렇게 막히게 되었을까? 어떻게 모든 것이 그렇게 옆길로 갔을까? 이런 상황에서 너무 많은 요인이 너무 얽히게 되었다. 잡아당기면 점점 더 꽉 조이는 거대한 매듭 같았다. 우리는 어느 끈을 맨 처음에 잡아당길지를 알아야 했다.

이 책 전반에서 우리는 호기심과 질문을 통해 근본적인 문제를 파고 들어가기 위해 상대방을 완전하게 이해하는 것이 중요하다고 강조해왔다. 그렇다. 우리는 상대방에게 질문을 했다. 그러나 여전히 진정한 호기심은 없었다. 왜일까?

데이비드에게는 몇 가지 이유가 있었다. 그는 캐럴이 이 일을 매우 잘하고 있어서 능숙하게 하려고 구태여 어떤 직위나 프로그램 지정이 필요하지 않다고 진정으로 믿었다. 그는 캐럴이 왜 그러는지 안다고 생각했는데, 그건 주로 그녀의 자존심과 불안감 때문이었다고 여겼다.

그런데 데이비드는 왜 묻는 걸까? 그리고 그는 자신의 평가와 그녀의 동기에 대한 네트 너머의 원인을 매우 확신했기 때문에 그의 입장에서 '물어보는 것'은 비난에 가까워 그녀의 화만 더욱 돋우었을 것이다. 진정한 호기심은 없었다. 또한 데이비드는 그의 전체 경력 동안 인정받지 못하는 것을 견뎌왔다.

그는 대처하는 것을 배웠는데 왜 그녀는 그러질 못할까? 멘토링 내내 그가 그녀에게 투자한 것에, 그리고 결론적으로 지금 강좌가 어떻게 될지에 대한 우려에 그의 분노가 있었다.

캐럴의 입장에서 보면, 그녀는 자신의 분노와 상처가 전적으로 정당하다고 느꼈기에 다른 어떤 것도 볼 수 없었다. 그녀는 전문가이고 자신을 가장 청렴한 사람으로 여겼다. 그녀는 자신을 위해 요구하는 것이 거의 없었고 그렇게 하면 자신이 취약하다고 느끼는 위험을 감당해야 했다. 그녀의 소외감은 매우 깊었다. 캐럴은 종전의 대화에서는 이에 관해 거의 이야기하지 않았다.

그래서 (우리 누구의) 논리적인 주장은 효과가 없었을 뿐 아니라 역효과를 낳았다. 또한 우리는 가치관의 근본적인 차이 때문에 대화가 막히게 되었다.

캐럴이 보인 강렬한 반응의 핵심은 그녀의 가장 근본적인 가치관이었던 의리가 깡그리 부서졌다는 점이다. 캐럴은 의리를 '헌신이나 의무와 충성에 대한 충실함'으로 정의했다. 그래서 그들의 입지가 역전되었다면 그녀가 그를 지지했을 거라 말한 것이다. 그녀는 그런 환경에서 자신이 무엇을 할 것인지가 확실했기에 데이비드가 달리 행동할 거라고 생각해본 적이 결코 없었다.

데이비드 역시 의리를 소중하게 여겼지만 그는 다르게 정의했다. 그는 의리를 '다른 사람의 성장과 성공에 대한 헌신'으로 보았다. 관계가 강해질수록 헌신도 강해진다는 것이다. 그래서 그는 캐럴에게 멘토링을 해주기 위해 전력을 다했다. 그는 그녀를 너무 믿었기에 그녀가 원하는 것이 그녀의 성공에 필요하다고 생각지 않았다.

우리에겐 또 다른 가치관의 차이가 있었다. 우리는 둘 다 자신들이 최대한 성실하게 행동한다고 보았고 터치-필리 강좌와 학교를 위해 최선이 되도록 행동하고 있다고 믿었다. 이런 확신으로 우리 각자가 판단을 내렸고 상대방이 잘못되었다고 봤다. 각자 부정적으로 판단받았다고 느껴서 누구도 상대방을 이해하려 들지 않았다.

무엇이 그들을 교착상태에서 벗어나게 했는가

동료들은 우리가 서로 대화를 하도록 다그치는 결정적 역할을 했지만 어쨌든 우리는 잘 헤쳐 나갈 수 있으리라 생각했다. 아마도 시간은 더 걸렸겠지만 다음과 같은 이유로 여전히 가능했을 것이다.

- 우리는 서로를 '악마화'하지 않았다

  우리는 악의적인 의도나 나쁜 성격을 내포한 이야기를 꾸며내지 않았다(캐럴은 데이비드가 왜 그런 행동을 했는지 이해하지 못했어도 그가 그녀를 해치려는 의도는 없었음을 알고 있었다고 말했다). 마찬가지로 우리 모두 서로 실망은 했어도 상대방이 악마이거나 끔찍한 사람이라는 성급한 결론을 내리지 않았다. 이런 극단적인 입장을 피함으로써, 마침내 우리는 서로 이해할 수 있게 되었다.

- 우리 둘 다 잘못된 자존심에 갇히지 않았다

  어떤 사람이 캐럴의 입장이었다면 데이비드에게 먼저 연락하면 체면을 구길 거라는 생각에 사로잡히기가 쉽다. 다행히도 캐럴의 자존심이 그녀를 방해하지 않았다. 또한 우리 누구도 자신이 미안하다고 말하는 데 어려움을 겪지 않았다. 그것이 우리가 했던 것 때문일 수도 있고 상대방의 고통을 이해한다는 것을 보여주기 위해서일 수도 있다.

• 우리는 이해와 동의를 구별했다

데이비드는 캐럴의 입장이 객관적으로 옳다고 결코 동의하지 않았다. 그가 이런 동의와 그녀가 왜 마음의 상처를 입었는지 이해하는 것을 구별했을 때 돌파구가 마련되었다. 그녀의 느낌이 타당하다고 받아들이는 것과 그런 수용을 전달하는 것은 차이를 만들어낸다.

여기에서 다시, 캐럴이 그렇게 되는 데 훨씬 더 오래 걸렸지만 그녀도 결국 데이비드가 왜 그런 선택을 했는지 이해(그리고 존중)하게 되었다.

• 우리는 더 깊은 개인적 문제를 탐구하는 데 논리를 포기했다

처음 두 번의 만남의 결과가 형편없었던 이유 중 하나는 각자의 입장에서 문제의 논리를 주장했다는 점이다. 그리고 우리는 무엇보다 먼저 자신이 '옳기'를 원했다. 우리는 강좌에서 무엇이 최선인가에 대해 견해가 크게 달랐고, 각자의 견해에 대한 논리적 이유도 있었다. 때론 **논리**가 통하지 않고, **심리**가 통할 수 있다.

우리의 결과는 갈등의 성공적 해결을 위한 네 가지 기준을 충족했다. 우리는 정말로 혹은 겨우 서로 이야기를 하는 상태로 돌아가는 길을 발견했으며 서로 깊이 이해하게 되고 문제해결 능력(그래서 다시는 우리 대화가 막히지 않을 것 같다)이 향상되었다. 우리 관계는 갈등 이전보다도 훨씬 단단해지는 것으로 마무리되었다.

관계의 회복과 개선: 금빛 보수

긴쓰기金継ぎ[깨진 도자기를 송진으로 보수하는 일본 기술로, 물건을 고쳐 더 좋게 만드는 행위를 말함. 일본어로 긴金(き)은 '금', 쓰기継ぎ(つぎ)는 '이어 붙인다'는 의미] 혹은 '금빛 보수Golden Repair'란 깨진 도자기를 보수하는 일본의 미술 형태다. 래커를 분말 형태의 금이나 은, 백금과 혼합해 깨진 부분에 발라 그 부분을 더욱 부각하는 동시에 도자기를 수선하는 실질적인 목적도 제공한다.

이런 기술은 하나의 철학이기도 하다. 손상을 입은 물체는 그것을 보이지 않게 감추거나 은폐하거나 폐기하기보다는 오히려 기념해야 할 역사를 지녔다.

희소금속 분말은 어떤 것이 손상을 입으면 더욱 아름다워진다고 말하기 위해 깨진 부분을 더 돋보이게 한다. 마찬가지로 같은 방향이 관계 '단절'과 개선 과정에도 적용될 수 있다고 우리는 믿는다. 그것이 분명히 우리에게는 사실이었다. 우리가 고통스러운 난국에 빠진 것을 후회하더라도 거기에서 벗어나면서 얻은 것을 높이 평가한다.

관계를 망칠 찰나까지 갔다가 회복하는 과정은 미래에 어떤 불화가 발생해도 우리가 잘 대처할 수 있으리라는 자신감을 주었다. 우리는 '감정은행계좌Emotional Bank Account'[스티븐 코비가 말한 것으로, 어떤 사람을 알게 된 후로 상대방과 접촉하면서 생긴 호불호 느낌의 축적 과정을 은행계좌의 입금과 출금에 비유한 것]를 더욱 깊게 구축했다.

우리는 서로 오랜 기간 알고 지냈기에 상대방을 충분히 깊이 이해하고 있다는 믿음을 포함해, 검증을 제대로 거치지 않은 채 서로에 대한 가정을 했다는 걸 깨달았다. 이런 진지한 경험 덕분에 우리는 그 후부터 더욱 질문하게 되었고, 우리가 서로의 상황을 정확히 안다는 확신에서 벗어나게 되었다.

이런 갈등은 결정적인 결과를 하나 더 낳았다. 그것은 우리 사이 권력 관계의 재조정이었는데, 업무 환경에서 나타나는 각별한 관계의 복잡성을 잘 보여준다. 캐럴은 맨 처음부터 데이비드를 경외했고 그에게서 멘토링을 받아 믿을 수 없을 정도로 운이 좋다고 느꼈다.

데이비드의 의견에 반대하기가 쉬웠지만 캐럴은 대인관계 역학 강좌에서 그의 수업과 책임 일부를 맡은 후에도 여전히 그에게 결정을 맡기곤 했다. 이러한 권력 차이는 우리가 권력 격차로 인한 손실 비용을 잘 알았음에도 둘 모두에게 그리 명확하지 않았다. 이런 역학 관계와 우리가 핵심 문제에 대해 거의 언제나 동의했다는 사실은 지금까지 주요 갈등을 겪지 않았음을 의미한다.

이를 통해 우리의 길을 찾는 중에 캐럴은 데이비드를 잘못을 저지를 수 있고 잘못을 저지르는 한 인간으로 보고 받아들이게 되었다. 이것은 기존에 두 사람 관계에 존재했던 영향력 차이를 동등하게 했다. 캐럴에게는 힘을 주었고, 데이비드에게는 부담을 줄여주었다. 만약 이런 영향력의 이동이 없었다면 당신이 지금 손에 들고 있는 이 책을 집필하기 위해 캐럴이 데이비드와 협력하기로 결정하지 못했을 것이다.

돌이켜보면 우리 두 사람에게 기나긴 여정이었다. 우리는 관계를 회복할 수 있었을 뿐 아니라 종전보다 더욱 가까워졌다. 우리의 관계는 멀고 형식적인 소통에서 시작해 점차 따뜻해지고 예전으로 다시 돌아가 훨씬 더 강한 관계가 되었다. 쉬운 여정은 아니었지만 고통과 노력의 가치가 있었고 우리에게는 그것을 입증할 수 있는 금빛 보수가 있다.

후기

다른 사람이 우리를 보듯이 O wad some Pow'r the giftie gie us
우리가 우리 자신을 보기를 To see oursels as others see us!

로버트 번스 Robert Burns

우리는 두려움에 대해 말하면서 이 책을 마치고자 한다. 이는 이상한 선택처럼 보일지도 모른다. 하지만 우리가 두려움에 관해 이야기해야만 당신은 그것 **없이** 무엇을 할 수 있는지 알게 될 것이다.

우리 모두는 부정적인 평가를 받을까 봐 두려워 자신의 중요한 부분을 공유하기를 보류한다. 당신은 예외라고 생각하지 말라. 우리가 이끌었던 T-그룹의 모든 참가자는 끊임없이 이렇게 고민했다. '내가 숨기려고 그토록 애썼던 모습을 감히 어떻게 보여주지?'

한번 생각해보라. 아마도 당신은 상대방이 보답하는 차원에서 자기에게 정보를 주지 않을까 봐 두려웠을 것이다. 그래서 상대방에게 숨겨왔던 이야기를 털어놓기를 거부했을지 모른다. 혹은 당신은 잘못을 저지를까 봐 두려워 새로운 일을 시도하는 데 머뭇거렸을 것이다. 관계에 손상을 입힐까 봐 두려워 당신은 원하는 바를 상대 방에게 요청하지 않고, 상대방이 당신 마음에 상처를 주더라도 맞 서지 않았을 것이다. 더 근본적인 마음은 상대방이 당신의 모든 것을 알면 당신을 거부할까 봐 두렵다는 것이다.

다른 사람이 그들을 보는 것과는 매우 다른 자아상을 가지고 있는 사람을 우리 모두가 안다. 당신에게도 어느 정도 해당하는 사실인가? 특히 당신이 개발하려고 열심히 노력한 자아상을 파괴하더라도 '다른 사람들이 보듯이 자신을 바라보는 것'은 정말 고마워할 만한 선물인가? 당신은 다른 사람의 피드백을 받아들인다면 자존심과 가치관을 잃어버릴까 봐 두려워할지 모른다.

이런 두려움은 성장과 학습을 제한하며 기꺼이 위험을 감수하고 새로운 행동을 시도하려는 마음을 움츠러들게 한다. 당신이 맞서 길 꺼리는 불행한 상황에 계속 갇혀 있게 해서, 당신의 에너지를 엄청나게 소진한다. 또한 당신이 진정한 연결을 하지 못하게 한다. '두려움'이란 때때로 '실제로 나타나는 거짓 기대False Expectations Appearing Real'의 약자다. 무엇보다 이러한 두려움은 당신의 관계를 각별한 관계로 바꿀 가능성을 제한한다. 우리가 여러 번 보여주었듯이, 두려움을 잘 관리하고 불가피한 위험을 감수할 수 있을 때만 각별한 관계를 맺을 수 있다. 그리고 이것은 역설로 귀결된다.

두려움이 당신을 제한할 수 있듯이, 당신이 각별한 관계를 만들고 유지하면서 위험을 감수할수록 그런 두려움에서 상당 부분 해방

될 수 있다. 어느 정도는 당신이 두려움을 테스트해봤기 때문에 가능한 것이지만, 결국 그것이 잘못된 기대였음을 발견할 뿐이다. 깊은 관계를 구축하는 과정에서 당신의 대인관계 역량은 강화되며, 진실을 말하고 더욱 자신다워지도록 하는 데 필요한 자신감이 당신에게 주어진다.

이 모든 것을 통해 당신은 계속 이렇게 질문하지 않아도 된다. "내가 감히 말할 수 있나⋯." "이렇게 하면 그녀가 나를 어떻게 생각할까?" "내 행동을 그는 어떻게 느낄까?" 당신은 자기 의심에 에너지를 낭비하지 않고, 호기심과 학습에 집중할 수 있다.

물론 당신은 상황이 어떻게 전개될지 여전히 우려할지도 모른다. 하지만 이는 자신이 거부당하는 걸 우려하는 것과는 다르다. 이런 식으로 각별한 관계는 당신이 흑백 속에 사는 데서 벗어나 총천연색의 생활로 이동하도록 도와준다.

각별한 관계의 핵심에는 거의 마법 같다고 느낄 만한 자유의 독특한 경험이 있다. 당신은 상대방이 당신을 배려하고 당신에게 정직할 것을 알고 있으므로, 그들의 피드백을 들을 수 있다. 그래서 당신은 훨씬 더 깊게 **당신 자신**을 알게 된다. 당신은 자신이 무엇을 잘하는지, 그리고 그런 강점을 어떻게 이용할지 구체적으로 안다. 당신은 자신의 약점을 자책할 대상이 아니라 자신에게 성장할 기회를 주는 인간적인 면으로 본다. 각별한 관계는 당신의 신념이 얼마나 버티는지 시험해보게 해준다. 과거에 당신에게 도움을 주었던 몇몇 가정들이 아마도 더 이상 그렇지 않을 수 있다. 다른 사람의 피드백과 관점은 상황을 바라보는 방식을 넓혀주고 당신이 가진 선택에 무엇이 있는지 이해하는 데 영향을 끼칠 기회를 제공한다.

그러나 무엇보다도, 당신이 아끼는 사람들은 당신의 결함 있는 인간성까지 포함하여 당신 전부를 받아들인다. 당신은 다른 사람이 당신을 보는 방식과 당신이 자신을 보는 방식 간의 간격을 좁혔다. 그들의 인정은 당신이 자신을 받아들이는 데 도움이 된다. 그 결과로 얻어지는 자유는 다른 어떤 것과도 견줄 나위가 없다.

자신을 알고 잘 받아들이면 당신은 아무리 쳐도 언제나 중심으로 돌아오는 팽창식 장난감처럼, 내면의 자이로스코프[회전하는 팽이를 세 개의 회전축에 의해 자유로이 방향을 바꿀 수 있도록 지지하는 장치. 운전의, 회전의라 부르기도 함]를 개발할 수 있다.

당신은 피드백으로 충격을 받지도 않고 다른 사람의 반응에 따라 좌지우지되지도 않는다. 당신은 당신 자신 그리고 당신 가치와 견고하게 연결되어 있어서 다른 사람의 관점을 잘 받아들이게 된다. 학습하고 성장하려면 항상 위험을 감수해야 하지만 이제 당신은 강한 기반을 갖추었다. 당신은 평생 배울 수 있는 완벽한 위치에 있다. 그리고 당신은 다른 사람과 깊게 연결할 능력을 갖추고 있다.

당신은 이제 산 정상에 도달했다. 종전에 계곡이나 초원의 상층에 있을 때보다 세상을 훨씬 더 넓게 바라볼 수 있다. 당신은 다른 사람과 그곳에 있다는 게 여러 다른 관점에서 새로운 전망을 볼 기회를 풍부하게 제공한다는 것을 안다. 그리고 이렇게 여러 차례 정상까지 등반했으니 또 다른 사람과 다시 등반할 수 있음을 안다. 훨씬 많은 연결과 마법이 당신을 기다리고 있다.

감사의 말

◯◯◯

펭귄랜덤하우스의 대니얼 크루Daniel Crewe가 없었다면 우리는 이 책을 쓰지 못했을 것이다. 대니얼은 우리에게 전화를 걸어 스탠퍼드 대학교의 유명한 '터치-필리' 강좌를 기반으로 책을 쓰는 데 관심이 있는지 물었다.

다른 무엇보다도, 우리를 믿고 이 여정에 오르도록 초대해주고 3년이 넘도록 많은 편집 제안과 함께 지속적인 지지를 해준 대니얼에게 감사를 표한다. 책임편집자인 에마 베리Emma Berry에게도 매우 감사드린다. 그녀의 특출한 대응력, 타고난 편집 안목 덕분에 원고가 수정을 거듭할수록 좋아졌고 그만큼 이 책이 훨씬 강해졌다.

우리는 제나 프리Jenna Free에게 깊은 감사를 드린다. 그녀는 원고를 가져가서 훨씬 더 읽기 쉬운 대단한 책이 되도록 도와주면서 인내심을 가지고 지도해주었다. 장황한 부분을 찾아내 내용을 명확하게 하고 불필요하게 구체적인 자료를 쳐내고 책을 훨씬 생동감 있게 만드는 데 능란했다. 그녀의 엄격한 편집은 적을수록 풍부하다는 것을 우리에게 가르쳐주었다. 그리고 이 과정 내내 우리를 안내해준 우리의 훌륭한 에이전트 하워드 윤Howard Yoon에게도 큰 감사를 드린다.

메리 앤 허커베이Mary Ann Huckabay에게도 감사하다. 그리고 우리의 좋은 친구이자 빈번한 비공식 조언자인 막스 리처즈Max Richards가 원고에 대한 폭넓은 의견을 주었고 참고문헌에 대해서도 뛰어난 작업을 해주었다. 아델 켈먼Adele Kellman과 버네사 로더Vanessa Loder, 두 사람은 각자 다른 시기에 원고를 읽고 구체적인 제안을 해주어 우리의 생각을 진전시키도록 도와주었다.

많은 사람이 이 과정의 각각 다른 시점에서 우리에게 피드백과 현명한 제안을 해주었다. 우리는 대인관계 역학 강좌 동료인 에드 바티스타Ed Batista, 레슬리 친Leslie Chin, 앤드리아 코르네이Andrea Corney, 콜린스 돕스Collins Dobbs, 이파트 레빈Yifat Levine 그리고 세상을 떠난 우리의 친한 친구 란츠 로웬Lanz Lowen에게 감사드린다. 란츠 로웬은 우리의 맨 처음 제안서를 검토하고 책의 방향을 결정하는 데 도움을 주었다.

그 후 3년 동안 우리는 앨런 브리스킨Alan Briskin, 게리 덱스터Gary Dexter, 바스야 게일Basya Gale, 메리 가버Mary Garber, 수전 해리스Susan Harris, 토니 레비탄Tony Levitan, 에드거 샤인Edgar Schein, 로저 숄Roger Scholl에게서 귀중한 제안을 받았다. 그들의 아이디어와 조언은 우리가 그것을 받아들였든 아니든 간에 잠시 멈춰서 우리가 말하고 싶었던 것을 더욱 깊게 생각하도록 했다.

이 책은 우리가 작업한 몇 년에 걸쳐 크게 바뀌었다. 그들의 조언이 없었다면 의심할 여지 없이 덜된 결과물이 나왔을 것이다. 우리는 최종 결과물의 어떤 한계에 대해서도 전적으로 책임을 진다.

카사 타우파Casa Taupa에 대해 퍼트리샤 윌Patricia Will에게 감사하고 동정과 응원, 열광적인 지지를 해준 로이 바하트Roy Bahat, 리키 프랭클Ricki Frankel, 신시아 고니Cynthia Gorney, 웬디 캐번디시Wendy Cavendish에게 감사드린다. 또한 거듭해서 틈틈이 시간을 내준 리더스인테크Leaders in Tech의 멤버에게도 감사를 표한다.

우리의 생각을 다듬어주고 우리 각자에게 개인적으로 영향을 준 수천 명의 학생과 고객에게도 감사하다. 의미 있는 관계를 개발하기 위해 그들이 우리에게 가르쳐준 것을 제대로 다뤘기를 바란다.

이 책을 쓰면서 정말로 많은 사람과 수많은 대화를 나누었다. 그들의 이름을 모두 언급할 수는 없지만, 그들에 관해 구체적으로 말하지 못해 죄송할 따름이다.

마지막으로 이 책을 헌정하는 우리의 배우자는 물론이고 자녀와 손주들인 제프 브래드퍼드Jeff Bradford(소피아 라우Sophia Lau), 윈리 브래드퍼드Winry Bradford, 켄드라 브래드퍼드Kendra Bradford(토드 슈스터Todd Shuster), 레브 슈스터Lev Shuster, 게일 슈스터Gail Shuster, 닉 로빈Nick Robin(엘릭스 로빈Alex Robin), 몰리 로빈Molly Robin에게 무한히 감사하다. 이들은 우리 인생에서 매우 중요한 역할을 했고 각별한 관계를 맺으려면 무엇이 필요한지 우리가 이해하도록 도와주었다.

부록
—

	행복하다 happy	배려하다 caring	우울하다 depressed	부적절하다 inadequate	두렵다 fearful
약한 강도 Mild Intensity	기쁘다 glad 좋다 good 자족하다 contented 만족하다 satisfied 흐뭇하다 gratified 유쾌하다 pleasant 기쁘다 pleased 괜찮다 fine	~에 대해 따뜻하다 warm toward 친하다 friendly 좋아하다 like 에게 긍정적이다 positive toward	불행하다 unhappy 풀이 죽다 down 기운이 없다 low 나쁘다 bad 시시하다 blah 실망하다 disappointed 슬프다 sad 무뚝뚝하다 glum 낙담하다 bummed	자신감이 부족하다 lacking confidence 자신에 대해 확신이 없다 unsure of yourself 불확실하다 uncertain 나약하다 weak 비효율적이다 inefficient	긴장하다 nervous 걱정하다 anxious 확신이 없다 unsure 주저하다 hesitant 소심하다 timid 수줍어하다 shy 걱정되다 worried 어색하다 uneasy 부끄럽다 bashful 당황하다 embarrass 거북하다 ill at ease 의심스럽다 doubtful 조마조마하다 jittery 안절부절못하다 불편하다 uncomfor 남의 시선을 의식 self-conscious
중간 강도 Moderate Intensity	쾌활하다 cheerful 신나다 up 멋지다 neat 고요하다 serene 훌륭하다 wonderful 마음 편하다 light-hearted 흥분하다 aglow 열정적이다 glowing 기분이 매우 좋다 in high spirits 유래하다 jovial 의기양양하다 riding high 사기가 왕성하다 elevated	애정을 느끼다 fond of 경의를 갖다 regards 존경하다 respectful 감탄하다 admiration 염려하다 concern for 소중히 여기다 hold dear 신뢰하다 trust 가깝다 close	괴로워하다 distressed 기분이 언짢다 upset 의기소침하다 downcast 슬픔에 젖다 sorrowful 의기소침해지다 demoralized 낙담하다 discouraged 비참하다 miserable 비관적이다 pessimistic 눈물 어리다 tearful 눈물이 많다 weepy 꺼림칙하다 rotten 지독하다 awful 무시무시하다 horrible 끔찍하다 terrible 울적하다 blue 어찌할 바를 모르다 lost 서글프다 melancholy	지칠 대로 지치다 whipped 패배하다 defeated 무능하다 incompetent 서투르다 inept 압도되다 overwhelmed 효과가 없다 ineffective 족하다 lacking 할 수 없다 unable 능력이 없다 incapable 초라하다 small 부적절하다 unfit 대수롭지 않다 unimportant 불완전하다 incomplete 좋지 않다 no good 움직이지 못하다 immobilized	염려하다 afraid 겁나다 scared 걱정스럽다 apprehensive 조마조마하다 jumpy 불안하다 shaky 위협받다 threatened 의심스럽다 distrustful 위태롭다 risk 놀라다 alarm 두근거리다 butterfly 어색하다 awkward 방어적이다 defensive
강한 강도 Strong Intensity	짜릿한 기분을 느끼다 thrilled 굉장하다 terrific 황홀하다 ecstatic 매우 기쁘다 overjoyed 흥분하다 excited 가슴 벅차게 되다 blown away 환상적이다 fantastic 기분이 들뜨다 exhilarated 감동적이다 sensational 더할 나위 없이 행복하다 on cloud nine 마냥 신나다 elated 열광하다 enthusiastic 기뻐하다 delighted 놀랍다 marvelous 훌륭하다 great 천하를 얻은 기분이다 on top of the world 해방되다 liberated	사랑스럽다 loving 푹 빠지다 infatuated 매혹되다 enamored 소중히 여기다 cherish 우상화하다 idolize 숭배하다 worship 에 대해 유연하다 tenderness toward 에 애정을 가지다 affection for 매료되다 captivated by 애착을 가지다 attached to 에 전념하다 devoted to 동경하다 adoration	침울하다 gloomy 음울하다 dismal 스산하다 bleak 절망하다 in despair 공허하다 empty 메마르다 barren 슬퍼하다 grieved 비통하다 grief 암울하다 grim 황량하다 desolate 낙담하다 dejected 가망이 없다 hopeless 소외되다 alienated	속수무책이다 helpless 무력하다 impotent 무능력하다 crippled 열등하다 inferior 무력화되다 emasculated 쓸모없다 useless 아무 가치도 없게 되다 finished 실패한 느낌이다 like a failure 가치 없다 worthless 아무짝에도 쓸모없다 good for nothing	겁에 질리다 terrific 무서워하다 frighten 주눅들다 intimidate 공포에 빠지다 hor 절박하다 desperate 공황 상태에 빠지다 panicky 공포에 휩싸이다 terror-stricken 상처 입기 쉽다 vulnerable 무대공포증이 있다 stage fright 두려워하다 dread 마비되다 paralyzed

스럽다 ...used	아프다 hurt	죄의식을 느끼다/ 부끄럽다 guilt/shame	외롭다 lonely	화나다 angry
실하다 uncertain 이 없다 unsure 다 bothered 하다 uncomfortable 이다 undecided	굴복당하다 put down 무시당하다 neglected 대충 보다 overlooked 최소화하다 minimized 실망하다 let down 진가를 인정받지 못하다 unappreciated 당연시되다 taken for granted	후회스럽다 regretful 잘못되다 wrong 당황스럽다 embarrassed 잘못하다 at fault 실수하다 in error 책임을 지다 responsible for 망치다 blew it 망하다 goofed 비탄하다 lament 겁이 많다 sheepish	빠뜨리다 left out 배제되다 excluded 외롭다 lonesome 거리를 두다 distant 냉담하다 aloof	깐깐하다 uptight 역겹다 disgusted 괴롭다 bugged 마음이 내키지 않다 turned off 화가 나다 put out 기분이 상하다 miffed 짜증 나다 irked 혼란스럽다 perturbed 성이 나다 ticked off 억울하다 chagrined 시무룩하다 cross 경악하다 dismayed 못 견디다 impatient '핀치에 몰리다' pinched
리다 mixed up 의하다 disorganized 하다 foggy 해하다 troubled 할 바를 모르다 원지 알 수 없다 짓지 않다 ...se ends 리다 embroiled 어지다 disconnected 하다 frustrated 에 빠지다 in a bind 감정이 양립하다 ...alent 되다 disturbed 할 수 없다 helpless 다 ...around in circles	얕보이다 belittled 지다 shot down 간과되다 overlooked 학대를 받다 abused 얕보이다 depreciated 비난받다 criticized 중상하다 defamed 지탄받다 censured 신용을 잃다 discredited 폄하되다 disparaged 웃음거리가 되다 laughed at 중상받다 maligned 학대받다 mistreated 놀림받다 ridiculed 평가 절하되다 devalued 경멸당하다 scorned 조롱하다 mocked 비웃음당하다 scoffed at 사용되다 used 착취당하다 exploited 실추되다 debased 맹비난당하다 slammed 비방당하다 slandered 논박당하다 impugned 격을 떨어뜨리다 cheapened	부끄럽다 ashamed 죄책감을 느끼다 guilty 후회하다 remorseful 지저분하다 crummy 탓으로 돌리다 to blame 체면을 잃다(쪽팔리다) lost face 비하하다 demeaned	소외되다 alienated 소원해지다 estranged 멀리 떨어지다 remote 외롭다 alone 격리되다 insulated 다른 사람과 떨어지다 apart from others 다른 사람들로부터 고립되다 isolated from others	분개하다 resentful 거슬리다 irritated 적대적이다 hostile 짜증 나다 annoyed ~에 속상하다 upset with 흥분하다 agitated 미치다 mad 화나다 aggravated 불쾌하다 offended 적대적이다 antagonistic 분노하다 exasperated 호전적이다 belligerent 심술궂다 mean 안절부절못하다 vexed 짓궂다 spiteful 앙심을 품다 vindictive
둥절하다 bewildered 떨다 puzzled 하다 baffled 스럽다 perplexed 다 trapped 스럽다 confounded 마에 빠지다 ...dilemma 리다 befuddled 하다 in a quandary 에 가득 차다 ...questions	부서지다 crushed 파괴되다 destroyed 망가지다 ruined 퇴화하다 degraded 상처 입다 pained 다치다 wounded 짓밟히다 devastated 고문당하다 tortured 모욕하다 disgraced 모욕적이다 humiliated 고뇌에 차다 anguished 처분에 맡겨지다 at the mercy 털어내버리다 cast off 버림받다 forsaken 거부당하다 rejected 내쳐지다 discarded	마음이 아프다 sick at heart 드러나다 exposed 용서할 수 없다 unforgivable 창피당하다 humiliated 불명예스럽다 disgraced 품위가 떨어지다 degraded 끔찍하다 horrible 굴욕을 느끼다 mortified	고립되다 isolated 버려지다 abandoned 완전히 혼자다 all alone 버림받다 forsaken 단절시키다 cut off	몹시 화가 나다 furious 격노하다 enraged 격렬하다 seething 격분하다 outraged 노발대발하다 infuriated 발끈하다 burned up 열받다 pissed off 난폭하다 violent 분개하다 indignant 몹시 싫어하다 hatred 쓰리다 bitter 안달 나다 galled 복수심에 불타다 vengeful 가증스럽다 hateful 격노하다 livid 구역질 나다 repulsed

당신이 이 책에서 배운 것들

$$\text{OOO}$$

당신이 이 책에서 얻으면 하는 가장 중요하고 오래가는 기술은 **학습법**이다. T-그룹을 연구해보면 이 책의 역량을 습득한 참가자는 강좌가 끝난 후에도 긍정 강화 사이클 덕분에 계속해서 학습한다. 당신이 배웠던 것을 스스로 기억해내어 필사적으로 노력하는 능력인 긍정 강화 사이클을 최대한 활용하라.

- 당신의 감정을 표현하는 능력을 보는 것을 포함하여 더 완전히 본연의 자신이 되는 방법

  관계를 구축하기 위해 자기 개방을 늘리는 15% 법칙을 사용하는 방법을 당신은 배웠다. 취약해질 위험이 있음에도, 대부분의 편익은 비용을 훨씬 능가한다. 자발적으로 더 완벽하게 자신을 알리려면 용기가 필요하다. 그리고 취약성을 드러내는 것은 약점이 아니라 강점이 생기는 것임을 당신은 배웠다.

- 다른 사람이 자신을 개방하고 더욱 자신다워지기 위한 조건을 구축하는 방법

  그들의 감정에 귀 기울이고 완벽하게 표현하도록 용기를 주는 것이 이 과정에서 결정적으로 중요하다.

  마찬가지로 처음에 상대방을 이해하지 못하거나 그들이 당신을 짜증 나게 하는 어떤 일을 할 때 당신은 서둘러 판단하지 말고 호기심을 보이는 것을 배웠다. 또한 그들이 당신과 똑같기를 요구하지 않고 상대방의 고유성을 존중하는 것을 배웠다.

- 조언의 한계와 개방형 질문의 위력을 알았다

  당신은 공감 능력을 길렀다. 당신이 충분히 알려지고 받아들여지기를 원하듯이, 상대방에 대해서도 마찬가지로 행동하라고 배웠다.

- 행동을 통해 구체적 피드백을 주고받는 방법, 어려움을 제기하고 해결하는 방법, 상대방이 자신들이 무엇을 잘하고 무엇을 기반으로 형성하는지 볼 수 있도록 돕는 방법

  당신과 상대방 사이의 어려움은 조그만 핀치에서 시작하여 주요 갈등에 이르기까지 다양할 수 있다. 그러나 문제가 그 영역의 어디에 있든 관계없이, 때때로 피드백이 도전적이더라도 그것이 꼭 공격적일 필요는 없음을 당신은 알게 된다. 그 대신 두 사람이 문제를 합동으로 해결하도록 핵심 문제를 표면화하는 방법을 사용할 수 있다. 둘 다 서로의 성장과 관계에 투자한다면 피드백은 그야말로 진정한 선물이다.

- 감정의 위력과 영역의 가치를 인정했다

  감정을 인식하고 적절히 사용하는 것을 막는 방법은 물론이고, 동시에 많은 것을 느끼는 당신의 능력을 알게 되었다.

- 지지는 여러 형태로 나타난다

  지지한다는 것은 주는 사람과 받는 사람에게 불편할 수 있는 어려운 문제를 가끔은 제기해야 한다는 것이다. 그렇게 함으로써 당신은 가능하다고 생각했던 것보다 더 정직해지는 방법을 배웠다.

  그런 정직함은 그들의 동기나 성격을 당신이 심리적으로 해석하지 않고 당신의 현실, 즉 상대방의 행동이 당신에게 어떻게 영향을 끼치는가를 고수하는 데서 시작한다.

- 당신이 예전에 생각했던 것보다 더 많은 선택지가 있다

  당신은 어떤 것을 '할 수 없다'거나 '말할 수 없다'는 게 아니라, 하지 않기로 선택하는 것이다. 때로는 아무것도 말하지 않는 게 최선의 대안이다. 하지만 그럼에도 선택지가 있음을 아는 게 중요하다.

- 갈등이 파괴적일 필요는 없다

  당신이 피드백 모델을 사용하면 어려운 문제가 실제로 관계를 강화하는 방식으로 제기되고 해결될 수 있다.

- 관계는 일직선으로는 거의 발전하지 않는다

  종종 '이 보 전진, 일 보 후퇴'하며 발전한다. 의미 있는 관계를 구축하

려면 지속성이 요구된다. 어려움은 해결할 수 있는 일시적인 장애물일 뿐이어서 손상은 회복될 수 있다.

- 당신은 자신이 무엇을 잘하는지, 어떻게 자신을 제한하는지를 포함해 자신에 대해 더 많이 배웠다

아마도 당신이 학습의 많은 원천을 본다는 점이 가장 중요할 것이다. 감정은 당신에게 무엇이 중요한지를 알려줄 수 있으므로, 당신은 자신의 감정에서 배울 수 있다. "왜 나는 지금처럼 반응하고 있지?"라고 자문하면서 말이다. 상대방이 당신 행동의 효과를 알고 당신에게 말해주므로 당신은 피드백에서도 배울 수 있다. 그리고 어떤 상황이 당신을 자극하는지를 배웠다.

그러나 무엇보다도 이러한 역량을 활용하면 관계를 개선하려고 행동을 취할 때, 당신의 경험에서 배울 수 있다는 점이 가장 중요하다. 당신과 상대방에게 무엇이 효과적인지 당신은 보았고, 문제를 부정하기보다는 작은 문제를 통해 배워서 당신과 상대방이 다음에는 더 잘할 수 있다. 이러한 역량으로부터 힘을 얻어 당신은 위험을 감수하기를 덜 두려워한다. 이로써 당신은 계속 배울 수 있는 자유를 얻게 된다.

행동 유도하기

1. 위에 나온 요약을 토대로 하여 그리고 당신은 이 책을 모두 읽었으니, 당신이 노력하기에 무엇이 가장 중요하다고 생각하는가?

2. 구체적 학습 목표 정하기

당신은 다른 것보다는 이런 일부 역량에 능숙하고 편안함을 느낀다. 당신은 한 번에 이 모든 것을 수행할 수는 없으므로, 15% 법칙을 기억해서 더 중요한 것을 고르라. 마찬가지로 자신을 제한하고 함정에 빠뜨리는 경향이 있는 방법이 있는가? 당신이 실행하고 싶은 것이 무엇이고 그중에서 무엇이 성공적인지 안다면 당신의 기술을 시험하는 기회를 알아볼 가능성이 커진다.

3. 도움 얻기

혼자 힘으로 모든 것을 크게 변화시키기는 어렵기 때문에, 당신의 학습 목표에 도달하려 할 때 다른 사람이 도움이 된다. 예를 들어 당신 목표 중 하나가 당신 의견에 더 큰 목소리를 내는 것이지만 당신이 물러서는 것을 보지 못할 수도 있다. 당신이 믿는 사람과 함께 어떤 작업을 하고 싶은지 공유하고, 덫에 빠지거나 변화 목표 중 하나를 수행할 기회를 놓쳤을 때를 주의해달라고 요청한다. 그들은 당신이 목표를 명확히 하고 이를 성취할 방법을 생각하도록 도와줄지도 모른다.

4. 기록하고 반성하기

이 책 앞부분에서 우리는 당신에게 상황을 단순히 기록하기 위해서만이 아니라 반성할 공간으로 일지를 써보라고 격려했다. 다시 한번, 당신이 자신의 느낌으로 주도하지 않아 성공하지 못했던 경험이 있다고 해보자. 무엇 때문에 그렇게 되었나? 당신의 어떤 감정에 문제가 있었나? 당신은 취약해지기 어렵게 하는 자아의 덫에 빠졌는가?

출처가 의심스러우나 이런 이야기가 있다. 어떤 환자가 심리치료사에게 "내가 언제 나았는지 내가 어떻게 알아요?"라고 물었더니 대답은 이랬다. "나보다 먼저 당신이 알아차릴 때." 오랜 습관은 지우기가 어렵다. 당신은 갈등으로 어려움을 계속 겪을 수 있다. 상대방과 마주하는 데 **편안해지는 것**보다는 더욱 **유능하게** 되는 것에 목표를 두어라. 새로운 행동 경로를 만들려면 연습과 끈기가 필요하다. 그러나 계속 노력하고 당신의 발전을 귀히 여겨라. 일시적 좌절에 휘둘리지 말라.

책을 마무리하며, 오귀스트 르누아르가 죽어가면서 한 말로 돌아가자. "이제 비로소 그림이 뭔지 이해되기 시작하는데." 우리는 당신이 끝까지 끊임없는 발견이 있는, 지속적으로 발전하는 인생을 살기를 기원한다. 이런 게 인생이어야 한다.

주

2장 이 책을 활용하는 방법

1 당신이 머리에 품고 있는 가정은 세상을 향해 열려 있는 창문이다: Alan Alda, commencement address, Connecticut College, June 1, 1980.

3장 사적인 이야기를 꺼내기 망설여질 때

2 자기 개방은 상대방과 친해질 더 많은 기회를 만들어서 신뢰를 높인다: Nancy L. Collins and Lynn Carol Miller, "Self-Disclosure and Liking: A Meta-Analytic Review," *Psychological Bulletin* 116, no. 3 (1994): doi. org /10.1037/0033-2909.116.3.457; Susan Sprecher, Stanislav Treger, and Joshua D. Wondra, "Effects of Self-Disclosure Role on Liking, Closeness, and Other Impressions in Get-Acquainted Interactions," *Journal of Social and Personal Relationships* 30, no. 4 (2013): doi. org/10.1177/0265407512459033.

3 새로운 확인되지 않은 다른 정보는 받아들이지 않기: 확증편향은 사람이 결론을 도출하려고 확인 증거(확증)를 찾는 정도를 검토하는 실험 상황에서 피터 와슨이 처음으로 서술했다. P. C. Wason, "On the Failure to Eliminate Hypotheses in a Conceptual Task," *Quarterly Journal of Experimental Psychology* 12, no. 3 (1960): doi.org/10.1080/17470216008416717. 미국심

리학회의 정의에 따르면, "확증편향이란 반대하는 증거는 기각하거나 찾지 못하고 지지하는 증거는 강조하거나 추구하여 기존에 있는 기대를 확인하는 증거를 찾는 경향을 말한다." *APA Dictionary of Psychology*, American Psychological Association, accessed March 11, 2020, dictionary.apa.org/confirmation-bias.

4 선택할 수 있는 많은 다른 선택지: 감정 어휘에 대한 더 많은 목록은 부록 1에 있다.

5 법정화폐처럼 영향력이 크다: 다른 문화가 감정에 미치는 영향을 더 자세히 보려면, Keith Oatley, Dacher Keltner, and Jennifer Jenkins, "Cultural Understandings of Emotion," *Understanding Emotions*, 3rd ed. (New York: John Wiley & Sons, 2013)를 보라.

6 리더십 성공의 핵심 요인: Daniel Goleman, *Emotional Intelligence* (New York: Bantam Books, Inc., 1995).

7 세상에서 행동하는 능력에 대한 신뢰: '에이전시' 개념을 더 자세하게 보려면, Martin Hewson, "Agency," *Encyclopedia of Case Study Research*, eds. Albert J. Mills, Gabrielle Durepos, and Elden Weibe (Thousand Oaks, CA: Sage Publications, Inc., 2010), dx.doi.org/10.4135/9781412957397.n5를 보라.

8 리더가 더욱 인간적으로 보이게 하는 데 도움을 준다: Katherine W. Phillips, Nancy P. Rothbard, and Tracy L. Dumas, "To Disclose or Not to Disclose? Status Distance and Self-Disclosure in Diverse Environments," *Academy of Management Review* 34, no. 4 (2009); Kerry Roberts Gibsona, Dana Hararib, and Jennifer Carson Marr, "When Sharing Hurts: How and Why Self-Disclosing Weakness Undermines the Task-Oriented Relationships of Higher Status Disclosers," *Organizational Behavior and Human Decision Processes* 144 (2018); Lynn Offermann and Lisa Rosh, "Building Trust Through Skillful Self-Disclosure," *Harvard Business Review*, June 13, 2012, hbr.org/2012/06/instantaneous-intimacy-skillfu.

9 나의 진짜 모습이 바람직하지 않다: 로라 로버츠는 《얼굴 바꾸기Changing Faces》에서 진정한 내적 감정, 가치관, 사회적 정체성을 감추는 것의 유해한 영향과 그것을 표출하는 것의 긍정적 영향에 관련된 수많은 연구를 계속하면서 인상 관리의 심리와 대인관계의 중요성을 탐구한다. Laura Morgan

Roberts, "Changing Faces: Professional Image Construction in Diverse Organizational Settings," *Academy of Management Review* 30, no. 4 (2005).

4장   상대방이 마음을 열지 않을 때

10   남성 중심적인 분야에 있는 여성과 유색인종: Katherine W. Phillips, Nancy P. Rothbard, and Tracy L. Dumas, "To Disclose or Not to Disclose? Status Distance and Self-Disclosure in Diverse Environments," *Academy of Management Review* 34, no. 4 (2009).

11   개방적이고 서로 솔직하게 소통하는 기업문화를 만들었다: David L. Bradford and Allan R. Cohen, *Power Up: Transforming Organizations Through Shared Leadership* (New York: John Wiley & Sons, Inc., 1998).

5장   관계의 주도권이 한 사람에게 쏠려 있을 때

12   부부에게 아이가 생기면 결혼에 대한 불만이 커지고 아이들이 집을 떠난 후에야 불만이 줄어든다: Jean M. Twenge, W. Keith Campbell, and Craig A. Foster, "Parenthood and Marital Satisfaction: A Meta-Analytic Review," *Journal of Marriage and the Family* 65, no. 3 (2003); Gilad Hirschberger, Sanjay Srivastava, Penny Marsh, Carolyn Pape Cowan, and Philip A. Cowan, "Attachment, Marital Satisfaction, and Divorce During the First Fifteen Years of Parenthood," *Personal Relationships* 16, no. 3 (2009); Sara Gorchoff, John Oliver, and Ravenna Helson, "Contextualizing Change in Marital Satisfaction During Middle Age: An 18-Year Longitudinal Study," *Psychological Science* 19, no. 11 (2008).

13   우리 역시 다른 사람들과 비교하면서 영향을 받는다: L. Festinger, "A Theory of Social Comparison Processes," *Human Relations* 7 (1954), pp. 117–140.

14   악순환에 자주 빠지곤 한다: Allan R. Cohen and David L. Bradford, *Influencing Up* (New York: John Wiley & Sons, 2012).

6장   사소한 불편이 큰 문제로 변하려 할 때

15   당신의 감정을 지배하라, 그러지 않으면 감정이 당신을 지배할 것이다:
Douglas Stone, Bruce Patton, and Sheila Heen, "Have Your Feelings (or
They Will Have You)," in *Difficult Conversations: How to Discuss What
Matters Most* (New York: Penguin Books, 2010).

16   모든 사람에게 확증편향이 있다: *APA Dictionary of Psychology*,
American Psychological Association, accessed March 11, 2020, dictionary
.apa.org/confirmation-bias.

17   우리 동료인 제니퍼 아커와 나오미 백도나스의 연구: Jennifer Aaker and
Naomi Bagdonas, interview by David Needle, "Humor in the Workplace,"
Gentry Magazine, September 2017, https://www.gsb.stanford.edu/
experience/news-history/humor-serious-business.

8장   피드백했는데 상대방이 받아들이지 않을 때

18   정서지능의 중요한 요소: Daniel Goleman, *Emotional Intelligence* (New
York: Bantam Books, Inc., 1995).

19   확인용 데이터를 선택한다: Jennifer Aaker and Naomi Bagdonas, interview
by David Needle, "Humor in the Workplace," *Gentry Magazine*,
September 2017, https://www.gsb.stanford.edu/experience/news-history/
humor-serious-business.

10장   가까운 사이에 갈등이 심해졌을 때

20   우리가 분노와 슬픔, 무서움을 마비시키면, 고마움과 사랑, 기쁨 또한 마
비시킨다: Brené Brown, "The Power of Vulnerability," TEDxHouston
lecture, 2010, www.ted.com/talks/brene_brown_on_vulnerability/
transcript ?language=en#t-640207.

21   우리의 건강과 행복, 관계의 질에 악영향을 미친다: Douglas Stone, Bruce
Patton, and Sheila Heen, "Have Your Feelings(or They Will Have You),"
Difficult Conversations: How to Discuss What Matters Most (New York:
Penguin Books, 2010).

12장   아무리 대화해도 문제가 해결되지 않을 때

22   의사진행방해는 화를 북돋운다: 의사진행방해 현상과 이와 관련된 감정 홍수에 대해 더 많이 배우려면, John Gottman, *Why Marriages Succeed or Fail: And How You Can Make Yours Last* (New York: Simon & Schuster, 1995)를 보라.

23   확인용 데이터를 선택한다: Jennifer Aaker and Naomi Bagdonas, interview by David Needle, "Humor in the Workplace," *Gentry Magazine*, September 2017, https://www.gsb.stanford.edu/experience/news - history/ humor - serious - business.

13장   갈등의 근원을 알게 됐을 때

24   사람들이 물러서서 핵심 문제를 파악하지 않고 너무 빨리 한 해법의 장단점에 관심을 집중하면 이런 함정이 발생한다: 두 연구에서 마이어와 그의 동료들은 참가자들이 처음에 찾은 해법에 집착하지 않고 대안의 해법들을 탐구할 때 문제해결의 품질이 높아졌다는 것을 발견했다. Norman R. F. Maier and Allen R. Solem, "Improving Solutions by Turning Choice Situations into Problems," *Personnel Psychology* 15, no. 2 (1962): doi. org/10.1111/j.1744-6570.1962.tb01857.x; Norman R. F. Maier and L. Richard Hoffman, "Quality of First and Second Solutions in Group Problem Solving," *Journal of Applied Psychology* 44, no. 4 (1960): doi. org/10.1037/h0041372.

16장   서로 원하는 것이 다를 때

25   캐럴 드웩은 현재의 한계를 식별할 때 '아직'이라는 단어를 추가하는 게 중요하다고 시사한 바 있다: Carol Dweck, *Mindset: The New Psychology of Success* (New York: Random House, 2006).

26   데이비드가 그의 동료인 앨런 코헨과 함께 쓴 책 두 권을 추천한다: Allan R. Cohen and David L. Bradford, *Power Up: Transforming Organizations Through Shared Leadership* (New York: John Wiley & Sons, 1998); David L. Bradford and Allan R. Cohen, *Influence Without Authority*, 3rd ed. (New York: John Wiley & Sons, 2017).